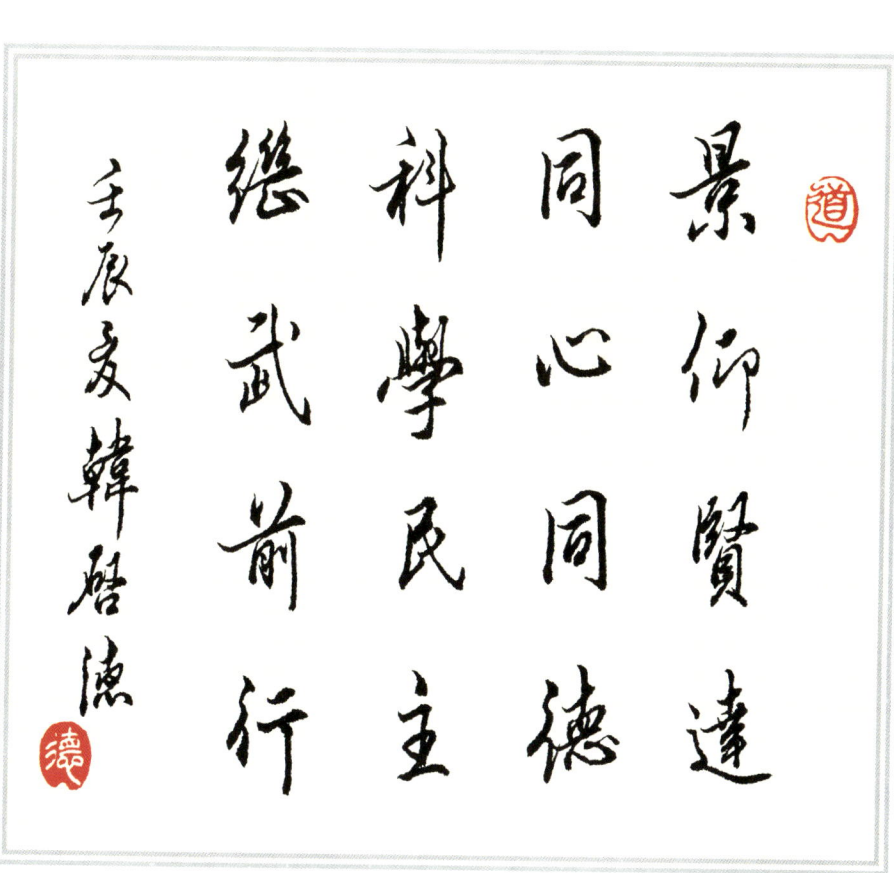

李 埏

青年时代的李埏（左五）喜爱体育运动

高中时期的李埏

1935年，李埏赴北平参加大学入学考试前与父亲李映乙在昆明的合影

李埏（左）北师大求学期间在图书馆自习

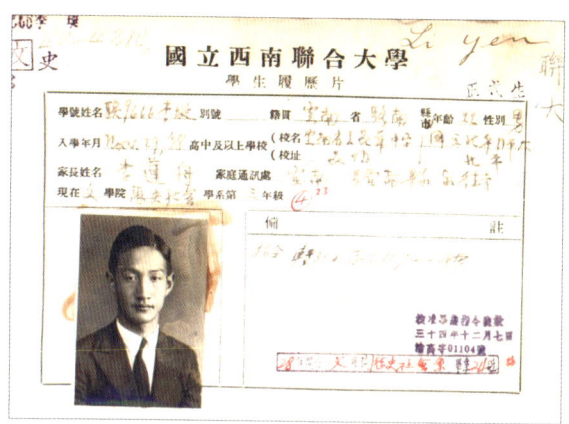

李埏在西南联大求学时的学籍卡

李埏的西南联大毕业照

钱穆先生给李埏的信

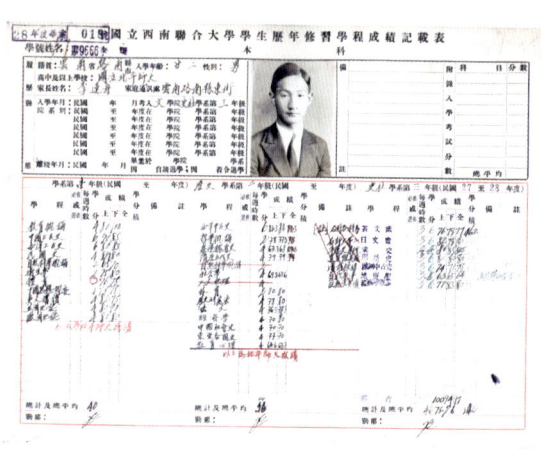

李埏在西南联大学习时的成绩单

李埏、赵毓兰结婚照（1945年）

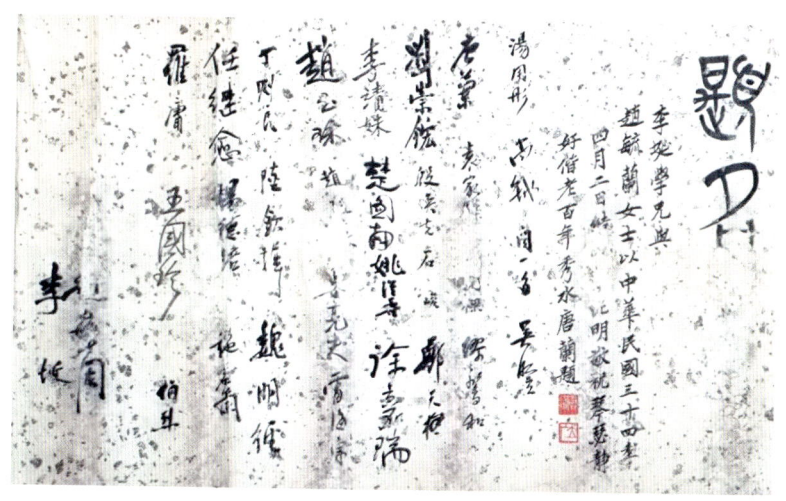

李埏、赵毓兰结婚时出席婚礼的嘉宾们的题签祝贺

题签者：唐兰（著名书法家）

嘉宾（部分）：汤用彤、尚钺、闻一多、吴晗、袁家骅、缪鸾和、刘崇鋐、殷焕先、石峻、郑天挺、楚图南、姚从吾、徐嘉瑞、姜亮夫、雷海宗、陆钦墀、丁则良、魏明经、任继愈

1953年的李埏

李埏一家在云南大学九家村（20世纪50年代后期）

李埏家传的"宋史"书箱

李埏、赵毓兰1982年在云南大学附中新村家中

李埏、赵毓兰在云南大学东一院家中

1986年7月，李埏的全家福（前排左起：三子伯重，外孙女陶然，四儿媳赛丹，五儿媳耿力；中排左起：三儿媳王爱宁，李埏，赵毓兰；后排左起：女儿伯敬，女婿陶元器，五子伯杰，四子伯约）

李埏与李约瑟（前）、傅德（左）的合影（1990年5月）

李埏在指导学生学习（左一林文勋，左二李桂英，右龙登高）

九十华诞的李埏

九三学社人物丛书

李埏传

黎孝谦 著

学苑出版社

图书在版编目（CIP）数据

李埏传 / 黎孝谦著. —北京：学苑出版社，2018.3
（九三学社人物丛书）
ISBN 978-7-5077-5425-4

Ⅰ.①李… Ⅱ.①黎… Ⅲ.①李埏（1914—2008）—传记 Ⅳ.①K825.81

中国版本图书馆CIP数据核字（2018）第033464号

出 版 人：孟　白
责任编辑：李　耕　徐志琴
出版发行：学苑出版社
社　　址：北京市丰台区南方庄2号院1号楼
邮政编码：100079
网　　址：www.book001.com
电子信箱：xueyuanpress@163.com
联系电话：010-67601101（营销部）、010-67603091（总编室）
经　　销：全国新华书店
印 刷 厂：保定市彩虹艺雅印刷有限公司
开本尺寸：880×1230　1/32
印　　张：19.5
插　　页：8
字　　数：330千字
版　　次：2018年3月第1版
印　　次：2018年3月第1次印刷
定　　价：78.00元

丛书编委会

主　　任：韩启德

副 主 任：邵　鸿

委　　员：苟红旗　穆建民

　　　　　郭　悦　孟　白

总　序

九三学社是在中共抗日民族统一战线政策影响和感召下,于抗日战争后期成立的,她参与新中国的建立,成为在中国共产党领导下爱国统一战线中八个民主党派之一。在共和国成立以来的60多年里,九三学社始终弘扬爱国、民主、科学的传统,与中国共产党风雨同舟,共同探索中国特色社会主义政治发展道路,在国家建设、改革、发展征途上留下了闪光的足迹。在此历史进程中,九三学社发展成为拥有13万多名社员、组织比较健全、有较强参政能力和较高社会地位的政党。

九三学社走过的历程,是一部无数优秀人物引领广大同仁一往无前、执着追求的奋斗史。抗日战争时期,面对国破家亡、山河破碎,九三学社创始人或多方奔走,参与抗日,或介绍新知,宣传救国。解放战争时期,面对独裁专制、民不聊生,九三学社同仁或大声疾呼民主,反对暴政,或积极主张科学,倡导革新。新中国成立后,面对百废待兴的局面,九三学社同仁和全国人民一起殚精竭虑、奋斗不止。九三学社各个时期旗帜性人物身上体现出的崇高风范和优秀品质，是我社最宝贵的精神财富。回顾九三学社的历史，我们有勇往直前、舍生取义的革命家和社会活动家，有淡泊名利、刻苦钻研的科学家，有不畏权势、追求真理的人文学者，有忍辱负重、甘为人梯的教育工作者……他们共同铸就了九三学社一以贯之的灵魂——爱国、民主、科学，九三学社的优良传统在他们身上得到最好的诠释。

九三学社中央一直重视整理保存社史、发挥社史资政育人的作用，2007年又启动了以史料抢救和整理为重点、包括七个方面内容的社史工程。几年来，社史工程取得了显著成绩，《社史研究通讯》的编辑出版、社史专题片的拍摄、口述史工作的启动、社史文物收集等各个方面都有不同进展。"九三学社人物丛书"作为社史工程的一项重要内容，经过各方面辛勤的努力，也结出了丰硕的成果，第一批图书已完成了撰写、编辑，即将出版。这套丛书选取九三学社重要创始人、早期著名社员、历任社中央领导，以及在本人所从事领域里取得突出成就的旗帜性人物，力图以翔实的史料和平实的语言再现前辈先哲们曲折丰富的人生历程和绚丽夺目的光辉业绩。我相信，丛书的出版必将激发我社成员和广大读者继承他们的优良传统，体会他们忧国忧民的赤子情怀，感受他们坚毅从容的人格风范，学习他们精益求精的科学精神，为巩固、完善和发展中国共产党领导的多党合作和政治协商基本政治制度，为中华民族的伟大复兴，做出更大贡献。

是为序。

韩启德

2012年8月

目 录

前言 // 1

第一章 童年和少年 // 1
    第一节 家世 // 1
    第二节 童年 // 13
    第三节 赴昆读书 // 18

第二章 负笈北平 // 25
    第一节 考上公费 // 25
    第二节 负笈北上 // 28
    第三节 大学生活 // 31
    第四节 艰难返滇 // 35

第三章 亲炙名师 // 42
    第一节 巧遇吴晗 // 42
    第二节 借读云大 // 44
    第三节 转学联大 // 49
    第四节 师从张荫麟 // 55
    第五节 北大文科研究所深造 // 59
    第六节 在浙江大学 // 71

第四章 终身教职的开端 // 80
    第一节 任职云南大学 // 80

第二节　从相逢到相爱 // 86

　　第三节　艰辛度日 // 92

　　第四节　迎接解放 // 98

第五章　跌宕起伏的20世纪50年代 // 108

　　第一节　出任云南省图书馆馆长 // 108

　　第二节　重回云大任教 // 114

　　第三节　意气风发 // 125

　　第四节　云大九家村5号 // 133

　　第五节　险成右派 // 138

　　第六节　云大受重创 // 148

　　第七节　"大跃进"和"反右倾" // 153

第六章　学术转向 // 162

　　第一节　学习马克思主义 // 162

　　第二节　新的研究取向 // 170

第七章　下乡上山 // 179

　　第一节　在江头村的日子 // 179

　　第二节　好丈夫　好父亲 // 193

　　第三节　大凉山之行 // 212

　　第四节　艰苦的探索 // 218

第八章　20世纪60年代前半期 // 229

　　第一节　高治国新政 // 229

　　第二节　三年困难时期 // 240

　　第三节　为《云南日报》撰稿 // 243

第四节　独辟研究蹊径 // 249

　　第五节　知天命之年的雄心 // 259

第九章　十年浩劫（上）// 270

　　第一节　风暴降临 // 270

　　第二节　打入牛棚 // 274

　　第三节　身处乱世 // 286

第十章　十年浩劫（下）// 300

　　第一节　妻离子散 // 300

　　第二节　弥勒农村与"围海造田" // 316

　　第三节　艰难的家人团聚 // 323

　　第四节　逆境中自强不息 // 328

　　第五节　在"评法批儒"运动中 // 335

第十一章　沐浴着改革开放的春风 // 343

　　第一节　"科学的春天" // 344

　　第二节　重启久违的科研 // 351

　　第三节　曲折的平反 // 368

　　第四节　英伦之行 // 379

第十二章　在中国经济史研究中的创获 // 383

　　第一节　新视野　新展望 // 383

　　第二节　整理成果 // 388

　　第三节　学术突破 // 393

第十三章　我爱公孙树 // 415

　　第一节　一位园丁的启示 // 415

第二节　创建云大中国经济史学科 // 418

第三节　在云南推动经济史学的发展 // 428

第十四章　一代良师 // 437

第一节　热爱教师工作 // 438

第二节　爱人以德 // 440

第三节　教学有方 // 447

第四节　学生心中永久的记忆 // 455

第十五章　赤子情怀 // 491

第一节　壮心不已 // 491

第二节　学者本色 // 494

第三节　修身养德　家国情怀 // 503

第十六章　温情世界 // 514

第一节　伉俪情笃 // 514

第二节　舐犊情深 // 521

第三节　师友厚谊 // 540

第四节　视生如子　关心他人 // 551

第五节　热爱生活 // 557

第十七章　最后的岁月 // 569

第一节　六十载情缘 // 569

第二节　衰老 // 573

第三节　病房三年 // 579

第四节　驾鹤西去 // 591

前　言

自实行了两千多年的帝制于1911年灭亡之时起，至今已是一个世纪过去了。在这个世纪里，中国的社会、学术和知识精英都经历了天翻地覆的变化。到了今天，这段历史的影响依然随处可见，很大程度上仍在支配着中国未来的发展走向。只有真正总结历史教训，日后才不会犯同样的历史错误。因此对这个世纪进行总结，乃是中国人民（特别是知识精英）的一项重要任务。特别是在今天，由于社会变化迅速，这段历史已经在人们记忆中开始褪色，在年轻一代中则更淡漠，因此抢救这段历史记忆刻不容缓。

然而，对这个风云跌宕的世纪进行总结又谈何容易！在这个世纪中，中国发生的变化，无论在深度和广度方面，在世界历史上都罕有其匹，因此对这个世纪进行总结绝非一人之力可为。同时，关于这个世纪诸多大事的第一手记载资料尚无由得窥。更为重要的是，这个世纪发生的变化至今尚未结束，人们对这些变化的看法千差万别，尚未有共识。因此，总结这段尚未完全变成过去的历史，应当是下一代人才能做的工作。

由上可见：一方面，我们急切地需要对过去的一个世纪进行总结；另一方面，进行这个总结的条件尚不成熟。为了解决这种困境，一个办法是做"小历史"，即对个人或者小社会群体在这个世纪中的经历进行个案研究。今天，有不少这样的研究已经或者正在进行。这些"小历史"从各个不同的角度反映了这个世纪中国的变化，因此将成为日后撰写"大历史"的基础。本书属于这种"小历史"研究，但是在以下方面与通常见到的学者传记有所不同：第一，本书传主李埏（幼舟）先生，生于1914年，殁于2008年，几乎与上述的一个世纪相始终。因此，他作为一个亲历者，现场目击了这个世纪中国种种剧变；第二，本书传主接受过20世纪中国最好的教育，此后又终生从事教育和学术工作，因此也是这个世纪中国高等教育与精英学术演变的真实见证人；第三，本书传主是一位"纯"学者，其一生的生活是从校门到校门，他的人生经历可以代表那一代大多数学者的共同经历；第四，本书传主生活在远离中国政治中心的昆明，因此他的经历可以更多地反映大多数北京之外地区的中国知识精英的情况。

本书的主旨，即是力图通过传主李埏先生的一生经历，展现中国社会、学术和知识精英在过去一个世纪中的真实状况。为了达到真实再现历史的目的,本书采取宏观介绍和微观叙事相结合的方法:一方面,将中国在这个世纪中发生的重大事件进行简要介绍,使读者(特别是年轻一代的读者)了解这些事件,大体知晓事情发生的背景;另一方面,对传主本人的实际经历进行细致叙述,使读者能够通过具体的例子,体会到这些重大事件对中国社会、学术和学者(不仅包括传主本人,也包括他的老师、同学、同事、朋友、学生、家人等)的影响。也正是因此之故,本书力图通过传主的经历,表现在这个世纪的剧变中,中国的社会、学术和知识精英群体的真实状况。

作者力求把本书写成一部信史,因此对传主在这个世纪所经历的重大事件以及传主与这些事件的关系,都秉笔直书,不回避事实。对于传主本人的表现也采取实事求是的态度,不隐恶扬善。传主是知识精英,但也是一个普通人,而不是一个先知先觉的启蒙家,也不是一个生活在聚光灯下的公众人物。因此,在这个世纪的风云变幻中,他也经历了渴望、追求、迷信、迷惘、绝望、觉悟等复杂的心路历程,在这些过程中,他也表现出了各种常人的情感。他力求远离政治,洁身自好,在面对政治迫害时,他往往表现出软弱和顺从,在"文革"中甚至产生过自杀的念头。但是,他也有自己的原则，即不违背良知，不趋炎附势，不侮食自矜，不曲学阿世。因此在他近一个世纪的生涯中，没有发表过"大批判"文章。相反，在1975年，他公开与口衔天宪的杨荣国当面激辩，并发表文章挑战当时的"主旋律"。1977年，他更成为云南学界最早在全国大报上发表重头文章批判"四人帮"的学者之一。到了晚年，他不仅对中国学术、高等教育，而且也对中国的政治体制，都进行了深入的思考，提出了自己的看法。以上这些，都是他所处于其中的中国知识精英阶层中许多人的共同情况。因此，从他的具体的经历和感受中，读者可以更清楚地理解这一代知识精英复杂的精神世界，不至于从一种脱离中国现实的理想高度上去苛求他们。同时，读者也可以看到，这些知识精英是如何在困境中努力探索中国和学术发展的道路的。

为了把本书写成一部信史，本书作者在写作中广泛搜集了各种不同的史料，这些史料既有公开发表的，也有非常私人性质的。作者以历史学家的专业手段对这些史料进行了筛选和审核，从而使得本书建立在坚实的事实基础之上。

在写作这部传记时，虽然我们力求做到实事求是，但是由于种种原因，在写作时依然有一些局限。这里要申明的几点是：

前言

第一，这部传记中涉及许多人，依照实事求是的原则，本当一律直书其名。但是有一些不知名或者不很知名的人（特别是云南大学历史系的一些教师和学生），在各种政治运动（特别是"文化大革命"）中，出于不同的原因，做了一些今天看来很恶劣的事。李埏是这些人所作所为的主要受害者之一，对这些行为深恶痛绝。但是对于这些人，李埏却认为责任不能完全归到他们身上，因为他们之所以有这样的作为，也有时代的原因。因此，"文革"结束后，这些人中有些人对过去的错误做法进行了反省和检讨，向李埏请求原谅。李埏也对他们予以原谅，在后来的职称评定等工作中，李埏不计前嫌，对他们的职称晋升等都依据政策，予以支持。他的宽容和公正，博得了各方面的赞誉。李埏不希望这些人过去的错误再被提起，因此我们在写作这部传记的过程中，在必须提到这些人时，也将他们的名字略去。

第二，由于各种原因，近年来出版的许多名人传记和回忆录都有一个明显的倾向，即对改革开放以后的情况讲得很简略。本传记力图避免这种倾向，但是在写作时依然有一些情况不得不从略。要补足这些从略之处，当俟之他日。

第三，在本书中，依照中国古代学界"临文不讳"的传统和近代西方"学术面前人人平等"的习惯，对于所提到的所有人物，一律直呼其名，不加任何头衔和尊称。为了不引起读者的误会，在此特作说明。

经过一个世纪的风云变幻，中国发生了巨大的变化。今天的中国，已经不是过去的中国了。但是历史是延续的，现在植根于过去，今天的中国是昨天中国的继续。马克思说："一切已死的先辈们的传统，像梦魇一样纠缠着活人的头脑。"[①]过去一个世纪的经历，在我们身上留下了深刻的烙印。因此，中国人只有正视过去，中国才有光明的未来。这一点，就是通过本书认识过去的一个世纪中中国学者的时代、学问和人生的意义。

[①] 马克思：《路易·波拿巴的雾月十八日》，收于中央编译局：《马克思恩格斯全集》第八卷，人民出版社，1961年，第127页。

第一章 童年和少年

第一节 家世

李埏(1914—2008),字子沴,号幼舟,笔名延之、二冷,是我国著名的历史学家,老一辈经济史学家的代表人物之一。

李埏祖籍云南省路南县。路南位于云南省省会昆明市东南,县城所在地鹿阜镇距昆明78公里。在清末民初,路南还是一个僻远的山区小县。

路南县境内地貌类型丰富,全县三分之二的土地属喀斯特地貌,是世界上喀斯特地貌最具代表性的地区。举世闻名的石林就在路南县境内。1982年,石林被国务院定为中国首批国家级风景名胜区,与北京长城和故宫、西安兵马俑、桂林山水并列为全国四大名胜。2004年2月13日联合国教科文组织批准石林列入首批世界地质公园名单。2007年6月27日,石林作为"中国南方喀斯特"的重要组成部分成功申报世界自然遗产。

路南是一个少数民族聚居地,其在文化方面也颇具特色。1956年12月该地成立了彝族自治县。1998年10月,国务院批准同意路南彝族自治县更名为石林彝族自治县。

1938年春,著名学者施蛰存在李埏的帮助下到路南作了一次旅行,次年8月写了一篇长文《路南游踪》记述这次旅行。文中写道:

> 民国二十七年寒假,因云大同学李埏君之邀,到他的家乡路南县去玩了一趟。计自二月五日至十六日共十五天(引者按:具体日期存疑),行程来回各一天,游玩石林芝云洞诸名胜三天,在彝人山中住了十天,自然界的奇观及保保人的风俗习惯,均使我至今未能忘怀。……看到了很怪奇宏伟的自然界景物,领略了很可怀念的夷人风尚,经验了最贫苦的人民的生活,我们的收获实在不算少。……倘若有机会,我们还想到那里去住一二个月呢。①

---

① 施蛰存:《路南游踪》,收于刘世生选编:《汉夷杂区社会研究——民国石林社会研究文集》,民族出版社,2008年。

第一章　童年和少年

李埏出身于书香之家，父亲李映乙是云南著名学者和书法家。这个书香之家并非仰赖先人遗荫，而是李映乙自己奋斗的结果。父亲李映乙对李埏的影响至大至深，李埏对父亲的感情也极为深厚。

李映乙（1870—1951），字莲舟，晚年号鹿阜山人。其字号来历，李埏在2000年8月24日的日记中曾做了解释：

> 记得我童稚时，先君尝言：先君之所字"莲舟"，乃因名"乙"之故。天上有太乙星。太乙，又作太一、泰一，乃天帝之名。道教有太乙真人乘莲叶舟，古有太乙莲舟图。故受业师尹开舟先生据此字我以莲舟也。今晨，翻查《辞源》，偶见"太乙莲舟"词条，即先君之所以教我也。逐录于下："北宋名画家李公麟（伯时）所绘《太乙真人图》的别称。太乙真人，道教神仙名。图绘真人卧一大莲叶中，执书仰读。韩驹题诗有'太乙真人莲叶舟'句。见松胡仔《苕溪渔隐丛话》前集五三《韩子苍》。又金元好问《遗山集》十二有《太乙莲舟图》诗"。
>
> 读此，先君昔年之教，宛然如在耳际，记忆益新矣。

由于屡经动乱和政治运动，李埏家族的宗谱尽皆丧失，先世情况已无从查考。现在仅知的是李埏的祖父李文星，住在路南县城。李文星早年家境贫寒，但努力学医，逐渐成为当地名医，人称"李三先生"。他医术精湛，医德高尚，常常免费为穷人治病，因此深受路南各族人民的尊敬。在咸丰、同治时期，路南社会动荡不已，在一次动乱中，李文星不幸去世。

李文星的去世，使得他的妻儿陷入了绝境。他身后留下妻子李潘氏和两个幼小的儿子。李家原有一点薄田和一处旧房，但主要经济来源是李文星行医的收入。此时，孤儿寡母三人仅能靠李潘氏做针线勉强维持生活。然而祸不单行，长子李映庚11岁、次子李映乙9岁时，路南鼠疫流行，一家三人都病倒了。因为无钱医治，李潘氏不幸去世，两个孩子则逃得一条性命。

母亲去世后，原有的薄田和旧屋都被亲戚霸占。兄弟俩只有相依为命，顽强地与命运抗争。他们栖身于一处破庙，夏天蚊虫猖獗而无蚊帐，就用竹子编筐，用衣服蒙在筐外，罩在头上防蚊叮咬，冬天寒冷而无棉被，就拾来柴草生火取暖。没有生活来源，他们就将破庙后面的一小块荒地辟为菜地，种菜出卖，赖以糊口。因为卖菜所得太少，买不起米，他们就尽量节衣缩食，每天只吃两餐，每餐都是饭少蚕豆多，一颗菜要吃两三顿。

兄弟俩人穷志不穷。他们渴望读书，但无力投师上学。当时有一位塾师尹开舟，在离城六七里的私塾教书，李氏兄弟路过那里，每每站在窗外，静静地听学生朗读。时间一久，他们对听过的儒家经典段落居然也牢记于心。尹先生也注意到这两个孩子。一日，他把李映乙叫进课堂，让他背诵《论语》中的一段文字。李映乙声音朗朗，倒背如流。爱才的尹先生大喜，于是主动接纳这对无依无靠的兄弟入塾读书，不仅破例免去他们应交的束脩（学费），还让他们在自家的薄地上种菜吃。兄弟二人非常珍惜这个读书的机会，他们勤奋好学，成绩皆为上乘。

李映乙聪明好学，品行优良，虽然贫穷，仍被路南县内中医徐道成看重。徐道成认为李映乙小小年纪就有志气，日后肯定会有出息，于是把爱女徐竹筠许配给李映乙为妻。

俗话说：贫贱夫妻百事哀。李映乙结婚时几乎一无所有，连新婚的被褥都是向邻居借来的。但知书达礼的徐竹筠是极有志气的女子。她看重的是人品和学问，决心和夫君一起奋斗自救。夫妻二人就靠做豆腐维持生活，生活极为清贫。后来李映乙去教私塾，她继续做豆腐卖，还替人做针线。

皇天不负苦心人。李映乙的努力终于有了回报。他不仅儒家经典烂熟于胸，而且精通古文诗词，能吟诗作赋，写得一手漂亮的唐宋体文章和一笔好字，成了远近闻名的青年才俊。光绪十八年（1892年），李映乙兄弟同时考州学，李映乙考得第一，李映庚考得第二，均成为州学生员（俗称秀才）。随后参加澄江府试，李映乙以第一名补廪为廪生，得食廪饩，每月有2两银子，并且取得了私塾教书的资格。由于李映乙的学问人品均为人称道，许多家长慕名送子来李家私塾，于是他的学生日渐增多，时称"旺学"。李映乙依然省吃俭用，把廪饩积攒起来，逐渐买了一点薄田，家景开始逐渐好转。

光绪二十九年（1903年），李映乙赴省城昆明参加乡试，中了拔贡①。在昆明，他接触了当时的"新学"，非常赞同康有为和梁启超的维新思想。严复翻译的《天演论》、《群学肄言》、《法意》等西方社会科学名著，是他最喜欢的读物。宣统元年（1909年），李映乙赴京参加朝考。由于交通闭塞，从云南到北京须步行和乘坐车船，耗时数月之久。这是他生平第一次，也是唯一一次离开故乡云南。此行他周游了半个中国，大大丰富了他对国内外局势的了解。

李映乙满怀报效国家的豪情进京，但是在京城看到

---

① 拔贡是拔贡生的简称，清初定制每六年举行一次，乾隆七年改为每十二年（即逢酉岁）一次，由各省学政选拔文行兼优的生员，贡入京师。

的情景却使他极度失望。按照规定，拔贡朝考合格，一等授七品京官，二等授知县，三等授教职。李映乙家境贫寒，无钱去各个衙门打点，因此不可能获得一官半职，但李映乙的学问和人品已为地方所公认。光绪三十三年（1907年），李映乙被任命为路南县劝学所总董，创办高等小学堂，开辟了路南县新式教育的新时代。1911年清政府宣布筹备立宪，在各省设咨议局，每县推选一人为议员。李映乙因其品行学养素为乡党服膺，又对家乡教育卓有贡献，因而被推举为省议员。

1911年10月10日，武昌起义爆发。在云南，蔡锷领导"重九起义"成功，自任都督，宣布拥戴共和。蔡锷执政后，励精图治，锐意改革，选拔年轻有为且清廉正派者出任县知事（后改称县长），以推行新政。于是李映乙被任命为昆明属县呈贡县的知事。就任前，蔡锷在昆明五华山都督府单独召见李映乙，与李映乙畅谈他的共和理想、改革大计和施政要领，并勉励李映乙为新生的民国努力工作。

蔡锷的爱国热忱、雄才大略以及为人、风度，都给李映乙留下终生难忘的印象，他也因此成为蔡锷的忠实追随者。1914年，蔡锷任命李映乙为寻甸县县知事，尔后又改任姚安、腾冲等县知事。李映乙为官共15年，做过七任县长，官至腾越（后改称腾冲）道尹。李映乙在各任上都努力做一个造福桑梓的好官和廉洁如水的清官。

李映乙在各地任官期间，都尽力为当地人民兴利除弊，兴办学堂。在任腾越道尹时，正值统治缅甸的英国殖民当局挑起片马国界纠纷，企图侵占中国云南边疆大片领土。面对咄咄逼人的英国外交官，李映乙据理力争，不仅保护了中国的权益，而且也赢得了对手的尊重。

继蔡锷执掌云南的唐继尧，野心膨胀，出兵四川、贵州、两广，以实现他做"东大陆主人"的野心。由于他穷兵黩武，云南民不聊生。忠于蔡锷理想的李映乙对唐继尧越来越失望。李映乙在腾越道尹这个职位上工作了几个月，就毅然辞官回乡，从此闭门不问政事。

李映乙非常推崇诸葛亮关于"非淡泊无以明志，非宁静无以致远"的名言，并以此自勉。他一生不纳妾，不吸鸦片，生活俭朴，无论在官在野，都是粗茶淡饭。他为官十五载，除了官俸，其他一介不取。到了辞官归田时，多年的积蓄仅够买少许薄田，盖一所住房，主要田产仍是当年教书的收入所购。因为清贫，以致后来当李埏拟报考北京的大学时，李映乙却连供儿子去北京读书的钱都没有。他辞官后，除偶到昆明小住外，一直在路南生活，也不再出游。他崇尚孟子"达则兼善天下，穷则独善其身"的古训，效仿陶渊明笔下的五柳先生，

第一章 童年和少年

保持自己的人格和初衷，不媚俗，不趋时，出淤泥而不染。赋闲在家，他每天读书、写字自娱，而不求闻达于诸侯，也不借此求利。这种全无功利之心的对学问和书法的追求，使他在文章和书法方面都达到了更高的境界。同时，他也关心家乡的文教事业，尽力加以推动。

1938年，吴晗、施蛰存等人到路南游览，见到李映乙。施蛰存在《路南游踪》中对李映乙做了如下记述：

> （2月5日中午，到达宜良县的狗街，）正在吃饭的时候，有两名佚役来问我们是不是从省城里来的大学里的先生们，我们答应了，才知道是李县长派来接客的。李县长即李埏君的父亲莲舟先生，因为从前曾经做过几任县长，现在虽退休林下，可是当地人仍旧称之为县长。……他是邑中耆绅，年龄已在六十以外，但精神还很矍铄，甚健谈。……
>
> 晚饭后，我和吴春晗君即到县政府去谒见县长宋君，因为在昆明时曾蒙教育厅长给写了介绍信，希望在到夷人（引者按：指彝族人）村子里去的时候能得到一点方便。……李县长抽着长烟杆，滔滔不绝地告诉我们许多地方掌故以及他一生的治绩。他听说我们预备请宋县长派几名警察保护我们到夷人村子里去，大不谓然。他说："凡是吏役下乡，

绝非百姓之福。警察护送你们三位下乡去，势必向乡民要点好处，大则金钱，小则饮食，夷人本来不敢有害于你们，但如果警察们太放纵恣肆，则夷人们反而会迁怒于各位的。况且你们三位要看看夷人生活情形，可以命小儿陪你们到舍下佃户的村子里去住几天，尤其万无一失。"……因了李老先生的一番话，我们遂决定不必再麻烦宋县长。……李老先生并答应我们着人先到哑巴山去通知，再去接我们。因尾则、哑巴山及路南县城适成一等边三角形之三顶点，各相距四十里，非如是调度不可也。

从这些记述可见，李映乙在地方上享有很高的威望，同时也极力保护本乡民不受贪官污吏的骚扰。

在石林，施蛰存一行看到李莲舟题写的字：

草地的四周就是许多拔地而起的嶙峋的巨石，这些石块的形态宛如一支支笋或剑，上锐下钝，都好像从地底下破土而出似的。最巨大的几块上，刻着龙主席（引者按：指龙云）题的"石林"，建设厅长张西林题的"天下第一奇观"，李莲舟先生题的"峭壁"及"磊落万古"等摩崖。

第一章 童年和少年

作为学者和书法家,李映乙也非常热心于发展文化事业。姚安县有座周小朴将军墓,民国十二年(1923年),李映乙任知事时重修之,并勒石以记重修经过。腾冲云峰山,位于城西约50公里处,是腾冲胜景之一。崇祯十二年(1639年)暮春,大旅行家徐霞客行至腾冲,来过云峰山,"爱其幽峻",曾在山中小住,观美景,采"木胆",并"留二诗于山",可惜诗篇未留存下来。李映乙在任腾冲县知事期间,对云峰山加以保护和开发。《云南风物志》对此有以下记载:

> 由"天生井"往上,全是石级层叠。扶链沿梯上攀,在一个拐弯处半崖上有"步涌南天"、"仙山有景"等石刻,再转上八九十级,路对面的岩壁上有丙寅年题刻的"大有佳处"四个斗大的字。再上数十级,至山门,曾有李映乙题联云:
> 边远此奇观,直上天梯,收来群山万壑;
> 登临无限意,欲穷险地,难忘九隘八关。
> 这首诗,表现了李映乙登临胜景,不忘边陲建设,其胸襟怀抱,颇能启迪后人。[①]

[①] 余嘉华主编:《云南风物志》,云南教育出版社,2010年,第255页。

李映乙写作的旧体诗文，不仅体现了他的才气和功力，而且也体现了他对中国传统文化的挚爱。可惜的是，这些诗文在20世纪50年代初的土改运动中被付之一炬。他的墨宝由于石林的缘故，有一些才得以保存下来。1931年春，云南省主席龙云来游石林。为迎接龙云之游，路南地方人士建一亭于峰顶，请李映乙题下"拔地擎天"四字。此外，应友人之邀，李映乙还以行书书写"大气磅礴"，用行草书写"峭壁"，碑题"磊落万古"等，刻在石林高耸的石峰上。如今人们到石林游玩，经常在镌刻着李映乙那苍劲豪放、力透纸背的手书的碑刻前驻足观看欣赏，摄影留念。

李埏的母亲徐竹筠，出嫁前在家受到良好的教育，出嫁后和丈夫一起艰苦创业，相濡以沫。家道小康后，李映乙家仍然保持着"耕读传家"的家风。徐竹筠仍做些诸如收豆糠之类的农活，以致路南有人送她"豆糠太太"的雅号。

常言道："父母是孩子的第一位老师。"父母在孩子的人格塑造上起着非常重要的作用。李映乙夫妇的言传身教，对李埏的成长起了至为关键的作用。

李埏对父母有着非常深厚的感情。在他晚年，依然时时怀念着早已去世的父母：

2002年10月19日 今日为阴历壬午年九月十四日，先君子莲舟公一百三十二岁冥诞也。先君与先慈同庚。先慈诞日为阴历六月初二。四十四岁生我。"哀哀父母，生我劬劳！"

2003年10月9日 今日为阴历九月十四日，先君子一百三十三岁冥寿也。思念不已，哀哉！痛哉！

李埏也珍视手足之情。到了晚年，当他听到大姐去世的消息时，十分悲痛。他大姐的儿子徐建华回忆说："1985年6月8日清晨，我向四舅报丧'母亲已作古'，甥舅二人失声痛哭。这是我第一次，也是唯一的一次见到他老人家动容落泪。"

第二节 童年

1914年11月21日（农历十月初五），一个男孩在云南省寻甸县长官署呱呱坠地。这个新生的婴儿是县长李映乙夫妇的第九个，也是他们最小的孩子——李埏。欣喜的父亲依照中国文人的传统，为这个小儿子取了名、字、号。

李映乙给这个儿子取名"埏"。埏是一个比较古僻的字，意思是地之边际。父亲给儿子取这样的名字，表现了他希望儿子志向高远，穷极天地。同时，埏字还有另一读为shān，为制陶之用语，用于埏埴（和泥制作陶器，引申为陶冶、培育）、埏揉（反复捶击、踩踏制作陶器的黏土，引申为反复修改、锤炼诗文）、埏橐（培育）等词语中。父亲希望儿子努力修身治学，千锤百炼，成为大器。

李映乙又给李埏取字"子沂"。"沂"字之意为追求根源，他希望儿子能够追本溯源，承接传统文化的香火，为振兴正在衰落的中华文化而有所作为。李映乙本人号莲舟，他给李埏取号"幼舟"，希望这个儿子能够如古训所云："良冶之子，必学为裘；良弓之子，必学为箕。"自己是一个好老师，儿子也要"克绍箕裘"，成为一个以传道授业解惑为终身职业的良师。

李埏出生时，李映乙在寻甸任县长。寻甸有一高山名凤梧山，风景优美，为当地名胜。山上建有"凤梧书院"。李映乙对凤梧山与凤梧书院都十分钟情，希望爱子长大成器，成为高飞于九天之上的凤凰。因此，他又给孩子取了一个小名叫"凤梧"，寓此深意。

李映乙给儿子取了这样的名、字、号和小名，是希望这个孩子日后能够承继书香，子承父业，成为学者和老师，成为国家的有用之才。他的这个愿望后来真的实现了，子孙三代都是学者和教师，使得这个家族成了一个真正的书香门第、教师世家，都为中国学术和教育的发展做出了贡献。

李埏有八个兄姊，长大成人的有七个，其中兄二人，姊五人。李埏出生时，这些兄姊大都已在路南成家，李埏童年时多数时间随父母在父亲任上，因此他与兄姊们相处的时间不多。

李埏天资聪颖，发蒙甚早，但这有一个特殊的机缘。李映乙早年对长子和次子的教育抓得很紧，但因对这两个儿子过于苛严，使两个孩子对学习有了逆反心理，虽然都打下了深厚的知识功底，但终究对学问毫无志趣。李映乙对此深感失望。到李埏出生时，李映乙已年近半百，精力已大不如前，同时他对先期失败的教子方式进行了反思，发现传统教育的弊端，从而改变了对李埏的教育方式，给李埏以自由发展的空间。到了晚年，李映乙常常自问：为何自己对长子和次子的学习耗尽心血，但他们却无心做学问；对李埏的教育不苛严，李埏反而成了知名学者。他觉得这可能是李埏与学问有缘吧。李映乙自己的言传身教，对李埏的影响至为深远。

李映乙精于书法，每天伏案书写，揣摩改进，以此为人生一大乐事。这给年幼的李埏提供了一个极好的榜样。日复一日看着父亲在案前挥毫，每有心得，便欣然忘食，这在李埏幼小的心灵中留下了深刻印记。4岁时的那天，他模仿父亲学写字。李映乙碰巧看到，喜出望外，感到这个儿子有志于学，志向高远，自己的家学渊源可谓传之有人了。李埏回头看到站在身后的父亲，心想自己私自动了父亲珍爱的文房四宝，担心受到处罚，但看到的只是父亲的微笑，得到的只是父亲的夸奖，从此就更加热爱学习。从4岁开始，直至94岁去世，在90年的漫长岁月中，李埏一直好学不辍。

也是在那天，李埏正式入学开蒙。李映乙忙于政事，无暇亲自教授儿子，因此白天将李埏送入私塾学习，晚上请家庭教师授课。李埏聪慧好学，功课往往能够超额完成，从《三字经》、《五字鉴》、《四书五经》、《朱子小学》到《史记菁华录》、《古文观止》等皆能成诵。李埏的功课总是得老师的嘉许。有一次上对子课，老师以窗外一景随口为题"鸡栖凤尾竹"，李埏也以窗外景色对答"鹤舞龙鳞松"。文意、虚实、平仄皆合，尤其以"舞"对"栖"，一动一静，对得生动灵活，老师和长辈皆竖指夸赞。不论是对对子，还是背书习字，这类出众的表现，李埏常常有之。经过这样的严格训练，李埏能够写一手漂亮的古文和旧体诗词，以及一笔遒劲有力的欧体书法。

年幼的李埏兴趣爱好广泛。他喜欢读书，但并不只限于私塾里教授的儒家经典。他特别爱看中国古典小说。在腾越时，他才十来岁，经常爬到树上看《水浒传》《三国演义》等名著，晚上就讲给大家听。他的讲述很吸引人，连县里的衙役都竖直了耳朵听。

母亲徐竹筠也是李埏的启蒙老师。她生性仁慈，并且勤劳刚毅。她相夫教子，教育子女要读书上进，生活简朴，本分做人，真诚待人。徐竹筠对几个女儿，除教她们做针线外，也让她们读书识字。对聪明的小儿子李埏，她更是循循善诱，经常用讲故事的方式，向儿子灌输做人的正道，教儿子背诵古诗。母亲的良好品行和慈爱对李埏影响很大。李埏一生历经坎坷，但皆能够顽强地坚持下来，其中就有母亲这一番心血的影响。

童年时代的李埏爱学习，同时也很贪玩，特别喜欢体育运动，以至终身热爱体育运动。

李埏幼时，大半时间随父母在父亲任职的地方居住。他经常跟随父亲游览当地风景名胜。在游览中，父亲和同僚、朋友谈古论今，题字赋诗。耳濡目染中，李埏对中国传统文化和祖国的大好河山充满热爱。

第三节　赴昆读书

李埏从4岁发蒙，直至14岁，接受了10年的私塾教育。这给他打下了深厚的国学功底，也为他日后的学习及一生所从事的历史研究奠定了坚实的基础。但私塾教育专注于国学，知识结构不全面，而且也不适应当时的大学考试制度。李映乙是一个力求赶上时代潮流的人。他深感传统教育的不足，因此决定把李埏送到省会昆明接受现代教育。

1928年，李埏随父母来到昆明，他没想到这次来昆竟使他与昆明结下不解之缘，以后自己近80年的时光就在这座城市度过。虽然他并未生于斯，祖籍也不在于斯，但是他仍然把昆明当作自己真正的故乡。

在李埏来昆明的前一年，龙云在云南权力争夺战中获胜，成为云南省政府主席。龙云利用云南远离中原战乱的优势，提出了建设"新云南"的目标，实行了一系列整顿和改革，取得了明显实效，使得云南成为全国社会秩序比较安定、经济建设比较有成效的省份之一。在那个社会大动荡的时期，李埏在云南遇到难得的安定环境，并在云南最好的中小学度过自己的少年时代，完成了初等和中等教育，可谓有幸。

李映乙夫妇带着李埏来到昆明后,本来想让李埏进中学,但是李埏没有读过新式小学,没学过数学(当时称为算学)和自然课,不能直接升入中学就读。于是,他顺利通过入学考试,插班读高小二年级(六年级)。在学习优秀的同学倪昆的帮助下,李埏学得很快,仅半个学期,数学就考得了一百分。

李埏看到倪昆等同学放学后径直前往基督教青年会学英文。天性好学的他也决定要学英语。但是学英语要交学费,还要购买课本等,于是他用自己的零用钱乃至早餐钱充学资。经过刻苦努力,他的英文成绩迅速赶上了先学的同学。李埏对英语的兴趣愈学愈浓,此后从未中断。多年后他的多篇译文和到英伦讲学表现出的熟练扎实的英语能力就是此时开始培养的。

在一年的小学学习中,李埏顺利学完五年的课程,1929年参加全市小学毕业会考,获甲等第三名。同年3月,李埏以第二名的成绩考进当时全省最好的中学——云南省立第一中学校。在入学考试中,李埏的国文依然是满分,数学因不慎失分,在全省六百多位考生中名居第二。

1905年,在清朝推行新政的运动中,云南省当局初创"省会中学堂",并于1912年2月改名为云南省立第一中学校(当时简称省一中)。此后6年,李埏就在这所中学的初中部和高中部读书。李埏已经适应新式学校的教育体制，再没碰到太大的难题了。唯一让他不习惯的是中学的全日寄宿制度，但随着与同学们相互了解的加深，他渐渐喜欢上了集体生活。

中学时代的李埏更加勤奋努力，各门功课成绩皆列前茅，国文和英语尤佳，其他功课的成绩也并不逊色。因为他品学兼优，多次被推选为副班长、班长、校食委员（在当时，学校选拔表现最好的学生参与学校食堂管理）。

李埏勤奋好学是出自他对求知的热情。高中时，他写了《以学愈愚说》一文，说：一个人的成败，不在于智愚，而在于"学与不学"；"高明之方惟'学'之一字，为其不二之法门"；"虽有过人之智而无过人之学则智不足美"。把学习视为走向成功的唯一途径，这既是他当时的切身体会，也是此后他一生坚持不懈的坚定信念。勤奋好学已成为他自身修养的重要内容。这在一位活泼浪漫的少年身上尤显得难能可贵。他在中学连续六次获甲等奖学金。这是该校对品学兼优学生的最高奖励，也是上进向学的学生们梦寐以求的莫大荣誉。他于1935年高中毕业，在全省会考中获甲等第二名。

省一中的生活既严格紧张，又丰富多彩，学习知识和展示才华的机会很多。在学习期间，李埏表现出了多种兴趣和才干,可谓多才多艺。有一次,他在同学处见到李清照的词。易安居士的词优美清新,既有凄婉动人的逸韵,也有慷慨奔放的气度。李埏一读便爱不释手,亲手把全书抄录下来,并根据宋词的韵律学习写词。他以《长相思》、《春去也·寄调忆江南》、《点绛唇》等词牌作过多首词,发表在《昆华校刊》上。从其手法取意,既能看出他师法易安的痕迹,又表现出他对婉约派的偏好。如他填的词《春去也·寄调忆江南》:

春去也,花舞溪头,
杜宇声声不住,行人惘惘意难留。
牵动无边愁。

这一时期,他也写过不少古体诗,曾有《春日登楼》、《暮春月夜》、《大观码头秋夜饯友》等篇刊于《昆华校刊》。其中的《大观码头秋夜饯友》,描写在月寒风轻的秋夜与友人依依惜别的情景:

风清云淡月光寒,斗洒交酬尽刻欢。
此去何年重把臂,一弯流水泪阑干。

从这些诗词中可以看到一位少年才子丰富的情感和如

花的文笔，尽管他还处于"少年不识愁滋味"的年岁。

李埏在中学里也接触到了现代文学。他第一次见到的现代小说，是在同学处看到的蒋光慈的短篇小说集《鸭绿江上》，书中生动表现了中国东北在日本侵略下的严重危机，使李埏深受震撼。随后，他不断借阅新小说，对这一新文体也产生了浓厚兴趣。有一次老师出的作文题是"深秋底（的）农人"，他采用小说的写作方法写作文，得到了老师的夸赞，并作为范文选入学校编印的《国文观摩录》石印发行。

李埏精力充沛，兴趣广泛，积极参加文艺活动。读初中时，一位高年级同学约他参加演出话剧。因当时实行男女分校，省一中是男校，话剧中的女生只能由男生扮演，因此剧组安排李埏在剧中饰演一个姑娘。演话剧要背台词，练动作，不仅能背自己的说白，也要熟记别人的说白。李埏把每次演出都当作很好的学习机会，总是认真排练。不久，他的国语有了很大改进，并且成了学校话剧团的主演。初中毕业时，他和同学们排演了日本剧作家菊池宽的一个剧本。演出时，全校师生乃至社会上很多群众都前来观看，这成为省一中校史上轰动一时的事件。

李埏天生喜欢体育运动。入初中后，学习任务不重，李埏如鱼得水，成了学校的体育尖子，在运动场上大显身手。星期天是学生在一周中唯一可以离校的日子，许多同学都出校游玩，他却常常留在学校踢球，不畏寒冬酷暑，甚至在没有他人参与时，独自一人也要在球场上练上很久。他的球技在中学出了名，初二时就被选入校足球队，直到高中毕业一直是校队队员，经常代表学校参加比赛。由于足球踢得好，他得了"球大将"的外号。

中学时代，李埏并非"两耳不闻窗外事，一心只读圣贤书"，对国家民族的命运漠不关心。读到高中时，日寇侵略凶焰日涨。国难当头，作为一个热血青年，李埏深感"天下兴亡，匹夫有责"，参加了抗战宣传活动。在高二的暑假，有同学组织大家到农村去向广大农民宣传抗日，李埏积极参与。他同一些同学历时月余，步行环滇池一周，白天到田间地头，晚上在村中打谷场，进行抗战宣传。他们没有任何官方背景，也没得到任何资助，完全是自行组织的，所有费用都自掏腰包。这种对国家民族的责任感，一直延续到他人生的尽头。

在省一中读书的这6年，李埏度过了一生中少有的平静而快乐的时光。李埏很幸运，在他的中学时代，云南出现了一个相对和平和安定的环境，他得以在省一中这个云南省最好的学校里无忧无虑地学习。随着毕业时刻的临近，他将要做出他一生中第一次重要选择。这次选择对于他人生的道路至关重要。

年轻的李埏兴趣广泛，但对历史更情有独钟。这个爱好幼年即已萌发。他10岁时，父亲任腾冲县县长，李埏随父母住在父亲任所。有一天，他偶尔看到县衙中有人在看《三国演义》。他借来一读，就被其中丰富生动的历史故事吸引住了，读得入了迷。这部历史小说引发了他对历史的爱好。随后，在李映乙的指点下，李埏开始诵读《史记》、《汉书》、《资治通鉴》。在中学时，他更读了不少史学名著。司马迁、司马光等伟大史家的为人和治学精神，对他有深刻的影响。在省一中的师长中，历史老师夏光南对李埏也有不小的影响。夏老师是一位历史学者，尤精于云南史地之学，有《云南文化史》、《元代云南史地丛考》、《中印缅道交通史》等多部专著传世。他常常给同学们讲述云南的史实掌故，激发他们对历史的兴趣。李埏向夏老师请教怎样学习云南历史，夏老师让他先细读倪蜕的《滇云历年传》。多年之后，李埏深情地追忆了夏老师对他的影响："我本来就爱好历史课，得他的循循善诱，对史学的感情就更浓厚了。"

到中学毕业时，他对日后的发展方向已经很明确：要以"两司马"（司马迁、司马光）为榜样，做一个"良史"。

第二章　负笈北平

第一节　考上公费

高中毕业前，李埏已经选定了自己的人生目标：做一个优秀的历史学家。要实现这个目标，必须接受最好的教育。

在当时，云南的最高学府是唐继尧兴办的东陆大学，即后来的云南大学的前身。虽然东陆大学已取得相当成就，但是比起外地的名牌大学来，学术水平还是有明显差距。位于北平的北京大学、清华大学、国立北平师范大学，被公认为学术水准最高的国立大学。因此，李埏决意报考北平的名校，到北平去求学。然而，要走这条理想的求学之路，又谈何容易！

在那个时代，云南人要去北平，可谓困难重重。首先，国内处于军阀混战时期，各地土匪也非常活跃，杀人越货,乃是常情,要从中国西南边疆的昆明走到遥远的北平,不仅费用高昂,而且充满风险。相对安全的路线是从昆明取道越南海防,登海轮到香港、上海、天津,再到北平。

然而,从这条路线去北平,不仅路途艰辛,旅费也不赀。全程仅车船费就需大洋120元,折合滇币1200元。学费加上生活费,在北平读四年大学,所费不下于大洋2000余元,折合滇币2万余元。李映乙用其多年教书所得的束脩和做官所得的官俸购置了一些田产,在路南可谓中产之家,但这2万余元滇币对他来说也是一个天文数字。通达的李映乙很支持儿子去北平求学,于是积极着手向亲友借贷。但虽经多方努力,最终也未能筹到足够的钱款。李映乙最后决定典卖田产,为儿子筹建学费。但李埏想:卖了田产后,父母今后的生活就没着落了。于是他对父亲说:"爹爹,我不打算去北平读书了,我还是在昆明读吧。"听到这话,父亲很诧异,但很快就明白了儿子的心意。他亲切而又严肃地对李埏说:"到北平读书是你的愿望,也是我的愿望,你怎么能不去呢?"

就在此时,一个好消息从昆明传来。云南省政府宣布:为加强本省的师资,省政府将提供三个奖学金名额,通过公开考试,资助优秀学子到国立北平师范大学读书。具体做法是：先在昆明进行选拔考试，考中者，省教育厅出旅费，资助其赴北平参加北师大的入学考试；被北师大录取者，每月可得省教育厅津贴25块大洋，既不需家中补助，还可购买所需的文具和书籍，待遇可谓非常优厚。

这个消息对李埏来说，犹如黑夜中的一线曙光。但这样的考试，全省的中学毕业生均可参加，既不限考生籍贯所在地区，也不限中学毕业时间，因此竞争必定十分激烈。李埏得知这个消息，非常振奋，从路南赶到昆明报名应考。考试结束后，便是更加焦急的等待。开始几天，李埏每天到省教育厅去看有无消息。但时间一天天过去，快一个月仍未发榜。李埏对录取已不抱希望，干脆闭门不出。这一个月真可谓度日如年。父亲仍在家乡为他的北平之行千方百计地筹款，他独自在昆明等待出榜，每想及父亲的困窘，不由愈加愁闷。

正当他异常焦虑和失望之时，一天，一个同学跑来，高兴地告诉他："你考中了！"李埏一时难以相信这个消息，以为不过是同学的玩笑。这位同学拉着他去教育厅看榜，一看，他的名字赫然列在榜首，成绩全省第一名。此时他的喜悦无法言喻，立即给父亲发电报报喜，忙乱之中也没忘请这位带来好消息的同学去吃夜宵。

得知此喜讯，一家人自然欢天喜地。为了赶上北师大的秋季入学考试，父母积极为他做行前的准备。离家的日子终于到了，一家人的欢喜又变成了离愁。这一去，若考中北师大，因路途遥远，四年之内不可能回家。临行前，在堂屋李埏给坐在椅子上的父母磕头时，心想父母已老迈，不知这四年之内会不会有事，四年之内见不到父母，不能为父母分忧代劳。他刚刚叫了一声"爹""妈"，就哽咽不能语。此时，母亲已是泪如雨下，而刚毅的父亲不愿让儿子看到自己的眼泪，用手遮住眼睛，挥手说："你去吧，一路小心些。"就这样，在1935年秋，21岁的李埏离别父母，踏上了赴北平的旅途。

当时昆明有专门承办往上海、北平等地旅途服务的公司，提供代办护照、签证等手续，安排沿途车船、食宿等。李埏把旅程委托给一家公司，踏上了北上之路。

第二节　负笈北上

1910年建成的滇越铁路，是当时中国通向国外的唯一铁路，由法国人经营管理。李埏告别了家人，在昆明登上了火车，向越南进发。他在火车和车站上，目睹骄横跋扈的法国官员和他们雇佣的为虎作伥的安南帮凶对中国人百般欺凌，这在他心中留下难以磨灭的印象。

第二章　负笈北平

李埏这次北上是一次艰辛而又新奇的旅行。他乘坐的火车穿过无数的崇山峻岭，山上满布茂密的森林，河谷中流淌着奔腾的激流，云南高原显现出其雄浑粗犷的一面。昆明海拔1887米，是典型的温带风光。车行两天后到达的河口县，海拔仅76米，景色也变为鲜艳的亚热带风光。河口到处是芭蕉树、芒果树，郁郁葱葱。隔着清澈的南溪河，对面就是越南的老街。出发后的第三天，通过法国人管理的越南海关，进入老街，向河内和海防进发。到海防以后，他改乘海轮驶往香港。

李埏从小喜欢山水。云南多山，也不乏湖泊。故乡路南有个长湖，童年的李埏很喜欢和小伙伴到长湖游玩。昆明附近的滇池是云贵高原最大的湖泊，周围数百里，故有"五百里滇池"之称。在昆明上高中时，李埏也喜欢和同学租用湖畔农民的木船游览滇池。一群青年学子荡漾在清澈的湖上，眺望远处的"睡美人"西山，体会苏东坡《赤壁赋》中"清风徐来，水波不兴。……纵一苇之所如，凌万顷之茫然"的意境。但是当他第一次看到大海，看到广阔的大海无边无际，海鸟在蔚蓝的天空乘风飞翔时，他才感到水的另外一种魅力。此时的李埏，觉得自己的心胸也像大海一样宽广。

正当他在欣赏大海之壮阔时，风暴突起，风大浪急，船体颠簸摇晃。第一次乘海船的李埏晕船了，呕吐不已。这使他感到人生就像大海,不会永远风平浪静,风浪总会不期而遇。为了省钱,李埏只能购买位于轮船底层的统舱的船票。白天他还能在甲板上观看海景,但是到了夜晚,他不得不下到拥挤的统舱内,忍受那污浊的空气和嘈杂的声音。因此经过四天的海上折腾,到达香港时李埏已筋疲力尽。他最大的愿望就是投店暂住,以沐浴换洗,然后安枕一宿。他在香港休整了一天,第二天登船,依然住统舱,而且风浪更大,为了保证安全,船长下令乘客不许在甲板上多待。因此,从香港到上海,一路更加痛苦不堪。

李埏到上海后,只停留了一天。此前他曾获得中华书局的征文奖,可凭奖券去书局购书,因此他匆匆前往中华书局,用奖券买了一部中华书局新版的《古文辞类纂》,随后即弃船登车,乘火车往北平。

李埏儿时,曾随四处做官的父亲游历过云南的很多地方。云南虽然多山,但也有一些大的盆地(云南方言称山间盆地为坝子)。他到过昆明、沾益、保山等"坝子",已觉很大,举目难眺尽头。但到华北平原之后,他才知道什么是一望无垠。早上太阳从远处的地平线升起,晚上又从另一边的地平线落下,蔚为可观。他感受到祖国河山的壮美多姿,感受到祖国的伟大。

第三节　大学生活

到北平后,李埏以高分顺利通过北师大的入学考试,如愿考入了该校历史系。1935年9月18日,他开始了大学生活。

中国有诸多历史名城,但在过去的几百年中,在学术与文化氛围上,没有哪一座城市可以与北平相比。20世纪30年代的北平虽不再是全国的政治中心,但少了那些昔日高高在上的皇亲国戚和朝廷官员,少了他们的横行霸道,这个城市也就变得更加平和。毗邻的天津迅速兴起,成为北方的商业中心,北平虽因此少了些商业活力,但同时也少了些铜臭之气。此时的北平对自己的功能进行了新的定位,成为名副其实的全国学术中心和教育中心。

20世纪30年代的北平正值学术上的鼎盛时期。就中国思想学术史而言,20世纪上半叶是一个新学和旧学碰撞、中学和西学融汇的时代,也是一个大师辈出、群星辉耀的时代。北平主要大学里的教授,则是这个星群里最闪亮的"明星"。在他们的身上,你能清晰地看到传统士人的言行操守,也能感受到现代知识分子的理想信念。他们接续历史,又瞻望未来;他们吸吮于诗书,洗礼于"五四",养成于西学,以讲台为阵地,以书刊为舞台,或孜孜于传统文化的批判与改造,或倡言西方自由、民主和法治。他们中的大多数,无一不是希图在政治昏暗、外患频仍、传统断裂的现实中探求民族自由、文化重光、国民新生的道路和方法,希图用自己的生命在大学这块"净土"上去构建个人的立命之所,社会的精神家园;他们在黑暗中喊出的民主和科学,至今仍是我们尚须努力奋斗的命题;他们在穷愁困厄、颠沛流离中坚守的为人品格和为学范式,至今仍是值得我们景仰、学习和传承的宝贵财富。[①]

李埏到北平时,虽然辜鸿铭、梁启超、王国维等大师的风采已无由瞻仰,但北平的各大学中仍然有众多大师、名士,是学子们心中的偶像。在史学方面,北大的钱穆、汤用彤、蒙文通,清华的陈寅恪、雷海宗、张荫麟,燕京大学的洪业、顾颉刚,北师大的吴其昌,等等,都是名震天下的学者。

除了文化和历史的深厚积淀外,北平在自然风光方面也自有特色。

李埏喜欢北平。对于习惯了四季如春的昆明的他来说,北平四季分明,春风、夏雨、秋叶、冬雪,四时景

---

① 张军:《民国那些大师》,湖北人民出版社,2008年,序。

色变幻无穷，似乎更具有刺激性。北平城内城外无处不有的名胜古迹，更是令人目不暇接，流连忘返。读书之余，李埏游遍了京城和京郊。他喜欢摄影，常到郊外取景。他摄的一帧香山日出还曾获得一次摄影奖。在幸存的照片中，还能看到年青的李埏在游泳池和溜冰场的勃勃英姿。他生性热爱体育运动，北京四季分明的气候，使他得以享受四季如春的故乡所不能享受的运动。春天，他到郊外远足踏青；夏天，他在北海畅游嬉水；秋天，他和同学到香山观赏红叶；冬天，他活跃在溜冰场上。这些花钱不多的运动不仅使他保持了健壮的体魄，而且也使得他养成不畏惧艰苦环境的习惯。

在昆明上高中时，李埏已有选择历史作为自己将来所学专业的想法。在北师大，一位老师的出现，促使他更加坚定了投身史学的决心。这就是史学大师钱穆。

钱穆（1895—1990），字宾四，江苏无锡人。他自学成才，在 20 世纪 30 年代初即成为史学名家，受聘为北京大学教授。他学识渊博，著述宏富，对经史子集均有精深研究。1936 年下半年，钱穆在北师大兼课，讲授"秦汉史"。李埏选修了这门课，50 多年后他对钱穆讲课的情形还记忆犹新："他一登上讲坛，便全神贯注，滔滔不绝地讲。炽热的情感和令人心折的评议，把听讲者带入所讲述的历史环境中。我在中学时已阅读过《资治通鉴》、《史记》和《汉书》，读私塾时还背诵过《史记菁华录》以及《古文观止》中所选的秦汉文章如《过秦论》、《治安策》、《贵粟疏》等。因此，初上课时还自以为有点基础，并非毫无所知。不料，听了几次课后，我便不禁爽然自失。我简直是一张白纸啊！过去知道的东西不过是一小堆杂乱无章的故事而已。我私自庆幸：有机会遇到这样一位良师，闻所未闻，茅塞顿开，能多听到一些教言也好。"

钱穆的精彩讲授深深吸引了李埏。从此，史学对他的吸引力超过了一切，也使得他最终走上了治史之路。

钱穆在北师大的讲演受到学生的热烈欢迎。每当钱穆讲课时，北师大最大的教室总是挤得水泄不通，连窗外也站了很多慕名而来的听讲者。课后，钱穆身边总是围满了问问题的学生。有一次提问的同学不多，李埏便鼓起勇气上前请教。当时钱穆住在马大人胡同，近东四牌楼，师大在近西四牌楼，钱先生每次出校门后便雇人力车回寓所。这次，他们边走边谈，一问一答，言甚投合，钱穆很喜欢这位好学的学生。出校门后仍意犹未尽，钱先生便约李埏到中山公园来今雨轩继续交谈。他对李埏说："古人说，学然后知不足，教然后知困。学无止境呀！现在你应当着力的，一是立志，二是用功。学者贵自得师。只要能立志，能用功，何患乎无师。我就没有什么师承呀……"钱先生的一席话，使李埏顿有胜读十年书之感。听钱穆的课，特别是亲受了他关于治学为人的指教后，李埏对钱先生更为景仰，对史学研究也更加着迷。

北师大的学生来自四面八方，李埏努力从同学们身上学自己不知道的东西。他发现：云南毕竟地处边疆，交通闭塞，很多内地人熟知的事物，云南人却茫然不知。于是他更多地与外省的同学交往，向他们学习，以开阔眼界。李埏在北师大宿舍有三位室友，其中两位来自广东，一位来自山东。来自山东的同学叫林一山[①]。李埏在同他们的交往中，学到了许多东西。特别是性格活跃的林一山，成了李埏的好友。当时林一山已是中共地下党员（不过李埏并不知道），他向李埏宣传进步思想。

第四节　艰难返滇

李埏进入北平师范大学后，在北平度过了他一生中最快乐的时光。虽然北师大是一所名校，但当时其主要

[①] 林一山，山东文登人，北平师范大学肄业，历任中南军政委员会财经委员会副主任、水利部部长、长江水利委员会主任、葛洲坝工程技术委员会主任、水利部顾问。

任务是培养中学教师,因此在学术训练上也有特别的针对性。而李埏的理想是做一个专业的历史学家,于是决定转学到北大或清华,并报了名,体检也已通过。没想到的是,正等待考试时,卢沟桥事变爆发,他的北平求学生涯遂告终。

1935年9月李埏来到北平时,北平已处于风雨飘摇之中。1931年,日本发动九一八事变,占领东北全境,随后又把侵略矛头指向华北。日本通过《何梅协定》,攫取了包括平津在内的河北省大部分主权。在北平,国民政府的军政人员撤走,日本宪兵在街头横冲直闯,日本浪人横行无忌,无端欺负中国人。李埏目睹这一切,感到非常愤怒。

1935年12月7日,北平学联做出重大决定——两天以后在北平城内举行一次声势浩大的抗日救国请愿游行。震动全国的"一二·九"运动爆发了。

李埏和林一山一起参加游行。在游行中,每当军警冲来,林一山和李埏就立刻钻进小胡同,接着从胡同的另一头跑上大街,重新汇入游行的队伍。如此反复,与军警周旋。12月16日,为反对成立伪"冀察政务委员会",北平学生一万多人再次集会游行,李埏和林一山又一起参加了集会游行。

1937年7月7日,卢沟桥事变爆发。8日,李埏骑着自行车从学校去位于宣武门外的云南学生会馆办事，才骑到半路，就看到街上的报童大喊："号外，号外！日军向我军开火。"李埏马上下车买了一张。李埏拿着号外匆匆赶回学校，同学们也都知道了卢沟桥事变。这些热血青年对日寇的仇恨达到了顶点，含泪吟唱岳飞的《满江红》，表达悲愤之情。

卢沟桥事变后，日寇大举进攻平津。7月29日，北平失陷。大批师生不愿做亡国奴，纷纷逃离北平。在车站，小雨迷蒙，车站月台上，人山人海，喧哗纷扰，到处都是因战争迁徙的难民。李埏与几位同学化装逃出北平，踏上艰难曲折的逃难之路。多年后，李埏忆及这段经历，依然充满对日本帝国主义侵华罪行的愤恨。他多次对子女说起日寇入侵后北平人民遭受的苦难和自己返滇的艰险。儿子伯约记下了这悲惨的一页：

> 父亲在北平时，正值日寇欲发动大规模侵华战争的特殊时期。在一年多的时间里，日寇多次制造事变，但每次都以中国方面作出妥协而告终，直至七七事变爆发。七七事变后，父亲的许多同学都认为日寇很快就会进入北平，为了逃避日寇的抓捕而逃离了。他们也动员父亲尽快逃离。但父亲作了一个错误的判断，认为日寇还不至于即刻进北平，该

事变还会同以前的事变一样很快解决。另一方面，父亲钟情学问，贪恋北平的学术氛围，于是决定冒险留在北平，直至最后的一刻。到了三七年八月初，日寇终于进北平了，于是父亲在日寇举行入城式的同时，购得到天津的火车票，片刻不停地逃离他所钟爱的北平。在逃离北平前，父亲遇到一辆日寇的装甲车在北平街道上横冲直撞，该车曾向父亲疯狂冲来，幸亏父亲躲避得及时，否则很可能就成为一个遇难者。

北平到天津的铁路长一百三十公里，（按）当时火车的正常速度需运行两个多小时。由于沿途日寇封锁，共走了十二个小时。八月的平津，赤日炎炎，车厢里挤满难民，连身体挪动一下的空间都没有，缺乏新鲜空气，呼吸困难。每到一个小站，日寇都要求停车，而且不许乘客下车。若有人从车窗向外扔东西，日军士兵则立即回应以刺刀。父亲目睹窗外的日军士兵，一个个膀大腰圆，而对比当时的中国士兵，面黄肌瘦，父亲深感中国抗战之艰难。

到天津后，父亲将行李放在中国地面，自己去法租界买到上海的船票。购得船票之后，天色已晚，父亲舍不得行李中的一台莱卡相机，决定冒险

第二章　负笈北平

回中国地面取回行李。当时华界已被日寇占领，并实行宵禁，天黑以后仍无住处者会被立即抓捕，而法租界在天黑之后也不许中国人进入。可以说，父亲当时去取行李是冒着生命危险。父亲同值守万国桥的法国巡捕讲清情况，该巡捕同意父亲取了行李之后再进入法租界，但他快要下班，所以父亲回来要快。然而父亲取回行李时该巡捕已下班，而新来的巡捕毫无怜悯之心，不准父亲进入法租界。此时天已经黑了，日军巡逻队正向万国桥走来。此时又来了数十个逃难的中国人，大家一起喊着"冲"，就向万国桥冲去。法国巡捕挥着皮鞭打，但终阻止不住滚滚人流，大家庆幸又捡得一条命。

父亲上船后，刚到大沽口，"八一三"淞沪抗战爆发，船停了下来。乘客只得向下面的人买食物。虽然当地居民行将做"亡国奴"，但还有想发国难财的人，平时卖几分钱的烧饼，竟然卖到五毛一块，父亲难免又是一番感慨。船到了烟台，此时这里还是中国军队驻守，父亲担心到上海后又落入日寇之手，就提前下船，改从胶济铁路、津浦铁路南行。

烟台难民太多，根本买不到车票。当时的火车是蒸汽机车牵引，父亲就爬上了煤车，一路逃到浦口。找好旅馆后，父亲就去洗头洗澡，头刚洗一半，理发师就嫌父亲头发太脏，要涨一倍的价，还问父亲是不是火车司机。父亲回答，不是火车司机，而是煤车上的乘客。当晚，日机数架轰炸南京。旅馆老板自己躲警报去了，但他担心房客乘机偷他的物件，就将旅馆反锁起来，不让房客外出。父亲从窗户里看到日机从房顶上飞过，幸而没有在浦口投弹，否则后果不堪设想。①

此时的李埏尚未打算立即返回云南。一年多前为来北平求学，曾几度柳暗花明，一家人为之历尽愁苦，好不容易得以如愿。到了今天，就在自己刚刚明确了奋斗目标之时，一切希望都被日寇的枪炮打得粉碎。但他仍不想放弃这个来之不易的机会，希望能在上海或南京另投学校，完成学业。

到了南京，李埏找到一位云南籍同学了解情况。此时南京已人心惶惶，这位同学也准备走了。看来在南京重续学业已无可能，李埏又从浦口乘船溯江而上，直奔武汉。江船虽比海船平静很多，但船上挤满了逃难的

---

① 李伯约：《舐犊情深——父亲对我的关爱》，收于武建国、林文勋、吴晓亮主编：《永久的思念——李埏教授逝世周年纪念文集》，云南大学出版社，2017年。

人，李埏爬上货堆，得一隙安身之处。为防晚上睡觉时跌落江中，不得不用绳子把自己同舷杆系在一起。此时的武汉也是满城骚乱。他到武汉大学一看，不仅没有了学生，连工友也看不到了，在空空如也的校园里转了一圈。无奈中，只好打算先回云南，等有了母校的确切消息再说。

离开武汉后，因为远离日寇，路途比较平安。他到广州后，钱已用完，在同学黄德全家住了三个星期，等收到父亲汇来的款后才到香港，取道越南回云南。

卢沟桥事变给中华民族带来了深重灾难，也使李埏的北平求学生活被迫中断。但在这近两年的学习和生活中，李埏开阔了视野，增长了知识，而最大的收获也许莫过于在北平的这段时光，他终于选定了自己的终身志向——成为一位史学家，并开始为实现这一理想而努力。

第三章　亲炙名师

第一节　巧遇吴晗

就在李埏艰险的返乡途中，在从香港到越南海防的轮船上，李埏遇到引导他走入史学研究殿堂的良师——吴晗，这真是不幸中的大幸。

李埏经广州到香港，乘海轮取道越南返滇。上船前，仓促之间他买了一本英文原版的《格利弗游记》，准备在船上阅读，以免英语生疏。

在香港上船，安顿好床位后，他就带着一壶水到甲板上看书。正看得入神，忽然有一个人在他身旁驻足，并和他攀谈起来。这位和蔼的先生原来是文学家施蛰存。施蛰存得知李埏主修历史时，便向他推荐同船的历史学家吴晗。李埏说："我读过吴先生的文章，并多次听到师友谈及他，可惜尚未有幸拜识。"

施蛰存便带着李埏去见吴晗。乍一见到吴晗，李埏不由心头一惊："吴先生竟然如此年轻！"在北平时，李埏已拜读过吴晗的文章，非常佩服吴晗的学问。他一直以为能写出这样思想缜密、文笔深沉老练文章的人，一定是位资深的学者，但这一年吴晗才29岁。

抗战爆发前，云南省政府为发展本省高等教育，聘请著名数学家熊庆来出任云南大学校长。他本着"敬恭桑梓，甘入幽谷"的精神，辞去清华大学理学院代理院长一职，南下昆明赴任。动身之前，他聘请到北京一些有名望的学者到云大任教，吴晗、施蛰存都在其中。1937年9月，即卢沟桥事变之后两个月，吴晗间关南下，先到香港，然后由香港乘船到越南海防，取道河口入滇。

吴晗为人爽朗、和蔼，而且健谈。他和李埏的谈话从战局开始。李埏谈起自己目击日寇进入北平的情景。吴晗听后愤慨地说："蒋介石只顾打内战，不管民族存亡至有今日。"接着，他引古论今，说明以弱御强，只有武装民众一法。当他谈到宋朝时，指出宗泽也应是民族英雄。吴晗的这番话给李埏留下很深的印象。几年后，李埏搜集资料写了《民族英雄宗泽》，就源于此。

另一个谈得较多的话题是云南历史、社会、风土人情、气候物产等。吴晗从未到过云南，但对云南的历史掌故却非常熟悉。每谈及一个地方，就讲述一些有关那地方的历史故事。云南历史上的重大事件，他几乎都讲到了。李埏听后觉得很惊异，并感到自己对桑梓史乘留意不够，应更进一步学习。吴晗即对他说，最好先看《滇云历年传》和《云南备征志》。这句话使李埏想起他的中学历史老师夏光南的指教。夏先生以研究云南史地著称，吴先生的指导与其不谋而合，使得李埏不禁深为叹服。几天的旅程中，他们相谈甚欢。李埏对这位和蔼可亲、博识雄辩的老师十分钦敬。吴晗也很喜欢这位聪明灵悟的学生。

第二节　借读云大

李埏无奈中返回云南后，不愿虚耗光阴，遂决定暂去云大历史系借读，选修了吴晗开的明史课，并按照吴晗的指导，读了《明通鉴》、《明史纪事本末》以及《明史》的一些纪传。对李埏来说，收获更大的还是课余向吴晗请教。

吴晗指导李埏从做卡片开始，以靖难之役为例，教李埏怎样根据索引查找有关的卡片和他所做的笔记。李埏提出两个问题：第一，有的卡片看不出与靖难之役有什么关系，不知何以也收入？第二，怎么知道哪些书里有关于靖难的材料？吴晗回答说："首先要有一点基础，大略知道明初的政治概况；其次要看看史部目录的书，按图索骥；再次要联系思考，读书得间。"他接着又着重说："有材料还不等于有学问。这只是治史的第一步功夫，必须更进一步研究这些材料，审查真伪，分析取舍，然后构思组织、下笔属文。"说罢，他拿出一篇自己写的关于靖难之役的文章给李埏拿回去看，从中仔细体会研究历史的步骤和方法。几天后，吴晗细致地给李埏讲解写作的用心和过程，并现身说法为李埏讲解治学的方法。李埏读得十分认真，并根据吴晗的指点，反复揣摩，领悟要旨，很快掌握了进行历史研究的基本方法。

随着师生俩交往日多，感情也日深。一有空暇，他们就到昆明郊外结伴出游，观看山川形势，欣赏名胜古迹，一面饱览城郊的秀美风光，一面畅谈古今中外大事以及为学治史之方。李埏很多学习中的疑难，就是在这样的谈话中请吴晗解答的。吴晗还应李埏之邀，利用寒假到李埏的老家路南游览了一次，同去的还有吴晗的弟弟吴春曦和施蛰存。

多年后，李埏还深情地回忆他和吴晗的相识："1937年卢沟桥事变后，我离开北平回云南。在从香港到越南海防的轮船上，与吴晗和施蛰存先生邂逅相值。

两先生是应云南大学校长熊庆来先生之聘到云大任教的；我则是因烽烟匝地，辍学返乡的。到了昆明，我为了要从两先生问学，便到云大文史系借读。吴先生讲明史，施先生讲中国现代文学，我都听课受业，朝夕问难请益。到了寒假，我将回里省亲，特邀两先生到路南一览石林叠水之胜。两先生欣然愿往。

"1938年春节方过，两先生和吴先生的弟弟吴春曦取道狗街子、大山坡而至路南。因我家逼窄，附近又无宾馆饭店，所以我请他们到我大舅父家后院花厅下榻。同时向亲友们借了四匹马以供骑乘……。他们在路南一个星期。头三天游览了石林、芝云洞、大叠水及城郊的魁阁、孔庙、狮山。第四天，阴历正月初八，赶黑龙庙会。第五天，入圭山访彝族村寨。先到革温村，后到维则，都假宿于与我家常有往还的友好彝胞家。在维则，我的同学李凤林君热情地接待了我们，陪同我们游览了长湖、独石头、天主堂，还拜访了几家彝胞，参观了公房。住了两宿，然后沿公路返城。李凤林君也骑马把我们送到县城。途中，吴先生把他昨天登独石山听讲赵官（赵发）故事后作的一首七绝念给我们听。李凤林君立即请吴先生到城后写出，他把它镌刻于独石山上。吴先生同意，但要请我先父代书。诗的初稿第二句作'将军雄略妇孺知'，第三句作'我来已历沧桑后'。后采纳了施先生的意见,把'雄略'改为'英名',把'沧桑后'改为'沧桑劫'。于是全诗定稿如下:独石山头树将旗,将军英名妇孺知。我来已历沧桑劫,犹傍斜阳觅故碑。在当天晚餐时,吴先生当着李凤林君请先父代书。先父欣然接受,过了不久便交付李凤林君。"

40多年后,吴晗早已含冤去世,施蛰存则历尽劫难而幸存。1985年5月,李埏去上海开会,抽空造访施蛰存。相见之后,彼此不胜唏嘘。李埏在日记中记写道:

> 四十余年睽违,施先生已年逾八旬,相见几不识矣。晤谈移时,互告别后经历,观当年同游石林照片,不胜感慨系之。

1938年暑假,吴晗第二次游路南。李埏记述这次旅行说:"(吴晗)这次是为了陪同他的好友西南联大历史系教授张荫麟而去的。我当时已转学西南联大历史系三年级,从张先生学宋史。张先生与吴先生同住昆明南昌街白果巷4号。暑假有暇,遂联袂往游路南,仍借宿我舅父家。我陪同两位老师游了石林、芝云洞和叠水之后,便去维则,又登独石头。李凤林君把先父所书吴先生诗拿给他们二位看了,并说已请得石工,即将上石。

大概这年冬天遂上了石,但年月仍依作诗时间作'民国二十七年二月'。"①

后来李映乙书写的吴晗诗,李凤林请石匠刻就于石林。"文革"中,因吴晗遭迫害,此诗也被凿去。

同吴晗在昆几年的交往,李埏深受吴晗的言传身教,进入史学殿堂之门,从此登堂入室,并最终成为卓有成就的史学家。半个世纪后,李埏在纪念吴晗的文章中深情地谈到这段交往对自己的重要影响:"这个阶段,就辰伯师而言,不过是他对后学教诲奖掖的若干事例之一;可是对我而言,却是我一生中难得的际遇,是我确立为学从业的决定性关键时期。在亲炙以前,面对史学烟海,我'渴望天涯路',一片茫茫。史学的领域那么广阔,何去何从,自己连方向也不能辨。至于学习过程完结后,究竟干什么,更无从想起,是他,把我引上治史的道路,耳提面命,带着我一步一步地走。他因材施教,教我练基本功,教我从张荫麟先生学宋史,教我争取考研究生,教我毕生从事教学工作。尤其是他的为人,那不言之教,使我粗知怎样打发自己的一生。"②

---

① 李埏:《记吴晗先生的路南之游》,收于李埏:《不自小斋文存》,云南人民出版社,2001年。
② 李埏:《心丧忆辰伯师》,刊于《思想战线》1981年第6期。

第三节　转学联大

李埏在云大借读期间，一则消息令他激动不已：西南联大决定南迁昆明，预计在1938年3月开学。于是，李埏决定转学西南联大。李埏是北师大的学生，联大承认北师大的学分，如在北师大成绩优秀者，可转学到联大，但仍须面试。李埏回忆道："我带着我在北师大的成绩单到西南联大办事处，在财神巷（后改为财盛巷）。我的成绩不错，有三位教授面试，其中之一说我成绩好，不需再考试，因北师大属北平五大名校之一。接着注册。北大学号P字头，清华开头为T，南开为N，联大的为联。我的学号为联9666。有学号就不收学费，只是入学时交法币10元。住胜因寺旁的省立师范的宿舍（当时师范的师生已疏散到外地）。上课就在农校。此时龙云要求联大为云南培养师资，故在文林街附小办了联大师范学院（现云南师范大学前身），因此有的课（如由陈梦家教授教的中国文字学）在师院上。我1938年9月转到西南联大历史系，因为在北师大读过2年，所以直接读三年级。"

李埏获准转学，进入历史社会学系三年级。对于李埏来说，逃难回乡、被迫辍学之后，又意外地得以在自己神往心仪的名校就读。这是何等的幸运啊！这所在中国教育史上具有传奇地位的大学，对于李埏一生具有莫大的影响。正是这所大学，把他造就成杰出人才。

联大集中了当时中国最优秀的学者和学生，但是他们的生活，处于战时的极端困苦之中。由于市区房租太高，再加上敌机常来轰炸，所以联大的教授们大多选择在郊区租房。为了补贴家用，有的教师只好把仓促出逃时带出的书籍、衣物廉价出售。

联大学生的生活也同老师一样异常艰难。李埏回忆道："在联大读书不交学费，伙食费自理。北方学生称流亡学生，可申请贷金作为生活费，有些人后来无力偿还，学校也没有追要。云南学生没资格申请。我没申请，父母每月给我的钱不多，我很节约。"

战时昆明物价恶性上涨，联大学生虽然不用交学费，但生活也非常艰难。为了帮助学生解决生活困难，联大图书馆和不少系科都安排一些有偿劳动，如看管图书、整理资料等，尽可能给学生一点补助。

联大的校舍非常简陋，上课的教室都是临时建筑，土坯为墙，屋顶是铁皮或者茅草，几十个学生挤在一间狭小的教室里。新校舍的图书馆只有五百来个座位，而住在这里的同学却有一千五百人。因此，多数同学只好到附近的茶馆去读书，做作业，写论文，甚至搞文艺创作。每天清早，校园里乃至墙外的田边地角，到处都是琅琅书声。

昆明虽在大后方，但也免不了受日寇飞机轰炸。每当敌机来轰炸，警报一响，联大师生马上停课，带着书本往郊外的虹山上跑，称为"跑警报"。

就在这种极端艰苦、每天都有性命之忧的困境中，联大的师生们表现出中国知识分子不屈不挠和奋发向上的生命底气。教师无人放弃自己安身立命的事业，仍然进行学术探索，把各自的学术做得更加有声有色，孜孜不倦地培养着莘莘学子。学生们克服重重困难，发奋读书，成为日后成就斐然的优秀人才。在联大，在这段多灾多难的岁月，泰斗级的老师和后来大师级的学生，共同保存着中华文明的元气。

联大教师对学生极为负责。李埏回忆道："尤其值得注意的是，西南联大对这些基础课程，总是延聘学问最渊博、教学经验最丰富、最为学生景仰的知名教授去讲授。例如大一国文、大一英文，开设班次多，几乎是全系主要教授都参与教学，而教学经验较少的教师，却很少被分配担任这最基础的课程。中国通史请钱穆先生、雷海宗先生、吴晗先生讲授，哲学概论请汤用彤先生、金岳霖先生、贺麟先生讲授，经济学概论请陈岱孙先生讲授。青年教师一般只能开专题式的选修课。从教学效果看去，这样安排课程是最佳的选择。因为这些必修课范围广、内容多、系统性强，非学识渊博、经验宏富的老教授是难以驾驭，并给学生以最大教益的。"①

经历了逃亡和失学之苦的李埏，十分珍惜这个难得的学习机会，总是用最严格的标准要求自己。上选修课，他都是选最优秀的学者开的课，以期学到最好的知识。文字学，他选的是陈梦家的"文字学概论"，这是中文系的必修课；英语，他选的是潘家洵的"英语语音学"，也是外文系的必修课。这门课的期末考试，李埏得了80多分，是班上的前几名。联大规定文科生必选一门自然科学，理科生必选一门人文科学。在自然科学中，李埏选了地质学，并且十分感兴趣。所有这些功课，他都取得了优秀的成绩。

联大历史系汇集了当时中国最优秀的史学家。中国通史课有几位老师开，李埏先选了钱穆的课。从钱先生治学是他的夙愿。钱穆讲课，高屋建瓴，具有一种俯视历史发展的气势，历史事件都清晰地展示在学生眼前。李埏已掌握了史学研究的基本方法，因此对钱先生学问的理解更加深刻，受益也更大。从钱穆的讲课中，李埏树立了治史观念：一是研究具体问题要有对历史发展规

---

① 李埏：《西南联大的选课制度及其影响》，刊于《云南高教研究》1995年第4期。

律的宏观把握，二是要有正确对待历史的态度，不可以古非今，也不可厚今薄古，不可崇洋也不可自大，要看到祖国历史的可敬可爱之处，有自豪、崇高和光荣的情感。若干年后同行称赞李埏"博约兼擅"，确与他这一时期的从学分不开。

课余，李埏还常常向钱穆请益，不时一起出外游览。游览之中，李埏总能从钱先生那里获得教益，而且这些教益往往是在课堂上难以得到的。1938年底，钱穆刚刚完成宏著《国史大纲》的《引论》，脱稿以后拟休息一段时间，看看滇中山水，于是请李埏陪伴游览石林，同行的还有钱穆的一位同伴。4天内，他们游览了石林、芝云洞、大叠水等名胜。50年后，钱穆对这次游览仍记忆犹新，在其《师友杂忆》中对此次出游记叙甚详，称赞石林"为生平一奇遇"，把美国的尼亚加拉瀑布与大叠水相比，说尼亚加拉瀑布"较之当时余三人在路南所历，天地已失原形，人生亦无多趣味矣"。这次旅游给他留下了美好而深刻的印象。

李埏在宜良迎接钱穆，钱穆一见面就把《国史大纲》的《引论》送给李埏，说："此稿于前二日写完，是我南来后最用力之作，等从石林回来，我便函要送昆明《中央日报》去发表，你可此数日内先读一读。"这篇文章不久后在昆明《中央日报》刊出，引起强烈反响，成为学界讨论的焦点。李埏有幸成为这篇宏文的第一位读者。李埏当晚便挑灯夜读，后几日的旅游余暇，就自己的体会向钱先生请教，钱穆也就治史之法对李埏说："治史须识大体、观大局、明大义。可以着重某一专业，但不应密闭自封其中，不问其他。要通与专并重，以专求通，那才有大成就。晚近世尚专、轻视通史之学，对青年甚有害，滇中史学同仁不少，但愿为青年撰写中国通史读本者，惟得张荫麟先生与我，所以我们时相过从，话很投机。你有志治宋史，但通史也决不可忽视，若不知有汉，无论魏晋，那就不好，勉之勉之！"①

钱穆的教诲，使李埏更加重视对历史人物的宏观把握。

在联大修中国史专题课，李埏选了陈寅恪的"隋唐史"。陈寅恪的学识和风范，使他受益匪浅。陈寅恪在课堂上的讲述都是发人所未发的独到之见，每写一文，著一书，皆呕心沥血。李埏对此十分推崇，引以为自己治史和教学的榜样。在李埏执教的60年中，他讲课从不重复人所共知的陈说，而是传授在前人基础上有所开拓和创新的知识。李埏的论文因深邃的思想、新颖的识

---

① 李埏：《昔年从游之乐，今天终天之痛——敬悼先师钱宾四先生》，刊于《社会科学战线》1991年第4期。

见、独到的视角而令人拍案叫绝。李埏严谨创新的学风正是在陈寅恪等大家的熏陶下形成的。

第四节　师从张荫麟

在联大求学时期，李埏与许多老师有着亲密的师生关系。在李埏亲炙的各位老师中，关系最密切的是张荫麟。李埏不仅选修了张荫麟讲授的宋史，而且在课外还有幸得到张荫麟多方指教。通过与张先生的交往，他选定了宋史和经济史作为自己的主要研究方向。他回忆道："（我）在联大历史系读了两年，后考取北大文科研究所当研究生又读两年，攻读唐宋经济史。大学三年级我即对经济问题感兴趣。联大规定，大学三、四年级要选导师，我选张先生（导师同意就在表上签字）。"

李埏转学联大时，吴晗在云大的借聘期限未满。为了让自己的爱徒能有更大的进步，他把李埏介绍给张荫麟。张荫麟既是一位良史，又是一位良师。李埏在晚年还对这位恩师的教学记忆犹新："荫麟先生不惟是一位良史，而且是一位良师。……他对教学很认真，对学生很热情，凡亲沐其教泽者，没有不思念他的。贺麟先生回忆说：'他初任教时，最喜欢与学生接近，一点也不摆教授的架子。'其实，他一直是和蔼可亲，深受学生敬爱的。在西南联大,我从他学宋史。常送习作请他指教,每次他都是立即当面批改,边改边讲,不仅改内容,而且改文字,教我怎样做文章。有时候改至深夜,一再请他休息,他也不肯。

"宋史课一开始,他就教我们读《宋史纪事本末》,并从其中自选六十篇做'提要'。每篇提要不得过百字,须按时完成。听课者几十人,他都一一批阅。课上只讲专题,很富启发性。他总是每两三周,提出一个问题,指定几卷书,要我们从那几卷书中找材料,去解决那个问题。以后,问题越来越难,指定的书越来越多。最后,他不再指定,要学生自己提出问题,自己找书看。

"他用这样的方法,训练我们一步步地学会独立做研究工作。他很重视选题和选材,常警告我们:不善于选题的人就只能跟在别人后面转;不善于选材的人就不能写出简练的文章。由于他诲人不倦,我感到课外从他那得到的教益比在课堂上还多。因为在课堂上他是讲授专题,系统性逻辑性强,不可能旁及专题以外的学问。在课外,则古今中外无所不谈。从那些谈话中,使我们不惟学到治学之方,而且学到做人的道理。回想起来,那情景真是谊兼师友,如坐春风,令人终生难忘。"[①]

[①] 李埏:《张荫麟先生传略》,收于云南大学历史系编:《史学论丛》第2辑,云南人民出版社,1986年。

第三章 亲炙名师

李埏依照张先生的指教努力学习。每次课前,都认真地按照张先生的布置去读书。李埏不仅基础扎实、悟性高,而且勤于思考,每次写的提要和读书报告都很有见地,达到张先生的要求。因此,他深受张先生夸赞,被张先生称为"最能体会老师指导的学生"。张先生十分喜爱他,在课外常给他更多的指导和任务,也另出一些题目给他做。李埏也总是尽量详备地搜集资料,写成习作,有时也结合学习体会,自选一些题目去做。李埏每次拿习作去请张先生指正,张先生都很热情地立即当面批改,不仅改内容,而且改文字。一面修改,一面讲授做文章的方法。这样的批改和辅导有时进行到深夜,张荫麟仍毫无倦意,请他休息也不肯。孟子有言:得天下英才而育之,是君子三大乐之一。张荫麟在对李埏如此精心栽培的过程中,也得到了快乐。他对这位可造就的弟子寄予了厚望,他对李埏说:"在学问的总体上,你一个青年,现在不可能超过我们,但在某一点上,你们已经完全可以超过我们了。"这体现了张荫麟宽大的胸怀,也是对李埏的极大鼓励。

李埏在张荫麟的引导之下,打算从货币入手研究宋代经济史。张荫麟很支持,但认为货币是个很大的问题,因此建议李埏可先研究宋代纸币,说:"我知道这个题目有价值,我自己尚未去研究,所以让你去研究,一定要有创见。"李埏不负厚望，不久在宋代纸币，特别是四川交子的研究上取得了显著成果。李埏的论文《北宋交子的起源》写好后，请张荫麟审阅。张荫麟让李埏把稿子留下，改了几个字后，交给在昆明的《中央日报》史学版发表。这篇文章就是李埏的处女作。联大毕业要有论文，李埏做论文讲宋代的纸币，请张先生指导。他的本科毕业论文《宋代四川交子兑界考》，受张荫麟赞赏。张先生给这篇文章打了98分的高分，并亲自送到《中央日报》的史学副刊，推荐发表。文章刊布以后，颇得学界好评。张荫麟看到李埏在宋代经济史研究上日渐深入，视李埏为得意门生，说："李埏会做研究，我更高兴。"

在这些名师的教导下，李埏在联大的两年求学生涯中收获至大，奠定了他一生的追求和学术事业的基础。他在晚年总结说："我在胜因寺住了两年，这两年对我很关键，没这两年我不知自己是什么样子。"

李埏在联大读书时已显露了研究的潜力。他先后发表了《戴维斯对南诏的误解》、《宋代四川交子兑界考》、《种族问题与自然环境》（译文）等文。他后来发表于《浙江大学文学院研究集刊》上的《北宋楮币起源考》，也是在这一时期完成的。这些文章受到了学术界的重视。因为学业突出，德才兼备，吴晗特意介绍李埏加入了"中国史学研究会",成为该会仅有的两名学生会员之一。

此外,李埏还积极参与联大学生的学术社团"十一学会"的活动,该社团民主的学术环境,对他的学术发展也具有重要的帮助。

师从大师,使得李埏得知什么是第一流的学问和第一流的学者,从而确定了自己一生的目标。

第五节　北大文科研究所深造

1939年,联大恢复研究院,开始招收研究生。联大对研究生的培养非常成功。杨振宁说:"我那时在西南联大本科时所学到的东西及后来两年硕士生所学到的东西,比起同时美国最好的大学,可以说是有过之而无不及。"

1940年,李埏考上北京大学文科研究所史学部的研究生,师从向达、姚从吾治中国古代史。

李埏报考研究生提交的论文题为《北宋楮币起源考》。当时北大文科研究所择人标准极高,由所长傅斯年亲任口试委员会主席。口试开始后,傅斯年并不就李埏的文章内容提问,却谈起学术道德问题,说:"做学问,首要的是养德,年轻人尤其如此。引用史料是本人查阅原始书籍所得，可以直接引用，若系抄自他人所著，则事实上要注明转引自某人某者。"李埏听完后，心里明白傅斯年这番话是有所指的，说的是他在《北宋楮币起源考》中引用杨仲良《皇宋通鉴长编纪事本末》中的史料一事。李埏在讨论北宋四川交子产生时间时，用了《皇宋通鉴长编纪事本末》中的史料。这则史料在今本《续资治通鉴长编》中，缺了关键的21个字。李埏根据这21个字，推出交子产生时间的上限，从而把过去一直悬而未决的交子产生的时间问题的研究推进了一大步。他的这一研究得到张荫麟的夸奖。傅斯年为何对此有以上议论呢？这是因为在当时的昆明，只有一部杨仲良的《皇宋通鉴长编纪事本末》，且是傅氏私人藏书，一般人看不到，因而他断定李埏这条材料是转引自他人著作。实际上，李埏正是通过傅斯年所藏的这部《皇宋通鉴长篇纪事本末》而获得这条至关重要的材料的。原来，李埏去看望在龙头村的中央研究院史语所工作的青年学者全汉升时，在全汉升处见到此书，通览了一遍，发现了这条史料。因此书是傅斯年私有，寄放在史语所，全汉升借来一读，如转借他人，恐傅斯年知道后不悦，所以一再嘱咐李埏读后不可声张。李埏遵嘱缄口不说，未料到在口试会上出了漏子。李埏只得以实相告。傅斯年听后，不但未生气，反而予以表扬，参试的教授们也都夸奖李埏好学钻研的精神。

同年考入北大文科研究所史学部的研究生共三人，除了李埏，还有王玉哲和王永兴。

王玉哲抗战前已在北大历史系读书，抗战爆发后随学校辗转来到昆明，进入联大。从联大毕业后，进了北大文科研究所。王永兴抗战前是清华中文系学生，"一二·九"运动中的学生领袖。抗战爆发后，他随清华南迁，加入了长沙临时大学，选了陈寅恪的课。因仰慕陈先生的学问，遂转到历史系。西南联大成立后，他继续在联大历史系读书，毕业后考入北大文科研究所。

在研究生读书期间，李埏最常去的两个地方是昆明城内的靛花巷和郊外的龙泉村。这两个地方，也是一个在中国史学的历史上非常重要的地方。

靛花巷是昆明的一条不出名的小巷子，位于翠湖附近。翠湖四周有许多长长短短、弯弯曲曲的小巷，靛花巷是其中一条。这条本来默默无闻的小巷之所以在中国文化史上颇有名气，原因是在抗战时期这里成了中国文化名流集中居住之地。中央研究院历史语言研究所（简称史语所）1938年春初到昆明时，将所内的一、二、四组设在拓东路，三组设在青云街靛花巷3号。史语所为方便研究工作，将先期疏散到重庆的13万册中外善本书寄运昆明，随即又将靛花巷对面竹安巷内的一座四合院租下，作为图书馆。时兼任北大文科研究所所长的傅斯年，便将北大文科研究所设在靛花巷3号。

靛花巷3号是当时在昆名流学者留下足迹最多的地方之一，梅贻琦、蒋梦麟、陈寅恪、傅斯年、赵元任、李济、董作宾、李方桂、罗常培、汤用彤、罗庸、冯友兰、朱自清、闻一多、郑天挺、魏建功、王力、浦江清、沈从文、唐兰、游国恩、黄子卿、吴宓、袁家骅、邓广铭、吴晓铃、老舍等名人，都曾在此留下足迹。

在这条小巷，李埏度过了他研究生时代的大部分时光。他在60年后回忆道："（我）1940年从联大毕业后，与王玉哲一起考上研究所史学部，当时就读的研究生，全部住在靛花巷3号四楼上，罗常培、郑天挺、唐兰等先生则住在三楼，二楼为研究室、图书室，一楼为饭厅。那时所长傅斯年还不时来看望同学，中研院史语所的好几位研究员及工作人员如董作宾、李方桂、李济等先生来靛花巷3号时我们都见过。文科所为给同学们一个安静的学习环境，不久也疏散到龙头村的宝台山。有时进城回不了乡下就住在靛花巷3号。

"在靛花巷3号，研究生都有著名学者指导。姚从吾先生的专长是蒙古史、元史。我和方龄贵都由他指导。罗常培先生治语言学，郑天挺先生治思想史，汤用彤先生治佛学，也给我们开课。北大文科研究所招过两届研究生，我是第二届。杨志玖是中央研究院语言研究所的研究生，现南开大学教授。任继愈研究哲学史、佛学。阴法鲁、周法高等我都认识。唐兰字立庵，是古文字学家的第一位，是我的导师，王玉哲与他很熟。"

1938年9月27日，日寇飞机第一次轰炸昆明，省政府即通知各学校及科研院所都要疏散到乡下。为保存明清档案及书籍不受损，史语所遂于1939年夏秋疏散到龙泉镇棕皮营村，成为最先到达龙泉镇的研究所。时任副所长的郑天挺回忆龙泉镇（亦称龙头村）时期的情况说："北大文科研究所设在昆明北郊龙泉镇（俗称龙头村）外宝台山响应寺，距城二十余里。考选全国各大学毕业生入学，由所按月发给助学金，在所寄宿用膳，可以节省日常生活自己照顾之劳。所中借用中央研究院历史语言研究所和清华图书馆图书，益以各导师自藏，公开陈列架上，可以任意取读。研究科目分哲学、史学、文学、语言四部分，可以各就意之所近，深入探研，无所限制。

"研究生各有专师，可以互相启沃。王明、任继愈、魏明经从汤用彤教授；阎文儒从向达教授；王永兴、汪篯从陈寅恪教授（我亦在其中）；李埏、杨志玖、程溯洛从姚从吾教授；王玉哲、王达津、殷焕先从唐兰教授；王利器、王叔岷、李孝定从傅斯年教授；阴法鲁、逯钦立、董庶从罗庸教授；马学良、刘念和、周法高、高华年从罗常培教授。其后，史语所迁四川李庄，也有几位（任继愈、马学良、刘念和、李孝定）相随，就学于李方桂、丁声树、董作宾诸教授。

"宝台山外各村镇，有不少联大教授寄寓，研究生还可以随时请益。清华文科研究所在司家营，北平研究院历史研究所在落索坡，都相距不远，切磋有人。附近还有金殿、黑龙潭诸名胜，可以游赏。每当敌机盘旋，轰炸频作，山中的读书作业从未间断。这里确是个安静治学的好地方。英国学者李约瑟（Joseph Needham）、休士（E. R. Hughes）到昆明都曾在所下榻。"

李埏在北大文科研究所的导师是姚从吾先生。由于姚的政治色彩较强，而李埏对政治人物向来比较反感，因此对姚持敬而远之的态度。同时，因李埏专力于唐宋史，因此与另外一位指导老师向达先生交往更多，以后一直也保持着亲密的师生友情。此时，李埏的兴趣依然在宋代经济史。向先生得知后，对李埏说："你自己如果选定了自己的研究方向，就坚定地做下去。张荫麟先生是宋代经济史的专家，你应当多向他请益，不要因为我是你的导师而感到不便。"张荫麟早年在清华求学时，批评过向达，但是向达仍然很欣赏张荫麟的学术，所以主动要自己的爱徒去请教张荫麟。由此，李埏深切感到一个大学者一定有大气度、大气魄,有"学问乃天下公器"的崇高境界。没有这种气度、气魄和境界,就不能成为一个真正的学者。

在北大文科研究所,不仅有名师指导,还有好友相互砥砺和激励。文科研究所的几个研究生汪篯、阎文儒、李埏、王玉哲、王永兴、杨志玖都成了好友。其中,与李埏关系最好的是王玉哲,彼此情同手足。李埏在晚年回忆说:"我的好友,南有徐规,北有王玉哲。我第一次见王玉哲是在大四。那时玉哲住云大工校学生宿舍(云南省昆华工业学校),我住胜因寺。寺的后门隔龙翔街对着工校大门。胜因寺划归省师(云南省立师范学校),当时空闲,被联大租用作为宿舍。以后我们就交往密切。

"玉哲是河南深县人,原在北大历史系读书,到昆明后直接进入联大历史系。我在联大历史系,是学生中的知名人士。我说要去拜访他,他得知后先来拜访我,两人成为好友。到了北大文科研究所后,我们又同班。他学古代史(商周以前),我学宋代史。我们两人都是联大的高才生,还未毕业就发表论文。

"玉哲在北大历史系时就已有名气,写了《驳傅斯年》并发行,被傅先生记恨。玉哲毕业后要考北大研究生,傅先生不录取。但是玉哲是学生里的知名人士,许多教授喜欢他。于是有些教授去为他讲情。出榜时，我和王永兴榜上有名。后傅先生终于勉强同意让玉哲作为备取生。玉哲很难过，我邀请他到路南我老家住了两个多月。我们每天一起读书，散步，无话不谈。他英语不如我，在路南期间向我学英语。他给主持实际所务的副所长郑天挺先生写信，郑先生托人转告玉哲，让他去报到，报到后就是正式生，玉哲很高兴。

"北大在观音殿建了十间简易房，每间住两人，空着两间给来这里讲课的教授住。老舍要到安静的地方写剧本，也住一间，与学生一起吃饭。观音殿在龙头村背后的宝台山，实际上是丘陵。我与董庶住一间。董的导师是罗庸先生。王玉哲住隔壁一间。我们读了两年的研究生。玉哲毕业通过考试，我跟着张荫麟先生到遵义。我在联大本科读过两年，是张先生指导我作本科论文。"

在这段日子，宝台山（龙头村）成为20世纪中国优秀史家传道授业之处。在这里待过的两代优秀史家，成就了20世纪大部分时期中国史学的辉煌。这个辉煌是在极端危险的环境中造就的。北大文科研究所虽然在城外，也逃不脱被日机轰炸的危险。李埏回忆道："我们住在宝台山时，董庶、玉哲、高华年（北大研究生，导师是罗常培）和我为躲避日机轰炸，经常跑警报。我们多跑到今天的云大北院一带，那里当时是坟地。因马街有从上海、南京迁来的工厂,因此成为日机轰炸的重要目标。1941年日军21架飞机轰炸昆明,是炸昆明规模最大的一次。我们向马街跑,跳到没水的深沟里躲藏,听到四周都是爆炸声。"

王永兴也回忆道:"这时候昆明遭轰炸了,非常厉害。警报响的时候,我们就往郊外跑。寅恪先生跑不动。在青云街靛花巷年纪大的不止寅恪先生一个人,(北大文科研究所)就在里面挖了一个小防空洞。楼上的人往楼下跑,只有傅斯年一个人往楼上跑,为什么呢?他去扶寅恪先生了。"

就这样,在这贫困和战乱不断的岁月中,这些优秀学者依然坚持不懈地为中国史学的传承而努力工作。当年北大文科研究所的师生们在极端艰苦的条件下进行的努力,为中国保存了第一流的学术,其意义之大,自不必说。也正因为如此,这段岁月也成为北大文科研究所师生一生中最为可圈可点的一段。李埏后来一直怀念不已。在多年后的日记中,他还多次提到,例如:

> 2001年10月28日 初入北大文科研究所,住龙头村宝台山上。一日,罗莘田先生到所视察,向我辈学生训话,引用"只可自怡悦,不堪持赠君"诗句,余不知其出处。今日阅报,见有人引用乃陶

> 弘景之诗。因查辞源"怡悦"条,有之。陶之诗《诏问山中何所有赋诗以答》云:"山中何所有?岭上多白云。只可自怡悦,不堪持赠君。"按,初闻莘田先生引用时,为1940年10月,至今已六十载矣。

除了北大文科研究所的各位老师外,李埏还时时从钱穆和吴晗等老师那里得到指教。钱穆因母命离开联大赴苏州省亲,但离昆明时已接受迁到成都的齐鲁大学之聘。他在苏州家中居留一年后,1940年秋辞家入蜀。此间李埏与钱穆常有书翰往来,请益赐教。钱穆在信中讲治学立身之道,勉励李埏不断上进。他仍以在北平时教诲李埏的"学者贵自得师"的一贯精神劝诫李埏说:"惟师友夹辅虽为学者要事,要之有志者能寻向上去,望弟好自努力,益励勿懈","惟有志者能自树立为贵","然学问之事贵能孤往"。师生不能相聚时,亦能有所收获:"隔阔相思,往有一字一句触发领悟,较之而谈为更深切者。故师友集合,有时不如独居深念,对古人书,悟入之更透更真;而师友常聚,亦有时不如各而精神转相诉合者。"

在路南时,钱穆曾嘱咐李埏治史要识大体、观大局、明大义。此时他在信中再次指出这一问题,要李埏在治学上避免只埋头考据、不重宏观的风气。他说:

"近人治史，群趋杂碎，以考核相尚而忽其大节；否则空言史观，游谈无根。"这都是有违"通古今之变，成一家之言"的中国史学传统宗旨的。李埏觉得每读老师的一次来信，犹如又亲聆一次教诲，都有收获。

李埏给钱穆的信中除质疑问难外，也常常谈及读《国史大纲》的体会。他的意见皆受到钱先生的肯定和采纳。钱穆在回信中说："弟论《国史大纲》几点皆甚有见地。书中于唐宋以下西南开发及海上交通拟加广记述，其他如宋代以下社会变迁所以异于古代者，尚拟专章发之，使读者可以燎然于古今之际，至问立国精神之衰颓于何维系防止，此事体大，吾书未有畅发，的是一憾，……鄙意拟于一二年内再为《国史新论》一书，分题七八篇，于宗教、政治、文学、艺术各门略有阐发。"在与李埏的交往中，钱穆也得到了教学相长的乐趣，说：我们两人的教与学，"不唯有益于弟，亦复有益于我耳"。因而对两地离别不能相聚深为遗憾，信中常说"恨不能常相聚"，并因昔日在昆明时"恨少暇，未能时相见面"，"深引为怅"。

钱穆对李埏十分看重，认为他"志力精卓，将来大可远到"。他离昆后再未遇上这样的英才，为此深感惋惜，在给李埏的信中说："齐鲁文史各系，素无根底，华西金陵各校程度亦差，颇恨无讲之乐"；"欲在此（指成都）间振起文史之风，大不易，信知英才之难得"。钱穆对李埏寄予厚望，频赐手教，前后写信十余封，短则数百字，长则千字。这些信至今读来仍能令人深受教益。

李埏也仍然经常向吴晗求教。1940年，李埏在导师张荫麟的指导下撰写毕业论文。一天晚上，李埏就一部书的时代问题和自己对这个问题的想法，去请教吴晗。吴晗告诉他说在《四库提要》里已经谈到这个问题。当他知道李埏至今还没有一部《四库提要》时说："这书你应当有一部，这是进入史籍的津梁门经，案头必备。"第二天，吴晗进城到云大授课，傍晚归来，一肩挎一个帆布袋，里面全是书。他取出一包，递给李埏说："这是买来送给你的。"李埏打开一看，原来是一部万有文库精装本的《四库提要》，而且已经题写了赠送的字样。李埏非常感动，知道这是吴晗期望他在史学研究领域中早有作为。

在西南联大和北大文科研究所的四年中，李埏选定了经济史和宋史作为自己的主要研究方向，养成了严谨创新的学风。他刻苦努力，又得名家指点和良好学风熏陶，因此他不仅积累了扎实的历史学知识，而且培养了熟练的研究能力，在自己的研究领域取得了初步成果。正由一个潜心向学的学生成长为一位日渐成熟的青年学者。这四年是他实现由学生到学者转变的时期，是他求学生涯中最关键的时期，也是他的史学研究事业起步的阶段。

第六节 在浙江大学

1942年8月，李埏研究生尚未毕业，因张荫麟在遵义病重，召李埏前往相助。李埏毅然中辍了只有一年就要完成的研究生学业，赶赴遵义，受聘为浙江大学史地系讲师。

浙大迁到贵州后，将历史系设在遵义。1942年，李埏忽然接到张荫麟的书信和电报，约他到浙江大学任教。此时，张先生患慢性肾炎已很严重，他想让自己的这位得意弟子来辅助自己开设宋史课，并在必要时候让其顶替自己，承担宋史课的教学任务。张荫麟向校方提出：因他已不能下床，希望李埏去，与他合作。有的论文，由他口述，由李埏查资料并写出，以两人的名义发表，李埏也可单独发表论文。浙大文学院院长兼史地系主任张其昀看到张荫麟病已很重，故极力要李埏速去，并给予讲师待遇。接到恩师的来信，李埏觉得老师有事，弟子当服其劳，何况老师病重，更当立即去侍奉。同时，他也想再随张先生进一步学宋代经济史。于是他立即回信,说一切照老师的意见办。于是他尚未在北大研究所答辩,就告别父母,赶赴遵义。

李埏于该年8月抵达遵义。他接到浙大一年的聘书,到后未马上上课,而是一直在病房护理恩师。此时张荫麟已病得十分虚弱,常常尿血。李埏昼夜侍奉左右,餐饮药剂无不亲为操持。他后来回忆说:"我到遵义后,在张先生的病房第一次见到张先生的研究生徐规(挈民),并从此成为好友。挈民很崇拜张先生,张先生也说挈民是他的得意门生。

"我、徐规、邹含芬把张先生送到县医院,另两个诊所已不发药,说这病没法治,实际是等张去世。医院的设施极为简陋,药品也很少。张先生的病当时已有特效药盘尼西林(Penicillin)可治,但这种药只有美国的军队里有,贫寒的大学教授是无法奢望得到的。我认识美国驻昆领事馆的副领事,他代我到美军医院去要到一周的盘尼西林。可是要到药时,张先生已于10月24日在县医院病房去世。

"张先生是从联大负气出走,来遵义前又琴瑟失调,遭受离婚之痛,一连串的打击,加上贫困的折磨,终于一病不起。张先生与夫人离异后,夫人已带幼子返回祖籍广东,去世前并无一亲属在身边。只有我和挈民守在身旁,天快亮时落气,医院院长、主治医师都来看张先生，说因缺医少药，实在没有办法。浙大已备好棺木，因此尚未出现慌乱。我和挈民离开医院，去锁张先生的门，亲视含殓。到了天亮时，有两位教授和学生来探视。张先生去世时，我到遵义才两个多月。"

一代杰出的史学家就这样凄惨地英年早逝了，去世时年仅37岁。消息传到昆明，同仁们都十分悲痛。吴晗立即写了一篇《记本社社友张荫麟先生》表示沉痛哀悼，四年后又写了《记张荫麟（1905—1942年）》，作为对张荫麟逝世四周年的纪念。他在文中悲痛地指出："张荫麟平时营养坏，离婚后心境坏，穷乡僻壤医药设备坏，病一发就非倒下不可，非死不可，假使没有这战争，假使这战争不能避免，而有一个好政府，或者是不太坏的政府，能稍稍尊重学者的地位和生活的时候，荫麟那样胖胖茁壮的身体，是可以再工作二十以至三十年的。"

张荫麟去世，是当时学者们困苦生活的一个缩影。张荫麟学贯中西、博通古今。时人称他为"中国学界的国宝"。李埏将其一生喻为"一颗光芒四射的彗星，从中国史坛上倏焉升起，又倏焉消逝"。37岁，正是一个学者学术的黄金年代，而他英年早逝。李埏对这位恩师感情极深，一生都怀念张先生，在80多岁高龄时还写了《张荫麟先生传略》，用饱含感情的笔墨，表达了他对恩师的深情。

但是令他没有想到的是，1943年春，钱穆应浙江大学邀请从四川来遵义讲学。从昆明分手，至今已三年半。三年半以来师生间鸿雁传书，皆望能早日见面，未想到在遵义这个山间小城里得以如愿。钱穆每周在学校讲两次课，系统讲授中国文化史专题。李埏每次都与钱穆一同去来，并遵照钱穆的吩咐，随堂做笔记。钱穆共讲了五周，课程结束后，李埏将所做笔记交给钱穆。这些讲稿成为钱穆后来所撰《中国文化史导论》的底本。

钱穆酷爱山水，每日总要约李埏一同散步。钱穆后来追忆说："余尤爱遵义之山水。李埏适自昆明转来浙大任教，每日必来余室，陪余出游。每出必半日，亦有尽日始返者。时方春季，遍山皆花，花已落地成茵，而树上群花仍蔽天日。余与李埏卧山中草地花茵之上，仰望仍在群花之下。如是每移时。余尤爱燕子，幼时读《论语》朱注'学而时习之，习，鸟数飞也'。每观雏燕飞庭中，以为雏燕之数飞，即可为吾师。自去北平，燕子少见。遵义近郊一山，一溪绕其下，一桥临其上。环溪多树，群燕飞翔天空可百数。盘旋不去。余尤流连不忍去。"

遵义城有一河名湘江，穿城而过。每日早餐后，师生二人沿着湘江河岸顺流而行，"每出必半日，亦有尽日始返者"。这样的散步，除雨天外，没有一天间断。散步途中，钱穆向李埏讲述自己的家世、生平；讲自己如何立志于学，刻苦自励，自学成才。钱穆虽无师承而终成一代大师，他的经历给了李埏极大的教育。谈得更多的，还是治学方法。钱穆说：学史须以致用，学史致用有两个方面，一是为己，二是为人，为己的意思是自己爱国，若不能受用，对自己的修养毫无作用，那何必学呢？为人就是为国家，为社会，倘若所学对国家社会毫无益处，那是玩物丧志，与博弈没有什么不同。他再次要求李埏不要追随崇考订的时风，说："不少学者孜孜，今日考这一事，明日考那一事，至于为何而考，则不暇问。这种风气，宋时朱子已批评过，你们决不宜相从，只窥一斑，不睹全貌。要识其大者。"

在遵义的相见，是李埏自北平初识以来，第三次亲聆钱穆的教诲，每一次都有耳目一新之感，不仅都使李埏学业又进一层，师生的感情也更深了一层。特别是聆听了钱穆关于游山、交友、治学的宏论，真可谓胜读十年书。他原以为钱穆学问如此广博，必是整日埋首书斋，未想到游兴不减于年轻人。钱穆乃以游山养性之理喻之，并在《师友杂忆》中记录了师生间的这席对话：

  一日，李埏语余："初在北平听师课，惊其渊博。诸同学皆谓：'先生必长日埋头书斋，不然得有此。'及在昆明，赴宜良山中。益信向所想象果不虚。及今在此，先生乃长日出游，回想往年在学校读书，常恨不能勤学，诸同学皆如是。不意先生之好游，乃更为我辈所不及。今日始识先生之一面。"

余告之曰："读书当一意在书，游山水当一意在山水，乘兴所至，心无旁及。故《论语》首云：'学而时习之，不亦乐乎'也。读书游山，用功皆在一心。能知读书是吃苦，游山是享乐，则两失之矣。"

李埏又言："向不闻先生言及此，即如今日，我陪先生游，已近一月。但山中水边，亦仅先生与我两人，颇不见浙大师生亦来同游。如此好风光，先生何不为同学一言之？"

余曰："向来只闻劝人读书不闻劝人游山。但书中亦已劝人游山。君试以此意再读孔子、朱子书，可自得之。太史公著《史记》，岂不告人彼年年已遍游山水。从读书中懂得游山，始是真游山，乃可有其乐。《论语》曰：'有朋自远方来，不亦乐乎。'如君今日，能从吾读书，又能从吾游山，此真吾友矣。从师交友，亦当如读书游山般，乃真乐也。"

李埏又曰："生今日从师游山读书，真是生平第一大乐事，当慎记吾师之日之言。"

钱穆的游山之论，境界极高，修为未达极致者，不能理解。从他的高论中也可见，李埏在他的心目中不仅是一位良可造就的得意弟子，也是共享读书游山之乐的朋友。师生情谊之深，于斯亦可见一斑。

在一次散步中，钱穆问李埏最近读什么书。李埏答以方看完一本克鲁泡特金的《我的自传》。克氏是安那其主义（即无政府主义）之巨子，此书不仅讲述了克氏的政治主张，而且也讲述了他为理想奉献牺牲的经历。李埏说：自己虽不赞成该主义，但对克氏其人甚感钦佩。钱穆听了很感兴趣，即索观其书，很快看完，又叫李埏代觅其他有关安那其主义的书。钱穆一边看，一边对李埏说：安那其主义与中国先秦道家思想有可比较之处。读后钱穆写就一篇《道家与安那其主义》，刊于《思想感情与时代》杂志上，引起读者的极大兴趣。与李埏的交往，犹如钱穆给李埏信中所说："不唯有益于弟，亦复有益于我。"这也正是钱穆珍惜他们师生情谊的原因之一。

遵义的重逢对钱穆和李埏都是人生中最愉快的时光之一。但这段美好的时光实在太短。钱穆因主持齐鲁研究所工作之故，婉辞了竺可桢校长留其长期设帐浙大的盛情，在遵义讲学一月毕，即返回四川。临别之际，钱穆书一横幅赠予李埏，寄托他的厚望，也纪念他们的忘年情谊：

> 横幅录杜甫诗《奉简高三十五使君》：
>
> 当代论才子，如公复几人。骅骝开道路，鹰隼出风尘。
>
> 行色秋将晚，交情老更亲。天涯喜相见，披豁对吾真。
>
> 杜诗一首赠幼舟仁弟　钱穆①

钱穆离黔不久，李埏也因母丧返回云南。此后师生又有两次重逢，那时李埏已在云南大学执教了。

张先生去世后，李埏仍留浙大史地系，心情十分郁闷，觉得在遵义已无意义。他说："我在浙大还没有在满一个学期，母亲也去世了，我就打算回滇奔丧。虽浙大发聘书给我，我也没接受。因为我去遵义是为了张先生，张先生已去世，不必再去。况且张其昀是一个政客，对荫麟先生颇为苛刻。我因荫麟先生的病，与他有些交涉，他感到很不高兴。到荫麟先生去世后，便收拾我。每个教师薪水20元，但张其昀不给我，还说我们已两年未开西洋通史，让我去教。我说原先说好是教中

---

① 李埏：《昔年从游之乐，今天终天之痛——敬悼先师钱宾四先生》，刊于《社会科学战线》1991年第4期。

国史，而且我并不是学西洋史的，怎么能够随便改变安排呢？

"我离遵义回昆奔丧，许多事委托挈民帮我办。（缪）鸾和主动陪我回路南治丧。因我太过悲痛难以下笔，因此是鸾和帮我写的祭文。鸾和又劝我回昆教书，并向方国瑜先生建议，方先生又向熊庆来校长讲，请我到云大任教。"

第四章 终身教职的开端

第一节 任职云南大学

1943年夏，29岁的李埏受聘为云南大学文史系讲师。他没想到，因为这一受聘，他将终生在云南大学执教，在云南大学度过60多年的时光。

1911年云南"重九起义"推翻清朝统治后，亟须发展教育，培养人才。五四运动之后，省内呼吁自办大学之声愈炽，督军唐继尧也感慨于云南人才匮乏，遂于1920年积极筹备办学，任命留美学生董泽为处长。1922年唐继尧自己带头捐款10万银圆。在他带动下，云南各界人士也踊跃捐款，解决了经费的困难。

1923年4月20日，东陆大学举行开学典礼，唐继尧在致训辞中提出："今后教育，希望诸君以德育为主。校章第一条曰：'要发扬东亚文化、研究西欧学术、俾

第四章 终身教职的开端

中西真理融会贯通,造就专门人材。'望诸君勉力实行之。"他还为新的学校制定了"自尊、致知、正义、力行"的校训,并提出了"与中原齐躯,而同欧美争衡"的奋斗目标。唐继尧为名誉校长,董泽为校长。

新建的东陆大学位于原云南贡院内,其校园是当时中国最漂亮的大学校园之一。大学主楼以唐继尧籍贯会泽命名为会泽院,其设计仿照巴黎大学主楼,是一法国古典风格的现代建筑。大楼矗立有四根圆形巨柱,上托阳台。正门设四扇巨型西式雕花栅栏铁门。大楼的前方是学校的大门,逐层迭起的 95 级石阶连接了大门与大楼。整座建筑气势宏伟,巍峨壮丽。

东陆大学创办后,在各方面都有迅速的进步。1927 年 5 月,中华文化教育基金董事会朱庭祜来昆明实地考察东陆大学,在总结中盛赞道:"东陆大学实为西南方面不可少之储才学校。"1930 年,云南省政府将东陆大学改为省立,1934 年更名为"省立云南大学"。1935 年 9 月 4 日,云大校务会议首次正式提出改省立为国立提案,省主席龙云对此表示支持。

为了提升云南大学的学术水平和教学水平,以达到国立大学的标准,经缪云台、龚自知、方国瑜等人的积极推荐,龙云夫人顾映秋亲自到北京请贤,努力争取著名数学家熊庆来来主持云南大学。1937 年 7 月,熊庆来抱着建设"小清华"的理想,回到云南,接受了云南省政府之聘,出任云大校长,促成了云大历史上的一段辉煌。

熊庆来履新之后,努力争取把云南大学改为国立大学。1938年7月1日经国民政府行政院会议通过"省立云南大学"改为"国立云南大学"的议案,并任命熊庆来为校长,使得云南大学能沿着"从云南实际出发充分利用资源丰富的优势加以研究,以期尉为西南学术重心"这一办学方向,不断发展,不断提高。熊庆来在为云大写的校歌中写道:"太华巍巍,拔海千寻。滇池淼淼,万山为襟。卓哉吾校,与其同高深。"这表现了他对云大未来的期许和信念。

熊庆来任校长期间是云大的黄金时代。他来云大时,云大只有3个学院,39个教授,8个讲师,302个学生。在他执掌云大的12年间,熊庆来延聘了187名专任教授和40名兼任教授,还延聘了一些外国教授,使云大成为一所有5个学院、18个系、3个专修科、1个先修班的多学院、多学科的综合大学,学生人数达1100多人。

熊庆来秉承清华"独立之精神,自由之思想"的传统,不向权贵屈膝。抗战胜利后,云南省财政厅愿出巨资,建造一座"志公堂",以纪念龙云(龙云字志舟)。

尽管熊庆来与龙云的个人关系很好，而且龙云对熊庆来的工作也予以大力支持，但是他认为大学必须坚持独立的品格，坚决不同意。多年以后，李埏回忆此事，感慨地说："我认为熊先生的这一坚持是难得的、可敬的，表现了中国知识分子的优良传统。"

熊庆来深知办好一所大学最重要的是人才。为此，他大力延揽英才，吸引了顾颉刚、刘文典、冯友兰、吕叔湘、吴文藻、楚图南、华罗庚、陈省身、赵忠尧、彭恒武、吴晗、费孝通、严济慈、方国瑜、白寿彝、吴富恒、蔡希陶、吴征镒等学术大师到云大执教。据统计，当时云南大学共有23个学科的全国知名教授222名。1948年，曾在国立云南大学任过教的9位教授被遴选为中央研究院院士，占当时全国81位院士的11％。

在熊庆来延揽到的英才中就包括了李埏。1943年6月，李埏接慈母仙逝噩耗，立即回滇奔母丧。料理丧事毕，他向浙大告假，居家守孝，陪伴伤感的老父。此时云南大学历史系主任徐嘉瑞有意留李埏到系任教，历史系教授方国瑜亦大力动员李埏到云大工作。不仅如此，爱才如渴的熊校长也亲自出面邀请这位青年学者来共襄盛举。

李埏在北平读书时就已见过熊庆来，熊庆来对桑梓和学术的强烈使命感给李埏留下了深刻印象："云南旅平学生假座北京西单的西黔阳饭馆聚餐，欢迎熊庆来先生返滇长省立云南大学。……这是我第一次看见他。原来他是一位欲讷于言、朴实诚笃的前辈，他那天的讲话，至今好像犹在我的耳际。熊先生说：'我为什么要离开清华这样好的环境去那简陋而闭塞的云南大学？有位朋友对我说：孟子曰"吾闻出于幽谷迁于乔木者，未闻下乔木而入于幽谷者。"你不遵孟子之教，将来必有后悔。《孟子》我是读得很熟的，但我仍决心回去。因为我深知：我们云南落后，没有一所完善的高等学校，所以我认定，只有在云南办好自己的大学，使很多青年得到深造机会，不必舍近求远，满足建设需要，我是云南人，从事大学教育，敬恭桑梓，唯办学一途。能培养出成百上千的后起之秀，不胜过我个人的成就吗？'"

到了此时，熊庆来亲自盛情邀请，李埏感到十分感动："1943年，熊先生留我在云南大学任教，我毅然从命，一直到现在，追忆往事，那次聆教真令我受用一生啊！

"他对我说：'我们都是云南人，又都是从事大学教育。因此，我们要恭敬桑梓，就得在云大作久远之计。你去遵义，既然是因张荫麟先生之故，现在张先生已去世，再去就无多大意义了。云大历史系有几位云南前辈，希望你向他们学习，将来继续他们的事业，继长增容。'"①

熊校长的人格和雄心的感召，促使李埏下了决心，于1943年到云大任教，一直到2008年去世，历时65年。

李埏到云大后，熊庆来十分器重他，时常劝勉激励。1944年，云大要派两名青年教师到法国进修深造。熊校长选择了李埏和缪鸾和。后因这两个名额被省教育厅的官员暗箱操作，"走后门"给了某高官的亲属，此事遂成泡影。

在云大历史系执教，令他十分愉悦的一件事是能常与方国瑜商榷学术。方国瑜早年曾读北师大国文系，1932年在北大研究生毕业后，又曾做过北师大研究院编辑员，而李埏也在北师大读书。因此对于李埏来说，方国瑜既是学长，又是前辈。1936年方国瑜应云南通志馆之聘回滇。熊庆来任云大校长后，延请他任文学院院长。方国瑜很赏识李埏的才学，竭力促成了聘其到云大一事。李埏到云大后，与方国瑜可以经常见面。方国瑜是云南地方史研究的拓荒者，他建议李埏留意云南经济史的研究。后来，在方国瑜提供的资料的基础上，李埏写了《汉宋间的云南冶金业》和《要重视云南经济史的研究》，署名为李述方，意思即方国瑜的材料，李埏的

---

① 李埏：《熊迪之先生轶事》，收于李埏：《不自小斋文存》，云南人民出版社，2001年。

表述。这充分表现了两人亲密无间的合作。

李埏与方国瑜都有志献身桑梓教育事业。从李埏1943年受方国瑜之邀到云大执教,直到1983年方国瑜去世,两人共事四十载,在顺境中相激励,逆境中相扶持,结成了始终不渝的深情厚谊。

第二节 从相逢到相爱

李埏初登教坛之时,实现了他一生中最重要、最美好、最幸福的事,即与相爱多年的赵毓兰终成眷属。人生的许多事都是意料不到的。1937年夏,当李埏艰难返滇,因学业中断而悲愤时,他怎么想得到今后几年他将会亲炙那么多的名师。当1938年春,他为了生活而去大理师范任教时,他也想不到将在那里遇见与他相伴一生的女子——他的学生赵毓兰。

赵毓兰1922年2月2日出生在云南省下关市的一个职员家庭。父亲赵铸,昆明人,家境贫寒,虽然自幼好学,但是初中毕业后无力读高中,于是进了邮电学校,毕业后成为电报局的报务员,被派往下关电报局工作,遂在那里娶妻成家,育有三女一子:长女韵兰,次女穆兰,三女毓兰,幼子树基。赵铸为人稳重厚道,工作努力勤恳,妻子杨玉蘅,聪慧伶俐,靠自学而粗通文墨，精于女工家务，且为人善良，乐于助人。赵铸微薄的薪水不够维持一家六口的生活，但杨玉蘅善于勤俭持家，心灵手巧，做些针线和小生意，以贴补家用，因此一家人虽然生活拮据，但和睦温馨。

赵家是一个有文化的家庭。赵铸喜爱读中国古典文学作品，每天工作之余，手持书卷，诵读不辍。儿女们也每每缠着他讲故事，听他把《三国演义》、《西厢记》等文学经典中的故事娓娓道来是莫大的乐趣。杨玉蘅也知书达理，喜欢音乐，见女儿们喜欢音乐，就买了二胡、笛子、洞箫、口琴，让女儿们自学。女儿们无师自通，居然自己学会吹拉弹唱，家里充满了歌声和乐声。赵铸夫妇很重视儿女的教育，节衣缩食也要把孩子送进学校读书。

赵毓兰从小喜欢读书，尤其喜爱文学。在她6岁时，和9岁的二姐、不满5岁的弟弟一起到小学读书，同读一年级。读高小时，姐弟三人每晚还要去读私塾，读些《千家诗》、《声律发蒙》、《幼学琼林》之类的书。父亲也给儿女买了一些书，如《四书》、《古文释义》、《古文笔法百篇》及唐诗宋词等。毓兰如饥似渴地读着这些书，并为诗词中的意境所陶醉。如有一次，当她读到僧志南的"古木阴中系短蓬，杖藜扶我过桥东，沾衣欲湿杏花雨，吹面不寒杨柳风"时，就呆呆地想象那杏花雨、杨柳风的意境，以致母亲和她说话也没听到，姐姐们揶揄她说："看，老三呆了。"

毓兰姐妹小学毕业时成绩优秀，会考时，毓兰考了第一名，二姐考了第二名。无奈家境贫寒，只能供家中唯一的儿子树基读初中，因此毓兰姐妹失学在家。她们虽然渴望继续读书，但也很理解父母的苦衷，因此在家帮父母做些家务和自学。

1937年初夏，省立大理师范学校招收一个学制四年的女生班，不仅有伙食津贴，品学兼优者还可获得奖学金，毕业后分配到乡村小学任教。赵家姐妹得知这个消息十分兴奋，得到父母同意后，前去报考，毓兰和二姐分别以第一名、第四名的成绩被录取。她们十分珍惜这来之不易的学习机会，学习非常刻苦，成绩名列前茅，每学期都获得奖学金。

1938年春，李埏应聘到大理师范任教，任赵家姐妹所在班级的班主任。毓兰成绩冠全班之首，而这位年轻教师活跃洒脱，才华横溢，极受学生们钦敬。李埏在大理师范任教一个学期，在这一学期的相处中彼此都留下了良好的印象。50多年后，赵毓兰在随感中回忆了她第一次见到李埏的情景："记得是1938年3月初的一天，我们一年级下学期开始，第一堂课时赵子平老师领了一位很年轻的男子到教室的讲台上，介绍说：'这位李埏老师是你们新来的级任老师,要教你们的国文和地理,大家要好好学习,要听话……'介绍完毕,赵老师就走了。于是,在新老师的教导下,我们开始本学期的学习。李埏老师号幼舟,云南路南人,国立北平师范大学二年级肄业生。因卢沟桥事变,北平沦陷,他辗转道路,流亡回滇。到昆后因无适当学校可进,暂时应夏朗君校长之聘来大理教书。他在教师当中是最年轻的人,充满朝气与活力。他的到来,好像一股清新的风激起一潭静水的涟漪,我们这些更为年轻的人活跃起来了。他组织我们开辩论会、演讲会、体育比赛等活动,我们班的学习和生活不再是死气沉沉的了。他讲课生动活泼,还加上有力手势的配合,很具吸引力。我们能专心听讲,课堂效果是很好的。

"他有年轻人的热情,鼓励大家努力向上做一个新时代的新青年。有两句话是他给同学们题纪念册的留言:'努力,向人生的道上!奋斗,向人生的道上!'同学们,就连高年级的学生在内,普遍对他有好感,我也如是。有几位年纪更小的同学和他就更亲近了,如同一位大哥哥带着小妹妹们玩。我呢,虽然是当班长,有许多他叫做的事要向他汇报,但我从不一个人去找他,都是二姐陪着,因为母亲嘱咐过一个姑娘不能单独一个人去找男老师,要避嫌。这一年的暑期李老师离开大理到昆明西南联大复学,同学们是依依不舍的。而我却从这一年的相见和相识,七年后竟和他在昆明结成伉俪,如今白头到老,屈指半个多世纪过去了。"

李埏对这位才女产生了爱意,毓兰也对这位才子颇有好感。但是毓兰觉得自己年纪还小,不愿谈及男女恩爱之事。

李埏在北大文科研究所读研究生时,赵家的经济境况发生了较大的变化,可以支持毓兰姐妹从大理来到昆明读书了。她们姐妹通过考试,就读于昆华女子中学高中。北大文科研究所在龙头村,毓兰姐妹常到龙头村,请李埏帮助补习英语。在交往中,李埏和毓兰加深了了解。李埏爱上了这位气质优雅、风度婉约的学生,毓兰也爱上了这位才华横溢、乐观豁达的老师。1942年李埏前往浙江大学任教,毓兰姐妹亦随其来到遵义,在浙大附中就读。客居遵义期间,李埏痛失恩师、慈母,在他最痛苦的时候,毓兰的陪伴给了他莫大的安慰。1943年毓兰姐妹又同李埏一起回到云大,在云大预科班学习。

此时赵家的经济情况已今非昔比。毓兰的大姐韵兰与彭学山结婚后,齐心协力经商。彭学山具有经商天赋,经过多年打拼,终于事业有成,到了1943年已成为大理一带的富商。毓兰聪慧秀丽,家境又好,慕名求婚者不少。但是毓兰的心中只有李埏,尽管李埏只是一

第四章 终身教职的开端

介穷书生。当她向父母谈及此事时，得到父母的首肯。赵老夫人对李埏的评价是："得婿如此，余愿足矣。"

1945年春，这对从相识、相知到相爱的有情人终成眷属。他们在昆明举办了简朴而庄重的婚礼，从此开始了63年相濡以沫的生活。著名文字学家唐兰为这对新人婚礼写了贺幛。前来祝贺的有吴晗、闻一多、汤用彤、尚钺、袁家骅、郑天挺、楚图南、姚从吾、罗庸、徐嘉瑞、雷海宗等西南联大教授以及这对新人的亲朋好友，他们都在贺幛上一一签名，见证了这个幸福的时刻。

婚后几天，新婚夫妇回路南老家拜见李埏的父亲。回昆后他们在昆明小西门附近的小富春街租了一间耳房住。2007年9月李埏对女儿伯敬回忆当年的情况："我们在冠生园举行婚礼，用西餐招待来宾。刊头由唐兰教授题写。唐先生是著名甲骨文专家。王玉哲当时在大理教书，回昆后看到唐先生的字，感到很遗憾，因他没有唐先生的字。婚后，我们最先住在小西门的一条巷里。没几天，我们回路南拜见父亲。离开路南时，父亲让春燕（引者按：李埏家的保姆）带来炊具、大米、火腿等给我们，并让春燕留下帮我们。回昆后我们在洪化桥对面的富春街租了一间耳房住。在富春街住的时间很短，接着搬到北仓坡，又搬到唐家花园。"

李埏和赵毓兰婚后不久，便有了第一个孩子。这是个男孩，健康活泼，非常可爱，给这对年轻夫妇和两家老人带来无限的欢乐。李映乙遍查经典，为这个孙子取名。因为自己已经年过七旬方得此孙，他有感于元稹"去日桐花半桐叶，别来桐树老桐孙。城中过尽无穷事，白发满头归故园"的诗句，为这个孙儿取了一个小名叫桐孙。

毓兰身体向来单薄，经常生病。在娘家时，两个能干的姐姐心疼她，把家里的活全包揽了。毓兰虽然也做些家务，只是心思不在此，因此不擅长于此。现在自己有了家，必须学做家务。桐儿出生前，赵毓兰还以为可以一边读书，一边带孩子。但是在以后的岁月中，许多想不到的事使她无法实现自己读书、做学问的愿望，她只能做一个家庭主妇，把自己最宝贵的一切奉献给这个家。

第三节　艰辛度日

1945 年 8 月 15 日，日本无条件投降。9 月 9 日，在华日军总司令冈村宁次在南京签署投降书。中国人民终于赢得了最后的胜利。"破碎山河迎胜利"，全国人民欢欣鼓舞，沉醉在胜利的欢乐之中。昆明市内和周围四乡到处是噼噼啪啪的鞭炮声，许多人逢人就高喊："胜

第四章 终身教职的开端

利了！胜利了！"李埏也是欣喜若狂，抗战终于胜利了，艰苦岁月终于过去了，自己也终于可以做学问了。可是，他美好的愿望只是一个泡影。

1946年5月，北大、清华、南开北迁。吴晗希望李埏随他北上，并将向清华推荐李埏去任教，以继续张荫麟先生的宋史和经济史研究的未竟之业。但是此时李埏考虑到母亲去世，父亲年迈，尤需自己照顾。其次，当时时局已很恶劣，教师待遇微薄，加上物价飞涨，实在难以存活。幸而老父不时托人从路南带些米来，方能果腹。如果去到北京，"长安居，大不易"，生活即无着落。况且内战在即，依照以往的经验，云南可能还是一个可以躲避战乱之处。到将来老父百年之后，孩子逐渐长大，全国局势也应当明朗了，那时再做北上的打算也不迟。

李埏在做出这个决定的时候，万万没想到这是一个决定了他后半生的重大决定。因为这个决定，他将在昆明度过以后62年的光阴。直到30多年后，昔日的老师邓广铭相招，他才有机会考虑重返北大，但是由于中国僵化的人事制度，最终未能如愿。

未能随同吴晗去清华，李埏心里充满惋惜和惆怅。屋漏偏逢连夜雨，桐儿半岁时突发高烧，送到医院救治。医生说是得了大脑炎，说："只有盘尼西林（青霉素）是特效药。只要打几针，定能奏效。"但在那时，盘尼西林是进口药物，价格昂贵，李埏一家三口，靠他教书所得的微薄薪水为生，而此时又是物价飞涨，勉强糊口尚且不易，购买盘尼西林更无从设想。他到处借钱，但所熟悉的师友都生活贫困，无法筹到药的钱，因此李埏夫妇只能眼睁睁地看着爱子在高热中抽搐。经过尽力抢救，孩子活了下来，但大脑受到损伤，丧失了说话和行动的能力。爱子的病残，成为李埏夫妇心中挥之不去的伤痛。

此时李家有了第二个孩子，是个女孩，取名蒨蒨。毓兰为照顾孩子和料理家务不能外出工作，一家四口的生活全靠李埏一人的工资。为了养家糊口，李埏不得不在校外兼了几份工作：在《民意日报》兼文史副刊主编，还在几所中学兼课。为了多上几节课，他除历史课外还兼英语课，因为教英语课备课时间较少。李埏是个做事认真的人，教中学就要尽力教好。同时，由于受张荫麟、吴晗的影响，李埏教中学历史很用心，还撰写并发表了《高小和初中的历史教材》等文章。

时局的动荡，生活的艰辛，没有动摇李埏从事学术研究的热望，他每日工作到深夜。从小就健壮的身体，支持着他教书、做研究。他先后发表了《高平学案》、《元昊与宋》、《欧史徐注纠谬》、《补廿二史记"西夏番盐"条》、《宋初秦陇竹木》、《北宋西北少数民族地区的生熟户》等文,并写成《路南县沿革大事系年》。由于教学与研究工作出色,1948年他晋升为副教授。

李埏是个顾家的人,虽然教书、做研究已使他筋疲力尽,但他还是尽量挤出时间照顾孩子,做家务,以减轻妻子的负担。当时昆明可以买到牛奶的地方很少,所以他每天都要跑几条街给孩子取牛奶。天晴的日子,他都要把桐儿抱到户外走走,看看,晒晒太阳。他担心孩子缺钙,希望儿子能走路,到药店买了鱼肝油,每天喂孩子吃。

李埏对父亲、姐姐很有感情。每当学校放假,他总要带着妻儿回路南老家小住,看望老父和住在路南的大姐。父亲和姐姐到昆明,他总是热情接待。徐建华是大姐最小的儿子,那时还不到10岁,但已能记事。多年后,他回忆说:"我对四舅的记忆,始于1943年外婆病逝,舅舅回家。1944年母亲上昆明镶牙,带着姐姐和我同行。四舅执教于云南大学,领我们去云大参观。到了医学院解剖室,看见停放着的尸体,我和姐姐很害怕,四舅却不以为然,还给姐姐和我讲解。每到假期,四舅一家都回路南,住外公家。母亲每去看外公,必带我去,所以我常看到四舅一家。四舅也到我家与母亲长叙。毕竟我那时还是一个小娃娃,对四舅的了解仅限于表面：戴一副黑边框眼镜，穿一袭长衫，文绉绉的、懂科学、洋派。用相机以花园的大槐树作背景，为外公、母亲和我照相。每天用滴管喂表弟小桐、表妹小蒨鱼肝油，晴天要抱着表弟晒一个钟头的太阳。四舅母夏天穿着短袖旗袍，轻言慢语，斯斯文文。表妹已穿着小红皮鞋学步，表弟还用小抱被包着，头总是直不起来……"

在这段艰苦的时期，最令李埏高兴的事是钱穆到昆明任教。联大北迁后，昆明地区的高校只有云南大学及联大留下的昆明师范学院。有鉴于此，昆明地方人士于乃义、于乃仁兄弟拟建私立五华书院。于乃义以及云大文史系主任方国瑜知道李埏与钱穆交厚，便托李埏代致盛意，两校合聘钱穆来任教。钱穆欣然许诺，于1946年秋抵达昆明。他在云大讲中国文化史，在五华书院讲中国思想史，请李埏协助辅导学生。尔后，钱穆又应邀每周一次到军官学校讲中国古代军事史，亦请李埏随行笔录，以备将来撰专书之用。钱穆结合讲课写成考据论文若干篇，皆刊于李埏主编的《民意日报》文史副刊上。

钱穆来昆时胃病未愈，带病而行。李埏决定请钱穆同住，由自己亲侍起居，赵毓兰亲自为钱穆司烹饪。这不仅使钱穆胃病逐渐好转，也使得在昆明举目无亲的他得享家庭欢乐，心情更为舒畅。钱穆在回忆录中对这段时光无限寄怀，写道：

第四章 终身教职的开端

> （李埏）在五华山唐继尧一大园中租得一宅，邀余去同住。平屋三间。李埏夫妇及一幼子、一幼女住左室，余住右室，中室为食堂。余与李家同食。盖因李埏与志义知余翠湖惟膳食一事安排不佳，故为此计。由李埏妻亲任烹调。同桌五人，余乃俨如其家之老人。然而从此余之一日三餐遂获妥善之解决，余之体力亦日健。[①]

钱穆在昆期间也是李埏最忙碌的时候。此时的李埏已有两个孩子，家累颇重，不得不在校外几处兼课，整日奔波。即便如此，他还是尽力挤出时间协助钱穆讲学。能重温师生深情，李埏与钱穆的心情都十分高兴。但是这一次相聚不到一年。无锡巨商荣氏筹办江南大学，欲聘钱穆主讲。钱穆遂辞去云大和五华书院的聘请，转至江南大学。

钱穆离昆后，向云大推荐其弟子张德光来云大任教。李埏慨然将学校刚分的校内晚翠园内的住房让给张德光居住，自己一家仍住在一套狭小的住房内。李埏和张德光此后共事几十年，成为同事和朋友。

[①] 钱穆：《八十忆双亲·师友杂忆》，岳麓书社，1980年，第229页。

第四节　迎接解放

父亲李映乙多年为官，深知官场黑暗，反复告诫李埏绝不可从政。李埏专心治学，对政治缺少兴趣。但"一二·一"事件与闻一多之死使李埏受到极大的震撼，开始投身反抗暴政的运动。

李埏对闻一多心仪已久，在"十一学会"等活动中与闻一多也有过接触，但密切的交往还是在1944年春以后。当时李埏的中学同窗好友徐天祥任昆华中学校长，聘请李埏到该校兼教务主任。李埏在西南联大学习，后在云大任教，在两校师友颇多。徐天祥想借重李埏以罗致联大和云大的青年教师来兼课，并请一些知名教授来校讲演，以改善教学质量，提高学校声誉。经过李埏的联络和努力，昆华中学聘请了一批年富力强而学养优良的教师来教课，还请了不少知名教授来校讲演。

第一次来讲演的是吴晗。第二次准备请闻一多。闻一多不仅同意，而且还想到昆中做一个兼职的专任国文教师，要求是提供三间住房。李埏得知很高兴，立即和徐天祥校长商量。徐校长虽未见过闻一多，但也久慕闻一多名望，于是提供四间房外加一间厨房，每月还发给120斤大米，20块"半开"滇币。

第四章 终身教职的开端

闻一多以一位名学者、名教授身份而俯就一个中学之聘，兼任一个国文教员，实在是为生活所迫。那时的昆明物价飞涨，货币贬值，使许多教授在贫困线上挣扎。闻一多全家八口人，全靠他一人的薪水供养，只得在授课之余，还雕刻图章，以补生计，但有达官贵人以重金请他制印，均被严词拒绝。因此，昆华中学每个月的120斤米和20块"半开"，对闻家的生活有很大帮助。在吴晗的《哭一多》、闻黎明的《闻一多传》中对这一段史实都有记载。吴晗写道："在前年（引者按：指1944年）'五四'的前几个月，为了一桩事，我去看他。那时他在昆华中学兼任国文教员，每月有一担米、一点钱和两间房子，虽然忙得多，比前些年有一顿没一顿的情况已经好多了。"何炳棣则回忆道："1944年春间在联大新校舍遇到闻先生，他问我的近况，我告他为解决住的问题，我在大西门外昆华中学兼课已半年多，虽只一间，宿舍楼固窗明，条件还可以。他说住在乡下本来是为躲避日机轰炸，往返20余里很不方便，如果昆华中学能供给两间房子，他可以考虑去兼课。我立即把闻先生的意愿告诉李埏（云大文史系讲师，兼任昆华中学教务主任），他和徐校长喜出望外，立即决定以原作医务室的小楼楼上全部划为闻先生全家住处。我记得楼转弯处的平台还不算小，可以煮饭烧菜囤放松枝。楼外空旷，住定了后，闻师母开辟了小菜园，颇不乏田园风趣。"

闻一多在昆华中学兼课仅一个学年。因闻一多经常在课堂上宣传民主思想，痛斥特务政治，使当局恼羞成怒，促令徐天祥校长解聘闻一多。徐校长不从，被省教育厅免职。新上任的校长思想反动，完全听命于当局，于是闻一多被逐出学校。

抗战胜利后，昆明的局势发生了很大变化。这些变化对中国知识界和李埏个人都有重大影响。

1927 年的北伐战争取得胜利之后，国民党政权形式上统一了全国，结束了分裂，但它实际上是一个由多个地方集团组成的结合体，内部矛盾重重，派别之争是其不可克服的隐患。云南的政权一直由以龙云为首的滇系军阀控制，中央政府无法插手。龙云一方面表示服从于中央政府；另外一方面，对蒋介石希图铲除地方势力的做法也心存疑惧。因此，他一方面紧紧抓住强悍的滇军，使得蒋介石对他心存忌惮，不敢在昆明肆意妄为。另一方面，他力图争取对国民党不满的知识界，结成抵抗蒋介石的同盟，是时昆明因之也被称为"民主堡垒"。

抗战胜利后，滇军主力奉调到越南接受日军投降，于是云南出现了权力真空。1945 年 10 月 3 日，蒋介石命其嫡系杜聿明部包围并攻占了云南省政府，俘虏龙云，送到南京任空头的军事参议院院长，从而在云南建立了清一色的"中央"统治。这一变局，使得昆明政治形势骤变，笼罩在白色恐怖中。

12月1日，大批特务携带武器，闯入云大、中法大学等校殴打师生，捣毁校舍。暴徒在联大校舍前投掷手榴弹，杀害了南菁中学教员于再，联大学生李鲁连、潘琰，以及昆华工校学生张华昌，史称"一二·一"惨案。

1946年7月11日当晚，民主人士李公朴在圆通街被害。闻一多抱住李公朴的遗体，哭喊道："公朴没有死！公朴没有死！"朋友们劝他暂时避开，以防不测，他说："事已至此，我不出去，什么事都不能进行，怎么对得起死者？假如因为反动派的一枪就都畏缩不前地放下民主工作，以后叫谁还愿意参加民主运动，谁还信赖为民主工作的人？"

闻一多是当局第二个暗杀对象的传闻，早已传得纷纷扬扬。7月15日，昆明学联以治丧委员会的名义在云大至公堂召开"李公朴遇难经过"报告会，闻一多昂然站在讲台前面，横眉怒对国民党反动派制造的白色恐怖，发表了著名的《最后一次演讲》：

> 这几天，大家都知道昆明出现了历史上最卑劣、最无耻的事情！李先生究竟犯了什么罪，竟遭

此毒手？他只不过用笔写写文章，用嘴说说话，而他所写的、所说的，都无非是一个没有失掉良心的中国人的话，大家都有一支笔、一张嘴，有什么理由拿出来讲，有什么事拿出来说，为什么要杀！而且不敢光明正大地打杀，而是偷偷摸摸地来暗杀！这成什么话？

今天，这里有没有特务？你站出来，是好汉的站出来！你出来讲，为什么要杀死李先生？杀死了人又不敢承认，还要诬蔑人，说什么"桃色案件"，说什么共产党杀共产党，无耻啊！无耻啊！这是某集团的无耻，恰是李先生的光荣！李先生在昆明被暗杀，是李先生留给昆明的光荣！也是昆明人的光荣！

你们以为打伤几个，杀死几个就可以了事？就可以把人吓倒了吗？其实广大人民是打不尽的，杀不完的。你们杀死一个李公朴，会有千百万个李公朴站起来！

闻一多的讲演使会场沸腾起来，每讲一句几乎都被热烈的掌声打断。但是会后在闻一多回家途中，大约5点钟，枪声响起，闻一多也遇刺身亡，年仅48岁。

李埏本来对政治不感兴趣，但是作为一个爱国者，看到多年来国家战乱不已，满目疮痍，心中为国家前途

第四章　终身教职的开端

深为担忧。在中学和大学时,他都积极参加了抗日救亡运动。不过,总体上说,他是一个痴迷于学问而不过问政治的人。但严酷的事实使他逐渐感到不能不问政治。闻一多在云大至公堂慷慨激昂的讲演,李埏亲历其境,为之感奋。闻先生在光天化日之下被谋杀,令李埏心中悲愤填膺。他本与这位老师关系亲密,闻一多刻的最后一颗印,就是刻给李埏做纪念的。李埏后来在《记闻一多先生在昆华中学》中写到此事:

> 我很羡慕一多先生的治印艺术,但我一直没有请他给我刻一枚。原因是他桌上老摆着那么多的待刻印章,知道他已够忙累了,怎么好意思再去干扰他呢?因此,直到1946年6月间我去看望他时,他问我有没有什么事要他帮助。我才说:"最好能得到您的一枚印章。"7月上旬的一天,我又去看望他。他从抽斗里取出一枚章递给我,说:"我们快要分手了,作为一个纪念吧。本想刻颗石章,但手边没有好石头,还不如这颗血牙呢。"我接过一看,上刻"李埏"二字,阴文,篆书;边款小字两行,文曰:"卅五年七月,应幼舟兄嘱,一多"。后数日,他便遇难。这枚章,大概是他的绝作了。我一直珍藏到现在,打算捐献给某所博物馆,以垂永

久，并供陈列。①

作为一个正直的知识分子，李埏同情学生民主运动，闻一多的死更使他深受震撼。由此他深刻地感觉到国民党政权已经无药可治，不推翻这个腐败专制的政权，实现民富国强是不可能的。

闻一多被刺后不久，云大文史系新聘来一位青年教师马曜，和李埏不久成了挚友。马曜是中共地下党员，他经常向李埏传播革命思想，借进步书刊给李埏读。他们一起交流读书心得，讨论时局。从马曜那里，他越来越多地了解到中共的政策主张。

在马曜等朋友的影响下，李埏积极参加了反对专制、争取民主的活动。此前，他总盼望着能够潜心研究，现在他认识到，在国民党专制政权的黑暗统治下，安心做学术研究是很困难的。他在报纸上撰文抨击当局的种种弊端，揭露官员的劣行，还加入了中共团结各界进步人士的组织"新民主主义者联盟"（简称"新联"）。在云大进步师生的推选下，李埏先后任云大教授会第一任主席、云大募捐委员会主委、云南大学工会筹委会主委、昆明市教育工会筹委会委员会主委等，并以云大教

---

① 李埏：《记闻一多先生在昆华中学》，《云南日报》1988年11月30日。

第四章 终身教职的开端

授会主席的身份，积极组织云大教师支持昆明保卫战。

1949年，解放战争在全国范围内大部地区取得了大面积胜利。为了尽早取得最终胜利，中共中央提出争取云南省政府主席卢汉起义，实现云南和平解放的方针。12月9日晚，卢汉通电向全省发表广播讲话。12月10日，卢汉发表了起义通电。毛泽东和朱德在收到通电的第二天，即回电表示祝贺，予以嘉勉。12月13日，中国人民解放军第二野战军司令员刘伯承和政治委员邓小平也发来电报，对云南起义表示"至为佩慰"，还电告卢汉：已派陈赓、宋任穷克日率三个军兵力入滇。

昆明起义后，蒋介石责令驻滇的中央军第八军和第二十六军围攻昆明，妄图扼杀起义。在中共昆明地下党组织发动民众的全力支持下，卢汉率领起义官兵奋力抵抗，展开了激烈的昆明保卫战。

在这紧急关头，解放军兵分两路，由贵阳、桂林两地日夜兼程赶往云南，一路直奔昆明救援，另一路奔向蒙自，切断国民党军队以蒙自机场飞逃台湾的企图。20日，卢汉将刘伯承、邓小平关于已派野战军驰援昆明的电讯传达到前沿阵地，一时间，群情激奋，斗志昂扬。

由于昆明久攻不下，又得知解放大军的先头部队已抵达蒙自附近，第二十六军于20日夜间悄悄撤退。次日一早，第八军也急忙撤回南逃了。

云南大学教职工积极投入了昆明保卫战。云大教师张家驹、陈年榜、徐德祥、徐绍龄、吴佑礼、杨允中、马仲明、赵春谷、缪鸾和、孙必兴、李作新、赵谦、王烈祖等 20 多人参加了义勇军文教中队,每人领到步枪一支,子弹 50 发,其任务是在城东的龙头村、东庄,南面的裕滇纱厂旁筑工事防守,在校内的主要道路和大门边挖战壕、垒沙袋。云大的"工警会"也组织工人、校警护校。作为云南大学教授会负责人的李埏,在积极组织教师支持昆明保卫战的工作中发挥了重要作用。

1950 年 2 月,中共云南省委员会在贵州安龙成立,宋任穷任第一书记,陈赓任第二书记。1950 年 2 月 20 日,宋任穷、陈赓率领中国人民解放军二野四兵团进入昆明。这天早上,卢汉率领所属文武官员和中共滇桂黔边纵、中共滇桂黔边委领导人,远赴昆明东郊菊花村欢迎解放军。简短的仪式后,解放军入城,沿途 20 万各族人民夹道欢迎。

李埏组织云南大学师生在金马碧鸡坊热烈欢迎解放军。昆明市民载歌载舞地到街上欢迎。看来中国将会发生历史性的变化了,站在欢迎队伍中的李埏,充满希望地期待着。

在此之前,新中国已于 1949 年 10 月 1 日宣告成立。翌年三月,云南省人民政府也组建了。新政权建立后,万象更新。首先是长期恶性通货膨胀的势头,在短短的几个月内就遏止了。吸食鸦片、卖淫嫖娼、赌博等社会毒瘤,几乎是一夜之间荡然无存。小偷没有了,门锁也没有用了,实现了古人梦想的"夜不闭户,路不拾遗"的理想治安。作为历史学家,李埏的感受无疑较之常人更为深刻,这种社会历史的巨变和他自己的亲身体验,对他的人生与价值观产生了决定性的影响。

新政权没有派军代表进驻云南大学,由临时校务委员会负责学校管理,维持原有教职工队伍和行政机构。过渡顺利完成,不久恢复上课。尤使李埏感触的是,在国家经济严重困难的情况下,政府还于1950年9月设立了人民助学金,资助贫困学生。

李埏和全国知识分子一样,热情向往着新中国,期盼中国从此走上独立、自由、和平、统一和强盛的道路。他相信,在新中国,他能专心从事他所心爱的史学研究,为中国的学术事业做出贡献。此时他年方三十五岁,正是风华正茂之时。

第五章　跌宕起伏的20世纪50年代

第一节　出任云南省图书馆馆长

1950年5月，云南省军管会组建云南省图书馆，并任命李埏为首任馆长。此时，政府没收来大量图书，各界人士也捐献出不少图书，书籍成倍增加，全馆上下忙得不亦乐乎，这是他一生中最为忙碌的几年。可是再苦再累，他仍然心甘情愿。像那个时代的人们一样，他为中国所发生的巨大变化感到欢欣鼓舞，觉得能在共产党的领导下，为新中国出力，为人民服务，是非常光荣的。

李埏为云南的图书事业做出了很大贡献。当时在昆明有一幅《清明上河图》，有人以为难分真伪，主张不要买，但李埏力主收购下来。后来经考证，这是一幅明人临摹的《清明上河图》，具有极高的文物价值，成为云南省图书馆的镇馆珍品。

第五章 跌宕起伏的20世纪50年代

李埏在云南省图书馆工作了三年,在这三年间,也经历了三次政治运动——土改、"三反五反"及思想改造。当时的李埏同绝大多数知识分子一样,对共产党充满了景仰,因此积极地投入这些运动中,真诚地希望通过运动改造自己,成为"社会主义新人"。

新中国成立后不久,土地改革运动就开始了。1951年11月,李埏被派到武定县农村参加土改工作队。李埏将参加土改当作使自己适应新社会的锻炼。在土改运动中,中国农村将发生什么样的变化?在土地改革过程中,李埏的思索一直向过去延伸,后来土地制度问题成为他研究的两大主要领域之一。

土改是李埏第一次参加政治运动,也是他第一次深入了解农民。武定农民的极度贫穷,使他受到极大震撼。他相信农民的贫穷是由于地主阶级的剥削压迫和落后的生产关系,因此对共产党的阶级路线和土改政策深信不疑,衷心拥护土地改革。

当李埏在武定参加土改时,他在路南的父兄也遭到了批斗。父亲李映乙从官场隐退后一直住在路南县城。他做官之前,用教书所得的收入在路南买了一些田地出租,收取地租,这是他隐退后唯一的生活来源。作为地方开明士绅,他也尽力为地方民众争取利益,抵制省里派来的官员对本地普通百姓的骚扰,因此在地方上享有较高的威信。他虽被划为地主,土地被没收,由于从未有过欺压乡民之事,依照当时的说法,即"没有民愤",因此没像其他地主那样受到体罚。

李埏之兄李垓没有职业,子女又多,日子过得很拮据。但当地土改工作队仍然将李映乙、李垓划为地主,关进农会追讨浮财。生性懦弱的李垓在惊恐之下,很快死去。李映乙这时已80多岁高龄,不久也染痢疾不治。此后,农会要李垓之妻交代"浮财"的去处。李垓一家本来就家徒四壁,李垓之妻交不出来,受到体罚,惊恐万状。她以前因为公公对他们夫妇一事无成多有责难,而对李埏称赞有加,因此对李埏心存怨恨,于是信口说"浮财"寄放在李埏家。于是农会派人到昆明,住在李埏家追讨。但李埏早已一切自立,所谓"浮财"无从说起。但在当时的情况下,李埏不得已认了这笔子虚乌有的"浮财"。李埏夫妇本来就没有什么积蓄,此时已有三个孩子,一家五口全靠李埏一人的工资生活,日子过得紧巴巴的,根本没钱来偿付这笔"浮财"。

此时李埏还在武定的土改工作队,家中的事只好由赵毓兰处理。贤惠的毓兰不仅倾家中所有,把自己的陪嫁和娘家的馈赠都拿了出来,还向李埏的同事江应樑借了一笔钱,才得以渡过这一难关。江应樑看到李埏窘迫的境况,同意李埏逐年偿还这笔借款。李埏用了近十年才还清了这笔钱。

最令李埏痛心的是父亲的去世。虽然李映乙去世时已是八旬高寿,但死于饥病,死后被草草掩埋于野地,后来再无法寻觅葬身之地。李埏从小深受父亲的关爱和培养,不能替父亲养老送终,而且连父亲葬于何处都不知,这成为他心中永远的伤痛。

尽管如此,李埏对土改没有产生抵触情绪,认为土改是中国农民翻身的必要举措,仍积极参加土改工作。在武定土改工作队的日子里,李埏经历了从未有过的艰苦生活和工作条件,吃糠咽菜,风里来雨里去是家常便饭,但他把这当作对自己的磨炼。

在之后的"三反五反"运动中,李埏看到了共产党雷厉风行地铲除贪污腐化的行动,深感在短短的几年内就取得如此卓著成效,真是旷世未见。

接着,中国开展了知识分子的思想改造运动。1951年10月23日,毛泽东在中国人民政治协商会议第一届全国委员会第三次会议的开幕词中说:"思想改造,首先是各种知识分子的思想改造,是我国在各方面彻底实现民主改革和逐步实行工业化的重要条件之一。"《人民日报》在同一天发表短评《认真展开高等学校教师中的思想改造学习运动》,思想改造运动进入高潮。这个运动要求知识分子抛弃资产阶级思想,树立无产阶级思想、共产主义思想。李埏同其他知识分子一样，成了改造的对象，被要求交代自己的家庭出身和在旧社会的经历、所受到的剥削阶级家庭的影响，以及自己的收入，等等。作为省图书馆馆长，李埏还要交代是否有贪污的思想和行为。知识分子在思想改造运动中自己交代和别人揭发的所有错误，本人都要深挖思想根源和危害性。

李埏在省图书馆工作三年多，没有领过一分钱的报酬。在这三年里，他一直在云大上一门课，但因为他被借调去省图书馆，所以云大两次调工资都没有调他的，他对此也没有怨言。他在"三反五反"运动中没有任何问题。但是由于出身地主家庭，又是旧社会过来的知识分子，在思想改造运动中，他仍然经受了许多批判。即令经受痛苦和委屈，李埏对这场运动仍然持正面的看法，没有抵触情绪。在他1953年元旦的日记中，可以看到李埏在这场运动后的心态：

> 1953年1月1日 历史系同学王汝等来拜年，问新年感想和计划。我谈：
>
> 感想是：国家进步成就很大，前途无限光明，令人欢欣鼓舞，但个人一年来错误很多，不能迅速提高，跟不上国家建设的需要，觉得毫无用处，非常愧悔。

计划是：除努力把岗位工作做好，不断学习为人民服务的精神外，还想在新的一年内做好两件事：（1）把俄文学到能看书报；（2）初步掌握历史唯物论的武器。

当时正处于全盘学习苏联的时期。李埏参加了云大办的俄语学习班，而且进步很快。他努力学俄文，甚至在出差中也还抽时间学：

1954年6月30日　抵京。自昆明出发至抵此，为日共十八日。途中读完俄文新课两课半，复习旧课三课。

很快，李埏就可以借助词典读苏联学者写的经济史俄文原著了：

1956年1月31日　日来自学渐入正轨。每晨读理论书——《反杜林论》；中午读俄文——《苏联通史》及杂志。

以后他撰写《译名质疑两则》，对"普天之下，莫非王土"的俄译文、法译文进行了校正。对《资本论》中译文出现的"劳动地租"这一术语，也参照德文原著加以订正，并对照与此相关的列宁的俄文术语进行互证。

第二节　重回云大任教

正当李埏在图书馆工作做得有声有色之时，云南大学再三要求李埏回校工作。李埏虽然对自己一手建立起来的图书馆恋恋不舍，但魂牵梦萦的仍是他的书案和他的讲台，于是力辞馆长之职，于1953年10月回到阔别3年多的云大历史系。

李埏离开省图书馆以后，仍关心省图书馆的建设和发展，无偿地参与一些工作。比如他在1957年2月13日的日记中写道：

> 下午2：30应省图书馆邀去开座谈会，讨论该馆筹备中的"科学阅览室"问题，六时归。

云大要求李埏回到云大，是因为这时云大的发展进入了一个新时期。

1952年，李广田被任命为云大副校长，并主持云大的实际工作。李广田是一个深受北大、清华和西南联大熏陶的优秀学者。他认真执行党的方针政策，努力团结全校知识分子和同事，出色地完成了思想改造后期的院系调整工作，并狠抓教学和科学研究工作，提高教学质量和科研水平。

李广田认为人才是一个大学的立校之本，深知熊庆来为云大留下的一支高质量的师资队伍来之不易，因此在当时的政治环境中，尽力保护知名学者，提拔和重用有才干的中年学者。

李广田对有成就的学者都予以尊重。例如对以狂傲闻名的刘文典，李广田言必称"老师"、"刘老"。在他大力支持下，刘文典被定为西南三省唯一的一级文科教授，并被推选为全国政协第一、二届委员。

李广田也深受学生爱戴。当年的学生张文勋回忆道："1952年底，我们第一次见到广田校长是在大礼堂举行的迎新年晚会上。当新年钟声敲响后，广田校长用充满诗意的语言，向大家发表新年祝词。讲话不长，但句句扣人心弦，话音刚落全场响起暴风雨般的掌声和欢呼声，同学们簇拥上去，把广田校长高高抬起来，绕场和同学们见面。作为学生，这位新来的校长给我的印象好极了，对他的敬仰和崇敬之情油然而生。"

李埏从省图书馆回到云大历史系后，深感几年的图书馆工作使自己的业务荒疏，他废寝忘食地投入到教学和科研中，同时也认真地学习和领会教学改革的精神。

在 1954 年 1 月 11 日的日记中，李埏记下了李广田报告的主要内容，他记得很细，表明他非常重视其主要观点：

> 李副校长报告：综合大学，根据其任务，计划是以研究人才为主。培养学生应有高深的理论水平与广阔的科学知识。综合大学是一个教育机构，但同时也是一个研究机构，两者互相为用，互相提高，是互相结合的。我们一方面要学习苏联先进经验，与中国实际相结合。另一方面要与客观需要与主观可能相结合（需要为主）。依此，有计划，有步骤，有重点，实事求是地稳步前进。对文化遗产的态度，应分别地采取批判，改造，吸收，利用。对反动的思想体系应彻底地批判，坚决地抛弃。对某些曾经起过进步作用，对今日有用的应吸收利用。

李埏回到云大后，受到学校的重视。1954 年 6 月，校领导安排几位教授到北京参观考察高等院校，李埏是其中之一。但是，李埏因家庭经济拮据，为难以筹集旅费而犯愁。在 6 月 10 日的日记中，他写了自己喜忧参半的心情：

第五章 跌宕起伏的20世纪50年代

晚八时许，张德光夫妇来坐。……德光嘱我筹备点钱，学校将派我往北京参观高等学校，可能不日即行动云云。问何以得知，彼云系寸秘书长（引者按：寸树声）告彼，故尔得悉。归家以告毓，伊亦喜而不寐。然钱从何而出，则又不禁相对怅然。

学校对李埏的经济条件很了解，帮助解决了旅费问题，李埏感到很欣慰：

6月11日　晨，往校中上俄文课……。返家，毓已先得学校通知，并已为我张罗得五十万元（引者按：旧币，相当于新币的50元），殊觉感慰。下午到校中，得悉可预领一月薪，下午五时领得，并收到学校旅费三百万元及代买之至渝车票……。晚十时归家，与毓共收拾行装并话别，直至夜一时始就枕，然甚难成眠。

此后的日记中，记下了李埏一行赴京参观的行程。

6月12日　晨八时，至校中搭汽车，毓率重、约两儿送我，依依而别。九时四十五分火车自南站启行，车上服务改进甚善，颇为舒适。下午五时抵沾益。一路观看大自然,心胸为之豁然,然念及毓及诸儿不置。晚间漫谈参观计划至十一时许就寝。

6月13日　晨八时上汽车,下午二时至盘县。吃饭后,三时续驶,五时许至普安,发一明信片给敬儿、重儿。晚八时,又漫谈参观计划。

6月14日　至安顺。

6月15日　至遵义,参观"遵义会议"纪念公园。

6月17日　至东溪。

6月18日　抵渝,即至高教局(凯旋路)报到。

6月19日　晨起,谈参观要求。

6月21日　参观西南图书馆。

6月22日　终日在寓看《日知录》。

6月23日　高教局韩局长召开座谈会。韩:此次参观主要是为了吸取经验,推进教学,同时也为八月经验交流座谈会做准备,把外局经验也得以交流。晚八时上船。

6月25日　抵宜昌。

6月29日　登车北上。

6月30日　抵京。自昆明出发至抵此,为日共十八日。途中读完俄文新课两课半,复习旧课三课,看完《日知录》七卷,《新华月报》、《高教通讯》及《新建设》论文四篇。

7月1—8日　参观南开，8天。

7月4日　滕维藻先生介绍教学改革经过。

7月9—24日　参观北大，15天。

7月24日　汤校长招待会。

7月26日　离北大赴青岛。校长招待会。

7月27—30日　参观。

7月31日　写总结。

8月1日　传阅总结。

8月2日　离青岛赴徐州、宝鸡、洛阳、西安。在西安游大雁塔。

8月18日　抵成都，川大有车来接。在成都参观川大图书馆，游武侯祠。

8月21日　西南区高等学校交流座谈会开幕。韩明局长致开幕词。……最后希望大家在讨论中着重下列问题：1.展开马列主义理论的学习问题。2.为工农开门的教育方针问题。3.关于培养与提高师资，开展科学研究工作问题。4.关于教学内容教学方法的彻底改造问题。经验报告：川大。

8月26日　大会闭幕。

8月27—28日　游都江堰、杜甫草堂。

8月29日　抵渝。

李埏此时正值壮年，很想大有一番作为。得到学校的重视和关心，他的工作热情更为高涨。1954年10月，他被任命为历史系中国史教研组副主任。

在当时，中国高教开展了全面学习苏联的运动，许多学科都是翻译和采用苏联教材，但是因为中国通史课没有苏联教材可用，所以只能自编教材及讲义，这也使中国史等课程受苏联影响较小。李埏领导古代史教研室完成了一系列开创性的工作，撰写了一批教学论文。

李埏对于教学工作十分认真负责。他讲课历来重视图文并茂，直观生动形象，并力主在黑板上现画地图，他说："现成的地图方便而准确，却不能让学生一目了然，也不能使学生生动地了解历史事件的中心及发展动态。教师在黑板上画地图便于讲解，也容易使学生留下深刻印象。"为了让黑板上的地图画得逼真准确，他专门在黑板上练习画地图达两个多月之久。他总结和发展了这一教学方法，撰写了《我们怎样摸索着绘制历史参考地图》一文，刊登在《人民教育》上，并多次被转载。他写的《论中国历史文选的教学方法》，则刊登在《高等教育通讯》上。

由于精心准备，李埏讲课受到学生们的热烈欢迎，并给他们留下了深刻的印象。当时历史系的一个学生邓开相在40多年后回忆道："我印象较深的，有讲古代史的李埏教授,他是中国古代史研究所研究员(引者按:应为中国科学院历史研究所兼职研究员)。他还开了唐宋史选修课,有不少同学都选修了。他从《水浒传》等书中引用了许多材料,证明中国社会在唐宋元时期有很大的庄园存在,特别是在宋朝。他的研究成果,在中国史学上应是一大成就。李埏先生还对我的毕业论文——《评朱元璋及洪武政权》——提出了许多宝贵的意见,我是很感谢李埏先生的。"

"思想改造"运动之后,新的政治运动接踵而来。1954年开展了"胡适思想批判"运动,1955年又是"肃清胡风反革命集团"运动。在这些政治运动中,学术问题被提上政治问题的高度。1955年7月,云大开始了反胡风运动、肃反运动及"忠诚老实运动"。李埏在日记中记道:

> 7月7日 忠诚老实运动。李副校长报告运动的意义。1.当前阶级斗争形势;2.忠诚老实学习的意义;3.具体办法。此后是讨论、交代、揭发。

和大多数来自旧社会的知识分子一样,当时李埏对这些政治运动的正确性都深信不疑,总是从严检查自己所受的资产阶级、封建主义的影响,以适应新社会和无产阶级的需要。但是他更关心的是教学和科研工作。他在日记中记下了自己的打算：

> 9月5日 下午与纳忠、马开樑游古幢公园，乘兴而往，已有十余年未去过，至则桂香扑鼻，佳木葱茏，乐而忘返。在公园里，慢慢回忆下日来所写的讲稿，感觉像北大邓广铭的讲义，整个说来我是不及的，但在有些重要问题上，自己也有过人之处，有较深刻的看法，如五代割据的结束，宋代的兵制、科举制，宋初政策的根据……。因此，这样一个动机开始在心头萌芽，就是在现有史学基础上，在自己和别人的心得和成就上，我再进一步努力，未始不可以写一部较好的著作，譬如说，写一部《宋代史略》吧。个别的问题，如对禁军问题等，也可以写成较像样的论文。因此，我打算挤出时间，首先写一篇"论禁军之制"，其次写一篇"论五代封建割据局面的结束"。希望都能本学期内完成。
>
> 10月12日 今日备课，有一个心得："南宋取民无艺"，古今学者皆有同见。南宋经济继续发展，这也是近人（如范文澜、尚钺及其他）所一致指出的。那么，如何在取民无艺的严重剥削下，经济还

会向前发展呢？就是这一问题，在前年、去年的教学中使我困惑而无法解释。现在学者如范文澜，他写《中国通史简编》至此，就没有加以接触，虽加以解释但论太薄弱。……我近日思索的结果，恍然得到这么一个解释，即由于庄园制之高度发展。在庄园制之下，土地的大规模经营（如田）可能了，因此农业生产得到了很大发展，而农业生产发展的结果，庄园主的消费和剩余生产物都增大了，因而促进了手工业和商业的发展。而庄园主是享有政治特权（免税免役）的，因此税役完全落到中下户的土地上，中下户占有土地有限，税役不足以济国用，因此只得苛敛，取民无艺。这就产生了庄园主与中间阶层的斗争，朝廷与庄园主之间的矛盾。这种斗争和矛盾表现为"经界法"、"公田"乃至于党争。这样，南宋的全部历史（政治、经济、军事、思想……）都可以解释通了，都可以从经济基础说明上层建筑，讲得头头是道了。我很高兴。但这点心得应归之于尚钺《纲要》（引者按：指《中国历史纲要》）和《政治经济学教科书》对我的启发。

10月16日 上午，修改教研组工作计划，并制拟停课原则和日程。

12月26日 日来都思索一个问题：为什么历

代差不多在其盛时都曾征服过蒙古、新疆等少数民族，但旋即分离，独清代不唯征服得更为广远，而且能长期加以统治，遂奠定了中国的版图？想来想去，初步想出了答案，即开始写入讲稿备同学问。再加考虑研求，当可撰为一文，以就正于史学界。

12月30日　课程快要结束了，这一年也快要结束了，应该对未来作一些规划。一再思索，我以为自己应该以本学期所教课程为中心内容，作长期的努力。本学期所教课程是从宋至鸦片战争，为时刚好千年：960—1840年。我决心努力就这一段加以钻研，不断提高讲稿质量，期于数年之后，能成一本可读之书，姑拟一名曰：北宋以来千年史。这就是我最近几年内的奋斗目标！福利委员会补助我40元，盛意可感。

20世纪50年代前半期，在李广田领导下，云大师生员工意气风发，在艰苦的条件下，做出许多有创新的科研成果。例如云大自制高精仪器成功，在全国高校引起巨大反响。1953年暑期，高等教育部在云大召开现场学习观摩大会。部长杨秀峰在会上宣布为云南大学建盖一座教学实验综合大楼以示表彰，这就是日后建成的"理科三楼"。1955年4月10日，周恩来总理到云南大学视察,建议云大新建一座图书馆,此后云大得到教育部拨给的修建图书馆的专款,建成新的图书馆。此外,云大逐年修建了学生宿舍,还新建了职工宿舍多处,教师住房条件有很大改善。当时的云大,师生员工心情舒畅,干群关系、师生关系也很融洽。

第三节 意气风发

1956年1月,全国知识分子问题会议召开。周恩来在会议上指出,知识分子"已经是工人阶级的一部分",要"最充分地动员发挥现有知识分子的力量",并"给知识分子以必要的工作条件和适当的待遇"。继而毛泽东提出了"百花齐放,百家争鸣"的"双百方针"。

李埏读了周恩来的报告后,心情十分振奋。他对"双百方针"衷心拥戴,认为学术的春天来到了,在百家争鸣的讲坛上,他也可以成为一家之言。

20世纪50年代中期,李埏刚40岁,正值最佳的学术年龄。他一家的生活,也随着国家经济的好转而大有改善,后顾之忧也逐渐减少,他可以将主要精力用于自己心爱的学术工作,从而进入了其学术研究的一个黄金时期。

1956年6月,经过夜以继日的工作,李埏完成了《论我国的"封建的土地国有制"》一文。他在日记中写道：

> 6月15日 完成了《论我国的"封建的土地国有制"》一文，约25000字。

该文在《历史研究》1956年第8期刊出。文章刊出后，引起学界的广泛注意和强烈反响，成为"中国土地国有制"学派的代表作之一。

李埏不仅努力做自己的研究，而且尽力把自己多年来的心得无保留地传授给学生，希望他们能够成为新一代的史学工作者。

1955年考入云大历史系的学生侯绍庄，至今还清楚地记得，在他上的头一堂课上，李埏对新生提出一个问题：怎样研究历史？对于这个问题，李埏给的答案是三句话、九个字："是什么，为什么，做什么。"第一步"是什么"是指把史实弄清楚，这是历史研究的最初层次；第二步"为什么"，是要弄清楚这个历史事件为何发生在这个时代、表现为这个样子？是什么因素决定它表现为这个样子的？第三步"做什么"，是研究这个历史事件在当时起了些什么作用？起了什么效应？我们今天应怎样看待它？这个开场白，使侯绍庄由此走上了治史之路。他在李埏辅导时经常提问请教，成为李埏"个别接触"的又一个学生。在李埏的具体指导下,侯绍庄开始步入学术殿堂。

此时,侯外庐、李埏相继发表封建土地所有制的著名论文,土地所有制问题遂成为史学界的热点。接着胡如雷发表论文,认为我国封建土地所有制是以地主土地私有制为主。侯绍庄认为胡如雷否定封建社会下自耕农所有制,并将自耕农向政府交纳的田赋混为地租,情理不合,理论上也似乎有些混乱。李埏听了侯绍庄的看法十分高兴,给予充分的肯定,并鼓励他大胆地写出来。同时还向他介绍了一些具体的史料,说明当时封建国家的赋役与佃农向地主交纳的地租是两个不同的经济概念。

侯绍庄撰成的初稿,李埏既肯定和赏识,也帮助其改进文中的一些不足。最后,李埏将论文标题定为《试论我国封建主义时期自耕农与国家佃农的区别》,并推荐到《光明日报》。《光明日报》史学副刊在1957年1月3日发表了侯绍庄的文章。李埏在日记中写道:

> 1957年1月9日 星期三 《光明日报》1957年1月3日《史学》No.99送来。二年级同学侯绍庄之文已刊出,时正上课,喜极,但恐同学因此而废正课,故即席嘱同学应因此而更努力,但必须致力正课,建立广博基础。午睡为之喜而不寐。

不久，侯文便在史学界引起较大反响。《史学月刊》1957年第4期刊载了朱绍侯的综述论文，对国内封建土地制度讨论的情况进行评介，认为侯外庐、李埏、胡如雷、侯绍庄的文章是4篇代表性论文，把侯外庐、李埏作为土地国有制论者的代表，胡如雷、侯绍庄为封建土地私有制论者的代表。这一评论后来为学界承认，沿袭至今。回首人生，侯绍庄无法表达对李埏的敬重感激之情，他深情地说："生我者父母，教我、诲我、知我者，李师也。"

在1956年，李埏的学术生活中还有一件事，即停顿多年的职称评定工作开始启动。他在日记中记道：

> 5月8日 晨，张德光出示校中对系的通知说，现在要办理一次副教授晋级教授的事情，嘱推荐并交论文，我的论文恐难按期抄完。过去未曾集中力量于此，成天忙教学工作去，以至于此！
>
> 5月22日 昨日，小组分别酝酿副教授升级问题，几乎各组都以为应推荐张德光和我。今日全系开会，继续讨论，人人发言，除徐嵩龄、田光烈二人外，其余一致推荐张德光和我两人升级。接着又开系学术会议，决议同上。

但是李埏由于教学和科研成效显著，引起一些人的嫉妒，从而被扣上了"白专"的帽子，被从提升名单中剔除。与此同时，李埏的学术成就在国内史学界却得到充分肯定。身为我国社会经济史学的奠基人之一的侯外庐先生，对从未谋面的李埏深为赞赏，特聘他为中国科学院历史研究二所兼职副研究员。这在云大是史无前例的。李埏在日记中，简要地写下这件事：

> 8月25日　我刚才去看了李副校长，对科学院兼职工作，他已表示同意。
>
> 8月28日　晚与纳忠、张家麟坐茶馆，纳对我说：昨天李副校长去他家访他，谈及我的科学院事，很高兴，说：我在系上所得评价过低，为此也愿让我去，所以他鼓励我去，同意我去云云。

与李埏同时受邀去历史研究所任副研究员的学者，有武汉大学唐长孺、山东大学王仲荦、厦门大学傅衣凌和韩国磐等当时的中年史学翘楚，他们后来都成了史学界的领袖。

李埏除教学科研工作外，对学校交给自己的其他工作，也都不遗余力地去完成。从1957年春他担任云大《人文科学杂志》编辑组主任就是一例。在是年1—2月的日记中,他记的几乎全是如何开展这项工作的内容。

1月15日　我校科学研究委员会书面通知,谓元月七日第七次校务工作会议决定,聘我为科研简讯编委会人文科学(杂志)编辑组主任。晚访张德光请其减轻我在系里的工作,至少把近现代史独立成组(引者按:当时云大历史系中国古代史组包括近现代史)。

1月17日　思考如下:名称:《人文科学研究月报》;内容:理论,历史,文学史,汉语及少数民族语,札记资料,动态;稿件组织:全年60万字,政治课教研组室15万,历史系15万,中文系15万,学生及外稿15万;来源程序:校内由各教研组介绍推荐,校外由编辑组委托审查,刊否皆由编委会决定;出刊:1.由2季度起,今年出双月刊,明年月刊。2.对外订阅发行。3.稿酬4—8元,0.5元为一级,共9级。4.必须分版。5.对象学术中等水平。征稿方式:系组推荐,自由撰稿,组织撰拟。特约:方国瑜、江应樑、纳忠、徐松龄、陈复光、刘尧民、刘文典、张若名、王兰馨、傅懋勉。动员座谈:教授副教授座谈会,讲师助教座谈会。

2月8日　晚7:30在校长会客室开《人文科学

杂志》(以后简称"杂志")编委会。讨论征稿、审稿、出刊等问题。为校刊写了一篇短文，题为《向克留科夫看齐》(引者按：此文后在校刊刊出，题目被编者易作《以克留科夫为例》，内容无删改)，大意鼓励形势莫对文言文畏难。

2月11日　昨夕写好《人文科学杂志简介》一文，今晨送给科研委员会办公室。将刊于《科学研究简讯》的最后一期。遵杂志编委会之决议而写也。稿约亦由我拟，亦附了送去。

1956年，在李埏的政治生活中还有一件大事，就是他加入了九三学社。李埏回忆道："当时云大许多教师已加入民盟。九三学社从重庆派一个专职干部到昆明成立九三组织。当时民盟也准备吸收我，云大党委、统战部都说参加民盟的人多了，让刘文典、方国瑜、我、江逢生、汤鹤逸、张为祺、秦瓒、李从弼、郭树人等加入九三学社。重庆来的人与我联系，我帮助他工作。再加上曲仲湘夫妇，这几个人就是九三学社在云南最早的成员。3月在云南大学正式创立了'九三学社中央直属云南大学小组'，由曲仲湘任小组长，当时共有社员11人。在云南，九三组织最先在云大成立。我曾是九三学社云大委员会的委员，在昆明属元老。'文革'前九三学社经常活动，免会费。"

李埏在1956年的日记中也记下了他加入九三学社的情况：

> 8月29日 填九三入社申请书及表，送交曲仲湘同志。
>
> 9月22日 下午3时至5时许，九三组织生活，费孝通参加，讲他所了解的对知识分子政策的执行情况，鼓励大家反映意见。接着曲仲湘布置学习"八大"文件，介绍总社自渝调来的专职干部何知风，并宣布社干：任伟为代理秘书，徐文宣为组织干事，我为通讯干事。数日前徐文宣通知我，总社已批准我和任伟等的入社申请，为正式社员云云。
>
> 10月12日 昨夕九三在翠湖宾馆设宴招待各党派各大学负责人。
>
> 1957年1月9日 九三文史小组第一次小组会。自上月下旬奉筹委会指示成立小组，由刘尧民和我分任正副组长。因无适当时间，至今日始开第一次会，讨论发展组织问题。会上通过我系助教徐文德可以发展之议，此系方国瑜首先提出，我与马开樑表示赞同。

1月10日　午饭后与党支书赵瑞芳谈徐入社事，她说党支部亦望他能加入社（即九三学社）或盟（即民盟）。

2月21日　晚7:30，九三学社假小吉坡一号民盟省分部成立云大支社。前日（十八日）支社已进行选举，选出刘尧民、诸宝楚、徐天骝、陈任玮、徐文宣及我为委员，刘、诸为正副主任，任为组织，我为宣传。

第四节　云大九家村5号

自1945年李埏和赵毓兰喜结连理以来，李家居无定所，一直没有住过好一些的房子。1954年10月，李家才住进一套比较理想的住房——云大九家村5号。

九家村是云大当时的教授楼，位于校园之中，共三列，每列三栋，一栋住一家人，共九家，故称为九家村。这些房子土坯为墙，木架为梁，上下两层，东西各有上下两间，东头朝北处连一小厨房，无厕所，用今天的眼光看，可能很"土"，但在当时，已经非常不错了。九家村的另一优胜之处是环境非常优雅，前院后院，幽静宜人，四周芳草萋萋，桃花灼灼，一走进去，自有一番"真"趣。特别是村东头的那棵大树，高十数米，春日花粉飘天，夏时浓阴裹地，秋季落叶翩跹，冬夜月华照枝，徘徊其间，令人畅神不已。夜深回家，小叩门扉，咚咚有声，颇有"僧敲月下门"之意境。住在这里的教授都是各学科翘楚，像1号住户是著名人类学家杨堃和法国文学专家张若名夫妇，6号住户是著名数学家王士魁。李埏住在5号，处于村的中央。

李埏把一楼朝南房间作为书房。到了这时，这位执教12年、成家9年的教师，终于有了自己的书房。结婚时购置的两个书架不再放置杂物，恢复其本来面貌，成为真正的书架。李埏兴致勃勃地在书架上放上书籍、资料及卡片等。每天晚上，李埏坐在书桌前，专心致志地备课，写文章，经常工作到深夜。他的《论我国的"封建的土地国有制"》、《〈水浒传〉中所反映的庄园和矛盾》等论文就是在这张书桌前完成的。

1954年10月搬到九家村时，李埏夫妇已有4个孩子。李埏夫妇非常爱自己的子女，在为子女取名时颇费了一番苦心。大儿从小瘫痪，父母盼望他有一天能站起来，就起名伯起。李埏对子女一视同仁，第二个孩子是女儿，按照儿子的排行，取名伯敬，取"君子敬而无失，与人恭而有礼"之意。第三个孩子名伯重，出自孔子"君子不重则不威，学则不固"之语。第四个孩子名伯约，则是希望他日后治学能够"既博且约，由博返约"。

第五章 跌宕起伏的20世纪50年代

1956年6月,学校派李埏和历史系教授纳忠到北京、天津、南京、上海等地参观考察。此时李埏的第五个孩子即将出生。对于李埏来说,这次外出考察学习是一个难得的机会,可是又放心不下家里,因此他感到很犹豫。妻子鼓励他去,说自己可以照顾自己。经反复考虑后,他还是以工作为重,决定出差。离昆之后,李埏心中非常挂念妻儿,途中写信给妻子说:

毓兰:

本月二十五日晨,我与纳忠先生离津南下,二十六日一清早到南京。当即住入南京大学。昨日(三十日)上午,自南京来此,复旦大学替我们预先找了旅馆,并派汽车到车站相接。抵此后略事休息,即到市内游览,今明天参观,后天(八月二日)离此去杭州,大约五号自杭回昆,沿途不再耽搁,估计十一、十二日可到。……在南京时,洪诚先生、胡小石先生均见到,洪氏夫妇约我吃饭,闻王驾吾先生在浙江师范学院,到杭州时可见及。你得闲时,可写一信,向洪先生夫妇致意问好。

你近日身体可好?挂念之至。分娩期日益迫近了,但愿履险为夷,安然生产。我远在他乡,爱莫能助,唯望善加珍惜为望。请转告大姐(引者按:

保姆春燕），好好看孩子们。告诉孩子们，别吵闹打架。敏侄（引者按：**毓兰侄女赵敏**）不知来住没有？惠妹（引者按：李埏外甥女韩惠妹）中学考了吗？我身体很好，勿念。即祝安好。

幼舟1956年7月31日于上海外白渡桥上海大厦

8月5日他又从杭州写回明信片：

毓兰：

我们本打算二号离开上海，因受台风所阻，一直到三号的晚上才上了火车，半夜到了这里：杭州。现在正在这里参观并积极购买火车票，约一两天可以启行。预计要十三四号才可以回到家，但也不会更迟了。我不知道，你是否已入医院。无时不挂念着。自从北京收到你的一封信，迄今都未曾再读家书，念极念极。但愿你履险为夷，平安地出院吧！孩子们想来都安好吧……

当李埏写这张明信片，挂念妻子是否临盆时，不知道他的第五个孩子已经出生了。当时李家的保姆春燕和李家处得很好，李家的孩子都称她大姐。毓兰住院期间，春燕每天除买菜做饭外，还要照顾瘫痪的伯起，无法再照管其他孩子。于是便由7岁的伯重照顾3岁的伯约，而10岁的伯敬每天要步行到很远的医院给母亲送饭，陪伴母亲。

7月30日下午，伯敬在病房陪伴母亲时，母亲说："我快要生了，你赶紧去请医生。"伯敬就冲到医生室大喊："医生，我妈妈要生了。"医生很快把赵毓兰推进产房。不一会儿，伯敬又有了一个小弟弟。产后第三天赵毓兰母子出院，毓兰不愿麻烦人，只是让女儿接自己出院。当时在昆明乘公共汽车很不方便，赵毓兰就雇了一辆人力车，她抱着小儿子坐在车上，伯敬就小跑着跟在车后。几天后，李埏回到家，看到母子平安，非常高兴。伯敬很得意地对父亲说，是她到医院接母亲和弟弟出院的。李埏表扬了女儿一番，并要她继续努力。他为第五个孩子取名伯杰，意思是"生当为人杰"。

就这样，李埏和赵毓兰夫妇有了五个子女。他们在清贫中把自己的小家庭建成一个温馨的世界。

这时伯敬、伯重已上小学，伯约进了幼儿园，伯杰才蹒跚学步，要养育好他们需付出极大的精力。

在九家村居住的6年里，李埏一方面废寝忘食地从事教学和科研工作，另外还挤出时间教育子女，帮助妻子做家务。为不让育儿和家务影响工作，他只有加班加点，每晚工作到深夜。

虽然经济拮据，生活清贫，但在父母无微不至的关怀下，在九家村居住的6年中，李家的孩子们生活得很快乐。

第五节　险成右派

就在李埏意气风发地工作时，他没想到，1956年的春天气息也随着1956年的过去而过去。1957年，新中国历史上将翻开沉重的一页，其标志是整风运动和反右派斗争。

1957年2月27日，毛泽东在最高国务会议第十一次（扩大）会议上发表了《关于正确处理人民内部矛盾的问题》的讲话。4月27日，中共中央发出《关于整风运动的指示》，4月30日，毛泽东约集各民主党派和无党派人士举行座谈会，吁请帮助共产党整风。

大部分知识分子都积极响应号召，投入整风运动。然而到了6月8日，《人民日报》发表了《这是为什么？》一文，风向立即大变。很快，反击右派的斗争席卷全国。云大也紧跟形势，划了169个"右派分子"，其中党内10人，党外159人。

在"鸣放"刚开始的时候，作为普通教师的李埏也被学生贴了大字报。在6月12日的日记中，他写了自

第五章 跌宕起伏的20世纪50年代

己被贴大字报的情况及心中的不解：

> 学生日来在民主墙上"大鸣大放"，颇有辱骂老师者。昨日校中布告，不许"放"及老师，而二年级十一个学生仍出一贴，谓我"有恙"，方欲出专刊，为我治之，而学校忽布告不许，望学生会"再斟再酌"云。学生气焰如是，教书匠亦可愁矣！

在当日日记中，他还记下了两件令他振奋的事：

> 北大来函，谓明年五四，为六十周年校庆将出一史科论文集，嘱我撰一论文，于十一月以前寄出载入云。此事于我可谓过分之荣幸啊！……侯先生来函，意思是促我赴京。可感也！

日记中说的侯先生，就是时任中国科学院历史研究所副所长的著名史学家侯外庐。他来函催促李埏以兼职副研究员的身份去中国科学院历史研究所做为期三个月的驻所研究。这对盼望在史学研究中有所建树的李埏是一个难得的机会。经校领导同意，李埏于6月下旬即抵达北京，开始了专心研究。6月26日他从北京东四头条1号科学院历史二所写给妻子的信，既表达了思念亲人之情，也表达了他对能赴京做研究的喜悦之情，还可看出当时从昆明晋京旅途的漫长。

毓兰：

别后十分挂念，谅安好如常吧。诸儿怎样？伯约健康有进步吗？杰儿夜间不太淘气吗？均时在念中。

分别之日九时抵宜良，大雨如注。步行至汽车站。早饭后，雨霁，登车。沿途仍下雨。入夜乃抵师宗。次日抵安龙。第三日仍宿旧州。第四日宿百色。第五日下午九时许宿南宁。次日天未明上火车，两昼一夜抵武昌。渡江即上火车，一昼夜后，即今日下午十时许，安抵首都。计在途共八日。时间算是最经济了，但身体也最疲倦了。幸痔疮未大痛，大便流血也于抵南宁后即止，惟同车无一熟人，十分寂寞，因此思家更甚。本来离昆时，痔疮流血已止。因次日在兴义午餐后，找汽车，我找错了方向，走了一公里，问人，才知错了，急折回找车，跑了一段，就又流起血来。公路没有滇黔路好，太窄，在车里时时担心安全，幸司机小心，平安抵达。百色以后，路很好，荔枝、水果、仔鸡……，十分便宜，我几乎是以荔枝当午点，吃个

第五章 跌宕起伏的20世纪50年代

不停。几时能和你带着孩子们作这样一次旅行，让他们尽情吃些水果，观察下南国风光，那才是开心呵。（以上写于二十五日夕）

昨夕得高教部招待所之介绍，宿于旅馆。今早以电话和历史所联系，他们十分客气，立即派汽车接我到所，已为我准备好一个书房，明窗净几，令人有宾至如归之感。生活立即安定下来了。所中有一个"专家食堂"，有洗澡间，有图书馆，除假日游览之外，大可以闭户读书，把全部时间投入论文写作中。对于经济方面，我沿途用得很节约，在南宁和汉口我都未住旅馆，不唯为自己省钱，也替公家省了钱。你们丝毫用不着挂念我。倒是你们常令我在心上挂着。望不时以近况告我。蒙文通老先生和向达先生是我的左右邻居，朝夕可以晤谈。魏明经兄等已见及，他们问你好。碰见张德光钟运六两兄时，可以以我的情况告之。再谈即祝

安好，问诸儿好。

幼舟 1957 年 6 月 26 日午

和李埏一起被侯外庐邀请去做研究的，还有唐长孺、王仲荦、傅衣凌、韩国磐等学者。由于这些受邀学者不是中国科学院历史研究所的正式编制内人员，因此

没有参加那里的"大鸣大放"运动。不过，他们也目睹了北京的"鸣放"运动的情况，并看到"鸣放"已经开始有"收"的迹象。云南的运动比北京慢半拍，李埏回到昆明后，这里的"鸣放"运动才达到高潮。

李埏在云大的许多同事积极参与了"鸣放"运动，其中一些人对各级领导提出了尖锐的批评。李埏回到昆明后，云大历史系领导动员他参加"鸣放"，而李埏虽然对一些党政干部的所作所为有看法，但在北京已看到了那里运动的一些情况，因此不愿"奉旨鸣放"，在运动中基本上保持了沉默，只提了一些建设性的意见，如"希望党对知识分子的门再开大一点"等。不仅如此，李埏始终认为说话一定要符合事实，不能随大流。

在云大"鸣放"运动开始时，云南省省长于一川专门来到云大，邀请70多位教授、副教授座谈，听取意见。在会上，有位教授说新中国成立后教师生活水平下降，远不及新中国成立前。听到此言，李埏觉得不符事实，于是不禁站起来，以用自己的亲身经历，说明20世纪50年代中期教授的生活，比新中国成立前几年好多了，而且社会治安和社会风气更是好多了。李埏这个实事求是的发言给于省长留下了深刻的印象。李埏没有想到，这个实事求是的发言，将他从灭顶之灾的边缘拉了回来。

第五章　跌宕起伏的20世纪50年代

尽管李埏在"大鸣大放"运动中并没有响应号召对共产党进行批评,但是云大党委仍把他定为"右派分子",上报省委。当名单报到于一川手里后,这位省长当即发话:"我亲耳听过李埏的发言,他明明是用自己的实例反驳'右派分子''今不如昔'的言论,怎么会是右派?"由于于省长的这番话,云大党委才不得不把李埏的名字从"右派分子"名单中删去。

在斗争右派的同时,还开展思想教育运动,实际上是人人过关。对本要打成右派而未打成的知识分子,在思想教育运动中受到的是无情打击。就李埏而言,几月前,他的一些同事要把他划为右派的愿望没能实现,现在整他的机会到了。从李埏10月5日的日记可见一斑。此时他的日记记得比较详细,是为了针对同事的发言,再次检查交代。

上午8:30系中开会,讨论李校长开学报告。(引者按:下面的是同事发言,发言人姓名姑且略去:)

李先生(在九三)三条讲的问题,也是认识模糊的,应作自我批评。

●李埏(从北京)回来后,故作镇静,迄未交代,现在我指出你的罪行:1.与张其浚合伙,执行费孝通意旨，在张家开会，谈什么？2.人文科学改换方向，把徐嵩龄文章编入；3.为张当大炮手，攻击刘副教务长，说教学改革是教条；4.在成都与张骂校长，几夜密谈；5.支持徐嵩龄攻击方德昭，写信给《历史研究》；6.与徐深夜策划于密室：支持徐攻击张德光、张家麟（写信攻）；7.伙同陈复光破坏中国近现代史；8.与张其浚、李德家、陈复光、徐嵩龄、秦瓒关系密切；9.几年来你对历史系破坏，看你怎样交代？

● 李同意教授治校。

● 李先生对自己在鸣放期间有些错误，近来有负担，沉重，认识模糊，如斗争秦瓒，说自己反对秦的教授治校、曾反对汇报治校、轮流当任等，但是否有本质的不同，应进一步认识。

● 李态度不端正，躲躲闪闪，擦粉，耍两面派，（李主持的《人文科学杂志》）何以多登九三文章，不登政治课的文章，钟的文章要去无下落。李想以杂志为政治资本，要达到个人野心。应检查立场。

● 李接受意见不老实，杂志应检查。

● （说明登徐嵩龄文章的经过）不能说自己没有责任。

● 应初步解决立场问题。应明确什么是个人立场，此即资产阶级立场。这是两个立场斗争的问题。对今天的交代检查很愤慨。应下决心改造自己，站在党和人民的立场来考虑。意见尖锐是党关心的表现。

● 对李的解释非常气愤。不仅为自己洗刷，而且为右派打掩护。根本谈不上立场，也未谈立场。不敢接触右派观点，顾虑很多。斗郭时，软弱，丧失立场。首应解除顾虑。

对上述"帮助"，李埏在日记中没有一句评论，也没写自己的心情，或失望，或委屈，或困惑。1957年初，李埏受命主持云大《人文科学杂志》编辑的工作，他以为这是领导对自己的重视，他决心把杂志办出水平，办出特色。为此，他在定稿时是以稿件的学术水平为准，而未考虑稿件是何人所写。在主持杂志工作半年多内，他选的文章中有几篇是九三社员写的，其中一篇是徐嵩龄（历史系教授，此时被划为右派）写的，而有一位政治课教师和一位历史系党员教师的稿件未选用。此时，稿件的选用被批判为"人文科学改换方向，把徐文编入，要说明登徐文的经过"，"李想以杂志为政治资本，要达到个人野心，应检查立场"……

那几个月，李埏在历史系的日子很难过，心情很沉重，但学校的一些领导还是重视他的，他在不断检查的同时，仍努力工作：

> 10月19日　上午8：30始，党委会在校长办公室召开座谈会，校长主持。与会者有顾建中、李从弼……
>
> 10月25日　上午应李英华（引者按：历史系教师）之约，谈宋史问题。下午，开教研组第三次会，通过工作计划。接着又开系召集的整改小组扩大会议，至六时散。晚，九三组织生活，酝酿星期天斗争秦凤阳。
>
> 12月19日　下午刘绍文同志作上山下乡动员报告。
>
> 12月25日　连日开会，心悸亢进，思想顾虑家庭生活，头痛欲裂。

李埏只是思想教育运动中的被"帮助"对象，受到的"批评"都如此尖锐、如此违背事实，被划成右派的教师是斗争的对象，他们的处境可想而知。李埏作为九三学社的社员，除参加学校和历史系组织的斗争会批判斗争学校和历史系的右派外，还要参加九三组织的斗争会，批判斗争九三学社的右派，比如斗争九三学社在云大的负责人秦瓒。从李埏9月的日记可看到斗争之频繁。

> 9月5日　晚，九三召开会议，酝酿明晚对秦瓒的斗争。
>
> 9月6日　晚八时，在九三斗争秦瓒。
>
> 9月7日　下午2：30，在民革斗争陈复光。
>
> 9月9日　下午2：30，开对郭树人斗争准备会，刘尧民主持。
>
> 9月10日　下午2：30，在会泽院二楼斗争郭树人。
>
> 9月11日　身体不适，整日在家坐卧。并回忆郭树人之言行及他与我之关系。他与我之关系，大要如下：……
>
> 9月12日　上午8：30，在会泽院斗争郭树人。刘尧民主持。
>
> 9月19日　上午开斗争郭树人会。下午继续开会。
>
> 9月29日　九三斗争秦瓒。
>
> 9月30日　上午8：30开学。李校长讲话。第一部分反右派斗争：1.反右斗争过程；2.反右斗争收获。第二部分今后的任务：1.继续整风，改进工

作；2. 社会主义思想教育；3. 把两条路线的斗争，坚决地贯彻到各项工作中去，走社会主义道路（见校工作计划）。

第六节　云大受重创

1958年的上半年，云大仍然是在阶级斗争的急风暴雨中度过的。1月下旬处理完右派分子后，又开展了"批判资产阶级法权思想"、"向党交心"等运动，矛头直指"白专"的教师以及"出身不好"的教师，头号靶子是当时云南省唯一的一级教授刘文典。

1958年6月11日上午，云大校领导强调说："对刘文典、方国瑜等顽固派，反动立场坚决的，火烧一下，将来和他们长期斗争，推着他们走！"当年以"当众脚踹蒋委员长"而闻名的"狂傲"学者刘文典，面对暴风骤雨般而来的攻击，惊恐万状，对于各种尖刻和严厉的批判，都恭恭敬敬地答道："您说的是！"在经历长时间的批判之后，刘文典身心俱疲，有时连迈步的力气都没有。一次批判会后，刘文典勉强徒步回家，走到半路，突然吐出几口血来。然而，云大校方对刘文典的批判并未因他的病情而有所减轻。1958年7月14日深夜，刘文典突感头痛，很快就陷入昏迷。7月15日下午4时半，他没有留下任何遗言就离开了人世。

1958年云大教师在"交心运动"中去世的还有中文系教授张若名。张若名是著名的法国文学研究专家。她和后来成为夫君的人类学家杨堃，与周恩来、邓颖超夫妇是好友。张若名曾与周恩来一同坐牢，一同创建觉悟社，一同赴法勤工俭学，在法国期间还参加了少共（中国少年共产党，中共前身之一）。但是后来她脱离了政治，专心研究法国文学，成为第一个在法国获得博士学位的中国女学者。他们夫妇学成后，毅然归国，力图以所学报效国家。1948年春，杨堃应熊庆来的竭诚邀请，到云大社会学系任教授兼系主任，张若名则为中文系教授，他们举家南迁到云大，搬进了环境优雅而安静的九家村。

昆明解放后，张若名加入了中国民主同盟，并于1950年开始，重新申请加入中国共产党。在历次运动中，她都积极投入，努力学习文件，领会精神，联系个人实际检查、批判旧思想，开会积极发言，认真写出心得，听党课，主动找组织汇报思想，入党申请书每年递交一份，思想认识一次比一次写得长，申请年年不批准，她也从不灰心。

1955年春，周恩来到昆明，张若名夫妇与周恩来有过一次愉快的会面。会见中，周恩来转达了邓颖超对

"若名姐"的问候。

但令张若名没有想到的是,她对党的忠诚竟殃及了两代人。她认为儿子杨在道的思想落后,需要加强教育,把儿子写的家信全部上交组织。她没有想到,这些信件使她唯一的和心爱的儿子成了右派,在劳教所关押了20年。张若名本人在思想改造运动中积极向党交心,结果这些汇报材料也成了她的"右派"言论。她倾尽心血教过的一些学生也把她当成批判的靶子。最后,她在22岁时退出少共的历史也被翻出来,因此被指责为"叛徒"。1958年6月18日上午,中文系召开批判会,要张若名承认上述诸多罪名。当日中午,张若名投水自尽。当时其夫杨堃在北京也被当作民族学的反动权威被批判,当他闻讯赶回昆明时,只见家里乱七八糟,桌上放着一个骨灰罐。两年以后,邓颖超到昆明时,过问了此事,迫于压力,1963年云南大学党委发了一份甄别材料,仅承认"不适当地给了过多的压力","当时批判的词语不合适"。1980年,在邓颖超的直接过问下,张若名才得以平反。

在历史系,李埏是运动的重点。他在日记中简要写下自己以及一些同事交代检查和被批判的情况:

> 3月27日 晚,民主党派整风动员大会。李书

成同志报告。

3月28日 晚，系会。我准备检查以下各点：1.大汉族主义——对辽、金、元、清的评价；2.客观主义——讲李顺王小波；3.个人崇拜——王安石、张居正；4.厚古薄今——讲史料，学习时事不认真。

3月29日 午系会，继续揭发批判。我的权威思想：开唐宋史，历史所兼职，不关心教研组；我的理论学习：只专不红的学习观点，收集材料的阅读方法。（同事的发言：）（引者按：人名略去）

● （李埏）把自己的科研和教学放在第一位，而不把（教研）组工作放在第一位。

● （李埏）名利思想突出，一本书主义，鼓励同学去写文章，开垦处女地，应吸取丁玲教训。天才教育思想应该批判，对廖璋、侯绍庄，认为得意门生，只重才不重德。

● （李埏）不要以为是权威才能领导组，不是这样。

4月2日 系中开会，向马开樑提意见。

4月18日 晚在小吉坡（引者按：小吉坡是九三的办公地点）学《人民日报》本月13日社论《搞臭资产阶级的个人主义》。

5月2日 下午，文史两系在历史系开会，刘文典检查。

5月3日　上午，两系继续开会，向刘文典提意见。

5月9日　下午，参加中文系开会，刘文典检查。

5月11日　对刘文典提意见。

5月12日　下午，中文系参加我系共同开会，由方国瑜作自我检查。

5月17日　系会与中文系合开，对方国瑜提意见。

5月24日　上午系会，方国瑜检查说："我检查，为了改造，为了过关，必须严格"，"我要大胆暴露丑恶，才能做到向党交心，不这样，是得不到改造的"。

5月31日　系中上下午均开会，谈对交心运动的体会，挑战。我提的指标是（写出交心交代材料）400条，三天完成。病重感冒和气管炎，难过之至，负病开会。校中自明日停课。

6月4日　提交交心交代材料（引者按：李埏搜索枯肠，拼凑出261条）。

6月8日、6月11日　分析批判。

6月12日　上午，大会，江应樑检查。下午，胡正邦检查。

学苑出版社
读者联系卡

尊敬的读者:

非常感谢您购买和阅读我社图书。我社成立20多年来,已出版了4000多种图书。其中中国传统医药学、文史古籍、民俗和地方文化等类图书,广受学界和亿万读者青睐。为方便联系,我们随书附上本卡,请您在填写并寄回到我社读者服务部。从我社收到您的联系卡一刻起,您就成为我社的读者俱乐部会员了。

如果您邮寄联系卡不方便,也可访问我社网址,点击"读者俱乐部"栏目填妥"读者会员表",同样会马上成为我社的读者俱乐部会员。

一经成为我社读者俱乐部会员,我们会对您提出的问题、建议和购书需要及时给予答复,并免费为您寄上书目一份。

我社地址: 北京市丰台区南方庄2号院1号楼学苑出版社
我社邮编: 100079
我社网址: www.book001.com
联系电话: 010-67601101, 67675512
读者服务部邮箱(E-mail): xueyuanyg@sina.com

请您填写以下内容并将此卡寄回我社读者服务部收

姓名:　　　　性别:　　　年龄:　　　职业:

电话/传真:

通讯地址(邮编):

E-mail:

QQ(或MSN):

所购书名:

6月14日　大组会对我进行批判。

6月15日　批判方国瑜。

6月19日　写交心小结。并订规划如下……

6月20日　上午，全系师生跃进誓师大会。李虎俊同志（引者按：历史系总支书记）主持并谈：教师交心八千余条，学生交心近十万条。晚，刘绍文同志作交心运动总结报告。

7月4日　上午，系中师生开会。总支动员学习总路线，教学改革。

8月10日　下午，全系师生大会，党总支动员同学搞好两个中心，一是办工厂，一是搞好考试。嘱我在会上发言，发言提纲如下：1.我们现在是处于社会主义革命的时期中；2.旧生活习惯不能适应新形势；3.如何搞好考试；4.向列宁、毛主席学习。

第七节　"大跃进"和"反右倾"

1958年，中国迎来了"大跃进"。同年，中共中央文教小组副组长康生也提出了"教育大跃进"的口号。

云南大学也积极开展"大跃进"。1958年夏，提出全校要办162个工厂，在3年内达到生产自给，对享受助学金的学生，要求定出放弃助学金的时间表，以做到

"自食其力"。为实现这个目标,劳动时间占了学校工作总量的 20% 以上,最高时达 56%。那时在云大历史系读书的学生邹启宇,多年后回忆当时的情况说:"最近读到金冲及先生谈百年中国复兴之路时,有一段话引出了我对'大跃进'的回忆。……不过,我没有金先生那么兴奋,更没有'特别兴奋';而'大跃进'的结果,却什么奇迹都没有能创造出来,除了极度的饥饿和倒退之外。

"'大跃进'开始后,1958 年 6 月,我们云南大学文科的师生到昆明茨坝工地劳动。出发前学校做了动员,我们个个在会上表态,一定要以'大跃进'的姿态,鼓足干劲,力争上游,多快好省地建设社会主义,在劳动中认真改造自己的世界观。

"为什么个个都以同样的姿态,说同样的话?因为,'大跃进'运动正是在疾风暴雨的反右运动、交心运动之后发动的,不但师生中被划为右派分子的人不能乱说乱动,就是属于'人民'这个范畴的师生,也个个言语谨慎,生怕祸从口出。被划为右派分子的师生,按照毛主席的说法,是众人的'反面教员'。……我们在工地,个个都十分卖力,几乎没有人偷奸躲懒。"

在邹启宇所在的历史系,此时也出了一个"创举":要刚入学的新生苦战三昼夜,编出一本世界史讲义,给三年级的学生用,并称之为"破除迷信,解放思想"。

在"大跃进"时期,思想改造仍然不断,但人人过关的事比在反右斗争和交心运动中少了些,程度轻了些。李埏不怕劳动,他觉得能教书、能劳动比天天坐着开会搞人人过关要好些。

面对学校教学秩序被极左的政治运动和过多的劳动生产打乱,李埏和大多数教师一样,唯有沉默不语。尤其是当他们看到李广田校长的遭遇后,更不敢说话了。

1959年庐山会议后,"反右倾"波及全国。1959年9月,在云大的"反右倾"运动中,李广田首当其冲地被定为"右倾机会主义分子",遭到批判和打击,被撤销党委常委和校长职务,降到副校长。

关于李广田这段时期的遭遇,李广田的女儿李岫在《岁月、命运、人——李广田传》一书中做了详细的记述。其文收入了《云南省委关于李广田同志所犯右倾错误的处理意见的报告》[①],现照录如下:

> 李广田同志是一个未经改造的资产阶级知识分子,原封未动地保持着资产阶级的立场观点,他反对党的总路线,攻击革命的群众运动。他抓住农村

---

① 张志平:《自由主义和李广田的教育思想及其实践》,刊于《社会科学论坛(学术评论卷)》2009年第6期。

某些基层干部作风不好的事例，大叫"干部可恨，农民可怜"，说"农村问题，影响很坏"；他对市场某些商品供应的暂时紧张和节约用电等，都说成是"大跃进带来的后果"；他反对党的"教育为无产阶级政治服务，教育和生产劳动相结合"的教育方针，说这一方针"打乱了学校的教学秩序"；他反对党对知识分子教育改造的政策，认为改造知识分子，就是打击知识分子，正如他在检查中所说的"打在资产阶级知识分子身上，痛在我心上"。他说："农村干部是用手打人，学校是用精神打人"，并叫嚷"阶级关系紧张"，"知识分子有压力"，"搞的过分，否定过多"，应当"检查"。他忌讳"改造"的字样，今年春天教务处起草的上半年工作计划中有"加强知识分子的思想改造"字句，他叫一律勾掉。他一听到"资产阶级知识分子"字眼，就特别反感，认为是在打击他。他反对党对学校工作的领导，说："党委不懂教学"，"云南很少看到一个内行"。他反对学校党委，千方百计地攻击党委书记李书成同志，说他"像斯大林的晚年时代"，并含沙射影地说"有些人很左，将来第三次世界大战时，这些人要当汉奸"。他一向自恃为"教育家"、"作家"、"诗人"，党离不了他，并经常夸耀：

"娘家是北大,婆家是清华",动辄就以"离开云南"要挟组织,说是"不当校长,可以当教授,不当教授,可以当作家",并声言"要到深山密林中,去听小鸟歌唱"。

李广田同志是云南文教界党内的右倾机会主义向党向社会主义进攻的典型代表。为了消除他在云南大学及有关文教部门散布的大量的资产阶级思想毒素,已在云南大学及省级文教系统中组织了系统的批判和斗争。根据他的错误情节及检讨态度,经研究决定:降任云南大学副校长,并撤销党委常委,保留党委委员。

当时云大被打为"右倾机会主义分子"的校领导还有云大党委常委兼副校长杨黎原。杨黎原不相信"大跃进",又反对对知识分子的"宁左勿右"的处理方法,于是被打成"右倾机会主义分子"。1959年12月16日,云大校领导宣布:"经校党委讨论、文教部通过、省委决定、中央批准,撤销杨黎原同志的副校长、党委常委、党委委员职务。"

当时,在云大敢为李广田、杨黎原说话的只有一个人,那就是老红军程明轩,而他也因此被扣上"犯有右倾机会主义错误"的帽子,受到批判。

在这种环境中,李埏也只能"独善其身"。尽管在这些政治运动中经受冲击,李埏仍未改变对新社会的热爱。在1959年国庆节的日记里,他写道:

> 上午国庆大游行。系里只挑了十个年轻教师参加,老教师都未去,我属于后者。本想去看看盛况,但家里人人都去了,又不愿让桐儿一人在家,所以我只好留下来陪伴他。听听远远传来乐声、欢呼声,心里也跟着沸腾起来。在这样的节日,感触自然是不免的:一方面看到祖国如此进步,真是兴奋!另一方面,回顾自己碌碌无所成就,又不免惭愧!系里今天出一墙报,我写了一篇短文,坦白说出了这种心情。最后说,只有决心改造自己,鼓足干劲工作,才能无愧于生逢这伟大的时代和国家。确实,我的生日也快到了。岁月不淹,韶华易老,再泛泛悠悠,那就完了!只有以来者犹可追的乐观主义精神,惜寸阴分阴,努力跃进!

在这个时期,李埏无法潜心治学,但还是尽一切努力,克服困难,孜孜不倦地做学问。在他1959年5月、6月的几篇日记中,可以看到他的工作、生活情况以及相关体会:

第五章 跌宕起伏的20世纪50年代

5月24日 下午,阅读历史一二所的《中国历史》提纲及说明。傍晚,到方国瑜处小坐。……方国瑜谈及少数民族社会,说周代的诸侯实际就是土司。这是一个独到的见解。又说少数民族地区因地广人稀,与其租佃,不如垦荒,是以租佃不发达。这也是很有启发的话。但他似乎未意识到生产力的问题。假如生产力发达,熟地须要投入更多的劳动,那么垦荒就不如租佃了。马克思说:"自然哪,如果鸟巢持续的时间,不比鸟造巢的时间长,鸟是不会要巢的"(第一卷634页)。

5月26日 读历史一二所的《中国历史》的提纲和说明。虽然持论很稳健,但可议之处还是很多的。

5月29日 晚,校长作关于理论学习的动员报告。听后,继之过(九三的)组织生活。谈增产节约问题,我谈:应认识现在是在革命时期,我们从事的是革命事业,因而应该以一个革命者来要求自己,对节约粮食,吃稀饭以及一些生活上的不便,不仅不宜斤斤计较,而且应该以革命者的态度来对待……

5月31日 拟"中国封建社会经济史概论"教学大纲,并开始写讲稿。三年级这门课的负责同学李维行和冯洪乙二人来谈课程问题,即以大纲告之。彼此交谈了情况：选习同学共27人，多干部学生。备课中对封建社会的个体性生产者有进一步的领会。这问题过去未给予足够重视。教学相长，信然。

6月3日　整天写讲稿一直到夜间两点多钟。在写的过程中，算是把封建生产方式的基本矛盾基本上搞清楚了。梅伊曼的书《封建生产方式的运动》，真精辟。两年前初读，不求甚解，现在才多所领悟。波尔什涅夫不及梅伊曼多矣。

6月4日　上午，开始讲课。一连四节。昨晚两点多才睡，今早五点多便起了，睡得太少。下课后很感疲乏。备课和讲课都已做到"既竭吾力"了，但讲后反省，还是多不满意。

6月7日　外庐先生来一函，嘱我对宋代主要矛盾的论点再加考虑。又嘱一读他在《新建设》发表的文章。

6月8日　读外庐先生在《新建设》4月号刊布的《关于封建主义生产关系的一些普遍原理》。这是一篇功力很厚的论文，值得认真研读一下。可以设想，它一定会在史学界中发生良好的影响。不过，其中也不是没有问题的。例如"半非身份性"或"半非品级性"之说，就是不妥当的。我去年已向他提出这一问题,但他似不以为然。

6月11日　上午上课,自问讲得还不算坏,但分量不够多,备课不足故也。(系总支书记)李虎俊听了我的一节课,课后嘱我交流一下讲课经验。惭愧,我有什么经验呢?

第六章　学术转向

第一节　学习马克思主义

早在 20 世纪 40 年代初期,李埏就在张荫麟的影响下开始接触马克思主义。其后,马曜来到云大文史系后与李埏过从甚密,从此二人成为挚友,他们的友谊一直持续到生命的终点。马曜是中国地下党员,对李埏也有很大影响。30 多年后,李埏对这一段交往仍记忆犹新:"马曜同志的学识和才华,尤其是他的进步思想,感染了我们。我们常常去请教他,从他那里借阅一些进步书刊,受到很大启发。"

然而,李埏确立马克思主义史观是在 20 世纪 50 年代。

1953 年 4 月 23 日,中共中央发出指示,要求进行马克思主义理论教育。在 20 世纪 50 年代前半期,还开展了对电影《武训传》,对胡适思想、梁漱溟思想、胡风思想等的批判。在反右斗争中历史学界专门进行了对"右派历史学家"的斗争。通过对所有这些"反面教员"的批判,确立了马克思主义在史学研究中的指导地位。

在确立马克思主义指导地位的过程中,史学界环绕着中国古代史分期问题、中国古代土地制度问题、中国封建社会农民战争问题、中国资本主义萌芽问题、汉民族形成问题展开了热烈讨论,被称作历史学中"五朵金花"。这些问题的讨论,固然从不少方面深化了对于中国历史发展特点的认识,但更主要的还是通过这些讨论,让史学家们更加认真地学习马克思主义经典著作,并通过对中国历史的重新诠释,使被概括为以马克思主义、列宁主义、毛泽东思想为指导思想和理论基础的新意识形态具有坚实的中国历史基础,证明新意识形态合乎中国历史发展规律。[1]

在此情况下,中国大陆史学界展开了学习马克思主义的热潮。

在马克思主义著作中,李埏读得最认真,也最有收获的是《资本论》。早在 20 世纪 40 年代,在张荫麟的影响下,李埏就开始阅读《资本论》英文版。1949 年以

---

[1] 姜义华:《革故鼎新:六十年来中国史学的责任担当》,收于马克垚、瞿林东编:《史学调查与探索》(2011 教育部社会科学委员会历史学学部论丛),北京师范大学出版社,2012 年。

后，他细读《资本论》多遍，并在他的日记中写道：

> 1958年6月17日　今天，读完了《资本论》第一卷！由于它的引人入胜的魅力，我仍然冒着不备课的危险，继续读它；并且在读完之后，又把卷首的几篇序跋重读了一遍。当读完时，我真愉快！……遗憾的是，郭（沫若）、王（大力）的译文颇有不流畅的地方。深悔当年在宝台山（引者按：指李埏在北大文科研究所读书的地方）没有把德文学好。决心乘胜前进，出明日起，续读第二卷，争取在一个月内读完！
>
> 1959年元旦　读了《资本论》第3卷十余页。
>
> 5月24日　读《资本论》至第一卷636页，竟第14章"绝对剩余价值和相对剩余价值"。对于研究古代史，这是非常重要的一章。作了较详的笔记。
>
> 5月26日　读《资本论》至第一卷699页，竟第6篇"工资"。多不了解。
>
> 5月28日　读《资本论》至第一卷750页，竟第22章的第三节"剩余价值分割为资本与所得：节欲说"。这一节里讲到货币贮藏者、高利贷者、前资本主义社会的扩大再生产、自耕农民等等，当仔细摘录。

> 6月4日　上午，重读恩格斯的《论封建制度的解体及资产阶级的兴起》。
>
> 6月16日　晨读《资本论》至第一卷900页，竟第23章"资本主义积累的一般法则"。午饭后，续读至夜一时，至第一卷965页，即第24章"所谓原始积累"。今天的全部时间，本应用了备课。后天要讲的讲稿，还未着一字。但是《资本论》的这部分太吸引人了！欲罢不能，无法释手，只得一气读下去，连午觉也没有睡。

甚至在去大凉山考察的艰苦条件下，李埏也依然随身带着马克思主义著作，得空就阅读：

> 1960年3月16日　"一切发展中的事物都是不完善的，而发展只有在死亡时才结束。这样，把人弄死以求摆脱这种不完善应该是最合情理的了。……"——马克思：《第六届莱茵省议会的评论（第一篇论文）》，1842年，《马恩全集》第一卷第60页，转录自1960年2月29日《人民日报》第2版《马克思主义者应当如何看待新生事物》。
>
> "……要知道，群众只是从自己错误的后果中学习，从自身的感受中取得经验，……"——恩格

斯：《给施米特的信》，1890年，《马恩全集》，俄文版第28卷第234页，转录同上。

"但是，为了总结运动的经验，并且从这个经验中求得实际的教训，我们必须充分认识各种缺点的原因和意义。……"只要有养成这些必要品质的愿望就行！只要能够认识到自己的缺点就行，因为在革命事业中，认识到自己的缺点就等于改正了一大半！——列宁：《怎么办？》，《列宁全集》第5卷第344-345页。

因此，当他读完了《资本论》时，他还决心要至少再读两遍：

> 7月14日　今日读完《资本论》。对我而言，这是一件大事，大喜事！按我自前年（1958）五一节始系统读此巨著，中经下乡劳动及赴凉山等种种耽延直至今日始读毕最后一行，为时二年又二月。虽然迟缓，终能一字不遗地读完，岂非大可喜之事？书中若干章节，仅能一知半解，然亦能通其大意，收获不可谓不大，这是更可喜之事。但这只第一遍，我有志至少还要读它两遍，必完全弄通而后止！

李埏下了很大的功夫来学习马克思主义著作。他不满足于中译本,而是利用自己精通英语,粗通法语、日语、俄语的优势,多种版本对照阅读。这一做法,使他不仅更好地掌握了原著精髓,而且多次校正了中译本的错误与不妥之处。如《资本论》中译本第三卷第 403 页"生产越是发展,货币财产就越是集中在商人手中,或表现为商人的特别形态"。而在经过恩格斯审查的英译本中,则为:"The less developed the production, the more wealth in money is concentrated in the hands of merchants..." 正确的译文显然应为"生产越是不发展……"。他在《略论唐代的"钱帛兼行"》一文注释中指出了这一错误,郭沫若看到后,核查了德文版的《资本论》,发现李埏说得对,为此专函致《历史研究》,对李埏的意见予以充分肯定,并建议中译本出版社重视这个关键的"不"字,加以改正。又如中译本《马克思恩格斯选集》第三卷第 187 页有"一切文明民族都是从这种公社或带着它的非常显著的残余进入历史的"。而英译本则作"In the tribe or village community with common ownership of land, with which..."。李埏因此改译为"一切文明民族都是带立脚点这种公社或……",显然于意较胜。

李埏还撰有《译名质疑两则》,对"普天之下,莫非王土"的俄译文、法译文进行了校正。对《资本论》中译文出现的"劳动地租"这一术语,也从德文原著加以订正,并对照与此相关的列宁的俄文术语进行互证。

他除了认真研读《资本论》外,还认真研读《马克思恩格斯文集》。他后来回忆道:"50年代初那几年,我把过去所读的古籍全收起来,尽读马列之书及许多较早用马克思主义观点进行研究的中外史学家的著作。"

通过刻苦钻研,李埏对马克思主义经济学理论有了深入的认识,他的治学方法也发生转变。他不是把马克思主义学说当作套语和标签,而是以之作为进行研究的理论指南。20世纪50年代,李埏用马克思主义作为理论指导,撰写了《论我国的"封建的土地国有制"》、《试论中国古代农村公社的延续和解体》等论文,在学术界引起了广泛的关注,奠定了他用马克思主义理论来研究中国封建经济史的基础。

由于李埏把马克思的《资本论》当作一种真正的学术巨著来看,因此他对《资本论》的兴趣,并未随着时间和政治形势的变化发生改变。在他晚年的日记中,还可以看到这一点:

2001年6月5日 续读《资本论》。卷一第一篇第二章说:"……在十七世纪最后几十年,人们已经知道货币是商品,这在货币分析上是跨出很大一步的开端,但终究只是开端而已。困难不在于了解货币是商品,而在于了解商品怎样、为什么、通过什么成为货币"。——全集卷23,页110 这段话太重要了。对我为"货币化"问题作序,可谓是"最高指示"。

在学习马克思主义的运动中,确有一批学者,接受马克思主义不是出于政治功利目的,而是出于学术的理念。李埏就是其中之一。新中国成立后,李埏积极学习马克思主义。他在《中国封建经济史论集》的"序言"中对学习马克思主义理论过程做了回顾:"解放以前,我对于历史唯物主义毫无所知,那时常以不明历史发展之所以然而苦恼。解放以后,我开始学习马克思主义。这真是指路明灯,一接触就令人欲罢不能。50年代初那几年,我把过去所读的古籍全收起来,尽读马列之书及许多较早用马克思主义观点进行研究的中外史学家的著作。"

第二节 新的研究取向

在李埏学习马克思主义的过程中,中国马克思主义史学开创者之一的侯外庐对他产生了很大的影响。1954年《历史研究》创刊号上,侯外庐发表了《中国封建社会土地所有制形式的问题》一文。李埏认真研读了此文,受到很大启发。1956年6月,李埏完成长篇论文《论我国的"封建的土地国有制"》。在这篇论文中,李埏第一次将马克思主义理论运用于自己对中国历史进行的探索。这篇文章没有生搬硬套马克思主义的术语,更没有教条式地运用。这在那个时代是难能可贵的。

李埏对"土地国有制"这一范畴做了明确的界定,并从理论上做了深入的阐述,还提出一系列引人思索的相关问题,这在学界具有开创之功。一年后,侯外庐主编的《中国思想通史》出版,在第一卷、第二卷的首章中均对李埏的论点有所采纳,后来贺昌群的《汉唐间封建土地所有制形式研究》也采纳了此观点。自此以后,中国封建土地国有制这一范畴为史学界普遍接受,不少史学家相继撰文探讨中国历代的国有土地制,并就许多相关问题进行了热烈的探讨,李埏也成为中国封建土地国有制研究的开创者之一。他对这一领域的探索一直继

第六章　学术转向

续了下来。30年后,他又撰写了《再论我国的封建土地国有制》,40年后,年逾八旬的李埏又完成了《三论土地国有制》,并领导他的几名学生共同完成通贯两千余年的《中国土地国有制度史》。这一研究历时40年,体现了李埏对于完美的追求。

在这篇文章中,李埏也秉持"学术乃天下公器"的态度,对前人的看法展开争鸣。即使是开创土地所有制研究并发现李埏的侯外庐,也是如此。侯外庐曾提出"皇室土地所有制"的概念,李埏也提出不同的看法,认为不妥,应当改为"土地国有制"。面对李埏的争鸣,侯外庐非但没有认为有伤面子,而是给予极高的评价。李埏为侯外庐这位前辈的高风亮节深深感动,从此私淑侯外庐。他们的师友之谊,一直保持到生命的终点,从而成为一段学界佳话。

这篇论文由《历史研究》发表后,李埏在学术界声名鹊起。随后,在李广田的鼓励下,李埏开始一项新的研究,即用《水浒传》研究宋代社会。他在日记中写道:

> 1957年1月1日　晴　元旦,下午到李副校长寓小坐,他问及我近来研究什么,我把《〈水浒传〉中所反映的庄园和矛盾》大略奉告,他认为很有意思,促我早点写出。

不久,他完成了三万字的长篇论文《〈水浒传〉中所反映的庄园和矛盾》。与他过去的研究不同,这篇文章从文学作品中看社会,在研究方法上与后来西方的年鉴学派第三、四代的方法有不谋而合之处。

《水浒传》这部伟大的文学作品,在中国妇孺皆知。李埏从小说高度的现实主义成就出发,敏锐地把握住小说反映的当时社会多种社会力量及其相互间的种种矛盾和斗争,思考农民起义表象背后所反映的社会结构变迁。

李埏发现《水浒传》中的农民和地主两个阶级,都普遍地存在于庄园经济中,而庄客、庄户是受庄主剥削和统治的。李埏进行了深入的考察,一系列疑问与思索接踵而至。为什么庄园里的庄客、庄户不起而反抗他们的庄主?相反却总是和庄主一道反抗来自庄园以外的敌人?在梁山泊的好汉们中,不少就是庄主出身的人物,那是什么缘故呢?现在人们所热衷的阶级矛盾与阶级斗争,为什么在庄园中寂然无闻?他发现,只有把《水浒传》所反映的各种社会力量当作一个有机体来全面加以观察,把《水浒传》本身的分析和它反映的时代结合起来研究,才能获得解开历史之谜的钥匙,并借此通读那个时代的历史记录。

庄园内部的矛盾为什么较为缓和?李埏跳出当时盛行的阶级分析方法,从等级分析入手进行考察。宋代乡村的上户和中户，即五等主户中的上三等户，属于庶人地主，他们要承担沉重的赋役；以皇室、官户为代表的特权等级，则享有免赋役的特权。因此，庶人地主与特权等级，因土地问题和赋役问题而对立起来，存在尖锐的矛盾，并构成矛盾的主要方面，起着主导的作用。乡村下户在贫富分化的过程中，不少沦为浮户、逃户，逃避到庄园里去成为客户。比较客户和下户农民所受的剥削压迫，可以看到后者更甚。因此下户农民宁肯丧失主户身份，而逃向庄园去"忍卑甘贱，为竖为役，效牛作马"。由此而知，庄园内部矛盾之所以比较缓和，乃是由于外部矛盾的激化。因此李埏得到这样的结论："在农民和朝廷官府的这种矛盾的影响下，农奴和庄主的矛盾暂降到次要和服从的地位，因而呈现出比较缓和的状态，全部《水浒传》庄园的秘密就在这里！"

四方八面的各种反抗势力，以及各个等级的代表人物，都以梁山泊为中心，逐渐聚集到忠义堂的周围。到了"英雄排座次"之时，聚集的过程完成了，于是矛盾发展到最高阶段：和代表皇室和官户的朝廷展开正面的斗争。在这个尖锐的斗争中，梁山泊取得辉煌的胜利，这说明矛盾的非主要方面已经转化到和主要方面势均力敌的地位。而这里，矛盾便突起质的变化：妥协的时机来了，宋江接受了招安，在征方腊之后于"皇封御酒"

的悲剧中结束了他的一生。这个悲剧有其历史根源。上中户地主利益原本也由国家政权来代表,只因与其上的皇室和官户的矛盾激化,它才会和它下面的社会阶层站在一起共同斗争。皇帝原可更多地代表地主阶级中这个等级或那个等级的利益。因此,上中户等级总是对皇帝怀着愿望,希望皇帝最大限度地维护自己的各种权益。这一等级本性使宋江老想着"封妻荫子",接受招安。而农民也是拥护好皇帝的,因此也跟着宋江接受了招安。

在研究方法上,这篇文章也显示出李埏的治学方法更为成熟了。在此之前,他的研究主要限于比较传统的制度史研究,如楮币史、国有土地制度史的研究等。自此以后,形成了以历史学方法为基础,注入社会学、民族学方法的多学科方法的综合研究方法。

首先,特别值得注意的是,这篇文章强调普通民众的生活,与法国年鉴学派做法有异曲同工之妙。该学派的创立者布洛赫和费弗尔都认为历史研究的对象实际上是人,强调对"人"的历史进行探索。布洛赫的代表作《法国乡村史的基本特征》重点考察法国农民的社会行为方式和社会组织。年鉴学派第二代学者如勒·罗瓦·拉杜里等也突出对普通民众日常生活的研究。与此类似,英国马克思主义历史学派倡议"自下而上"的历史。西方新史学家们把研究视野转向历史上默默无闻的普通民众，通过对民众日常生活的考察，试图从"小人物"身上寻求历史发展变化的动因。李埏与年鉴学派在方法上殊途同归，不约而同地开拓了相似的研究方向。而李埏的研究是在封闭的状况下进行的探索，更显难能可贵。

其次，还值得注意的是李埏用《水浒传》来研究宋代社会的方法。关于人民群众历史的记录，古代历史文献中很少。如何去搜寻呢？恩格斯《致哈克纳斯的信》给了他很大的触动。恩格斯读巴尔扎克《人间喜剧》，说：从这部小说中，"我所学到的东西也比从当时所有专门历史学家、经济学家和统计学家的全部著作合拢起来所学到的还要多"。李埏幼时阅读过《水浒传》，给他留下深刻的印象。在《水浒传》中，宋元社会的各个方面都栩栩如生地跃然纸上，而且社会生活的各个侧面也有机地相互联系着，历历如绘地呈现于读者眼底。

李埏曾师从陈寅恪，而陈寅恪开创的"以诗证史"成为一种新的治史方法。李埏想：既然诗歌这种高度凝练和形象的文学作品也可以有效地佐证史料，那么，小说这种详尽描述的作品不是能够更好地、更有力地反映历史吗？中国古代的笔记小说已被作为一种史料运用，而长篇小说的史学价值则尚未被从社会历史的角度去挖掘。《水浒传》的高度的现实主义成就，逼真地给我们提供了剖析当时社会的最好的标本。思考及此，李埏心头一振，一片辽阔的天空展现在他面前。这是一块未开垦的处女地，蕴藏着丰富的历史资源。于是他重新仔细阅读《水浒传》。

一是要确定《水浒传》所反映的时代。众所周知，《水浒传》并非一人一时之作，在长期流传的过程中，掺杂有一些后来的内容。李埏认为最重要的，是从该书所描写的现实主义历史中去寻求，尤其是应当把它所反映的矛盾斗争和历史的实际进行比较和分析。经过详细的比照，李埏断定该书故事所反映的时代是宋代。

二是要抓住宋代矛盾发展和斗争的关键。从小说错综复杂的社会力量及其相互间的种种矛盾和斗争中，李埏敏锐地抓住了宋代社会的一个根本问题——庄园。在整个故事中，庄园像一条线，从始至终地贯穿着。《水浒传》中庄园极为普遍而平常，无处不有，散布在广漠的原野和崎岖的山间。通常的情况是，一个庄园就是一个村落。证之历史文献，小说中的这种庄园与唐后期开始出现、宋代大量存在的庄园是一致的。庄园内的生产关系也类似。

宋代矛盾的发展和斗争的展开是一个很长的过程，而《水浒传》则把它们集中成为几年间的事情。实际历史的发展，其来也渐；而《水浒传》则抓住突变的关键把它们缩写成为一个故事,使我们读了这部"现实主义的历史"就可以看到宋代社会的缩影。宋代大运河一线上的纲运最繁、科役最重,从而矛盾也比较尖锐。其间又以曹、濮一带为最,因其地适当河南、河北中间并具有地形上的优良条件。梁山泊正是曹、濮之间的一个大泽。《水浒传》把起义军的根据地放在这里,与史实相合。矛盾在这里较为激化,交通条件在这里较为便利,所以一个个反抗的英雄好汉在这里易于同气相求,聚结成一股大的反抗势力。

李埏还发现,在历史实际中不乏《水浒传》故事的样本。如故事中的领袖和英雄好汉不少是庄园主,而历史实际中,宋代农民起义的领袖亦然。如与宋江大体同时的方腊是一个漆园主,钟相是一个"土豪",其前的李顺和其后的赖文政,也有类似的记述。

以诗证史,始于陈寅恪。而以小说证史,李埏可谓独辟蹊径,《〈水浒传〉中所反映的庄园和矛盾》就是可贵的尝试。

这种做法以及本文得出来的结论,与当时史学界的主流相背,李埏也深知此举不无风险,但学者的良知使他坚持自己的理念。该文尚未完全定稿,李埏就下乡去了。此前李广田索阅此文,读后兴奋不已,即交《云南大学学报》发表。李埏下乡归来,文章业已刊出,来不及再作修润,李埏自忖文章未免冗赘,感到有些遗憾。

近半个世纪之后,美国宋史学者史乐民(Paul Smith)教授在研究宋代社会史时,还托人找这篇文章,并在自己的著作中特别提到。这也体现了这篇文章的长久的生命力。

第七章　下乡上山

第一节　在江头村的日子

思想改造运动后，高校教师参加劳动成为惯例。1958年9月，云大派50多位教师到宜良县农村劳动锻炼，李埏是其中之一。学校对下乡劳动锻炼的教师提出要"五比"，并定期评比。"五比"即（1）比三同（与农民同吃、同住、同劳动）；（2）比向农民学习；（3）比劳动态度；（4）比暴露思想；（5）比工农感情。下乡劳动锻炼的时间，则取决于学校工作的需要和下派教师的改造锻炼情况。

李埏积极要求进步，总是从正面理解学校的决定。他决心认真地按学校规定的五条标准要求自己，真心实意地向农民学习。他在日记本的第一页上写了以下"小引"：

思想改造运动之后、交心运动之后以及此次大破资产阶级法权思想运动之后,都想立即记起日记来,以加速自我思想改造,但都始终未做。这说明自己对待生活的态度还是依旧泛泛悠悠的,没有"责己也周",严格地要求自己。

不能再这样下去了。时代是多情而又无情的。多情的是,它给每个人以兴奋、鼓舞和生命力;无情的是,它飞快地前进,你跟不上它,它便把你抛弃。然而任何一人,没有理由自暴自弃。我应当鼓足干劲,力争上游,快着先鞭,与时俱进!人们说:现在不能再满足一般的思想改造了,随着全国工农业生产的大跃进,思想上也应该来一个大跃进。不错,我也应该如此。不唯如此,而且应该以"人一能之己百之,人十能之己千之"的精神,迅速地改造自己的立场、观点和思想方法,来一个自我革命,使自己成为一个真正的人!让这本小小的日记成为自我革命的革命史吧,成为自己从头学起、从新做人的动力和鞭策吧。前进!在马克思列宁主义的光辉照耀下,向着党所指引的光明方向,努力前进!

此后,在这本小小的日记本里,他用工工整整的字写下了他的生活、他的感受、他的困惑、他的思考。当时物质匮乏、劳动艰苦、政治压力大，但他仍然保持着昂扬向上、积极乐观的精神状态，真是难能可贵。

李埏努力适应自己从未干过的农业劳动，不是消极地应付，而是实实在在地干，一丝也不懈怠。在农村，最重的农活是春耕时节挖"老板田"（即用重磅的板锄深翻板结的水稻田），云大来江头村锻炼的50多位教师中，只有李埏和另一位教师能干此重活。几十年后，每当李埏回忆起此事，仍掩饰不住心中的得意："过劳动关，我是过了。挑六七十公斤，不在话下。挖老板田，也能胜任。"他在1958年10月8日给妻子的信中写道：

毓兰：

九月二十七日来信已收读多日。因秋收秋种运动十分紧张，所以迄未作复，想劳远念了，歉歉。

我在这里已初步能适应农村生活，劳动上也有些进步，饭量大增（每顿三大碗），思想上也更能认识党的关怀教育和自己过去的错误。本月发工资后，给我留下几块钱，以备我需要时写信给你汇寄。历史二所的补助费上月寄来没有？若寄来，可以存一点，以备为我做衣服。在这里较费衣服，带来的这两套，可能不久都要破了。小棉衣暂时勿做，钱也暂时莫带，我需要什么，会写信告你的。因为买农具，所以这个月用多了几块钱，以后不会用这么多的。

我身体如常，勿以我为念。现在能挑三十公斤担行数十里路。基本上赶上先来的同志的一般水平。……望常来信告知家中大小生活情况，忙时简单写一明信片来，或叫敬、重两儿写来，以免悬念。系中李虎俊、赵瑞芳、张德光等同志，见面时代致候，我因忙尚未写信给他们……

别的再谈，即祝

进步！

幼舟　1958 年 10 月 8 日

在日记中，他也记道：

1959 年 2 月 23 日　闲了几天，挑起来怪吃力的。但称了一挑，仍重达 57 公斤。晚，小组开会，讨论个人规划。

当时，学校号召知识分子向老农学习。李埏拜一位老农为师，表达向老农学习的诚意。老农说："你们向我学习,明天跟我走就行了,其他的用不着多说。"这朴实无华的话语,李埏感触不已:是啊,要学习,跟着干就是了,说得再多也没用。这就是农民,他们就是这样实实在在。

李埏与农民一起干活,体验到农民的艰辛和纯朴,从他们身上能学到很多东西。他在日记中写道:

> 1958年12月19日　早饭后,到大村子为学校挑扫帚。一时许返抵村,即送至车站。归来时才二时许,乘此时间到街上理了一个发。老水碾村对面山上有一株树,前几天满树着花,红艳如火。问之,得知为樱桃花。日来已渐凋谢。今晚,晚工后继出夜工,均在谷麦基倒田。休息时,光华同志向大家讲话,说,所以要出夜工是由于种洋芋的节令已不能再迟了,樱桃花开就该种下去,现在花已谢了,再不种就不行了。我的劳动艰苦性还是很不够的,当散晚工时,听说要接着出夜工,心里很不愿意,觉得今天累够了,又冷,还出什么夜工。巴不得刘德元说一声回去开会。可是当光华说明原因,农民在熊熊的稻草火旁都兴高采烈地喊"干"时,我兀自惭愧了。
>
> 1959年1月2日　午工、晚工都是挖山药(引

者按：指马铃薯），挑回队上。我共挑了三挑，每挑35公斤左右。晚工，是到铁路上边去挑，山路陡峻，出了几身大汗。今天，从生理上感到劳动的愉快。从上月29日写标语起，我已经四天没有出工了。昨日不仅牙痛，而且感到消化不良。今天一出工，奇怪，刚出了一身汗，就觉得浑身血脉畅通起来，筋骨关节也灵活起来，一阵说不出的舒畅，好像电流一般走遍了全身。我还带了Salidon以防牙痛，结果牙也未作剧痛。劳动真是好啊！同样感到畅快的是，几天没有和农民一起劳动，今天又同在一起，倍觉亲切。他们有说有笑的欢快的情绪感染了我，我也欢快了。这种欢快，像清泉一样，把心胸洗刷了一番。

1月28日　今晚小组会上，我检查汇报了我近一月的锻炼情况。主观上我是做到了实事求是的，客观上是否估计得正确，那就不敢说了。我的检查大意是，进步方面对党认识和信任有增进；对农民有初步感情；自想能抓住矛盾斗争不放。存在问题则很多，主要是认识还很差，已认识的尚未成为实际行动。我并且谈了我决定拜孙大妈为师的思想活动。

1月29日　今天仍旧去割草，技术可能也有点进步，因此割得多了一些，约25公斤。加上杨大

第七章 下乡上山

妈给我的一捆,共重38公斤。我没有估计到我的草鞋上到山上就坏了,右脚的一只简直无法穿,只好赤着一只脚挑着草走下山来。杨由民大妈教我找只旧草鞋垫垫脚,我想在这山上哪里去找,所以也不留意。下到半山,杨大妈在那里坐在路旁,我以为她在歇稍(引者按:指工间休息)。走到面前,才知道她原来是等我。她见到我来,就拿出一只旧草鞋递给我。她果然为我找到了。这样的关心人,真是做梦也未曾想到!啊,劳动人民万岁!

3月17日 早上挑土。午晚工随老大爹们去种菜地,倒田。一位老大爹王万祥,65岁;一位杨之新,64岁;还有崔大爷⋯⋯他们做活的强度和劲头都比我行,王大爷的板锄重6斤多,真令我敬服。

3月26日 今天看到一位双目失明的老大爹摸着洗衣服。我问他为谁洗?他说为他父亲洗。后来从旁人得知,他名杨克家,已六十多岁。他的父亲八十多岁。这件事使我异常感动。晚工后我特地到他家去拜望了他们两位年老的父子。原来他家已四辈同堂了。

李埏在江头村劳动锻炼期间,写了一篇《扁担"销钉"给我的教育》的体会,刊登在云大校报上,1959年

4月7日《云南日报》第三版又予以转载。从这篇短文中，可以看到李埏的内心世界：

> 五个多月前，当我初到这里的时候，就买了一根扁担。那是一根新扁担，两头还没有安上"销钉"。没有销钉，挑起粪箕箩筐来有滑脱的可能。可是，由于经常都是挑粪挑土，我想，即使偶尔滑脱一下，也不要紧，所以始终没有安。有时我也想在自己扁担上安上销钉，但要用火箸烧红了烙，我很怕麻烦。这样，便拖延下来了。一天，我移住到下村安大爹家，用我那根没有销钉的扁担挑了行李到安家来。一进门，我把扁担往门坊上一放，抱了行李就上楼去，整理床铺。等到整理完了，要出晚工挑土时，我找寻扁担，却不见了。原来我的扁担两头已烙了两个孔，而我还依照它的本来面目去找它，所以一时找不到。后来找到了，我仔细端详，很奇怪，是谁替我烙上了孔。一再问人，有位同志说，他在前一会儿看见安大爹拿着一根扁担烙。我听了很感动，立刻向安大爹致了谢意。接着，就拿起扁担挑土去了。第二天，依然去挑。我心想，这回扁担头上有了孔孔，等什么时候找根树枝削了安上。可是歇午稍后，又去挑土时，我发现销钉已经

第七章 下乡上山

安上了。在先,回家歇稍时,我的扁担和同志们的一起杂放在门外。进门时,安大爹问我:"安上销钉没有?"我答:"没有,回头找了棍子就安。"说罢就休息去了。就在休息的这一会儿,安大爹一声不响地,到那一堆杂置的扁担中把我的扁担找出来,安上了销钉。这更使我感动了,我赶忙找了安大爹致谢。然而安大爹却若无其事地说:"没有销钉怎么好挑,这也要谢。"

这件事使我想起许多问题来。

首先,我想到,安大爹和我非亲非故,以往一面不识,他为什么这样关心我呢?我自问,我曾经这样关心过人吗?有是有的,那就是对自己的孩子。当我发现孩子们的书包、皮鞋坏了,就赶快替他们拿了去修补;发现他们的笔墨纸张用完了,就赶快替他们买;……此外,再没有那样关心过别人,怎么回忆也想不起一件事来。而且,就是对孩子们替他们做了事以后,我也总要告诉他们:"知道吗,爸爸已经替你做好了。"可是安大爹却不言不语,替一个陌生的人做这做那。他是快七十岁的老人了,我呢,四十老几,又不是一个小孩,他何必如此呢?他没有半点儿矫揉造作,丝毫没有想要讨好于谁的意思。这对我说来,几乎是不可理解。

想来想去，觉得安大爹就好像一个巨人，光辉地站在我的眼前，那么庄严，又那么慈祥，而我自己呢，是何等卑微渺小啊！

我又想到，早就听人说过，安大爹很关心人，这大概是他个人特具的美德吧。可是，从扁担想到扁担，我又想起另一根扁担的故事。那是刘德元同志向我讲的。他说，他刚到迤腊古村时，没有扁担。一天夜里，他一觉醒来，听到楼下有刨木头的声音。下楼一看，原来是那位房东农民正在替他刨扁担（白天因为生产紧张，没有空搞）。我又想起，一次，老郑和杨大哥一起挖田，歇稍时，老郑走开了，我看着杨大哥拿起老郑的锄头，把它打整得干干净净，一声也不响。我又想起，我和杨大妈们上山割茅草，一天，我的一只草鞋坏了，一位姓杨的大奶奶说："你赤着一只脚，怎么挑下山呢？找只烂草鞋垫垫吧。"我说："算了，这山上哪里去找。"可是，下到半山，大奶奶已经找到一只，拿着在等我……。诸如此类的事例，说明关心人是劳动者同具的高贵品质，并不是只表现在安大爹一个人身上，阶级友爱是他们的天性。

从这个劳动人民的我自己用的销钉，我还看到劳动人民的勤劳和我的怠情。我自己用的扁担，自

第七章　下乡上山

已许久不安销钉，而安大爹却马上替我安了。怎么我那么怕麻烦，而安大爹不怕呢？我赤着脚下山，拾只破草鞋也怕麻烦，而杨大奶奶却不怕呢。这些事看去细小，实际反映出来的问题并不小。①

时间一天天地过去。1959年4月28日，李埏收到学校要他返校的通知，他在当天夜里写信给妻子。

毓兰：

　　今天晚上劳动回来，领导同志通知我：学校党委调我和马开樑同志回校，五月四五号成行；这几天工夫，要写检查、作鉴定。我听了后，一方面很高兴，因为快和你及孩子们见面了；另一方面，又很惆怅，因为要和这里的可爱的农民及这个可爱的村庄分别了。我自开始春耕的主力战——"挖田"到而今，都一直坚持战斗，而且决心坚持到完全胜利结束之日。现在只挖了三分之二，未免美中不足。

　　我不打算买什么东西了，身边也只有四五元钱了。但是若要小箩筐（价四元八角），还是可以的。若要买，可即来一函。余面谈，即祝

---

① 李埏：《扁担"销钉"给我的教育》，《云南日报》1959年4月7日。

李埏传

> 安好
>
> 　　　　　幼舟　1959年4月28日夜

在当天的日记中，李埏还写了那天的生活及自己对返家的心情：

> 1959年4月28日　晴　早工，社员们拔麦子，我们则去挖我们日前未挖完的田。早餐后，到耀金山挖地，直到傍晚始下山回村。
>
> 　　我开始执行我日作所订的规划，今天歇稍时为老柱哥理了发（规划中有一条，每天以一次歇稍时间为农民读报，或理发，或作其他服务）。
>
> 　　在耀金山巅俯瞰宜良坝子，真美啊！大部田地都挖了，像一块块的棕色的年糕；麦子大部都黄得像金子一般，中间夹着一片片绿油油的洋芋田，和碧玉也没有那么绿的可爱的秧田。傍晚时，斜阳掩映，微风轻拂，更是可爱没有了。我真羡慕杨茂大哥的生活。他的子女都是优秀的工人，妻和长子住在工厂里，旁的孩子也在昆明做工、求学。他一个人在这里，虽然五十岁了，但每天痛快地劳动，每晚或喝茶，或看旧小说，或和人谈天……真是陆地神仙啊！

第七章　下乡上山

散工回来,杨允中同志通知我:校党委来函调我和马开樑回去,因工作需要。并嘱日内写好检查、作好鉴定,下月五日以前成行,云云。我听了,一方面很高兴,因为快和妻及孩子们见面了;但另一方面,又很惆怅,因为快和这里可爱的农民、这个可爱的村庄分手了。而最遗憾的是,自问虽不可谓不努力,但迄今未夺得红旗,争得先进。这说明自己的锻炼改造还差得远啊!写了一个明信片寄回家,"先报那人知"。

4月29日　晴　小组命我与马开樑为"锻炼"简讯No.12刻蜡纸。自早刻至黄昏,刻毕。其中有我的一小篇《评比的体会》。昨夜思潮起伏,久不成寐,今日甚倦。蜡纸刻完后,到翟大爹处问疾,谈约一小时辞回。

4月30日　晴　整日在家写鉴定中的"收获"和"自我检查"。大概因昨日受凉,今日心翻头晕而且头痛。但仍扶病写完。明日再作补充。

5月1日　五一劳动节　晴　整日在分水桥挖田。晚间小组为我作鉴定。大家都说我的检查写得诚恳,实事求是,但成绩肯定不够。每人对我所提意见都很好。不论是对我的成绩抑或是对我的缺点,都能切中,令我心折。态度的诚恳,尤令我感激。杨允中同志最后发言,分析批判我的名利思想及危害,最为切至。在这个会上,我深深感到党的关怀和教育是既温暖又严肃,爱人以德。这样的会,没齿也不能忘!

5月4日　晴　偕老钟(引者按:云大教师钟运六)和马开樑进城,转户口和粮食关系。归途中到温泉洗了澡。至家吃饭后,到一队潘家和其他熟人家告别,请求潘二哥不要还我那一元钱,请用以买糖给小孩们。又将我的胶水鞋送给了安大爹,因为他在雨天常常赤足。向安增寿(队长)告辞。他说,我在这里努力干,给有些农民以鼓舞。农民说,老李同志能干活、肯干活;和人相处很好,大家都喜欢我。我听了又是兴奋,又是惭愧!晚间,小组通过对我和马开樑的书面鉴定。关于我的,大略谓:"李埏同志在锻炼期间的进步是大的……但资产阶级的名利思想尚有待于进一步的克服"。云云。我同意,而且愿铭诸座右。

最后,他写下:

别了,美丽的江头村!
别了,亲爱的安大爹、孙大妈、老柱哥、小二狗……一切敬爱的江头村的农民同志!

但愿我们的精神和感情,永远凝固在一起!在一起!

第二节 好丈夫 好父亲

1958年,全国进入"大跃进"时代。在"一天等于二十年"的号召下,人们都要求自己奋发有为,李埏夫妇也是要求自己跟上"大跃进"的步伐。在"大跃进"中,在"家家无闲人"的口号下,云大的一些家属也走出家门,办起一个墨水厂。李埏的妻子赵毓兰进了墨水厂,既当会计,又当工人。瘫痪的桐儿在家没人照顾,她就把桐儿放到坐车里坐着,推到墨水厂上班,边工作,捎带照顾儿子。

1958年9月,当李埏得知领导安排自己下乡锻炼时,他没有反映自己的困难,而是与妻子反复商量如何克服这些困难,如何安排好他下乡期间家人的生活。时年12岁的伯敬和9岁的伯重,都是学校的三好生,很懂事,他们的学习和生活不需要他多操心。他担心的是体弱多病的妻子,担心自己下乡后,妻子能否独自照顾瘫痪的伯起、5岁的伯约和2岁的伯杰,还要做家属工作,还要到墨水厂上班。

思来想去，李埏觉得解决问题的办法有两条，一是尽量减少家务，二是给伯敬、伯重两个孩子多压担子，既可减轻妻子的负担，又可让儿女得到更多的锻炼。因此，下乡前他把伯约在幼儿园的半托改为全托，把伯杰送到托儿所半托，要求伯敬、伯重协助母亲接送两个弟弟。毓兰、伯敬、伯重的粮食关系已在学校食堂，每天由伯敬、伯重负责到食堂打饭。此外，还对其他家务做了分工，如取水（九家村没有自来水，须到附近的水井取水），打扫卫生，洗衣服，等等。

李埏和子女们的感情非常深厚，真正有"一日不见，如隔三秋"的感觉。在宜良劳动锻炼期间，他要求伯敬和伯重轮流给他写信，每人每月写一封，他回一封。在下乡的八个月内，两个孩子各写了8封信，他回了16封信。两个孩子在信中向父亲报告自己的学习情况、帮妈妈做事的情况。收到家信是李埏最高兴的事。在他的日记中，字里行间映透着他对家人深深的爱，对子女殷切的期望：

> 1958年12月15日　星期一　收读毓兰十四日来信。得悉敬儿又被评为优秀队员，而且晋了一等（前次是三等，此次是二等）；重儿学习成绩很好，期中考语文算术都是100分，不禁欣喜若狂！唯约

儿杰儿均生病，虽已将愈，仍复念念。晚间，即复一明信片，嘱敬重两儿戒骄戒躁，继续努力；毓兰注意自己健康。

1958年12月25日　星期四　得重儿来的明信片，很高兴。他告诉我他期中考试的成绩和弟弟们的健康情况，阿弟老五（引者按：指伯杰）已病好，桐儿则尚未大好。

1959年1月3日　星期六　晚工碾麦子。归来得读敬儿元旦日来信，欢喜极了，兴奋极了！不论是从信的内容，还是从信的本身，都显然可以看出她的飞跃的进步。下乡时，我担心的问题之一，就是孩子们的教养。生怕我离家后，他们会变坏了，学业退步了，但是事实刚好相反，他们反而有了很大很快的进步。这说明我的认识是落后了。我没有认识到，在党和学校的教育下，他们不仅可以共同进步，而且可以更大更快地进步，我的担心真是杞忧。我在家里，给他们过多的关心，助长他们的依赖，对于他们的全面发展，可以说"非徒无益，而又害之"。他们会有他们自己的进步的，不需要我那样揠苗助长。这件事也给了我很大的教育。不是我教育了孩子，而是孩子们教育了我。我这次下乡，不仅我得到锻炼，妻和孩子们也同样得到了锻炼。应该感谢党,应该认真地锻炼自己!孩子们的进步,也是一种逼人的形势啊!不能落后,不能甘居中游呀!

1959年1月8日　星期四　得敬儿的第二个明信片。上面有这样几句话:"……在祖国飞跃的前进中,我们一家人也跟着时代一块进步。家里的人很想念您,但是想到您是去锻炼,也是为您高兴。以后您回来时,在(再)仔细谈吧。那时您一定是一个又红又专的人了。"啊,但愿如此!但愿我不会令我的女儿失望!

1959年1月13日　星期二　午工,挑阴沟泥。正挑着,钟运六回来了。带来妻的一封短信,伯重的红五分和一包衣物。妻的信说:"……伯敬、伯重两儿不仅学业品德进步,身体也健康,很少生病。孩子们的进步是飞快的,你我若不努力,必将远远落后于他们,这也是形势逼人呵。听说你的劳动有进步,孩子们和我高兴极了。是不是我们也来一个竞赛呢。"形势真是逼人!妻的信无异是一封挑战书啊。妻还告诉我,他们的墨水厂已改为省级领导,她"非常珍视这个事业,愿尽所能,服务于它"。又说,约儿已于八日入园全托。敬重两儿也各附一页,向我保证,他们一定要好好温课,在期考中争取更多的红分。呵,快马加鞭呀,大家鼓足

第七章 下乡上山

干劲,力争上游呀!下乡已经四周了。光阴似箭,日月如梭呀!进步有多少呢?

李埏从来就看不起那些饭来张口、衣来伸手的纨绔子弟。他看重的是能够自立自强、能够在逆境中奋发的人。因此,他常常用古话"咬得菜根,百事可做"来教导子女们。他说:"农村孩子在你们这个年纪都已参加劳动了,你们应当向他们学习;过去文人'四体不勤、五谷不分',是很不好的;你们要知稼穑之艰难,不能做畏惧劳动、鄙视劳动的少爷小姐。"

在江头村劳动期间,李埏认识了一个男孩杨志诚,小名叫"小二狗"。李埏十分喜欢这个小孩,在1959年1月30日的日记中写下他对这个农村孩子的感情:

小二狗,学名杨志诚,是一个聪明勤劳的好孩子。上山割草,还把我们印的扫盲课本带在身上,可惜就是没有时间帮助他。他从八岁就参加劳动,旁人都说,由于苦伤了,所以长得不高。昨天在24日《人民日报》看到一篇《不能否认社会主义社会中存在的不平等》(作者:石坚)的论文,联想起来,觉得知识分子实在不应该在劳动人民面前摆什么臭架子。比方说吧,我的孩子和熊锡元、金琼英的孩子都在附小上学，照我们的经济条件，我们的孩子一定可以由小学而中学而大学，成为一个知识分子。而小二狗呢，岁数和他们相若，聪敏勤劳可能还过之，然而他十三岁了，还"目不识丁"，将来未必能成为一个知识分子，至少不能成为一个大学毕业生那样的知识分子。若到了那时，我的孩子自己以为是知识分子而向小二狗骄傲，摆臭架子，那是多么不公平，多么不能令人容忍的事呵。由此更进一步联想到，我和农民的文化差别，不也是同样情形吗，我有什么理由自视"高人一等"呢！

李埏在给子女的信中，几次写到小二狗，要子女向小二狗学习。伯敬、伯重珍藏着这些信，经过"文革"的多次抄家，这些信仅留下两封，其中一封写于1959年4月22日：

亲爱的伯敬和伯重：

从妈妈前次的来信中，知道你们学习很努力，也很有进步，我十分高兴。希望你们和全国的建设一样，"更大、更好、更全面地跃进"，切莫有丝毫自满，随时记住毛主席说的，"学习的敌人是自己的满足"这句名言！

第七章　下乡上山

我们自从本月初，就开始了春耕战役中的主力战——挖老板田。在农业生产中，古语说，"一年之计在于春"，春天是最紧张的季节。而在这个紧张的季节中，挖老板田又是最紧张最沉重的活计。这个活计，就是把田里的土深翻一次，把广大的田土，一个垈子（引者按：指大土块）一个垈子地挖了翻过来，让它晒太阳。有我们家小团桌那样大的垈子是很多的。常常一个人无力把它翻过来，而要两三个人共同拉。拉一个垈子就会拉出满身大汗。成天，汗水不住地流。挖上两三天，手也起泡了，腰背也酸痛了。但节令不等人，不能不抓紧时间，所以还得不顾这些痛苦而一天天地干下去。我们云大在这里的同志，有一半人参加了这一主力战，我是其中之一。这一半人中，能从一开始就坚持到今天的，只有郑可立同志和我。现在田已挖了一半，还有二十多天的时间要继续干这个重活。我决心坚持到底，绝不中途败下阵来。经过这一月来的考验，我相信我是能坚持到挖完为止的。

学校照顾我们，带来了白药和酒，让我们吃了舒舒筋骨。我吃了果然就很好。前几天，刘志东送工资来，我曾请她带回扫帚三把，棕绳一对，附一小条给妈妈，请为买一两斤（市斤）酒，有便带来，就是为的要泡药酒喝。后来，我怕给妈妈添麻烦，所以又请刘志东带口信说，不要了。你们告诉妈妈，今后方便就带点来，不方便就算了。假如带，可用装滴滴涕的那种瓶子，装一瓶就行。

挖田虽然是重活，很累，但也很痛快，很有趣。每天散工后，打一大盆热水，把满身的汗水洗去，又喝上几口酒，和农民谈谈笑笑，真觉得无比的痛快。这痛快是在学校时体会不到的。前几天我们挖到一坵比较潮的田，土一翻过来，就常有躲在土里冬眠的田鸡和黄鳝爬上来。我捉了好几只田鸡，后来又扔了。因为怕耽误生产，所以许多都让它逃了。假如都捉来，那是可以大吃一番的。（你们知道田鸡吗？就是一种可吃的蛙）。在"歇稍"的时候，我也常常和乡村的孩子们捡几个豆，用乱草烧了吃。可惜我牙齿太坏，不能多吃，虽然它是那么香呀。小孩们现在也放了假，到田里做力所能及的农活。女孩子们去扯茶叶，男孩子们则挑肥或做其他的轻活。他们都听老师的话，非常可爱。我们房东的孩子，学习很用功，现在每天去赶水牛。好几头老水牛，都乖乖地听他的，这是在学校时体会不到的。他骑在牛背上，摇着鞭子，好像一个小英雄，我们都叫他"小牛官"。

第七章　下乡上山

有两件事，托你们做一下：（1）望敬儿到新华书店替我买一本书，就是《苏联国民经济史》第一卷（著者：梁士琴科），买好后包了托人带来；（2）望重儿不时到合作社去问一下，胶鞋卖掉了没有？并且看看洋丝瓜出了没有？出得怎样，写信告诉我。

还问问妈妈：小箩筐还要不要？小锄头还要不要？至于小草鞋，现在因打草鞋的人也去田里做农活，暂时停打，所以只好等以后了。妈妈的身体怎么样？牙齿怎么办？老五近日还病吗？念及念及。望把你们大家的情况写信告我，以免我挂念。

还有，四月十六号的《人民日报》上有一篇文章，题目叫做"立大志，鼓大劲，自觉地加强锻炼和努力学习"，作者：刘顺元，很好。敬儿一定要读一遍，请母亲指导，读后讲给重儿听。

五月来了，请你们到邮局为我订下列杂志：（1）历史研究；（2）学术译丛；（3）北京大学学报（人文科学）。

要出工了，就此停笔。祝你们
努力！

　　　　　　　　幼舟　1959年4月22日

啊，还有一件顶重要的事忘了：就是，你们两人要亲爱团结，千万不要老吵架，各人要做自我批评！！！

　　附邮票一张，给重儿集邮。

当李埏接到妻儿的信得知家中安好，孩子们有进步时，他非常高兴。1959年4月24日日记：

　　得毓的信，说敬儿得五好奖状，重儿语文很进步，累得好评。闻之不禁雀跃。

1959年2月初，学校安排下乡劳动锻炼的教师回昆明过春节。2月5日，李埏回到阔别3个多月的家。他在日记中记下回家的经历：

　　1959年2月5日　四时开车，八时半抵昆。下车即背行李，步行返校。抵家，孩子们都睡了，只有妻在缝着衣服。孩子们被我惊醒，小小的卧室，立即沸腾起欢快的笑声。我一个个地亲了他们，连两岁的老五，也争着要来和我睡。我争着想把我装得满满的生活故事告诉他们，他们也争着把他们说不完的趣事告诉我。大家东扯一点，西扯一点，直到妻一再催促，才灭灯睡下。遗憾的是，残废的桐儿正在发烧。可是他仍然竭力睁开眼睛，咿咿呀呀地参加了谈话。孩子们多么想念他们的爸爸啊！孩子们都长大了，但是他们风尘仆仆的爸爸呢，头上不知多了几许白发！

2月7日 星期六（戊戌年除日）敬儿、重儿起床后，就去他们学校领成绩单。十一时左右，重儿先归，红润可爱的小脸上，伏着一片高兴的笑容，我知道他的成绩一定不错。走近前，他首先把一张漂亮的奖状递给我，上写道：

> 奖状
>
> 好好学习 天天向上
>
> 奖给
>
> 一九五八学年度上学期二年级学生李伯重
>
> 昆明市师院附小
>
> 1959.2.7

（引者按：李埏还为奖状画了个框）

接着他又递给我他的"成绩通知单"。上写道"教师评语"："学习成绩优良，作业认真完成，并能帮助同学。在劳动中按要求完成任务。对错误能很快认识，改得快。今后应在劳动中持久，克服上课不很安静的现象。"他的成绩：语文算术，不论平时分、期考分或总分，全是5分。其他除体育有4分外，也都是5分。语文的"学习情形"是"发表能力强，能看图写小文章，写字认真"。算术的是"理解很快，作业整洁"。

不久，敬儿也带着一张美丽而紧张的面孔回来了。我正在屋旁挖塘，种我从江头村带回来的洋丝瓜。他沿着屋找我，"爸爸，爸爸"地叫。我丢下锄头迎了过来，她把手里拿着的"成绩通知单"递给我，下面也覆盖着一张奖状。呀，多么高兴啊！我真是乐不可支啊！奖状和重儿的一样，只不过"重"字换成了"敬"字，年级"六"和"二"字不同而已。她的"教师评语"是"学习自觉努力，作业的整洁一直是全班学习的榜样；劳动好，做小队长能自己劳动，也带动大家劳动。能绝大部分地理解所学功课，有时不注意听讲。同学关系好，教人耐心，能在工作中多想办法，帮助小队上差的也更快地做起来就更好。"她的九科成绩，没有一科的期考分和总分不是5分，只是平时分中有几个4分，社会主义课4分。

还有，两个孩子的"品行等第"都是"甲"。我是多么的高兴啊！我取了几个图钉，细心地把两张奖状订在我书斋里毛主席像下面。我坐到对面的沙发上，凝视那好似会焕发光焰的伟大领袖的形象和在他下面好似会眨眼的两颗明亮的星星——奖状。我端详了又端详，我欣赏它，爱它，很想一跃而起，去亲亲热热地吻它。过一会儿，妻从墨水厂下工回来了。她看了，也和我一般地喜悦和兴奋。我微笑地，慢慢地，对她说："毓兰，我们的书斋虽然只能容膝，但是还有足够的地方再贴上两张奖状呀，而且也正好还差两张呀，那就是你的和我的。"妻，会心还给我一个微笑，同感地说了一声"努力吧"，就上楼去看正在卧病的桐儿去了……

在伯敬读小学五年级时，李埏就要求女儿记日记，以利于她提高写作能力和思想水平。伯敬在 1959 年 2 月 8 日的日记中记下父亲回家过春节的情况：

今天是春节，大家都很高兴。上午在家玩，下午爸爸妈妈去看宽银幕电影《两姐妹》，我就在家照顾弟弟和哥哥，我们玩得还高兴。大姑妈和大表哥到我家玩，因为爸爸妈妈不在，他们等了一会就走了。我很后悔，为什么没问问他们住在什么地方，以便以后去找。大约六点多钟，爸爸妈妈回到家。他们给哥哥买了一个万花筒，给约弟、杰弟各买了一个小球,给我和重弟每人 10 个炮仗(即爆竹)。爸爸还给重弟买了一本《金田起义》的连环图,给我一本《大跃进之歌》。我们大家都很高兴!晚上,我和妈妈、重弟、约弟去看电影《红霞》。

在家的日子很快就过去了。2 月 23 日,李埏回到了江头村。他在当天的日记里写道:

> 本日,重返江头。
>
> 晨四时起床,五时半离校,六时四十分开车,十时许抵江头。车至呈贡,天已大亮。两旁桃花红艳如火,耀日目眩。不禁想起我的寓所门口的那一株桃花,日来和孩子在树下游戏,它一瓣瓣地飞落在我们的身上头上。今晨辞家时,天空尚无曙色,不知昨夜的一阵春雨,它又落了多少?毓现在正在做什么呢?孩子们又正在做什么呢?一阵薄薄的离愁,像晓雾一般,轻轻地笼罩了我的周遭。我们下放同志现在只有三十来人了,共分两个小组,一住江头村下村子,一住段官村。我在的这个小组住在江头下村。虽然这里距上村不过咫尺,但不能和上村的农民常在一起了。许多上村农民见了我,都表示一种惋惜的情绪。我也不禁依恋。晚餐后参加挑

土，途中遇见老党员和杨春德，老党员一再叫我得空到他家去玩。他并和杨春德说，要求领导把我们分一半人到上村去。多真挚的热情呵！

1959年5月5日，劳动锻炼结束，李埏从江头村回到家，孩子们欢天喜地地迎接父亲归来。李埏带给孩子们的礼物是一根小扁担、一对小粪箕、一把小镰刀。这些工具很快就派上了用场，因为当时是"大跃进"，小学生的劳动也很多。

5月5日，李埏回到家，马上就投入紧张的工作。6日就到系里参加教研组会，讨论并安排教研组的工作。他在当天的日记中写道：

初步商定：我下学期担任中文系和本系民族史专业的两个通史和本专业的由隋至清的经济史选修课。两通史学时少而要求高，还要印讲义，经济史当然也要印发。任务重得很，但我爽快地接受了，没有说半个"不"字。

虽然李埏努力完成学校交给的各种工作，但是工作、家务两副重担，使李埏夫妇身心交瘁，健康日渐走下坡路。儿子伯约从小又身体单薄，经常生病，这使李埏夫妇很是焦虑。李埏在5月22日的日记中写道：

> 约儿今天又泻三次。第三次发现便中有血丝。即往卫生科诊治。心中甚为焦灼。妻又至月经，流血多。我也痔疮流血，真令人苦恼。

5月23日：

> 约儿病好了许多，但身体很衰弱。孩子无知，嬉笑如常。为父母者却暗自忧虑。

李埏希望在工作中有一番作为，废寝忘食地工作。但繁重的工作和烦琐家务压得他喘不过气来，使他很苦恼，有一天甚至与妻子争吵起来，这是他们结婚10多年来从未有过的。他在日记中记下了这次口角的情况：

> 5月18日　杰儿尚未好，约儿又病。一家几个病人，真苦恼！上课迫在眉睫，无须庚备课时间，奈何奈何！系里师生到金白乡助公社收麦子。我以自己和孩子生病之故未能去，也十分引以为憾。多怀念江头村的生活啊！几时才能没有这个家累的重担呢？

第七章 下乡上山

5月19日 昨夜看护约儿，很少睡觉，所以今天身上更感疲惫。心绪也很不好。然而整个上午，还不得不忙忙碌碌，扫地，倒尿盆痰盂，带孩子就诊，喂药，打开水，替孩子们上托儿所幼儿园请假……。很盼望妻能在家共同招呼一下，可是妻对他们工厂的工作积极性很高，仍和昨天一样，背了老五（引者按：指伯杰）去上班。理智上，我很理解她的这种积极性，而且也知道应该大力玉成她。但是，一想到自己的教学和科研没有工夫准备，就很烦恼，甚至对她不满。当每天早晨看着她背上孩子，提着饭兜，匆匆忙忙去上班；回来又搞这搞那，几乎很少休息，心里无限同情。特别是看到她那消瘦的背影，消失于朝阳村前的时候，更是怜惜她，不禁暗暗为她祝福。可是当她把孩子丢给我要我招呼时，我又不由自主地生起气来。这真是矛盾，十分苦恼的矛盾！她为人较我更大方，我知道她也备感经济上的困难，但她决不是为了那每月20元的工资而积极的。近一年她是无偿地为他们的厂工作，有工资才是近两月的事，而她的积极性却是一直这样的，就充分说明了这一点。她积极的泉源是来自要求进步的热心。这是我所理解的，我所同情的，而且是我所敬重的。可是，不幸得很，今天

> 我没有让我的这种正确理解占了上风！为了孩子的问题，我就和她口角了。……这当然很伤她的心，她没有吃饱饭而执着出门去了。她去后，我思想斗争很剧烈，很懊悔，很内疚，说不出的内疚！我为什么会这样呢？我想了又想，仍然是出于可耻的自私心！口角虽然是由于打骂孩子而引起，但真正的原因还是潜伏在我灵魂深处的那种自私——不愿意看护孩子、做家务劳动……，只想看书作文，而把那些不愿搞的事推给她。这是多么自私啊！自私啊！我决心等她和孩子们都回来时，坦白地向她忏悔，当着她和孩子认真检讨自己，并坚决保证以后切实改正！入夜，妻回来了。她真是一个良善的人！当我向她作了自我批评之后，就涣然冰释了。我当然很高兴，但也更发内疚。这种内疚，是一个人犯了错误而竟得宽恕的那种既感且愧的内疚。

1959年的下半年，李埏是在紧张和劳累中度过的。家里也有一些使他高兴的事，由于太忙，他记日记的习惯没能坚持，只是偶尔记一记。他在日记中写下他的喜悦：

第七章　下乡上山

　　1959年6月1日　儿童节　约儿今天入园复学了。已请假一个月了。其健康尚未大好暂作"日托"。午间，敬重两儿请偕往书店买书。因值儿童节，虽备课甚忙，仍和他们去了一趟。敬儿被他们学校的少先队大队评为"五爱队员"，赠以奖状，真是令人高兴的事！

　　1959年9月30日　在这一个多月中，敬儿考入了师院附中，并且由于表现不错，当上了班委，又由于身体好，参加了民兵训练，明天要扛枪游行，接受检阅。重儿升入了小学三年级。这几天他们班开始建立少先队组织，第一批批准了九个人入队，昨天下午宣誓。四点钟的时候，他系着一条鲜艳的红领巾跳着归来，我连忙迎出门去和他握手致贺。他光荣地入队了！他的光荣，也是我做爸爸的光荣啊！

伯敬、伯重两个孩子都很懂事，看到父母很辛苦，就主动承担了许多家务，使李埏夫妇感到欣慰。5月17日李埏在日记中写道：

　　敬、重两儿去北门挑煤，约30来公斤。姊弟俩各挑一担，挑到家，满头是汗。姐姐照顾弟弟，弟弟照顾姐姐，都争取多挑。看到这种现象，心里无比地高兴。

两个大点的孩子要上学，丈夫的工作任务那么重，还患有严重的气管炎，为了支持丈夫更好地工作，照顾好几个孩子，毓兰只得放弃墨水厂的工作，回家搞家务。李埏深知妻子十分渴望参加工作，而且她也有能力做好工作，可是为了家庭，为了自己，不得不做出牺牲。对此，李埏心情很沉重。就在这令人喜悦，也有苦恼的生活中，李家人迎来了1960年。

第三节　大凉山之行

1960年春，云南大学领导决定派李埏等人到四川大凉山进行彝族社会调查。对此，李埏心里十分矛盾。一方面，他认为这次调查是一次难得的社会调查的机会，另一方面，他对自己出差期间妻儿的困难又十分担心。然而，他还是依照领导的安排，完成了这次社会调查。在这一个多月的调查行程中，他把每天的见闻都记入了日记，名为"大凉山杂记"。在他所有的日记中，内容最丰富、最详细的要数这些大凉山杂记了。这些杂记真实鲜活地再现了调查组所到之处的风土人情、新中国成

第七章　下乡上山

立前奴隶的悲惨生活、新中国成立后翻天覆地的变化、党的民族政策的正确、当时人们的精神状态等。这些未曾示诸他人的杂记,真实生动地记下了当时的社会生活、风土人情,是不可多得的珍贵资料。下面就是其中的一些片段:

> 2月10日　晨微雨,旋晴　晨七时辞家,八时许车行。中午在禄丰吃午饭,晚宿南华(即昔之镇南)。
>
> 2月17日　由西昌赴昭觉　西昌晴,昭觉雪　昨晚通知,今早八时赴昭觉。但候车至下午四时,始成行。……车出西昌东行不远,即入群山之中。蜿蜒而上,约三十公里许,抵山巅雁窝荡。时夕阳犹在,然寒风刺骨,气温甚低。盖海拔已甚高矣。又东行,至解放沟,夜幕已张,大雾弥漫,数尺外即不可睹。汽车摩索而前,人皆有临渊履薄之惧。又系下坡,偶于雾薄处见一旁悬崖千仞,更为担心。幸驾驶员稳健,不久出雾围,遂得速行。至昭觉已夜十时许,寒甚,正纷纷雨雪。招待所照顾甚周,每人给棉被两床,饭后即拥被而卧。
>
> 2月25日　晴　自西昌赴越西,宿喜德上午,……午后一时许赴车站,二时半出发。走了55

公里到泸沽,又20余里,至喜德。时已初更,投宿县人委招待所。所甚简陋,大家席地而卧,又无饮水,因甚疲劳,遂忍渴而眠。晚餐就国营食堂而食,吃面三碗,尚好,唯极咸以故益渴。食堂中秩序甚乱,公安人员嘱我等注意小偷,小组同志道听途说,谓此地治安尚有问题,云云。

2月27日 晴 在越西 病。晨起,感觉天旋地转,心翻欲呕。勉强入厕和洗面后,又倒床而卧。十时许,赴医院就诊,医言,是消化不良,胃病发作,给了三种药。回旅馆服后又睡。四时起来,小愈……。在病卧中,深恐病情转重,影响工作并给同志们以拖累。

3月4日 晴 由越西赴普雄,住果目人民公社。我们原来决定:今日步行十公里到大瑞公社,中途并访问中所公社;明日再由大瑞徒步行22公里,到普雄。昨夕,朱惠荣得章峰从普雄拍来的电报,内云:"工作紧迫……。切勿步行……"三人考虑半天,最后决定依电而行。但又担心买不到车票。幸而今早一到站接头,就登记上,十二时购到票。下午一时许开车,三时至滥田坝。在滥田坝下车少憩,即各背行李,徒步赴普雄。由滥田坝到普雄,途长8公里。沿公路傍"四季沟"而行,一直是下坡，路很平坦，风景秀丽可爱。我的行李较多，中途旅行包的背带又断，只得抱着走，较为吃力。尤其是胶鞋夹脚，后跟磨起泡，走起来不爽朗。但我仍保持了和同志们一样的速度，于五时许走到普雄。

3月6日　晴　呷古才真正是我们此行的目的地。今天是我在这个目的地生活的第一天。对我说来，一切都是新鲜的，有意思的。晨起洗漱后，就开全组会。……九时吃饭，饭是大米、四季豆和苦菜和在一起煮的杂拌儿半稀饭，每人定量两勺半。据说，晚饭才两勺。一天两餐。

此行虽然名曰调查，李埏一行到了凉山，还是要参加劳动的：

3月8日　晴　上早和晚上都是读资料，中午参加劳动。我被分派去参加第一生产组劳动。谁知我们几人跑遍了该组的村落，都找不到。只好遍山去找，结果找到二组。他们正点包谷，于是我们就参加进去。我担任播种，是很轻的活。但由于从越西来此走路引起的腰酸腿痛和两足跟上的泡，尚未消掉，所以仍感吃力。四点钟以后，又饿又渴，思想斗争很激烈：一方面矣！晚饭后返村。入夜不久，忽闻后山野火烧山。据云后山与原始森林相邻。公社电话动员附近各村农民往救，我组亦自动参加。我也要去，但组的领导坚命二女同志及我留守，未果行。十一时许，救火同志胜利而归。我未能坚持前去，殊感惭愧。

3月11日 晴 今天很愉快过了一天。早饭后，即与王国雄同志上山到三组去劳动访问。一去便遇到访问对象之一Ajia Wbi。他是一位Moso（老人家）。问了他的身世和一些掌故，然后又去找队委Jenian Ibo。他一般地介绍了解放前的社会情况和他的身世。然后就下山参加劳动。在半山浇麦水。因不需要多人，又下到山麓，适逢二组的在熏土，就和他们一起搞。

但是，尽管艰苦，李埏在此次调查中，仍然保持着高昂的士气。一直到了3月24日，他接到学校的通知，才匆匆赶回云大，结束了这次考察：

3月23—24日 晴 晨赴车站，站长云，客车机件已坏，两日乃能修复。年轻而又任务紧急者可乘卡车即行，能等候者可在永仁候车。我看卡车无蓬，司机云，该车将连夜赶至昆明，中途不宿，预计明日早可抵昆。如是，则在车上至少达 24 小时，顾虑夜行安全，午夜寒冷，身体疲惫，……殊不欲行。但又思系中函电催我，必系工作急需，自应星夜驰往。思想矛盾甚剧，久不能决。临开车前一分钟，乃决然不避艰苦，一跃上车。七时许开行，薄暮抵楚雄，小憩，继续前驶，夜过吉山坡，寒甚，又复饥饿。中夜，在吉山坡东麓一小村夜饭，但有饭而已。食后又前行。于 24 日晨曦中过碧鸡关。六时许抵昆明站。下车后，即自负行李出站。抵家门才七时许耳。诸儿见我至，欢呼雀跃，我亦兴奋，顿忘中途疲劳。洗脸后即赴系党总支向西竟强同志报到，旋访张杰张德光同志，略知系中跃进情况，决心不休息，立即上马。计自二月十日离校赴凉山，至今日返校，为一月又半。此行收获甚多，殊可纪念也。

这次大凉山之行，是李埏第一次到农村进行系统的社会调查，所见所闻给李埏留下了深刻的印象。

第四节 艰苦的探索

在宜良劳动锻炼时期,在繁重的劳动和频繁的学习讨论之余,李埏并没有忘记学习和思考。他挤时间读报读书,抓紧一切机会充实自己。他在日记中记道:

> 1959年4月12日　8日《人民日报》转载《新建设》四月号上郭沫若的文章:《关于目前历史研究中的几个问题》。这是一篇很及时的具有指导性的文章。郭老不愧为当今的通儒。以郭老的威望,大概一些不应成为问题的问题(如称不称王朝国号、年号、庙号等问题),都可以由此文的刊布,而不必再辞费了。

在极左路线盛行的时期,学术上的成就往往成为祸害之源。李埏20世纪50年代中期发表的论文在学界获得很大的影响,但是却使他戴上"资产阶级名利思想严重"的帽子。即使在宜良江头村这样的地方,对他的批判也不能幸免。李埏经常读书读报,为此又受到批评。他只好利用田间休息时阅读《毛泽东选集》,但连这也招来批评。对此,他很不服气,在1959年4月16日的

第七章 下乡上山

日记中写道:

> 在田中读了二十来页《毛选》。……。现在我们既不与农民一起挖田,而是单独干,与其烧豆吃,"比田埂"(睡觉),说废话,何如看看书呢?何况看《毛选》这样的书,谁曰不宜!为此,我虽然前几天受了爱看书的批评,今天仍带书去而且看了。

尽管如此,李埏仍千方百计地努力学习,特别是学习与经济史有关的农事知识。例如,他在日记中就记录了他如何向农民请教二十四节气的知识:

> 1958年12月13日 整日翻洋芋田,午间在"谷麦基",晚上移"老水碾"。马忠民(引者按:历史系教师)"点将",点到我,要我回答一年的节令。谢谢他,要不是经他这一"点",那我还始终说不完全呢?兹录于下:
>
> 立春、雨水、惊蛰、春分、清明、谷雨、立夏、小满、芒种、夏至、小暑、大暑、立秋、处暑、白露、秋分、寒露、霜降、立冬、小雪、大雪、冬至、小寒、大寒。

>"数九"是从冬至之日数起。如何数？尚须向农民请教。

1959年4月第二届全国人民代表大会第一次会议召开，周恩来代表国务院做了政府工作报告。李埏读报告后颇受鼓舞，在4月23日的日记中写道：

> 读本月19日《人民日报》刊布的周总理的政府工作报告。其中一段说："社会科学方面的理论研究工作也应当积极发展，加强领导。忽视它的重要性是不允许的。应当鼓励社会科学理论工作者在马克思列宁主义指导下，进行有系统的、长时间的努力，充分掌握有关的资料，从事独立的、创造性的研究。"

受到周恩来报告鼓舞的李埏，继续着自己的学习和思考。他把下乡劳动锻炼当作体验中国农民生活的机会，当作一种社会调查，并从经济史学的角度，结合现实去思考，去发现新的问题。因此下乡劳动锻炼期间，李埏自觉收获很大。他后来写道：

> 若不是参加过解放初期的土地改革运动和

第七章 下乡上山

1958—1959年的下放劳动锻炼,以及其他许多次的短期下乡劳动,对我国的农民我是毫无感性认识的,当然也就不会有所了解。而不了解农民,怎么研究中国的经济史呢。在和农民的"三同"中,我对农村社会的阶级结构、小农经济的构成、自然经济和商品经济的关系、农业"八字宪法"的实际运用不了解……这对我来说是至为珍贵的。

1959年5月5日,李埏劳动锻炼结束回到云大后,立即投入紧张的工作。回到家的次日,就到系里主持教研组会,讨论并安排教研组的工作。此时,繁重的教学任务、各种政治活动、义务劳动等使得李埏精疲力竭。此外,在家还要照顾孩子,但李埏仍争分夺秒地进行自己渴望已久的研究:

5月8日　上午,开始到系里集体备课——在那里看书。下午到古典书库借书。开始集关于"龙"的古代传说。

5月9日　上午,到系备课。下午,系中集中学习人民日报编辑部的《西藏的革命和尼赫鲁的哲学》。晚间,读《论衡》的"龙篇"和"乱龙篇"。

5月10日　上午查《甲骨文编》及《说文解

字注》二书中之"龙"字。读韩退之的《龙说》和《祭龙文》。下午，整理报章杂志，将水利跃进部分初步集中起来。并收拾卧室衣箱，率重儿、杰儿打蚊子，搞清洁。终日未出门，让妻上街理发买物和休息。夜读波尔什涅夫的《封建主义政治经济学概要》(建安译，三联1958年版。原书1956年出版)，竟"封建土地所有制"一节。

5月11日　上午到系里工作，继续收"龙"的史料。下午，系总支召开教研组主任会议，商谈课程。要我在六月初开出中国封建经济史概述一课，为期一月，为近代经济史导夫先路也。下年度的经济史则缩为一学期课，我与马忠民合教，亦为近代经济史溯源也。同时，嘱我筹备一次关于曹操评价问题的讨论会。任务如此之重，非鼓足干劲不可了。

5月12日　上午到系工作，抄了两则"龙"的史料，读了一节《资本论》。下午杨副校长作"贯彻增产节约运动和教育方针"的报告。晚，在系讨论。约儿吐泻发烧，晚饭后抱到卫生科去看，打了一针青霉素。小雨了，心里不止一次想到，江头村的麦子收完了没有，垡子晒得怎样。越来越爱回味农村的生活。

5月13日　上午到系工作，读《资本论》。读完第一卷第四篇第十七章"分工与手工制造业"。下乡前夕,读到这章的第四节的一部分,昨晨续读下去,自 p.p.426 起。以后决心以读此书为日课,不间断。下午,上街又买了两册书,其一是贺昌群的《汉唐间封建的国有土地制与均田制》。途中看了几页,感觉他一开头就不很对头。如说,公田始于武帝之后收大量土地,就是一个大误。能够设想,这是可能的吗?晚,出了一段"夜工"(引者按:教研室集体劳动),挖地栽茄子。

5月14日 上午在系读《资本论》,第一卷页446—465,并作了札记。下午,到五华山听马继孔书记的报告,内容即杨副校长所传达者。晚,又出"夜工",挖地栽茄子。约儿告愈,杰儿又发烧,真令人焦急。

5月15日 上午在系读《资本论》,第一卷页465—499。感冒,气管炎,精神很差。幸杰儿服药而退了烧。

5月23日,李埏被任命为中国古代史教研组主任,此后他的担子更重了。其后几个月,他和教研组的马忠民合编了中国封建经济史的教学大纲,作为国庆10周年的献礼。此外,还奉命主编了《中国历史名人故事集（初稿）》。

这段时间，李埏的努力获得一定的成果，主要成果是关于"龙的崇拜"的研究。

在经济史研究过程中，李埏虽然对水利在中国传统农业中的重要作用早有理性认识，但在宜良县劳动期间，他对水之于农业的重要性和农民对水的重视有了更深的体悟。

李埏到达宜良县江头村的当晚，所听闻的第一件大事就是该生产队新修的跃进沟和嘉龙河水利工程。李埏了解到：这个只有五十来个"强劳动力"的小生产队修砌一条二里长的跃进沟，使得原来的许多"雷响田"（引者按：指靠天吃饭的水田）成了保水田。至于嘉龙河，原来弯弯曲曲，容易积涝成灾。现在，河道被拉直并加疏浚，增强了灌溉效果，消除了泛滥的灾害。

兴奋之余，李埏继续围绕着水的问题进行观察和思考。在他居处门外有一口井，井旁有一座祭祀"井泉龙王"的神龛，过去常常有人去烧香贡献，现在被拆毁了。李埏联想起昆明黑龙潭的龙泉观，也曾香火极盛，现在连一缕青烟都没有了。在他的家乡路南县也有一个黑龙潭和一座龙王庙，每年阴历正月初八庙会，各族民众毕至。据说现在龙王的塑像和庙会也都没有了。为什么会这样呢？李埏思索着。中国历来很重视水利，但有

第七章 下乡上山

很大的局限性,从皇帝到一般百姓都无可奈何,只有祈求水神——龙王。到了今天,在全民大办水利的过程中,水逐渐被征服,农民自不必再去向龙王祈祷赐福。龙的崇拜,从龙作为水神的角度而言,行将走向终结。

这一思考的结果使李埏兴奋不已,他决定写两篇论文,一篇是《龙的崇拜》,一篇是《龙的征服》,意在阐释水利史上的一个意识形态问题。8个月的劳动锻炼结束后,李埏便查阅古籍,收集史料,《龙的崇拜》很快一气呵成。由于第二篇尚未完成,李埏接受主管学报的副校长寸树声的建议,以《龙崇拜的起源》为名独立成篇发表。

对龙崇拜起始的追溯,李埏运用多种方法加以逆推,像剥竹笋一样一层层揭露。对于这个问题,运用逆推法是最佳途径,这确是李埏高明的地方。加上他坚实的治学功底,也就能够像庖丁解牛一样,游刃有余了。

文献记载已明确表明周秦以来就有龙崇拜的事实,这无须继续考证。但是周以前的历史,求之于文献就相当有限了,于是李埏将目光投向甲骨文。通过仔细的爬梳考证,他发现龙是殷人卜问的对象之一,也是其所崇拜的百神之一。那么,商朝以前的情况又如何呢?他转向古代的传说。传说虽非信史,但也保留了一些关于上古历史的可贵信息。当年老师顾颉刚曾说古史是层累地叠加而成。因此使用古代传说来研究历史，需要史家从后人附加的材料中抽出传自远古的真相。李埏经过艰难的求证后，得出结论，龙崇拜及其传说产生于三皇五帝之时，即黄帝前后的时代，也就是中国原始社会父系氏族公社时期。龙崇拜产生的时代至此水落石出。

那么是什么原因竟使龙成了古人崇拜的对象呢？李埏再次使用逆推之法来进行探求。他首先进行文字学的分析，点明了古人心目中的龙的形象：有着一条蛇一般的身躯和一个牛一般的头，既具有物性，也具有神性和灵性。为什么古人会塑造出这样一个虚拟的形象来呢？龙是由原始社会的蛇图腾崇拜演化、发展而来，但是蛇图腾并非龙；蛇图腾在走完它的历史过程之后，才转变成龙的。在黄帝为首的部落联盟中，蛇图腾演变而成为龙。在演变过程中，龙的神性大为发展，从而获得与蛇大不相同的形象。对龙这一古老崇拜的成功追溯后，李埏继续寻根究源。为什么古人要把蛇奉为图腾？在演化过程中，为什么龙取得的是那样一种形象和那些神性，而不是其他？

今日的黄河中下游平原，是我国古代先民活动的舞台。在远古时期，这里不仅有被称为四渎（江、淮、河、济）的大江大河，而且到处湖泽遍布，时常洪水泛滥。水和蛇，与先民息息相关，而又变幻无常。这种自然的力量使先民畏惧无比，于是蛇被人们赋以神性，成了和水有关的神灵,人们不只畏它,而且敬它。进而,龙成为水的化身,飞扬跋扈,兴风作浪,以致腾云驾雾……完全变为水神。随着农业生产的进步,牛这一受人喜爱和重视的牲畜,又被附到龙的头上,于是龙又有了首角,人们希冀龙能像牛一样嘉惠于人。爪,也是先民对龙的形象的进一步赋予。犀利的爪牙、峥嵘的头角、耀眼的鳞甲……都是为了表现龙无比的神力。总而言之,龙是先民在和自然做斗争的过程中,水的问题在人们精神世界中的集中反映。

写完《龙崇拜的起源》后,李埏继续收集材料准备撰写《龙的征服》。然而他期待的那种大办水利导致农业大发展的情况没有出现,相反,出现的是"三年困难时期"。官方对造成这个"三年困难时期"的解释首先是出现了自然灾害,因此又有人乞灵于龙王爷了,昆明黑龙潭的龙王庙前又香烟缭绕起来了。龙是否已被征服?李埏开始怀疑起来。再过一段时间,全国开展"反五风"运动,李埏更怀疑他收集的那些报道资料也有浮夸之风。于是他决定放弃《龙的征服》那篇文章。尽管如此,他仍然相信:"我们这个国家民族今后总是要兴旺发达的;大禹的子孙终有一天要把水治好、把龙征服的。到那时,一定会有杰出的史家或诗人,以如椽的大笔,写出可垂永久的《龙的征服》的史诗。"

时隔60年，在2009年国际历史科学大会的开幕式上，李埏之子李伯重受大会组织委员会的特邀，做了题为《水与中国历史》的基调报告。他是这个国际史学最高组织自成立以来第一位受邀在开幕式上做基调报告的华人学者。在这个报告中，李伯重特别提到了李埏关于龙的研究，并用照片向全世界史学家们展示了李埏的风采。

此外，在这个时期，李埏在云南地方史研究方面也做了一些工作。1957年，他在4月14日的《云南日报》上发表了《滇越铁路半世纪》一文，分析滇越铁路对云南的影响，指出云南各县经济的破坏程度和半殖民地化程度正好与其距铁路的长度成反比，从而提出了云南社会经济发展中的一个重要命题——交通与社会经济发展的关系，并呼吁对滇越铁路进行深入研究，以此认识云南乃至全国沦为半殖民地化的具体过程。20世纪60年代初，李埏利用方国瑜提供的大部分史料，写成《汉宋间的云南冶金业》一文，并于1962年以"李述方"的笔名发表于《学术研究》第11期上。该文依据有关文献资料和当时调查及考古材料，对元代以前云南金、银、铜、铁的开采和冶炼、铸造技术首次作了系统的探讨，从一个方面较为深刻地论述了汉晋唐宋之时云南边疆各族人民对祖国经济文化发展所做出的贡献。

第八章 20 世纪 60 年代前半期

第一节 高治国新政

1960 年初,中共云南省委任命高治国为云大党委书记兼校长。高治国来到云南大学后,认为要从理论上澄清办大学必须以教育为主、以教师为主的原则,并发表了《学校工作必须以教学为中心》、《办好学校,必须调动教师的积极性》两篇文章,这是 20 世纪 60 年代初教育界拨乱反正的先声。

1961 年 9 月 15 日,中共中央批准实行"高教六十条",明确规定高等学校必须以教学为主,努力提高教学质量;要正确执行党的知识分子政策,团结一切可以团结的知识分子。云大党委也贯彻了"高教六十条",提出要尊师重教,以教学为主,努力提高教学质量,使云大出现了生气勃勃的新气象,被赞誉为云南大学的

"第二黄金时代"。

1962年,云大党委对1958年以来政治运动中受过批判、处分的人员进行甄别,改正错案93个。高治国认为李广田是不可多得的教育家,不但为李广田进行了甄别,还请李广田来全面负责教学行政工作。李广田深受感动,成为高治国"新政"的有力助手。在高治国、李广田的领导下,云南大学出现了振兴的气象。高治国从调动教师的积极性入手,把云大当时有的51位正副教授与51位老讲师(时称"两个五十一")作为办学的中坚力量。他千方百计为这"两个五十一"创造工作条件,提高生活待遇,让他们能集中精力搞好教学和科研。同时组织老教师为青年教师开办各式各样的业余学习班,如外语班、古汉语班、各专业的基础知识班等。这对于改变学校面貌,提升学校的学术气氛,起到很大作用。

高治国在晚饭后串门子的主要对象也是"两个五十一",听取他们对学校工作的意见,也帮他们解决工作和生活上的一些问题。通过家访,高治国本人也增加了知识,增长了才干。

在高治国的领导下,云大师生的社会活动与生产劳动明显减少,学习和科研的时间有了一定保证,知识分子政策逐渐得到落实,云南大学的各项工作开始步入正轨。

同时，高治国的作风也给云大师生留下了深刻印象。高治国律己甚严，到云大后，住到教师集中居住的附中新村。他和家人完全没有享受当时高干家庭可以享受的那些特权，生活极为简朴。高治国人格的感召力量，使云大的教师们重新焕发出压抑已久的工作热情，积极投入教学和科研工作中。

这些变化使李埏深受鼓舞。高治国常到李埏家串门，与李埏讨论他在阅读《资治通鉴》等古籍中遇到的问题，同时也向李埏了解教师的诉求，征求关于改进学校工作的意见。

李埏看到高治国的所作所为，觉得高治国是他从未见过的"清官"，是真正革命者的代表。1960年3月24日李埏从大凉山调查回来，上午回到学校，下午即参加高治国主持的座谈会，会上听到高治国的讲话，十分振奋。他在当日的日记中写道：

> 自2月10日晨离校赴大凉山调查实习，至今日晨返抵学校，为时一月又半。此行所得良多，另见大凉山日记。下午，党委第一书记高治国同志召集民主党派教师开座谈会，讨论提前一月完成本学期教学任务问题。我在会上发了言。我说，从凉山此行的体会，相信依靠党的领导和群众力量必能提前

完成，且保质保量。国家进步之速，大跃进的形势，教学工作亦当如各项工作一样，应该提前超额完成。翻阅编写北宋讲义的参考书，直至夜十二时，已38小时未眠，但精力犹能支持，私心窃喜。

李埏满腔热情地去完成学校交给的各项任务。例如，在1960年7月初，为了让史专学生考试成绩优良，他煞费苦心，从他的日记可见一斑：

> 7月2日 上午，史专二年级考中国上古史。近五日来，张杰（引者按：教研室副主任）和我都是一早就到课堂宿舍辅导同学复习，至夜十一时始休，为的是要争取百分之百的优良。今午考毕，把基础较差的同学的卷子急阅一遍，都可得优良，心情为之一爽。
>
> 7月20日 昨日上午，史专一年级考中国上古史。今日与张杰共同阅卷，结果62人，尽为优良，而且良仅2人而已，可谓大获全胜。近五日每日自晨至夜辅导同学不辍，虽极疲劳，但结果如是，亦足以自慰矣。此次总复习开始之初，总支号召争取百分之百的优良。我当时认为这根本不可能，而且不必要。但又怕完不成任务，故颇张皇忧虑。考后

> 自我检查思想，始知自己的认识很错误……

随着教学秩序逐渐走向正常，李埏也能恢复因政治运动等而中断的研究工作。他的几篇重要文章，就是在此时期完成的。

高治国主政后，云大教职员工的工作、生活条件逐渐得到改善。1960年8月，李埏一家告别居住了6年的九家村5号，搬到了新建不久的云大附中新村（后来改称云大北院）17号。李埏是一个知足感恩的人，1960年9月5日，他在日记中记下搬家的经过和自己的欣喜之情，感谢学校对自己的关怀：

> 今天是移入新居云大附中新村17号之第五日。上月30日晨，总务科高科长口头通知我，嘱我迁此。次日系党总支动员了十位同学为我搬家。在同学们的紧张劳动下，仅一下午工夫，家具及书籍即全部迁完。当夜举家到新居住宿。本月一日二日，继续搬移什物并整理书籍，布置书斋卧室，清除室外荆棘……。至昨日已一切停当，居之甚安，开始从事教学工作了。

> 新居与江应樑家为紧邻，共住一幢，他居东半，我居西半。回忆六年之前，此新村新建成，部

分教师迁入，时我住玉龙堆21号，以其为一大杂院，又距课堂稍远，亟望亦能移居于此。初时，总务长张瑞伦亦说我当迁，既而不知何故，又不果行，心颇怏怏。旋迁入九家村5号，韶光易逝，不觉已六年过去了。当江应樑迁入时，我满以为自己亦可同时迁来，曾与之约定，两家共住此幢，我即居此半。此次未经请求和选择，而学校之分配，适为当年所欲，事之巧合有如此者。但思想和心情已非六年前之旧了。那时对个人享受以及名誉地位最为关注。所以极望居此者，不仅为屋宇佳丽，而且是为了教授架子。而今呢，这些杂念不存在了，觉得在哪里住都一样。即使老于九家村，亦能不改其乐。回忆当年心情，不禁怅然自失。这不能不说是修养和认识小有提高吧。当年求之而不可得，今不求而自至。由此可见，汲汲于名利，殊无谓也。党的领导，只需顾一头，信不我欺。

搬家的情况也和以前大异其趣了。那时雇人代役，还要自己押运，唯恐盗窃。现在呢，集体主义精神代替了金钱，信任代替了防备，搬得多快好省，代替了少慢差费，多么不同啊！这不能不感谢党的关怀和社会主义的优越性！

搬家之前，孩子们喜新异，欢欣欲狂。我花了一夕时间,对他们进行一次教育,讲述了我们自有小家庭以来,这里搬那里,那里搬这里,为了住租赁房子,受房东的气和租金的压迫,为了房子,这里那里兼课……。直到解放后,才不愁没房子住,但也搬了五六次。九家村的六年,才算是破题儿第一遭有了定居的生活。现在当然更好了,更安定了。应该感谢党!

搬家自然有许多考虑,但也和以前不同。现在主要只是考虑如何搬法,不似以前那样,考虑人,考虑钱,考虑这,考虑那……。我和妻子以及孩子都能首先服从学校的调整,即使不搬,也无所谓。妻觉得在九家村更方便,习惯了,最好不搬,但也不过谈谈而已,思想上以听学校安排为主。还有,过去学校空出一处好房子,逐鹿活动者岂止一人,现在呢,谁都不问这个,让谁搬,谁就搬,一若旁人不知道的样子。

孩子们虽然还小,但已在搬家中起了重要的作用。我推板车,他们推着,已能给我以帮助,真高兴。

住进来一两天之后,我慢慢地产生了一种惭愧的心情。觉得自己的能力、干劲和贡献,和这房子多么不相称啊!自己何功何德,竟住这样漂亮房子?

月明如昼,窗上树影摇曳。周遭寂静得什么似的，除了纺织娘的断断续续的小夜曲外，一点声音也没有。从房子而来的浮想，联翩不绝。拉杂记之如上，犹未尽其什一也。

在20世纪60年代初期的几年中，李埏在新居的书斋中，读书写文，深感欢欣，且以他在1961年5—6月间的日记为例：

  5月1日　五一节放假。读《太史公书》竟日，毕十二卷，犹欲罢不能。

  5月11日　早晚都是读《史记》。读到《酷吏列传》，我觉得其中好人坏人兼有，郅都、张汤应该是好的。最后读到太史公的论赞，果然他是有区别地评价那些人的，很佩服他的态度之客观与眼光之犀利。

  5月12日　午间，读完《史记》。《龟策列传》，正义谓其辞乡多鄙俚。昔人亦甚少有研究之者。我读后，觉得辞固然不如马迁之文，但自史料之观点观之，则非无价值者。盖由其中可以窥知当时社会生活之具体内容，一般人生活在最普遍之活动。此列传，上可以与周易卜辞比观，下可以与近世通书相命联系。研究当时社会生活之重要资料也。《货殖列传》述当时都会甚备，可据以研究当时区域经济及市场。当熟读之。晚，始阅《汉书补注》。

6月26日 读《新建设》5月号的唐长孺文，讲封建土地所有制问题，讲得很不错，可谓当前史学界讨论这问题的上乘之作，然亦有缺点，如谓农民（自耕农民）仅有相对的所有权之类。同期载贺昌群讲农民战争性质的文章，殊无谓，非佳作。《历史研究》第3期送来，得睹我写的文章，为之一快。此文不过一说明看法的提纲而已，其中尚大有文章可做。

在这期间，由于政治上比较宽松，教师们在学术讨论中也开始敢谈自己的一些看法了。李埏是一个善于独立思考且敢于表达自己见解的人。1961年5月12日下午，他主持的教研组会议继续讨论农民战争的性质问题。他的发言引起了争论，他在日记中写道：

> 组里继续举行农民战争性质的讨论。我谈了我的看法。大意是农民阶级与地主阶级自始至终是有矛盾的，但矛盾却不是自始至终都是激化的，因而农民阶级虽然自始就是反封建的，但不是始终一样的。秦代由于领主势力的存在，主要是反封建领

主。同时,我对农民的皇权主义、农民的阶级本性作了解释。当然,引起了争论。

在这个时期,云大知识分子重新感到有了希望。1962年4月,李广田在《人民日报》、《人民文学》等报刊上发表了《山色》、《花潮》等5篇优美的抒情散文。在《花潮》的结尾部分,他写道:"我一面走着,一面听人家说着,自己也默念着这样两句话:春光似海,盛世如花。"这就是1962年知识分子对未来的憧憬。

1962年岁初,因为长期营养不良和多年操劳过度,李埏原本强健的身体已大不如前,经常生病,但他仍不放松对自己的要求。在岁初的计划中,他记下自己在1962年的打算:

> 孙子有言:"备前则后寡,备后则前寡,备左则右寡,备右则左寡,无所不备,则无所不寡"。兹数语,匪独验之于战争为真理,施之于一切事莫不皆然。而余之治学也,正蹈于此,是以年近知命,尚碌碌无所成就。日来,新春多暇,反复自省,决心矫而正之。正之之法,唯有以主席"集中优势兵力,各个歼灭敌人"之战略思想为座右铭,躬行而实践之,则桑榆非晚,庶乎不至一无所成。

今后之计划有如下列：1. 以宋史为主攻方向，隋唐五代及辽金次之，其余则暂置弗顾。2. 今年必须歼灭之敌为《长编》。是书共520卷，每星期毕其15卷，35个星期读完。自今日始。3. 以宋史之北宋部分参读。4. 作眉批、索引和札记。日记进度。5. 余暇则批阅东坡集、永叔集。进度不限，唯力是视。以上计划完成后，循序进读《年要录》之类，兹不先列。

年来体质衰弱，患病者屡，深自忧之。决心与疾病作斗争，首先力行下列二事：1. 生活有律！就枕不过12时，午睡、散步均有定时……2. 锻炼有恒！每晨冷水沐面、练太极拳……

这一时期，李埏还经常参加九三学社的定期学习和其他活动。如1962年郑和公园落成后，晋宁县政府邀请史学界有关学者，就其建设发展提建议。九三学社云南省委派云大历史系教授方国瑜、李埏、马忠民参加会议。三位先生就郑和公园的开发利用建言献策，受到与会者广泛赞同。

第二节　三年困难时期

"大跃进"的激进狂热，使中国经济遭受重创，导致了严重的危机，中国人民生活空前困难，被称为"三年困难时期"。鉴于严重缺粮，中共中央1960年8月10日发出指示，要求各地降低口粮标准。云南由于交通不便，无法将省内粮食大量外调，因此粮食供应情况比内地许多省份好一些，但形势依然严峻。昆明本是鱼米之乡，也发生了严重的饥馑。当时还是小学生的伯重清楚地记得："有一天，母亲把从食堂打回来的玉米面和糙米混合蒸的饭放在甑子里加热。我很好奇，想知道应当加热到几度，于是用一只体温表插进热腾腾的饭里去量。体温表遇热马上爆炸，水银迅速渗入饭中。母亲发现后，只是长叹了一口气，把靠近体温表的一块饭挖出抛弃，而将其余留下，让全家继续食用。母亲深知水银的毒性，但是这一甑子饭是全家七口人一整天的食物啊！当时父亲已经饿出水肿病，母亲和弟弟伯约也因营养严重不良患上了肝炎。如果全家人一天不得食，恐怕就要出大事了。因此在对水银的深深恐惧中，全家人吃下了这些有毒的饭。"

由于吃不饱，营养严重匮乏，李埏夫妇每天晚上都要用手指在孩子们的小腿和脚面上按压，看看是否有水肿。为了孩子，李埏自己少吃，尽量多留点食物给孩子吃。不久，他因营养严重不良患上水肿病。由于病情严重，学校安排李埏于1960年8月25日至30日到白鱼口工人疗养院休养。

1961年，李埏的论文《试论殷商奴隶制向西周封建制的过渡问题》在《历史研究》当年第3期发表，从而收到一笔在当时算是不菲的稿费。李埏夫妇这笔钱让全家到饭馆饱餐了一顿肉菜，是全家人一生中吃得最有滋味的一餐。

在这个艰苦的时期，李埏告诫子女：不要怨天尤人，只能自己解决困难。他带领子女把住宅后面的一小块空地改造为菜地，种植了玉米和西红柿、茄子、包心白、洋丝瓜等蔬菜。当时最为缺乏的是蛋白质。为了获得一些蛋白质，李埏决定下大力养兔。在1960年8月17日的日记里，他写下家中养兔的情况：

> 学校大搞副业生产，号召家家养兔，我家除自己养四只外，又去领了一只来，为学校饲养。同时向学校借了一只青紫蓝大公兔来和大母兔交配，很快就配上。

是年9月，李埏刚刚从疗养院回来，就立即被派去云大龙潭农场劳动。在此期间，他还挂心着家中的兔子。下面是9月16日他从农场写给妻子的信：

毓兰：

　　昨日九时离校，沿途且行且憩，下午十二时许抵筇竹寺，四时许抵此。我很高兴，我虽然近来健康不太好，终于能背着自己的行李走到此地，而且还走在前面。这里山清水秀，庄稼繁茂，向日葵一片金黄，很好。食住也都很舒适，勿念。只是早晚比昆明冷得多，深悔没有把小棉背心带来。望得信后，即包好交到生产处，托其便中带来。生产处不日有车来此。最好你把小棉背心包好，托廖伦松同志转送生产处。他和生产处很熟。褐色小兔子是学校的，要加意饲养，尤须防止遗失。其他的也要嘱敬重两儿注意。仔兔莫让猫吃了。……。约儿身体较差，又是初入学，要帮助做功课，早睡。

　　再谈，祝
好！

　　　　　　　　　　幼舟　1960年9月16日
　　来信寄下列地址：昆明西山区龙潭云大农场交

养兔的好处是不需要喂粮食，只需供草，拔草的任务由李埏本人和两个大孩子承担。由于饲养有方，李家的兔子从几只增加到十几只。这些兔子，对李家能够度过这场大饥馑起了重要作用。

第三节 为《云南日报》撰稿

在1962年4月至1963年11月的一年多时间里，李埏为《云南日报》写了10多篇杂文。为什么他会忽然写杂文呢？

在从1960年初到1962年9月八届十中全会之间近三年的时间里，中国的教育、文化、思想战线出现相对宽松的解冻迹象。中央"文教六十条"纠正了极左的文教政策，宣布摘掉"资产阶级知识分子"帽子。在此背景之下，吴晗的《海瑞罢官》等一批历史剧应运而生。杂文写作也开始活跃起来。

与此同时，《云南日报》开辟《文化生活》专栏，请学术界、文艺界、教育界等的人士撰稿。云大党委安排张德光、李埏、江应樑（后来增加了尤中）几位学者撰稿，先后发表杂文、短文数十篇。这些文章主要是介绍历史知识和学习方法，表现出知识分子热爱党、热爱祖国的感情。文章发表后，受到广大读者的好评和赞赏。

从 1962 年 4 月至 1963 年 11 月，李埏先后为《文化生活》撰写了十几篇短文。这些短文包括三方面的内容：第一是谈读书、作文，第二是谈励志和修身，第三是谈历史。

李埏在短文中谈的读书、作文之法是他自己的经验介绍。他以通俗易懂明快的语言，循循善诱，指导人们如何向学。这组文章主要包括《博和精》、《读书和灌园》、《读书必有得力之书》、《文章的眼睛》等。

《博和精》说的是读书为学，如何处理广博与专约的关系问题。他以古代的事例说明，读书首先要有一个中心，必须明确其意义和目的，否则，"专精什么和如何广博，都将无从谈起，怎么能有所得呢"。他谈了治学的体会，又以建筑房屋比喻做学问，指出二者的差别，"房屋的基础是一次筑成的，而学问的基础却是围绕着中心，随着中心的深入而不断相应扩展的。因此，广博的基础不能有一刻离开中心的专约。这就好像放风筝，尽管越放越高，但不能连同手中的线也一并放掉"。

《读书和灌园》进一步阐述了博和精的关系。李埏赞许青年努力向学和渴求知识的热情，又为他们指明读书之法，告诉青年平时既要注意博览，又要能精读所学范围内的几部最紧要的书籍，次要的书就不必花同样多的时间去读。他引朱熹关于读书与灌园的譬喻，教导青年在精读几部紧要书上打好基本功,越扎实越好,万不可省。他还用一个很有趣的比喻来说明这个道理:"古代大将军出征,大军中总有一支叫作'亲兵'之类的部队。这支部队不大,可却是非常精锐。我们精读几部最紧要的书,就是给自己配备一支知识上的'亲兵'。"以此来揭示精读书的重要作用。

在《读书必有得力之书》一文中,李埏征引古代文人成功事例后,又一次用兵法来譬喻。《孙子兵法》中有几句话说得非常精辟:打仗应该集中使用兵力,否则,"备前则后寡,备后则前寡;备左则右寡,备右则左寡;无所不备,则无所不寡"。他建议,读书为学,应该集中力量打几个学问上的"歼灭战",认真读几本好书。

李埏在《文章的眼睛》一文中,对作文之法作了非常精彩的论述。一篇文章必须有一个题目。考释"题目"二字的古义,可以说题目就是文章的眼睛。眼睛对一个人或动物至关重要,"画龙点睛"就是这个意思,画得再矫健有力的龙,如果不点上眼睛,怎能栩栩如生呢?《诗经》描写一个美人只用了八个字:"巧兮倩兮,美目盼兮!"假若没有美目的顾盼,那还能巧笑么?文章的眼睛同样至关重要。有的巧妙的题目,岂止是文章的眼睛,简直是文章的灵魂。从做文章,李埏又推及做工作，作为一种工作方法，"又何尝不需要仔细推敲是否在纷纭复杂的事物中抓住核心问题，而又善于提示或点出这个核心问题呢？"

李埏也写了一些励志和修身的文章，鼓励青年人树立大志，做正派人。在《立志》一文中，他高度赞扬"先天下之忧而忧，后天下之乐而乐"的人生抱负。文章介绍了范仲淹之受后人景仰的人格修养和生活作风。范仲淹被后人称颂为"高平一生，粹然无疵"。他之所以流芳百世，就是因为他青少年时代即志存高远，"以天下为己任"。新时代的我们应该实现这种理想抱负。

在《读诸葛亮〈诫子书〉》中，李埏从诸葛亮之不为人知的个人生活出发，称颂其薄于自奉、教子以正等难能可贵的感人情操，激励今人为"君子之行"，宁静修身，淡泊勤俭，努力学习。李埏之所以写这篇文章，是因为他认为读《诫子书》有利于青少年的健康成长。他手书了一幅《诫子书》，自己时时诵读，也告诫子女要牢记诸葛亮说的"君子之行"。

在李埏写的谈史短文中，最出名的是《唐太宗的"以人为镜"》一文。1962年1月11日至2月7日，中共中央在北京召开"七千人大会"。毛泽东在会上做了自我批评，并引用唐太宗善于纳谏的历史故事，号召各级干部要善于接受不同的批评意见。中共云南省委第一书记阎红彦参加大会回来后,即指示《云南日报》发表有关唐太宗纳谏的文章。云南日报社决定请李埏来写这篇文章,李埏抱病撰稿,写成《唐太宗的"以人为镜"》一文,从讲述唐太宗知人纳谏的故事启发今人正确对待别人的意见和批评。所谓"以铜为镜,可以正衣冠;以古为镜,可以知兴替;以人为镜,可以明得失"。

在《善与人同》一文中,李埏诠释了《孟子·公孙丑上》中一段意义深刻的史实。子路在别人给他指出过错时,不怒反喜;大禹对待别人的意见更积极,即使没有过错,听到正确的言论就敬礼致谢。大舜更为崇高,只要是正确的,他便抛弃己见采纳别人的意见,并且善于主动地去听取和采纳别人的意见。用古书里的话来说,子路"闻过则喜",大禹"闻而后拜",大舜则"乐取于人"。因此孟子把舜这种不固执己见,乐于采取别人的意见称为最崇高不过的美德。所谓"君子莫大乎与人为善"。李埏文中大声疾呼:虚心接受批评是中华民族的优秀传统,为了前所未有的社会主义建设事业这个最大的"善",我们还有什么不能"舍己从人",不能"乐取于人"而"善与人同"的呢!

《漫谈创业与守成》记述了唐太宗与魏征和房玄龄关于创业与守成的讨论,唐太宗说:"创业之难是过去了,守成之难,正需要我们谨慎地对待呵!"李埏分析道：创业之难在于"难成"，守成之难在于"易毁"。治国如此，持家亦然，唐朝的一篇《诫子弟书》云："成立之难如升天，覆坠之易如燎毛。言之痛心，尔宜刻骨！"文章最后引革命家徐特立的话：如果我们不继续艰苦奋斗，"革命胜利的果实可以得而复失"。李埏提醒道：这番话，"真是语重心长，值得我们熟读深思，大家共勉！"

《谈"满盈"》是一篇饱含激情之作。在当时，中国各地上演了曹禺、梅阡和于是之创作的历史剧作《胆剑篇》。李埏在文章中强调：夫差也曾有过奋发图强，替父报仇的辉煌，但大功告成后骄傲自满，以致一败涂地。因此，无论做何事，都要戒骄戒躁，兢兢业业，否则成功也会有变为失败的危险，这个真理已为历史反复证明。五代时的李存勖，情况也与夫差类似。李埏由此感慨道："一个人永远保持住朝气，永远保持住艰苦奋斗的精神，永远不忘记艰难的过去，是何等重要！"如何才能做到这一点呢？我国的古训勉励人要成"大器"，告诫人"惧满惧盈"。失败的原因中，"器度"太小是一个关键的因素。器小则易盈，一旦成功就容纳不了，甚至弄到倾覆的地步，晚节难保，得而复失。要成为"大器"，就要有远大的抱负，毕生努力而无止境，不因一时的成功而终止，建设社会主义更是没有止境的。

李埏上述文章所言，切中时弊，产生了良好的社会效应。但是谁也没有料到，仅仅几年之后，这些文章几乎给他和他的家庭带来了灭顶之灾。

第四节　独辟研究蹊径

1962年，三年困难时期基本上过去了，教育事业也开始走上正轨。在这个时期，李埏也开始步入其学术生涯的黄金时代。

新中国成立后，特别是到了"史学革命"后，"阶级斗争论"成了中国史学界的指导理论，形成了"以阶级斗争为纲"的史学。作为一个严肃的史学家，李埏不能认同这种史学研究中"以阶级斗争为纲"的做法。不仅如此，李埏也不认同苏联传来的那种公式化、教条化的历史观。他认为：过去以黑格尔为代表的德国历史学派把欧洲经验作为人类社会发展的共同道路，马克思继承了黑格尔史观中的合理部分，提出了人类社会的发展阶段论，为科学的唯物史观奠定了理论基础。限于历史条件，马克思关于人类社会发展阶段的理论仍然是主要依据欧洲经验，但是马克思并未把这种以欧洲经验为基础的共同规律视为僵死的教条，认为无论哪个民族都必定走一条完全相同的历史发展道路。然而斯大林却将这种共同规律绝对化了,认定所有的国家和民族都必定走一条从欧洲经验总结出来的发展道路。为了避免将中国历史的实际削足适履地硬塞进苏式史学的教条中,一些学者也在马克思主义的框架内,提出一些具有中国特色的马克思主义经济史学新理论。其中最重要者之一是傅衣凌提出的"中国封建社会论"。该理论认为,用西欧的标准来看,中国封建社会就是"既早熟而又不成熟"。李埏赞同此理论,并进一步认为中国的封建社会之所以不同于欧洲和俄国的封建社会,一个重要原因是中国历史上有比较发达的商品经济。这种商品经济不一定能够导致西欧式的资本主义出现,但是肯定对中国古代经济变化具有重大影响。因此,他绕开了"五种生产方式"等政治上敏感的话题,去深入中国封建社会的内部结构以及西方来到中国之前中国商品经济发展的历史。在这些方面,他提出了重要见解,对中国经济史研究做出了重大贡献。具体来说,主要是:

(一)中国的奴隶社会与封建社会

新中国成立后,中国奴隶制与封建制的分期是史学界的一大争论问题。李埏一直关注着这个争论,但是他没有撰文去赶浪潮。他本持"战国分期论",但是在大凉山的实地考察以及夏康农主持的四川调查组的材料和报告,使他深深感到西周社会和彝族的奴隶制社会相去太远，倒是和傣族的领主制较为近似，因而对战国封建说产生了怀疑。于是对他自己和学术界的观点进行了一次全面的检讨。李埏在大凉山之行杂记中写道：

> 1960年3月20日　晴　在西昌整日在招待所中读《民族研究工作的跃进》一书。晚饭，读竟。全书303页。有的调查报告，虽写得粗糙，但也十分可贵，对少数民族社会发展各阶段的了解，于汉族古史帮助甚大。以后当在这方面多用功。过去目光狭隘，只翻古书，殊为失计。今读此书，真有相见恨晚之感。

云南有25个少数民族，社会发展参差不一，从原始时代到近代都可以找到实例。从大凉山回校后，他执笔写成《试论殷商奴隶制向西周封建制的过渡问题》一文。在这篇文章中，他成功地将民族学运用于史学研究，这是研究方法的一大创新。

中国马克思主义史学开创者之一范文澜是西周封建论的代表。他认为封建因素首先萌芽于灭商前的周，是因为周世世重农，周朝统治者从经验中知道鼓舞农夫们的生产兴趣是提高生产力的一个重要条件，这种经验的发展有可能把奴隶抛弃而宁愿利用农奴。可是李埏接触的事实中只能找到相反的事例。凉山彝族的奴隶主、西藏的农奴主、西双版纳的封建领主也是世世重农的，且长期和周遭的汉族封建剥削方式接触，却顽固地坚持奴隶制剥削。李埏由此问道：何以他们如此之愚，而周君却如彼之智？李埏对范文澜的观点进行了仔细的分析，认为商、周都没有充分发展的奴隶制，便为封建制所代替。

对这一问题的探讨将李埏引向了另一个重要领域——农村公社问题。对农村公社这个重要的理论问题，李埏根据马克思主义理论，结合中国历史上和当代少数民族地区的情况，做了别具特色的考察。

农村公社是原生的社会形态的最后阶段，也是原始形态向次生形态过渡的阶段。由于它所固有的二重性，它具有强韧的生命力，可以和私有制相容，因此能够长期延续下来，既可以存在于奴隶制社会，也可以存在于农奴制之下。因此，农村公社的存在为奴隶制向农奴制的转变提供了有利条件。联系到我国商周时期的历史发展，问题的关键在于对当时的农村公社的考察。在中国古代，西周宗法制社会中的井、田、邑、丘、书社、社等都是当时农村公社的异称，井田制就是农村公社的主要内容及其存在的明证。农村公社问题很快成为一个学术热点，学者们希冀由此找到开启中国上古社会神秘之门的钥匙。作为这一领域开拓者之一的李埏，对此的探索一直没有止息。1978年，他又完成了《试论中国古代农村公社的延续和解体》一文，从理论上对农村公社问题做了深入的探究，1990年写了《孟子的井田说和分工论》一文，对孟子所描述的井田制农村公社进行了考察。

（二）中国封建社会中的商品货币经济

李埏早在读研究生时就已开始从事商品货币经济研究。经过20年的努力探索，他对中国古代的商品货币经济有了更为深刻的认识。1964年，他发表了《略论唐代的"钱帛兼行"》一文。这是他对中国封建社会中的商品货币经济进行研究所取得的重大成果，也是我国经济史研究中的标志性成果。这篇文章写得很辛苦。李埏在2007年9月回忆道："在这个时期，我每天在书房的时间最多，代表作都是在那里写的。《历史研究》向我约写《略论唐代的"钱帛兼行"》，当时我40多天没下书桌。编辑部要求稿子控制在2.3万字内，我压缩了一个多月，才压缩到2.3万多字。"

这篇标志着他学术巅峰的文章，几易其稿，于1963年10月定稿。

"钱帛兼行"是唐代人形容当时货币流通状况的成语，近人的研究也证明绢帛在整个唐代一直起着货币的作用，是一种"货币商品"。但是李埏却深入到历史表象的背后，问道：为什么会有钱帛兼行？为什么在铜钱流通的情况下，还要把绢帛当作货币来使用？为什么与钱兼行的，不是别的商品，而是绢帛？……李埏感觉到，钱帛兼行的存在和运动有其时代的条件和根据，必须深入到当时社会经济的内部，分析生产和交换的特征，以及商品货币关系的状况，才可能得到比较合理的解释。

李埏考察了唐以前的货币史，发现：自有铜质铸币以来，一直存在着两种形式的交换：一种是以铜钱为手段的交换，又一种是以生产物为手段的交换。铜钱始终不是唯一的交换媒介。春秋战国时期是铜钱流通和实物交换同时并存的。到了两汉，交换的发展使得铜钱流通更为扩大，但铜钱仍不是唯一的交换媒介。到了汉末，布帛谷物大有取代铜钱之势。在两晋南北朝时期，铜钱始终都不能和布帛谷物相抗衡。在这个时期里，布帛谷物之间也是有变化的，绢帛的货币作用越来越重要，谷物和布则逐渐削弱。大概在隋朝时，由于受铜钱和绢帛的排挤，布卸去了它的货币职能，而退居于普通商品的地位。而绢在市场上的流通手段职能，似乎比钱还更具优势。总起来看，钱帛二者已经是商品交换中无独有偶的宠儿了。

但是，单单历史的原因还不足以充分说明问题，更须从唐代的社会经济中去寻找条件和根据。李埏发现：在南北朝后期，铜钱的流通是在当时交换比较活跃的区域。经隋而唐，铜钱流通的区域大为扩张，但仍主要集中于中原和城镇之中，城郭外少有现钱的现象依然长期存在，这就不能不是一个值得注意的问题。要弄清这个问题，就必须考虑到铜钱的特点。李埏指出：铜钱是一种贱金属、细小单位的货币，它能适应当时城市交换的需要，而使"远近便之"；但却很少流入农村，连籴盐也很少用现钱。李埏对城市与农村的不同情形进行了探索。

唐代城市的人口包括作为城市生活主体的贵族官僚地主和作为城市生活附庸的小生产者两大部分。但是对于与市场的关系，前者很稀疏，后者却很紧密。贵族官僚地主的生活资料主要并非取给于市场，而是通过租税、贡献、禄赐等方式得来的。市场对于他们而言，始终不过是一种补充而已。和市场联系最紧密的，或者说，不能不依赖市场过活的人，不是一般富有的统治阶级人物，而是那些朝不保夕的城市小生产者。这种人为数众多，充斥于城市的每一个角落。从出卖手艺的各种工匠到小有生产资料的引车卖浆者流，以及茶楼酒肆的博士、酒保，沿街叫卖的巫医、乐工，……都无不包括。这些人，在小私有经济的驱迫下，经常都得买，都得卖，否则便无法存活下去。李埏用白居易脍炙人口的《卖炭翁》一诗为例，以其中的主人公为个案，进行了翔实的个案分析和计量分析。通过计算，他发现当时一个城市小生产者平均每天所能向社会取得的酬劳为15文钱，他的一切生活需要都要靠它来满足。一个五口之家的起码生活开支是多少呢？单就米、盐而计就需14文。假若一个人没有其他收入，那么，所得15文钱仅足糊口而已，衣裳、租税等，还不知从何而出。由此可见，即使在开元盛世，一个城市小生产者仍经常濒于饥寒的边缘，不能不"朝求升，暮求合"地时时出入市场。至此，铜钱所以采取那样细小单位的必要性可以看出来了。十分明显，一个人的所得既如此微薄，生活又有那么些需要，而实际的买卖还可能比上述更加零碎，假若不把那一点儿所得作很细的分割，怎么能够应付呢。铜钱的细小单位正好适应了这一点；或者反过来说，正是城市小生产者的细碎交换的矛盾规定了铜钱的细小单位的特征。

至此，李埏还在进一步追根究底：为什么铜钱的细小单位的特征，要由城市小生产者的交换来规定，而不由那些统治阶级的交换来规定呢？根本的原因是，城市小生产者是社会财富的创造者，而统治阶级只是社会财富的耗费者。统治阶级为了满足自己的需求，除了用超经济强制的手段暴敛外,还要通过市场与之进行交换。而城市小生产者,由于生产规模狭小,不仅购买是零碎的,其出卖产品也是零碎的。这就使得要通过市场交换以剥削他们的人,必须迁就他们,使用那细小的货币——铜钱。

李埏还余兴未尽,又把唐代的情形与前代进行比较。魏晋南北朝时期,铜钱流通的范围曾大大缩小,甚至一度停止了流通。那是不是由于交换完全停止了呢?不是的,交换还是有的,谷帛用作交换媒介就是证明。真正的原因是城市小生产者身份的转变,百工、伎作、匠人……一切城市小生产者落入依附关系之中,所以铜钱流通缩小了,甚至停止了它的流通。到了唐代,城市小生产者依附关系有所松弛,于是城市小生产得以发展,铜钱的流通随而加强,然而仍主要是在城市里。

铜钱流通的透辟分析之后,李埏转入探讨绢帛行用的原因。从自然属性上讲,布帛谷物充当货币均不如铜钱。其所以长期兼用布帛等物,而不专行铜钱,根本的原因是,尽管唐代的经济水平有了很大的提高,但社会分工仍不够发展,商品种类仍很有限;在许多场合,交换仍可以直接使用绢帛作为流通手段,而不必借助铜钱。

在农村,农民的交换与城市小生产者的交换一样,也很细碎,却不那么频繁。农民之间、农民与商贩之间多是直接交换。在这样的场合,只需要铜钱作为价值尺度,而不必把它当作真正的流通手段。为什么绢帛具有流通手段呢?因为:(1)绢帛是农村的生产物之一,便于取给应用;(2)它具有使用价值,当人们不用于交换时,可以直接作为生活必需品来消费它;(3)它在农村以外的市场上,有着更为发展的货币职能,人们拥有它,可以进行任何交换。就前两点而言,它和谷物相类而和铜钱不同;就后一点而言,它和谷物不同而和铜钱相类。可以说,它兼具二者之长而无二者之短,因而人们更多地使用它。

在城市里,商品的种类虽然很多,但就大宗商品而言,在茶业大盛之前,执商品牛耳的实唯绢帛而已。因此富有的商人和官僚地主追求囤积的正是绢帛,有的多达数千万匹。不唯富豪巨贾不是为了实现它的使用价值,就是贵族官僚也只能是为了向市场进行交换。绢帛之所以具有特别大的势力,原因在于它有着广阔的市场。唐帝国与周边各族各国的交流扩大,绢帛成为交换的强有力的手段。同时,绢帛还波浪般地经过边疆各族商贾之手,辗转流通到更远的地区。既然社会的最大购买力表现为绢帛,而绢帛又有着最广阔的销路,那么,其他商人虽不从事绢帛贸易,也势必要借助绢帛来进行买卖。绢帛在他们手中,也就从一般的交换手段变成了流通手段。这种交换扩张开去，一切人都可以使用绢帛，市场上便"钱帛兼行"了。

但是，绢帛和铜钱毕竟不同。铜钱虽然微贱，但它是一种脱离价值实体的金属铸币，货币形态更为完整。至于绢帛，它在市场上，基本上是一种"一般商品"，只是在它的商品流通过程中暂尽一货币的职能。假若它不迅速退出流通，那就要丧失或减少其使用价值。因此，它作为货币只能适应于简单的商品货币关系。从货币形态的发展说来，它是比铜钱远为落后的。

第五节　知天命之年的雄心

1964年，李埏年届五十，按照孔子的说法，这是一个人"知天命"之年。步入知天命之年，李埏在理论思维、治学视野、治学方法上都达到了新的高度，饱满的治学激情推动着他一步步朝着学术生涯的高峰期迈进。然而就在此时，国内形势开始发生变化。

1962年下半年，从北戴河会议到中共八届十中全会，毛泽东开始向全党、全国大谈阶级矛盾、阶级斗争、修正主义。由此，"四清"运动在全国各地轰轰烈烈地展开了。

云南大学也从1963年起组织师生轮流到农村进行

"四清"运动。1964年12月轮到历史系师生到大理搞"四清"。李埏也做好了下乡的准备。由于"三年困难时期"的严重营养不良和长期的辛劳，李埏的体质明显下降。到1964年，肺气肿、窦性心律不齐伴室性期前收缩、高血压及冠状动脉硬化等病接踵而来。因李埏尚在病中，学校没有安排李埏参加。他在日记中记下当时的情况：

> 12月2日 昨日系里召开教研室主任会，宣布全系师生不日下乡参加"四清"、"五反"，为期一年。归来，告诉毓兰及孩子们，大家皆支持我前去参加，我亦一意前往。目下家庭困难较1958年赴宜良时尤多（七口人中有四口患慢性病），而顾虑反而甚少，足见举家觉悟皆有所提高了。今日即作准备：我到卫生科，他们介绍往附属医院检查身体，毓为我上街置备用品。但下午四时，张德光同志来告云：学校以我身体不佳，嘱暂留。我既感激学校之关怀，又憾身体之孱弱，一时心情激动，不安之至。
>
> 12月3日 学校组织不下乡及无课之老教师二十余人在工会学习，自今日始，每周四段，文科一组由刘尧老（引者按：云大中文系主任刘尧民教

授)任组长,我副之。举座皆老弱,我亦厕身其中,亦可慨也。

"知天命"之年的李埏,身体状况降到谷底。从1964年8月24日以后,一个多月的时间内他都没有记日记。到10月15日恢复记,断断续续,几乎都是看病和治疗的情况。11月21日,他记了寥寥数笔:

生日。五十之年,忽已至。碌碌无为,岂胜怨感!心跳渐正,盖不用脑之效也。若以后不能用功,则将何以堪?

尽管如此,李埏依然努力工作。伯约回忆了父亲这一时期的身体情况和心态:"父亲非常勤奋,好学不倦,年过半百时,仍然不觉老之将至。尤其是因历次政治运动的干扰,父亲许多早就思考了的问题还来不及研究,还觉得此刻正是自己大干科研的时候。

"1964年时,父亲刚满50,不幸因操劳过度而得了心血管病,如动脉粥样硬化。因此父亲加强身体锻炼,其中一项就是每日晚饭后穿过云大校园,绕行翠湖一周。一次在翠湖边,因贪看夕阳即将落山的景致而不及看路,不慎坠入湖边坑中,所幸无大碍。

"一日,父亲刚走到翠湖门口,见两个小孩在那里玩耍。那时天色将黑,小孩不知道是否该回家了,就想向有表的成年人问一下时间。其中一个小孩说,问问那个老头儿吧。父亲根本不认为自己就已经是老头儿了,浑然不知他们说的就是自己。直到小孩走到面前询问时,父亲才意识到在别人的心目中自己已经是老头儿。当天晚上回到家中后,父亲感慨不已,数次对我说,不知不觉中,我怎么就老了,还反复吟诵汉武帝的名句'少壮几时兮奈老何'。由此,父亲更感到了时不我待,不顾自己的健康状况,要更加投入历史科学的研究中去。翌年初,父亲购买了大量过期台历来做卡片,可做数万张。可见父亲的雄心壮志。"

在李埏的日记里,可以看出他积极进取的雄心,同时也可以看到当时"思想革命化"运动对学者的影响:

1964年元旦 今天,时间又进入了新的一年。而我呢,则已进入半百之年一个多月了。居诸易逝,一个人能有多少个一年呢!若不老当益壮,珍惜日力,那眼见就要与草木同朽,对人民无所贡献了。有感于此,立志使自己和岁序一齐更新,努力学习,努力工作,努力改造自己!在今年内:

1.必须在思想改造上做出成绩!

2. 必须在教学和科研上做出成绩！

3. 必须在作风上完全转变，做到活泼严肃！

4. 必须在身体健康上坚持锻炼，恢复四年前的体力！

3月1日　二月初旬，九三学社集中学习一周，讨论中心为：知识分子"进步很大，尚有问题"。经过学习，觉得自己确是如此。下旬，学校又集中学习，一周有二日，学习反对修正主义宣传提纲、农村工作五月决定和九月规定及开学报告。学习之后，观念为之一变。一则提高了对现代修正主义的系统认识和我国大好形势的真切了解；再则知道和亲切地感到思想革命化、工作革命化的巨浪已经汹涌澎湃地席卷全国，并把我送上了洪峰。高治国同志的开学报告很振奋人心。我的思想在反复激荡之后，下定决心，一定要鼓足干劲，力争到上游去！

在这种跃跃欲试的心情下，我在前日之夕破例开了一次夜车，制拟教研室本学期争取成为五好教研室的工作计划。虽然次晨要去拔牙，应充足睡眠，但我仍把计划草拟毕才去就寝。昨日早晨拔牙后，又忍痛重行修改，下午提出交大家讨论。

我决心使自己革命化！这就必须首先革除一切因循旧习，剑及屦及地干工作。昨天散会后，我立即把教学日历填好,晚上又认真考虑了自己个人的红专计划。我决心抛弃名利思想,埋头苦干!今晨我想到教研室所种油菜应该浇一次水,并决心独自一人去把它浇了。可是转念一想,我去浇了,有谁知之者?正思想斗争着,忽然想到,这就是名利思想!我应当从这一事做起,真正践履"尽其在我,不求人知"的自我诺言。于是我提着桶轻快地去了,浇完回来,感到一种从未感觉到的愉快!

经过反复思考,订出了本学期的个人红专计划,大要是:

一、目标:又红又专

二、要求:思想革命化,达到"五好"

三、措施

1. 深入学习《毛选》,改造思想,改进工作。

2. 学习解放军:工作上,学抓四个第一;修养上,学三八作风。

3. 学和赶见贤思齐,赶过先进。

4. 克服缺点:(1)严于律己,以身作则;(2)诚以待人,团结同志;(3)先公后私,案无留牍;(4)谦虚谨慎,不苟言笑。

3月30日 晴 今天早上,西竞强同志(引者按:时任历史系总支书记)来访,我向她汇报了最近的思想：以前对教研室工作不措意，现在有必要把它办好，争取成为五好教研室，可是（1）感到自己的办法不多，思想工作尤其难做；（2）许多同志过去各忙各的，互不关心，怎么能成为一个战斗集体？她对我加以安慰和鼓励，并指出：个人与集体的关系是一个大问题，不是骤然可以解决的，必须耐心地、坚持不懈地进行长期的工作，急躁是无补于事的。她说得很对，我确实过于急躁了。张德光同志告诉我：刘桂五同志来昆，对他谈及我的《略论唐代的"钱帛兼行"》在《历史研究》发表后，郭沫若院长看见，以为好，曾写一函给《历史研究》，表示赞同我的论点，云云。下午，刘应史学会之约，来至公堂讲演，也对我说了这一番话。这消息给我的鼓舞很大，我要更好地学习和研究。

刘的讲演予人以很大启发，很好！

3月31日　下午开教研室会，讨论教研室情况。先由我谈一个总的估计。对此，我一再思考，以为想得已经很周到。经大家谈后，得到很多想不到的好意见。这一次会开得不错，我暗暗体会到，群众的智慧确比个人强，应该虚心，多和大家商量，不可"师心自用"！

昨天早上，西竞强同志在谈话中向我说，自去年年底干部鉴定以后，我的进步较大，应该自己随时总结。我思考以后，今天向张德光同志谈出我的思想的变化。我说：回想自己过去和教研室工作的关系，就好像一对怨偶，又不和谐，可是又得生活在一起。鉴定后，我反复地想，每天得花这么多的精力在室的工作上，而又不把它做好，混下去的结果，生命中就一无所有了。我们这批旧知识分子之参加革命，并不是出于自觉，而是像旧式婚姻似的，被命运安排在一起。对于这种情况应该怎样呢？应该在婚后来一次恋爱——这就是改造——建立美满的关系。这样的想法使我感到不振作起来不行，因而稍稍改变了既往的作风。这当中，大好形势是一个巨大的动力。全国比学赶帮，热火朝天。每天早晨投递员把《人民日报》往我屋子一扔，就好似一团火飞了进来，我就被燃烧起来了！

6月8日 本周开了八个会，总计花了26小时。会多如此，奈何奈何！从会议内容看，中有多数是可开可不开的（如教研室主任会、九三支委会都没有讨论什么）。安得有一个指示，像农村双十条那样，限制一下会议和表报。

但是，尽管政治学习越来越多，他还是尽量抽出时间来做研究。

8月20日　今日读完《旧唐书》全部。此书自去冬始读,至是乃竟,是我一年来生活中的一件大事。写卡片数千张,笔记多则,收获甚大。当本毛主席不断革命之精神,开始阅读《新唐书》。

8月21日　反复考虑后,决计以《旧唐书》参照,系统读新唐书,不依赖《新旧唐书合钞》。今日读了新书卷一。

8月23日　昨、今两日读《新唐书》卷二及卷三。

1965年,李埏因患病,不能像以往那样紧张地工作。他想到自己不能为中国科学院历史研究所做工作,于是决定辞去历史所每月发给自己的兼职工作的津贴:

9月15日　近日想到科学院历史所给我的每月工作补助费,亦不应继续接受。因为所里长期没有交付给我什么工作,我不应当得什么补助;即使有工作我在云大的工资已很高,应该为人民多做点事,也不当接受。反复思考,日前把我的决定告诉毓兰,她很赞成。今日遂致书所领导,辞谢补助费,请勿以后再汇寄。函云:

> 我很惭愧，长期以来未能为所里做什么工作，却一直接受着补助费。最近我越来越感觉到，自己为人民做的工作太少，而所得太多，极不相称。我在这里，已经享受着很高的工资待遇，实在不应当再接受更多的报酬。为此，我诚挚地请求您所停止给我汇寄补助费。
>
> 我很感谢，您对我的关怀！作为一个史学工作者，尽力从事史学研究，原是我应尽的职责。现在，我虽然辞谢了补助费，倘若您所今后要我做什么研究工作，我仍将愉快地接受并努力去完成它，借以补过去之不逮。此上
>
> 中国科学院历史研究所

同时，他还写了一函，向侯（外庐）、熊（德基）两所长致意，表达上述意思。

1965年11月，江应樑将他在大理参加"四清"期间写的诗集《战地黄花集》送李埏，李埏在11月21日的日记中写道：

> 今日为我51周岁生日。读江应樑兄在大理太和公社重邑村社教运动中所为《战地黄花集》稿本。作小诗一首以归之。

奉赠应樑同志

应樑同志不以我为不可教,出其《战地黄花集》以示之。讽诵数过,感受甚深,不能自已,遂作小诗以赠之,工拙不计也。

革命号角到边疆,红旗招展遍点苍。
访贫问苦深情见,兴无灭资正气张。
六诏山河自古秀,三迤陇亩而今康。
羡君矍铄多英气,战地黄花分外香!

埏案:"兴无灭资"原作"兴社灭资"。社,社会主义;资,资本主义也。"三迤",迤读移,平声。

然而,此时的李埏万万没有想到,一场史无前例的浩劫将把国家推向崩溃的边缘,也将把他推向运动的风口浪尖。这场浩劫就是"无产阶级文化大革命"。

第九章　十年浩劫（上）

第一节　风暴降临

1965年，中国向"左"转的趋势变得更为明显，其表现之一就是对文艺作品的批判逐渐升温。1965年11月10日，在江青的策划下，上海《文汇报》发表了姚文元的《评新编历史剧〈海瑞罢官〉》，这意味着这种变化上升到一个新阶段。经过1957年的"反右"，中国知识界已无人再敢说真话，对《海瑞罢官》的猛烈批判使得知识分子更加惶恐不安。

1946年吴晗随清华北归后，李埏没多少机会和这位过去的老师见面，但过去结下的师生情谊一直被李埏珍藏在心中。

基于自己对吴晗的了解，李埏看到姚文元的文章时感到十分愤慨。在当时那种政治氛围中，他当然不敢反对批判《海瑞罢官》，但私下一再说这种批判过火了。他在 1965 年 12 月 4 日的日记中写道：

> 《人民日报》(11 月 30 日) 和《光明日报》(12 月 2 日) 均转载了 11 月 10 日《文汇报》发表的姚文元评吴晗先生的《海瑞罢官》一文，读后觉得晗师是错了，但（这种批判）未免有点过火。

因此，李埏对《海瑞罢官》的批判采取消极的态度。他当时担任云大历史系中国古代史教研室主任，在这场学术批判中被推到风口浪尖上，他决定辞去教研室主任之职，以免带头批判吴晗。这从他的日记中可以看到：

> 1965 年 12 月 5 日 晚，熊锡元、李英华（引者按：教研室的两位教师）约谈如何展开讨论"海瑞罢官"问题，谢本书、赵春谷（引者按：历史系教师）亦在座。他们要我出来"领导"这一活动，并写文章。我的健康情况怎么可能呢？以疾坚辞别，同志们似难谅解。
>
> 12 月 6 日 晚访张德光（引者按：历史系主任）同志，请其考虑，可否免去我的教研室主任工

> 作，至少由他人暂代一个时期，原因是，由昨晚之事令我更深刻地感到力不从心的矛盾，甚恐因我之故，阻碍工作之推进。德光兄允予考虑。
>
> 12月7日　晚访方德昭（引者按：历史系副主任）同志述病况，并把昨与德光兄所谈再陈述一遍。他谆谆劝勉善加锻炼，对辞职一点未予首肯。

李埏为吴晗担心，但当时他绝对想不到这次运动的起因和结果，想不到《海瑞罢官》给吴晗带来的灭顶之祸，想不到中国学界的一幕幕悲剧由此拉开，也想不到今后十年自己和家人由此遭受的劫难。

1966年2月3日，因不知道姚文元文章的深层背景，时任中共中央文化革命小组组长的彭真主持制定了《文化革命五人小组关于当前学术讨论的汇报提纲》，简称为《二月提纲》，力图限制当时学术讨论中"左"的偏向，明确指出在学术讨论中"要坚持实事求是的原则"。此时，在已调任云南省委宣传部长、省委书记处书记的高治国的领导下制定的云南省委《四月提纲》，也提出"不要在我们这里硬找小吴晗"。虽然李埏是吴晗的学生，但也尚未受到牵连。3月，学校还安排他为省委书记兼昆明军区第一政委阎红彦和昆明军区政委李成芳讲课。在1966年1月、2月间，由于批判《海瑞罢官》，李埏心情不好，没有记日记。但是学校安排他为阎红彦讲课，表明学校还是重视、信任自己，他在3月总记中记下了这件事。

  本月14日 到温泉，为阎（红彦）政委讲文，共三篇：其一柳宗元《敌戒》，其二《后汉书》李固传，其三《后汉书》黄琼传。是日晨八时乘车前往，晚八时返家，讲完前两篇。上午讲三小时，下午亦讲三小时。在座者尚有李（成芳）政委、刘林元副省长，阎政委夫人及秘书三人。

  22日 又往省委办公厅，续为阎政委讲黄琼传。一上午讲毕。遵嘱，将《敌戒》及黄琼传之《李固遗黄琼书》译为今语。27日完成前者，4月4日完成后者。均于完成后，托校党委会沈振寰同志送出，交省委办公厅秘书曹贤桢同志收启转阎政委。两次讲文使我感到：（1）首长们平易近人，认真听讲，使我不唯能毕其辞，而且忘却了辛苦。（2）怎样古为今用，真不简单，自己差得很。（3）古汉语的功夫还很不够，还须用功补课。

3月26日晚，李埏向李广田汇报向阎红彦讲课的情况，记下此事：

> 谒广田校长于其寓，汇报赴省委讲文情况。谈次，他勉励我必须积极投入当前学术斗争，批判《海瑞罢官》。他说：这是三大革命运动的组成部分，是改造世界观、史观的大好机会，其意义决不下于参加四清运动，要一直跟到底！万不可等闲视之！他还勉励我，要鼓动全教研室同志都积极投入，使教研室成为一个革命性、战斗性很强的集体。古代史教研室是有条件的。……他语重心长，给我很大鼓舞。我当即表示，决心照他的勉励去做！他嘱我在不久将举行的全校讨论"清官"的会上发言，我毫不犹豫地接受了。

直到1966年3月，李埏的日子还不算难过，然而他想不到他很快就要被推上运动的风口浪尖了。

第二节　打入牛棚

1966年4月，中共中央正式撤销了《二月提纲》，全国的大批判运动迅速升级。《云南日报》连续发表批判《海瑞罢官》和吴晗的文章。云大历史系也要求教师自我检查。1966年4月23日，云大校领导召见李埏，当面指斥他"陷于吴晗的师生关系中而不能自拔"。这

使李埏受到很大震动,感到大祸即将临头。他在日记中记述了这段时期的情况:

> 4月5日　下午,系中举行学术讨论会,讨论"清官"问题。我是中心发言人,作了两小时的发言。内容大要如下:(1)"清官"是不存在于历史上的,说有"清官"或无"清官",是立场问题;(2)"清官"是封建统治者用以麻痹人民的鸦片烟,其证是"清官"为城隍的迷信传说(例如明永乐时的周新为杭州城隍);(3)关于"清官"的史料以及"清官"所执的"王法"皆属虚构。与会者有系中教师及若干同学。文传洋亦来参加。
>
> 4月6日　上午,讲二年级通史两税法,又一次论证"让步政策"之说之谬。下午,头部颈部极不适,在家卧读关锋、林杰的《〈海瑞骂皇帝〉和〈海瑞罢官〉是反党反社会主义的两株大毒草》一文。文载《红旗》第5期,5日《人民日报》、《光明日报》、《中国青年报》均转载。
>
> 4月12日　读10日《人民日报》,王正萍、丁伟志整理的《吴晗同志反党反社会主义反马克思主义的政治思想和学术观点》(《学术研究》No.127)一文,进一步识别了吴的问题的性质。

4月16日 系中总结学习《毛选》经验，我谈了三点：（1）学了主席著作，感到接受科学院补助之不应当，请求停止汇款；（2）学了主席著作，对疾病有了一定正确态度，敢于接受教学任务；（3）学了主席著作，初步明白学术批判是大是大非之争，决心积极参加星期三读《人民日报》19日转载18日《解放军报》的社论《高举毛泽东思想伟大红旗，积极参加社会主义文化大革命》一文，进一步明白这次学术斗争的重大意义。

4月22日 下午，党委召集文科教师在至公堂开座谈会。袁光（引者按：云南大学党委副书记）同志讲话，动员大家积极参加学术界的斗争，同时清理自己的错误观点。李校长、张德光同志亦讲了话。旋回系讨论，我表示决心积极参加的态度。

4月23日 上午，党委召集民盟、九三两支部的委员座谈，仍谈文化革命问题，促民主党派推动成员积极参加。谈次，袁光同志和李广田同志均给我指出，我陷于吴晗的师生关系中而不能自拔。会后，我震动很大，思想斗争很激烈。但最后终于想通了，自己确受封建的师生关系的束缚，确实不够积极，不能以病以忙自解。下午，过（九三）组织生活，谈积极参加文化革命问题。

> 5月6日 上午，全系大会，李淑兰同志（引者按：云大历史系总支书记）宣布即日停课，开展文化大革命。开展学术斗争，向吴晗、翦伯赞之流开火，批判并肃清其影响。下午，看大字报，我的治学方法受到批判。

此时，历史系党总支已组织学生写了一批批判李埏的大字报，但内容还限于对李埏的治学方法的批判。李埏记下这些大字报的标题，以做检讨之用。比如，《危险的治学方法》、《清除资产阶级的"治学之道"》、《李埏老师的"治学之道"应该批判》、《评李埏的一次报告》及《李埏老师歪曲了农民起义的性质和意义》等。

1966年5月，中共中央发布了《五一六通知》，标志着"文化大革命"的正式开始。6月1日，《人民日报》发表社论《横扫一切牛鬼蛇神》，宣称："把所谓资产阶级的'专家'、'学者'、'权威'、'祖师爷'打个落花流水，使他们威风扫地！"

对于《五一六通知》中"钻进党内的资产阶级代表人物"的提法，云南省委没有思想准备，不知所措。在这种情况下，中共云南省委凭着以往搞政治运动的传统做法，开展了云南省的"文革"，斗争的矛头主要针对知识分子。6月10日，阎红彦说："'文化大革命'的方针是集中力量打击牛鬼蛇神，打击反革命，打击资产阶级右派，打击资产阶级代表人物"；"教师队伍问题多，家庭'杀、关、管'的占 40%，问题严重的占 10%—20%，可以清洗。"

6 月 28 日，云南省委对高治国进行了批判。7 月 6 日夜，高治国含恨自杀未遂，被宣布为"叛党自杀"，正式定性为"钻进党内的资产阶级代表人物"、"反党反社会主义的反革命分子"。

此后，云南省各级领导在省内掀起了批斗"资产阶级反动学术权威"的高潮。紧接着，云南学术界、文艺界、教育界等迅速掀起了批斗"三家村"在云南代理人的运动，云南大学等高校成了运动的重灾区。

5 月 6 日，云大贴出第一批揭发时任云大副校长李广田的"反党反社会主义罪行"的大字报，先是批判他作为电影《阿诗玛》文学顾问时的"修正主义文艺理论"，接着他那早已甄别平反过的所谓"右倾机会主义分子"问题又被重新翻了出来，党内审干时的自传材料也被抛出来。他的《花潮》、《或人日记抄》等作品也被批判。7 月 19 日，《云南日报》公开点名批判李广田，随后云大党委宣布对李广田进行隔离审查，接着又被送进了云大私设的劳改队。

5 月 11 日下午，云南大学党委组织了全校师生四千多人，举行大会，号召"高举毛泽东思想伟大红旗，彻底搞掉反党反社会主义黑线"。

6月4日，中共云南省委派省委工作组进驻云大，领导云大的"文化大革命"。云大文革领导小组由省委秘书长马文东、云大党委书记兼校长胡泮生、云大党委副书记袁光等14人组成，各系和各班级的文革小组也相继成立。在工作组领导下，云大各级党组织发动群众贴大字报，揪斗"三反分子"、"牛鬼蛇神"、"黑帮人物"，大字报开始在校园铺天盖地出现。

"文革"中的群众组织"新云大八二三《倚天剑》分团"出版的《文卫战报》（1967年8月8日）描述了"工作组"时期的运动情况：

> 运动一开始，袁光等人就对师生作动员报告，提出这次运动主要是"搞教师问题"；"修正主义教育路线，云大教师、干部哪个没有贯彻！就是他们培养修正主义苗子！"工作组进校后，马文东布置："大字报想写谁就写谁。"然后通过总支层层布置，围攻大片教师、干部。胡泮生说："揭发面要达百分之九十以上。"马文东说："物理系教师、干部中，90%以上被贴了大字报，群众发动起来了。"要各单位效法。结果全校教师、干部90%以上被大

字报围攻,有的系则是火烧100%……

对全校干部、教师进行秘密的政治排队,把大量的一般干部、教师作敌我矛盾处理。其计划是:老教师中抓40%的牛鬼蛇神;青年教师中抓9%;学生中抓1%。凡被排为"四类"的,马上组织人"揭发",按人立户头整黑材料。如果揭发不出,就采取抛档案、内查外调,搜办公室、搜家等办法找罪证。对教师、干部的讲义、文章、平日言行,甚至主动交心的材料、学习会上的思想检查、入党申请书等材料,砍头去尾,任意歪曲,强行上纲,攻其一点不及其余,列为"反党"罪行。结果,打击计划超额完成。……

初步统计,老教师被打成"牛鬼蛇神"的占其总数的68.8%;青年教师占25%;十七级以上党政干部中,被列为"反党分子"、"党内右派"、"叛徒"、"挂起来"、"靠边站"的,占54%。其中行政系统竟高达87%;而作为"左派"使用的骨干,只有三人。学生中打了二十多起"反革命"事件和"反革命"大字报。初步统计,两千多学生中,三百人被直接间接打成"反革命",占15%(暗中排为"四类"、"右派"的,未计算在内)。……

五月初至八月上旬,组织学生集中围攻教师、干部。同时又挑动教师、干部互相写大字报围攻；最后还搞什么"小字报揭发"、"背靠背揭发"。对未列为"重点"的教师、干部，要他们"站稳立场"，通过"揭发"，与被打成"牛鬼蛇神"的同志划清界限；对列为"重点"的教师、干部，则要他们"立功赎罪"，揭发其他同志的问题。一般教师、干部受大字报围攻的时间长达三个月（五月初至八月初）。……

在他们的挑动下，云大干部、教师、学生的"混战"，持续了整整半年，相互关系严重对立，而党内走资本主义道路当权派则坐收渔利。

在云南史学界抓"资产阶级反动学术权威"，李埏当然首当其冲。更加严重的是，由于李埏多年前曾是吴晗的学生，因此更"理所当然"地被划为"三家村"反党黑线上的人物，成了"吴晗在昆明的代言人"。因此李埏成为云南"文革"锋芒所向的最先目标，也是云南省"文革"首位被"揪"出来的学者。5月9日，李埏开始受到批判。以后，在系、校、九三学社举行的批判会上，李埏受到越来越严厉的批判。他在日记中记道：

5月9日　下午，全系声讨吴晗反党反社会主义罪行大会。会上揭露其在我系的影响。我受到很多的严厉的批判，思想上大为震动。

5月11日　全日举行全校声讨邓拓、吴晗反党反社会主义罪行大会。历史系学生发言中，又提到我，更加震动。晚间，党委会杨家寿、总支书记李淑兰同志，还有张德光、徐学铣两同志约我在系办公室给我帮助和鼓励，并解除我顾虑。

5月12日　下午，在小组会上，我谈自己昨日的感受，初步认识到所犯错误——与党争夺接班人的严重性，很沉痛！尤其不可的是，我一直还认为这是为党工作，为青年们服务，因而一直在宣扬自己的读书方法、治学之道。而今始觉其为毒害。几十年来，既毒害了自己，又毒害了学生和自己的子女，言之痛心，不禁泪下。

5月15日　上午，在蔡家巷九三分社社委扩大会，我在会上检查了自己所受吴晗的影响。下午，在家写交代与吴晗关系的材料……，未毕。

5月16日　在家续写交代材料，至晚写毕，由毓兰代抄，因体力不足故也。同时，写了一份揭发云南日报文化生活把《燕山夜话》送来给我们"观摩"的事实，那是1962年5、6月间的事。

5月17日　把交代材料和对《云南日报》的

书面揭发并交丁宝珠（引者按：云大历史系教师）同志。

5月19日　日来会上会外，均学习阅读批判邓拓黑话的文章，同时又看到黄耆同志批判我在云南日报文化生活所写的《唐太宗的"以人为镜"》和《善与人同》的大字报，大感震动。因有交代为《云南日报》写文章经过的必要，前天、昨天写了，今天交给了黄耆同志。同时把发现的《云南日报》"文化生活"1966年4月19日的一页信附入交上。

5月21日　下午，小组会将散，方德昭同志把系里油印的、我在《云南日报》上所发表的十一篇文章给我。昨日看到校政治部所油印的《滇云漫谭》。

5月24日　上午，全系师生举行批判大会。会上，张德光、江应樑、尤中和我都受到批判。……日来，我也力图批判自己的文章，但好像打针，自己打，很难打进去，别人一打就进去了。原因是怕疼。会后，赵瑞芳、黄耆同志立即和我谈话，给我以精神力量。下午，小组会上，我沉痛地初步检讨自己，并感谢党的关怀和教育。我悔恨，为什么不站到无产阶级立场，为正义的革命事业服务，而要站在资产阶级立场，为资产阶级服务呢！所为何来？多么可痛啊！

  5月30日 上午写了一份补充交代（为《云南日报》写文的交代材料）交给系总支赵瑞芳同志，交代三事：（1）1962年4月间，张德光曾在教研室主任会上，动员各教研室为《云南日报》写文，特别是中国古代史和民族史两个室；（2）我曾自己送过文稿到报社去，因唐正祥（引者按：《云南日报》记者）来多次均误期；（3）任方（引者按：《云南日报》编辑）曾来我家一次，表示感谢为他们写文。下午，各教研室讨论编写教材问题，我们与近现代联合讨论。务虚，关键在于人人思想革命化。

李广田、高治国先后被打倒，昭示着云大的历史进入了一个黑暗的时期。他们当年在云大重用的许多教师，也成了黑帮，被揪出批斗。仅历史系一系，就有一半左右的教师被批斗。张德光、李埏、江应樑、尤中四位教授首先被揪出，成为云南的"三家村"和"四家店"。张德光被说成是这个"三家村"和"四家店"的"黑掌柜"，李埏则因写的文章"最反动"，因而被打成"急先锋"。他们应《云南日报》之约撰写的杂文，被定为"反党反社会主义的毒草文章"。云南大学、昆明师范学院（今云南师范大学）都召开数千人大会批判他们。云大历史系"革命师生"还从中选取44篇编印成册，作为云南省大批判的主要"反面教材"。在这44篇"大批判"矛头主要指向的文章中，李埏的《唐太宗的"以人为镜"》一文被说成是最大的"毒草"，被诬陷说是秉承刘少奇之意而写，而李埏是刘少奇的吹鼓手。

随着运动的深入，李埏的"纲"被越上越高，"罪"越批越多。除了"资产阶级反动学术权威"和"反党黑帮分子"两顶帽子外，新的帽子也纷至沓来。在大大小小的批判会上，"革命师生"不仅纷纷上台揭露李埏与吴晗的"黑关系"，而且把数十年前的师生关系也说成李埏"反共"的"罪证"，从而给李埏扣上了"反共老手"的帽子。1966年8月18日，历史系一些教师贴出大字报《反共老手、政治流氓李埏的丑恶嘴脸》，拿李埏与他昔日西南联大时代的老师钱穆、傅斯年、姚从吾的师生关系大做文章。尽管自这些学者1949年去了港、台后，李埏没有，也不敢和他们进行任何方式的联系，但是这些大字报依然无中生有地说李埏与这些"反共"学者之间有"秘密勾结"、"通敌"，是"国民党特务"。对于这些莫须有的恶毒指控，李埏百口莫辩，只能任人宰割。然而，这种批判还只是"文革"十年中李埏所遭受的残酷迫害的开端。

第三节　身处乱世

史无前例的"文化大革命",使得中国政治、社会局面一片混乱。

1966年8月23日,昆明工学院(今昆明理工大学)、昆明农林学院(今云南农业大学)等院校的学生掀起了"八二三风暴"。9月14日上午,云南大学、昆明师范学院(今云南师范大学)等院校的学生发起成立了"毛泽东主义炮兵团"。昆明"造反"组织纷纷出现,造反之火很快形成燎原之势。

1967年1月4日,造反派召开"彻底揭发批判黑省委顽固坚持资产阶级反动路线大会",勒令中共云南省委主要领导到会接受批判。1月6日,省委领导人之一赵健民会见造反派代表,拒绝他们提出的要求,造反派当即将赵健民游街示众。1月7日夜,陈伯达、江青和云南省委第一书记阎红彦通话,指责他和省委害怕群众,不敢到群众中去。阎拒绝接受陈、江的指责,并于1月8日夜自杀。自杀前,给妻子王腾波留下一行字:"腾波:我对不起你。我是被陈伯达、江青逼死的,你不要难过。阎红彦"。阎红彦之死,使昆明混乱的局面更加恶化。

第九章 十年浩劫（上）

1962年，阎红彦曾请李埏到安宁温泉为他讲历史。阎红彦被打倒后，造反派要李埏揭发阎红彦的罪行。连续半个多月，每天深夜审讯李埏，威逼利诱，声称李埏必须把阎红彦的"罪行"揭发出来。李埏不敢隐瞒实情，老老实实地交代了给阎红彦讲课的经过，但拒绝依照造反派的提示去捏造和交代阎红彦的"罪行"。经过半个月的折磨，造反派没有从李埏口中要到所想要的东西，只好放了李埏。

1967年1月中旬，昆明地区的造反派正式分裂，分别形成了"八派"（八二三派）与"炮派"（炮兵团派）两大组织，都力图自己掌权。1月26日上午，"炮派"夺了云南省委、昆明市委、省人委及所属各厅局的权。当天晚上，"八派"也开进省委机关，宣布夺权。双方互不承认，发生冲突，昆明地区陷于混乱。在此情况下，1967年3月31日，中央决定对云南实行军事管制，由中国人民解放军昆明军区第二政治委员李成芳任军管会主任。在军管之后，两派的矛盾更为激化，在4月26日发生了"四二六"大规模武斗事件。

在两派斗争的时候，李埏也和昆明广大市民一样，密切关注着运动的发展，盼望着两派联合，盼望着迅速结束武斗。他在日记中写道：

7月12日　昨日的《云南日报》第一版登《毛主席论革命大联合》的语录，其中一条，前所未读，抄于此："我们竖看历史，历史上的运动不论是哪一种，无不是出于一些人的联合。较大的运动，必有较大的联合。最大的运动，必有最大的联合"。《民众的大联合》（1919年7月）

7月25日　校中夜中广播，电线厂、昆纺等处告急。但愿迅速停止武斗，实现大联合。

然而，广大人民的善良愿望只是一厢情愿。不久之后，李埏和全体昆明百姓一样陷入真枪实弹的战争恐怖之中。

1967年7月22日，江青在接见河南省群众组织代表时，提出"文攻武卫"的口号。这个口号提出后，全国各地出现了大规模的武斗，并在许多地方迅速升级为使用真枪实弹的全面内战。昆明两大派群众组织在军队内部都有人暗中支持。7月下旬以后，云南武斗进一步升级，武斗从使用棍棒、梭镖，发展到运用现代化武器进行枪战。8月23日，"八派"在庆祝"八二三"运动一周年的游行之后，到支持本派的中国人民解放军昆明步兵学校"抢"枪，用以装备"八管区"制高点。8月24日，"炮派"得知消息后，也跑到位于小麦峪的云南省军区军械库去"抢"武器。两派的战斗在1967年夏秋之际达到高峰,他们在昆明城区和郊区抢占制高点,用武力"拔钉子"、"夺据点",扩充地盘。昆明以市中心的正义路为界,分为"八管区"和"炮管区"。"八派"和"炮派"双方每天激烈交火,枪炮轰鸣,子弹横飞。昆明市民生活在战争恐怖气氛中。

李埏家居住的云大附中新村(当时被改名为"反修村"),位于"炮派"大本营的云南大学和"八派"大本营的昆明工学院之间,因此成了两派交战的前线,每天枪声不断,子弹横飞。李埏在日记中记下当时的恐怖气氛和他的紧张心情:

> 8月21日 晚,炮团召开全校革命师生紧急会议,动员作好武卫准备。旋系中布置传达口令、代号的事项。归来,熊锡元又在李英华家召集本村历史系教师谈应变措施。
>
> 8月23日 中午,赵春谷来通知,轮流守大北后门。十二时往,五时归。昨夜天明前,校中广播有情况,坐以待变。一小时后,解除。闻王建勋言,乃前大门,发生小冲突。
>
> 8月26日 晨入系,未学习。校中多人持枪,一派战时气氛,愈感紧张。闻炮派二十一日晚占五

华山（引者按：云南省政府所在地），日昨在马市口发伤人死人事件云云。江（应樑）家举家外出避意外，村中多有迁出者。我家妇孺多而无处可去，唯有听之而已。

8月27日　晨五时许，校中广播中共中央二十六日的四点指示，旋闻工学院亦广播。内容为"绝对禁止开枪"，"坚决制止武斗"……。紧张为之稍驰。下午，外出至近日公园看看，见马市口至文庙街口挤满了群众，与五华山在掷石子。商店皆闭，气氛紧张。

8月28日　昨夜两点多钟，附近枪声大作，举家都起来在后屋静坐以待变，黑夜中愈显紧张。数十分钟后云大工院都广播起来，枪声亦渐稀，乃稍安。但不知实情如何，悬心未释，遂不能入寐。赵季舜云，今晨谢本书说，现在校中是工人同志领导，方向东（引者按：炮派头目）等都靠边了。教师留校或外出暂避由各人自择云云。闻五华山下一小孩为枪弹射杀云。

面对武斗，云大的教职员工纷纷加入了昆明市民的逃难大潮，或回老家，或到农村。霎时间，学校变得空荡荡。李埏一家无处可去，正在发愁时，遇到云大数学系教师徐天祥。徐天祥是李埏的高中同学,两人关系一向很好。徐在20世纪60年代初搞"四清"时认识昆明郊区六甲公社永胜大队的支部书记杨云,于是请杨云帮助找地方避难,杨云爽快地答应了。于是李埏、徐天祥、赵季舜三家人,于1967年9月1日撇下一切,仓皇逃到昆明六甲公社永胜村。

李家在永胜村(又名下五甲)住了一个月,这是李埏在十年浩劫中没有受迫害的唯一一段时间。由于中央命令不准农村搞"文革",因此相对于被"文革"搞得天翻地覆的城里来说,乡下反倒成了某种意义上的"世外桃源"。永胜村位于滇池边,湖水浩渺,芦荡连绵,虽然由于多年的极左政策导致农村经济凋敝,但终归是鱼米之乡,除了有饭吃外,还可以吃到自1958年以后城里就已鲜见的鲜鱼活虾。更加重要的是,这里没有大字报、批斗会、"喷气式"揪斗、挂黑牌、戴高帽、罚跪、挨打、监禁、劳改,也不必天天作检讨、认罪。纯朴勤劳的农民没有歧视李埏,使李家人感受到久违的平等和友谊。

李埏一家住在农民葛照福家。李家住在葛家的西耳房楼上,这本是葛家堆放粮食之处,李家来到后,葛家把粮食挪到一边,腾出地方让李家住。这个地方面积狭小,也没有电灯和家具,于是李家人打了一个大通铺,全家人挤在一起。

白天，李家人到屋外活动，连瘫痪的伯起也被抱到楼下晒太阳。孩子们也没有忘记学习。伯敬、伯重阅读带来的书籍。小学六年级的伯约用伯重的中学课本学习，小学三年级的伯杰则用伯约的课本学习，有不懂的地方，就请教父母和姐姐、哥哥。晚上，没有电灯，一家人在小楼上摸黑闲谈，读诗，讲故事。小楼上常常是欢声笑语，久违的欢声笑语。

当时的滇池还没受污染，清清的湖水里长着茂密的芦苇，李埏常和孩子们到湖里游泳。这也是伯约和伯杰第一次到农村，永胜村的一切都使他们感到新奇。两个孩子喜欢农村的生活，喜欢和农民的孩子一起玩。伯杰每天都同一个叫"老三"的农村孩子一起去放水牛，骑在牛背上，俨然自己也是一个牧童。徜徉在稻田与芦苇荡之间，似乎来到了桃花源，刚刚经历的批斗、武斗等恐怖场面，似乎都已烟消云散。

在葛家，主客相处非常融洽，晚上李埏常和房东一起抽烟喝茶，聊天长谈。到葛家躲避武斗的，还有葛家的一家亲戚，夫妇二人都是工人，带着一双儿女。李埏夫妇经常和杨云、房东、工人夫妇闲谈，使久居大学校园的他们对农村、工厂的情况有所了解。

过去一年多，李埏夫妇是在艰难中度过的，到了此时，夫妻二人的心情比先前轻松了些。一天，面对着村边的流水，赵毓兰不禁想到杜甫的《江村》，于是夫妇二人一同朗诵起这首诗：

> 清江一曲抱村流，长夏江村事事幽。
> 自去自来梁上燕，相亲相近水中鸥。
> 老妻画纸为棋局，稚子敲针作钓钩。
> 但有故人供禄米，微躯此外更何求？

过去，李埏喜欢李白胜于杜甫。如今，经过磨难的他更喜欢杜甫的诗，特别体味到杜甫为何发出"微躯此外更何求"的感叹。这次避难是李埏在"文革"十年中少有的一段快乐时光，他颇有些"乐不思蜀"了。可惜好景不长，不久武斗平息，李埏一家回到云大，苦难又在等候着他。

李埏在日记中记下了一家人在六甲的这段生活：

九月纪略——永胜村一月的生活

1967年9月1日　黎明，赵季舜把我从睡梦中唤醒。披衣急起，与之同往文庙街遇徐天祥（徐近日不敢宿校中，假寓于文庙街其亲友处）。取道小街小巷，曲曲折折而往。街上行人甚稀，唯间有背负行李疏散者。既至文庙街，徐已先候于福林堂门前，遂同出大南门，经东寺街、纺纱厂而至南坝。自南坝沿盘龙江南行。至袁家村，舍河而东，穿田塍至六甲村，再东里许，便抵永胜村。永胜旧名下五甲，今为六甲公社永胜大队第七生产队。村傍小河，竹篱茅舍，小桥流水，俨然江南风光，鱼米之乡也。随徐访杨云同志，承其热情接待，为我等各租屋一处，又介绍与治保主任杨德见面。屋既租妥遂辞回，至六甲吃米线后循来路回城，估计来回可五十华里。至东寺街，闻枪声，百货大楼前行人几无，冒险穿正义路至宝善街，绕至威远街，又冒险穿正义路至光华街，绕小街小巷，近黄昏乃返抵学校。决计明日迁往永胜矣。

2日 晨雇三轮车三辆，举家迁往永胜。毓及桐儿（引者按：伯起）前五日暂避居于莲花池王家，以车一辆载之直往南坝。仓皇出走，唯带被盖炊具而已，余皆弃之不顾也。至南坝下船，至袁家村陆行，重儿背桐儿，余人左提右挈，至永胜已傍晚矣。我所租定的崔家房屋，因其亲戚先来住入，主人退定，只得暂住于杨云及其邻杨景家。农民多来相助，入夜始饭，盛情可感！

3日 晨与重儿往赵家厂探寻有无空房，不得

第九章 十年浩劫（上）

要领。归至六甲，遇万元初老先生。彼疏散于上五甲其亲戚葛全家。葛全，一队队长也。早饭后往访之，承葛全夫妇帮忙，为介绍租下五甲其内弟葛赵福家耳房，遂迁往。葛赵福为民兵，其母为劳动模范。相处数日，觉其朴实勤劳，人极好。

4日 与重儿入城返校，到后，周围寂无人居，皆疏散外出矣。校中唯见外来工人荷枪实弹来往，气氛极紧张。

5日 晨与重儿挑米下乡。

6日 又入校取衣物，入夜枪声大作，不敢久居，翌日匆匆下乡。

11日 又入城，至则小猫两只已饿死于书房中矣。

12日 复下乡。此后直至迁回，又入校两三次。

27日 因两大派已交枪，形势缓和，遂迁回校。杨云、葛赵福两同志主动送我们回校，热情可感！敬儿特邀杨云同志女儿大珠来玩，故亦同来。返抵校，留他们小住两日，29日别去。

此行虽极劳累，且较常月多支出三四十元，但与农民相处一月，深受感染，亦不虚也。葛、杨两家均诚挚地再三说：以后当如亲戚一般，常相来往，我亦云然。

1967年12月，昆明的武斗达到白热化。广大人民群众不得不冒着生命危险，在枪炮声中排长队买粮。此时仓库存粮已告罄，仅有少量未加工的麦粒供应市民。在社会极度混乱中，市区出现多股武装抢匪，乘乱四处抢劫。此时，人们对"文化大革命"逐渐产生怀疑和厌恶，大批群众纷纷退出造反派组织，出现了众多的"逍遥派"。

由于两派宣布停火交枪，李埏一家只得提心吊胆地住在云大附中新村的家中。他在日记中写道：

> 1967年12月31日 阴冷 黎明前，约五时许，校中枪声大作。晨起遇高光汉，据云又系"俘虏"（引者按：指被俘获的对方人员）逃逸，毙其四人云。食堂已无水电，早饭断炊。与诸儿在家分食冷饭。晚饭，熬稀饭一锅，佐以咸菜。闻第三食堂可打饭，重儿打了一些干饭回来，乃得一饱。近日皆两餐，闻系支援工人之故。1967年过去了。人生易老，未来应以"只争朝夕"精神，努力学习！

1968年8月13日，云南省革命委员会成立。全省人民盼星星、盼月亮，盼到革委会成立，以为从此动乱就可以结束，可以恢复正常生活了，殊不料新的苦难又开始了。

云南省革命委员会成立后，发动了"清理阶级队伍"运动和"划线站队"运动，导致一百多万人被揪斗，一万七千余人致死，酿成大量的冤假错案。其中之一就是李广田的离奇死亡。

在距离云大不远的地方，有一个林木葱茏、湖水清幽的莲花池。1968年11月3日凌晨，附近农民出工路过这里，发现一具遗体。后经辨认，竟是云大副校长李广田。李广田之女李岫后来写道：

> 11月2日，礼拜六，父亲在给我的最后一封信上写道："姑母、娄姨等人对小忽雷这么好，令人可感！冬天的衣服棉鞋都预备好了，不愁了，如忽雷在自己家里，也不见得能这样细心，这样耐心，这样周到！""现在昆明天晴了，云淡天高，正是大好天气。一切都好，勿念。"父亲将此信投邮后，红卫兵数人即前来提审，20点40分，云大后门门卫看见父亲被红卫兵押出后校门。夜晚传来中央广播电台播送的"将叛徒、内奸、工贼刘少奇永远开除出党"的消息。据说，这天夜里，云大校园里彻夜游行庆祝刘少奇被开除出党，莲花池周围的村民们却听到不断的狗吠声，后半夜才平息下去。

云大来人打捞上尸体。只见父亲满脸是血，腹中无水，额头一角有伤，脖子上有绳索的痕迹。当时，公检法全面瘫痪，不可能按照法律程序进行验尸并写出鉴定报告。遂由红卫兵头头作主送去火化。围观的人很多，一位老人看到父亲身穿劳改时的补丁衣裤还是湿漉漉的就要送去烧时，顺口说了句"真是水深火热呵！"于是这位老人以"同情李广田"罪被批斗、被拷打。

这桩疑案至今仍然无定论，那些最后把李广田押出学校后门的红卫兵，也从未有人出来说明到底发生了什么事。

李广田与李埏私交甚好。他们被打成"反革命"后，一同在云大私设的"劳改队"劳改，私下谈论颇多。出事前一日，他们还在一起劳动，李埏亦未感觉李广田有想要自杀的迹象，也不相信他会自杀。因此李广田的神秘死亡，在和他一起被"劳改"的"牛鬼蛇神"们的心里，留下了一道难忘的阴影。

12月，工宣队举办学习班，推行"划线站队"。李埏首先被送进学习班，接受"革命群众"的批斗。1969年1月6日学习班结束时，工宣队又在全校召开"声讨批斗大会"，当场揪斗干部、教师、学生180多人，其中一些人被捆绑、罚跪、戴高帽游街示众。李埏也被揪到台上罚跪和游街示众。这一次批斗大会被称为"一六革命风暴"。1月19日,又召开同样性质的批判会,揪斗的人达200多人,不少人被打伤致残。

此后,揪斗进一步升级,对各类"牛鬼蛇神"的批斗越来越频繁。在各次批斗大会中,李埏都被戴上高帽游校,受苦不少。在残酷的形势下,许多人与他"彻底划清界限"。不仅同事、熟人纷纷对他避而远之,就连亲朋好友也不敢和他说话。李埏感到十分苦闷和孤独,对赵毓兰说:"我好像患了麻风病一样,现在没有人敢和我说话,大家见到我都躲得远远的,这究竟是为什么?我究竟有什么罪?"但在这个年代里,又有谁能回答他呢?

第十章　十年浩劫（下）

第一节　妻离子散

中国封建社会实行残酷的株连法，一人犯法，家人难以幸免。如果犯了大罪，往往要被灭"九族"，即"株连九族"。这种封建遗毒在"文革"中达到了登峰造极的地步。不仅李埏本人饱受批斗之苦，而且他的家人也深受株连。李埏被打成"牛鬼蛇神"，毓兰也立即成了"牛鬼蛇神的臭老婆"。她是云大家属委员会副主委，多年来竭尽全力做家属工作，没有工资，完全是义工，可现在云大的"革命家属"们贴她的大字报，说这个"牛鬼蛇神的臭老婆"把持着云大家属委员会的权力，在她的名字上用红笔划上叉。

1966年7月29日，北京航空学院附中红卫兵贴出一副对联："老子英雄儿好汉，老子反动儿混蛋"。横批:"基本如此"。随后江青支持说:"基本如此嘛!"在这种"血统论"的指引下,全国掀起了迫害"出身不好"的青少年的狂潮。1966年8月初,北京女八中的红卫兵来到昆明,把这股狂潮带到昆明的大中学校。李埏子女所在的学校的红卫兵们也发布了不同版本的《告混蛋书》,对"黑五类"出身的同学进行迫害。

当时李埏的四个子女都在读书,伯敬在云大化学系读一年级,伯重在昆明师范学院附中读高中一年级,伯约和伯杰都在昆明师范学院附小,分别读六年级和三年级。他们都是所在学校里品学兼优的学生,但在当时,他们都成了"黑崽子",和全国大中小学校中千千万万"黑崽子"们一样,经受了各种折磨。时年10岁的伯杰清楚地记得当时的情况:"'文革'开始后的一天,我像往常一样去昆明师院附小上学。但是那天并没有上课,而且课堂上出现了一个身穿一身绿军装、腰扎武装带的中学女生。任课老师说:'今天不上课了,我们也要搞"文化大革命"。这位女同志是昆明师院附中的红卫兵,是来带领我们闹革命的。'这位女红卫兵剃了一个男军人的平头,袖子卷到手肘以上,腰上扎着一条军用皮带,使人难以分辨其性别。老师简单地介绍完毕,随即念了一串学生姓名,宣布凡是点到名的同学留下,其他同学则出教室自由活动,我也在被点到名的学生当中。

然后，老师就对这些留下的学生说：'你们都是黑五类子女，所以要专门开个会，现在请红卫兵发言。'这个红卫兵大讲了一番'革命道理'，这些小学生们听得云里雾里的。然后她说：'你们都是黑五类子女，你们的父母都是阶级敌人，你们必须和他们划清界限，并且主动地揭发他们的罪行，才能求得人民群众的宽恕；如果你们不老实交代，仍旧和他们站在一条路上，只有死路一条，将会被打翻在地，再踏上一万只脚，永世不得翻身！'我和其他小学生一样对于这些'革命道理'和'黑五类'一类的标签毫无概念，但是我立即明白了一点：自己的父亲一夜之间成了坏人，自己则成了低人一等的'狗崽子'；此后，同学里的'红五类'便可以欺负自己，而自己则不能反抗，否则会给父亲带来麻烦。而且事实也的确如此，我一旦与自己的同学或是同住一个大院里的玩伴产生纠纷，对方马上会说：'你个黑五类，你再敢顶嘴，我就揍你！'我只有忍气吞声，不敢反抗，低着头走开。回到家后，父亲问为什么，我就把课堂上的事说了，听完后一家人都陷入沉默。我始终搞不明白的是：父亲怎么可能是坏人？我怎么也变成了坏小孩了？"

在1966—1968年的两年多时间里，虽然苦难，但李埏一家人还能在一起，相濡以沫。可是1969年再次降临的灾难，使这个家庭陷入更大的困境，一家七人飘落五地。

1968年，毛泽东发出"知识青年到农村去，接受贫下中农再教育，很有必要"的指示，全国立即掀起知识青年上山下乡高潮。云南省革委会闻风而动，下令昆明市原定于1966年、1967年、1968年毕业的三个年级的初、高中学生全部下乡插队。昆明市革委会发出《各单位做好知青下乡工作的通知》，采取强制手段，将知青粮食、户口转到下乡插队所在地。伯重是中学生，成了首批上山下乡知青大军中的一员。1969年2月初，再有几天就是春节，他和他的许多同学一起被送上卡车，送到千里之外的德宏傣族景颇族自治州瑞丽县农村。那天上午，李埏好不容易向工宣队请准了假，和伯敬去送这个自幼身体单薄的儿子。多年以后，伯重回忆当时的情景说："在一片忙乱之中，父子、姊弟都默默相向。此时无法说什么，也不敢说什么。虽然不是生死离别，但是在那种今天不知是否还有明天的日子里，谁能说何时还能重新聚首呢？年已55岁、面容憔悴的父亲，穿着一身打着补丁的旧衣，与姐姐并排站在瑟瑟的寒风中，静静地看着我乘坐的卡车离去。开车之时，我看见他眼里泪花在闪动，却竭力不让泪水流出来，不让哭声发出来。看到他这个样子，我的心里也如刀绞。此情此景，唯有朱自清的《背影》中所描写者，可以道出一二分。"

伯重到了远离昆明的边疆农村，接着离家的是毓兰和伯起、伯杰。1968年12月22日，《人民日报》头版以整版的篇幅刊登了《我们也有两只手，不在城市里吃闲饭》的文章，并加了编者按，从而揭开了将大批城市居民赶到农村的"疏散下放"运动的序幕。1969年，中共中央发出了"一号通令"，该运动正式开始。云南省疏散下放办公室也随即下达通知，要求云大将教职员工的家属尽快下放或疏散到农村。

1969年11月17日上午，云大全体工宣队员和全体师生员工在大课堂前广场开大会。工宣队负责人传达"关于疏散下放人口工作"的通知，并说要把此项工作作为学校当前的中心工作来抓。随后，云大各系"革命教师"都行动了起来，勒令"牛鬼蛇神"家里的"无职业家属，限月内遣送原籍劳动改造"。李埏向系革委会筹委会写了一份申请，张贴在历史系大字报栏上，内容如下：

> 我家有七口人：我和妻子及孩子五个。长男李伯起，现年二十四岁，自小患病，全身瘫痪，不能言语，饮食便溺都要人扶持。女孩李伯敬在云大化学系上学，男孩李伯重在师院附中高一上学，李伯

约和李伯杰均在师院附小上学。我的妻子赵毓兰因长期患肠炎、肝炎及神经衰弱等病,又要照料残废儿子,所以一直没有能参加工作。全家都依靠我的工资生活。因此我请求准予延期遣返回籍。我的妻子原籍下关,有姐姐、弟弟在那里,我们希望写信和他们联系。若那里方便,即将妻子和残废儿子送往那里。是否可行,请予指示。

毓兰、伯起、伯杰都是完全没有劳动能力,甚至连生活也难以自理的老弱病残,参与决策的历史系"革命教师"与李埏共事多年,完全了解这些情况。尽管如此,云大历史系革委会依然于11月20日通知李埏,其妻、大儿、小儿均属疏散对象,必须于26日动身去大理农村,不得拖延。李埏得知要妻儿疏散的通知后忧心如焚,但他是"牛鬼蛇神",不敢向工宣队反映情况。毓兰实在没有办法,鼓起勇气向一位负责此事的"革命教师"反映。但这位教师根本不听,也不把赵毓兰的请求转告工宣队,反而训斥了她一顿。因此,这三个"老、病、残、幼"之人,必须到大理农村。

出发的日子近了,李埏是审查对象,不准去送妻儿,亏得伯敬向化学系工宣队请准了假,送母亲和兄、弟去下关。11月25日夜,一家人收拾好简单的行李。

伯敬看着病弱的母亲，连翻身都需人帮助的残疾人哥哥，以及年幼的弟弟，心如刀绞，眼泪哗哗地流下来。李埏也是忧心如焚，还是强忍住内心的悲痛来安慰女儿，说："我们没做过什么坏事，不会永远这样下去。中国有句老话'否极泰来'，就是说倒霉到了极点，好运就会来了。现在你把母亲、兄弟安全送到下关，安顿好，总有全家团圆的一天。"

26日清早，阴沉沉的天空飘起了雪花。云大大操场上停满了运送疏散下放人员的大卡车，也挤满了疏散下放对象和来送他们的家人。大家看着躺在行军床上的伯起，都奇怪为什么要把全身瘫痪的人疏散到遥远的农村。9时多，分赴全省各地的车队准时出发。李埏站在远处，目睹着这个生死离别的场景，眼泪哗哗流淌，但却不敢说一句话，因为他知道，以他那"牛鬼蛇神"的身份，能得到允许来这里远远地目送妻儿被遣送，已是天大的开恩了。

下午5点多，西行的车子到了楚雄。同车的人都下车住旅店。毓兰和伯敬无法将瘫痪的伯起抬到旅店，只得在车上过夜。这一夜，毓兰几乎彻夜未眠。凌晨5点多钟，下起了雨，寒冷的冬雨打在车篷上，发出滴答滴答的声音。"夜雨闻铃肠断声"，她听着这种声音，想起秋瑾"秋风秋雨愁煞人，寒宵独坐心如捣"的诗句，不

第十章　十年浩劫（下）

禁叹了口气，叹道"雨打车篷睡不着"。在旁边的伯杰接了一句："只好起床叠被窝"（昆明土语称被子为被窝）。接着，懂事的伯杰就穿衣打行李。在这个寒冷的冬夜，他们相对枯坐，直到清晨。

押送李埏家属到下关的工宣队员刘师傅很同情这个不幸的家庭。经过他多方联系，赵毓兰母子终于被安排在下关郊区的大关邑大队第一生产队。

生产队队委会安排赵毓兰母子三人住在生产队小院的一间空屋里。12月9日，母子三人搬到这间小屋。对于毓兰来说，丈夫、女儿、两个儿子都天各一方，境况都很艰难。特别是丈夫，背负着"牛鬼蛇神"的十字架，处于"革命群众专政"的铁拳之下，生死未卜。她感慨万端，写诗表达自己内心的牵挂和忧虑：

> 西风落日怅无边，金马、龙关两地牵*。
> 望眼欲穿无好讯，回肠难诉隐真言。
> 文章罗织今非始，妻子株连古已然。
> 白发频添空自惜，鱼肉刀俎泣寒蝉。
>
> （*引者按：金马指昆明，龙关指下关。此系用典。）

毓兰和长子伯起、幼子伯杰被疏散到下关农村，这是她和李埏结婚24年来的首次长期分离，也是和其他三个子女的首次分离。她身负"牛鬼蛇神的臭老婆"的十字架,在远离丈夫和三个子女的农村,带着一个残废的儿子和一个幼小的儿子,其境况之严峻,实在令人难以想象。但是她坚强地挺过来了。具有诗人气质的她,用诗歌记录了自己在这段艰难岁月中的心境和感触。她后来把其中一些诗编成一本小集,在亲友之间流传。其序云:

> 客岁孟冬,奉命疏散。时余病肝既久,体力疲惫,然既蒙斥逐,敢不从命,朝令夕追,刻日就道。工宣队员刘某,监送至关,安置于大关邑村居焉。遥望苍山,高峰屏列;近临洱水,清波浩瀚;岸芷汀兰,晨晖暮霭;三春杨柳,五月榴花,盖胜境也,少时游之者屡矣。故地重来,风光依旧,唯览物之情,则迥乎异矣。今者骨肉四散,前途莫测;蒙辱承羞,辛酸满腹。故水色山光,未能解我重重烦恼;花香鸟语,只是增我种种忧伤,岂若昔年之揽物神飞,意气洋洋者哉。陆续作成小诗数首,用以抒怀。

在这本诗集里,我们可以看到当初她和两个孩子被迫离开昆明远赴下关时的情况:

第十章 十年浩劫(下)

《昆关道上》(一九六九年十一月二十七日。孟冬下旬,奉工宣队命偕桐、杰两儿疏散返乡,途中雨雪风沙,颇不堪,以此志之):

寒风冷雪别昆明,抱疾登车西向行。

雨打窗蓬眠不得,飞沙走石到风城★。

(引者按:下关风大,有"风城"之称。)

经过两天的颠簸和劳碌,毓兰一行于 27 日下午来到下关姐姐家。毓兰的外甥、侄儿们把伯起抬到家中。毓兰对这些亲人的关爱和帮助感激不已:

生涯岂料承迁徙,挈幼将残鬓有丝。

今日流离莫复道,聊酬手足万千思。

12 月 9 日,毓兰母子三人搬到在下关农村大关邑的"家",她心里感慨万端。一方面,这是一个风光秀美的地方,远离阶级斗争风暴中心,内心的恐惧似乎可以稍微减轻一些:

其一

(十二月七日,奉命落户大关邑村,居之)

门迎玉洱千秋水,人对银苍十九峰。

水色山光看不尽，栖身如在画图中。
其二
春风浩荡遍天涯，二月江村见杏花。
忽忆故园春寂寞，桃芳李馥为谁华？

她到了农村，看到这里虽然风景如画，自古称为鱼米之乡，但农民生活却非常辛苦，儿童、老人都要下田劳动，挣得些许工分，方能糊口：

其一《悯农家小女》
农家小女年方九，已是爷娘左右手。
弟妹相随去刈青，肩薪汲井炊数口。
其二《悯农家老妇》
农家妇女半边天，打稻插秧勤力田。
老媪今年七十一，朝朝暮暮未休肩。

毓兰安顿甫定，就被生产队派去参加劳动：

其一
高举轻扬金麦雨，低栽快插碧秧苗。
平生未识农家苦，今日始知累断腰。

第十章　十年浩劫（下）

其二

（为社员织衣）

满地浓阴夏日长，绿杨堤上织衣忙。
枝头好鸟亦朋友，共享清幽兰芷香。

不仅要劳动，生活上的一切也都要靠自己操劳。在寒冬，她踏着雪到城里购买供给被疏散人员的口粮：

数九寒云冻不开，琼瑶碎玉下庭台。
寻梅踏雪非吾事，负米肩薪往复来。

淳朴的村民看到赵毓兰母子的困难，很同情这一家人，对她们很友好：

小园盛放石榴花，观史不知日已斜。
邻媪来邀江岸去，盘餐今夕有鱼虾。

毓兰也帮农民写写对联，帮生产队刻刻蜡纸。她的书法和文采博得了村民们的尊敬。因此，虽然是"牛鬼蛇神"家属，她在这里没有受到"无产阶级专政"铁拳的打击。但是，本来好端端的一个家，现在四分五裂，丈夫、女儿、两个儿子都天各一方，境况都艰难，特别是丈夫，背负"牛鬼蛇神"的十字架，生死未卜。她对亲人们魂牵梦萦：

其一
昨宵客梦忽还家，门前桃李正著花。
花下清歌同笑语，梦回落月半窗纱。

其二
棠棣闲行步岸沙，绿阴丛里话故家。
离居两地情多少，今日联翩看野花。

其三
骨肉分离西复东，生涯岂料散秋蓬。
老翁待罪千山外，少壮流离边寨中。

其四
寂寞华年怜倩女，忧伤稚齿惜芳童。
欲归无计飞无翼，佳讯何时传好风？

到了中国人传统的团圆节中秋节，她更是思绪万端：

一镜高悬秋水寒，水天无际夜漫漫。
寸心几处因风寄，独立滩头泪不干。

1970年8月，赵毓兰向大关邑大队的负责人提出希望能搬到下关城里居住。由于赵毓兰母子三人集"老、弱、病、残、幼"众特点于一身,情况极为罕见,也成为生产队的负担,因此她的申请很快得到批准。毓兰的姐夫彭学山是下关的民族资本家,新中国成立后被定为统战对象,被任命为下关市副市长。在"文化大革命"中,他也受到猛烈冲击,此时被送到"五七干校"劳动。毓兰的大姐韵兰是家庭妇女,也因受丈夫株连,在毓兰被疏散到大关邑不久,她也随之被疏散到大关邑。到了此时,她们一起返回下关,挤在韵兰家中。

自与李埏结婚后,毓兰只回过一次家乡。那是在1950年初,因母亲去世而回乡奔丧。此后20年间,都未能再回乡省亲。1958年10月,父亲病逝,毓兰想回乡奔丧,可当时李埏在宜良农村劳动锻炼,自己要在昆明照顾孩子们,未能回下关送父亲,这成了她心中永远的痛。不料时隔20年之后,因作为"牛鬼蛇神"家属被疏散,回到故乡,见到日夜思念的姐姐、弟弟及侄儿们,与姐姐、弟弟阔别多年相见,说说心里话,真是意想不到的事。

毓兰与大姐韵兰感情特别深。她后来回忆说:"我长弟弟一岁又四个月,他出生后就是大姐专门照顾我了。她带我睡、哺我、负我、携我,我和她形影不离,步随步跟。……

"'文化大革命'来了,姐夫又一次受到猛烈的冲击,到干校去劳动、接受批判。政治上的压力,生活上的拮据,姐姐忧心忡忡,低头走路,不知如何渡过难关。幸而我在1969年底被迫疏散回下关,一年多的时光,我们朝夕相聚,虽然我的处境也不妙,但我还是替她解除不少忧愁。晚年的相聚本来就使人高兴,何况彼此都处在危难之中,可以尽情诉说不敢对别人讲的话。姐姐高兴多了。我小时时时依傍着姐姐,而此时却是姐姐时时依傍着我,姐姐老了!

"1971年初,我和桐、杰两儿自下关转回昆明,才过了一个多月,姐姐就因血压中风去世。噩耗传来,我悲悔交加;我若预料到这种情况,就会在下关多住一段时间,朝夕的宽解和照料,也许她还会多活些日子。即使不这样,也可以和她做最后的诀别,送她上山入土,尽我手足的一点情啊!"

1970年夏,毓兰还做了一件渴望已久的事——为父母扫墓。她后来回忆:"与姐姐、姐夫去扫双亲墓,但荒山蔓草,黄土抔抔,他们已不复记忆何处是双亲的长眠之地。原因是原来的墓地已被征用,灵柩迁移地无标志可资寻找。唉!唉!"有鉴于此,她不禁感叹万端,写了一首七绝《扫亲墓寻未得》:

第十章 十年浩劫（下）

清明时节意凄凄，祭扫青山路转迷。
黄土抔抔何处是，蓼我肠断夕阳西。

赵毓兰母子离开昆明不到一个月，李埏和伯敬也离开了昆明。根据云南省革命委员会的命令，云大师生员工2200多人，分三批疏散到距昆明400公里外的弥勒县农村，接受贫下中农的再教育，继续进行"斗、批、改"。父女二人离昆后，昆明家中只剩下伯约一人。伯约是小学1966届毕业生，因为出身于"牛鬼蛇神"之家而被中学拒之门外，但是作为小学生，也不属于要下乡插队的知识青年。因此，他只身留在昆明，生活全无着落，只能靠家人挤出来的一点生活费，勉强生存。

在不到一年的时间里，李埏一家七人就飘落五地。李埏本人随云大疏散到弥勒农村招纳大队继续接受"群众专政"，妻子毓兰和长子伯起、幼子伯杰被疏散到大理农村，女儿伯敬在弥勒农村新发大队，次子伯重在瑞丽农村插队，剩下三子伯约在昆明。一家七人何时才能团聚，无人知晓。李埏是"专政对象"，自顾不暇，对散落各地、处境维艰的家人，除了苦苦思念外，莫能相助。他最担心的就是远在下关农村的妻儿和独自留在昆明的伯约。在离开昆明的前夕，李埏有千言万语要叮嘱伯约，但是他又能说什么呢？看着依依不舍的约儿，他能做的只是叮嘱儿子要注意身体,安排好自己的生活,抓紧时间学习。

第二节 弥勒农村与"围海造田"

1969年12月20日,云大的教职员工和部分家属,以及尚未分配的1969、1970届学生,出发去弥勒农村。云大工宣队总部设在弥勒县的新哨拖拉机站。李埏所在的历史系被分配在招纳公社招纳大队;伯敬所在的化学系被分配在虹溪公社新发大队。

李埏一行当天就到了弥勒。在其后的日记里,他简要地记下和家人的联系:

> 12月20日 阴雨 上午4:30起床,7:45出发。约儿为我挑行李上车,临别见他竭力抑制,无限依恋。车到宜良,午饭,遇敬儿于食堂。
>
> 12月21日 阴,作一短信给约儿,托人携至新哨交邮,告平安。闻化学系住新发村,距此约四五华里云。
>
> 12月25日 晴 写信给约儿,请黄耆携至城中交邮,黄明日入城买之便也。
>
> 12月27日 晴 把昨夕写给毓兰的信投邮。

12月28日　晴　下午，敬儿自虹溪来此送粮票给我，取去温水瓶。略谈甚以为慰，四时送之村外。她今晚宿拖拉机站大队部。

12月29日　晴　得读约儿二十日信。知杰儿病，又不能入中学，念念。……徐其顺师傅返昆，托其带一短函给约儿，内附粮票二斤，购货证一。

1970年1月2日　晴　放假，与江应樑赴新哨寄信：一给约儿，一给重儿。投邮后，遂至小三家买烟。归来得约儿信，云近日身体不适。即复一函，明日寄出。并写一函给毓，嘱其寄钱给重儿。

刚到招纳的头半月，批判还没开始。1970年1月3日李埏还为能和未受审查的教师一起跑步而感到庆幸。可是5天后，对他的批判就开始了：

1月8日　晨，在全系师生大会上作检查交代。早饭后，群众对我批判。

1月9日　上午，群众继续对我批判。

1月13日　下午，我补充检查。接着，群众对我进行批判。

1月21日　深夜写完第三次检查稿。

1月22日　晨，将第三次检查稿交郑绍钦同

志。续写群众要我交代的问题，晚写毕，计交代十一个问题，未留底，其目如下：（略）

1月31日　晨，"天天读"后，我向全系革命群众作第三次检查。昨日我向工宣队领导请求再作检查，得通知今晨检查。

2月9日　全系举行"深挖细找"（引者按：运动名称）的誓师大会。下午，我表态拥护。

2月10日　读了系里以大字报形式贴出的我的三篇反动社论（《下决心求彻底》、《后方田赋仍应豁免》、《所望于司徒雷登大使者为》）以及公布的"按语"，真是触目惊心，一阵阵感到不寒而栗！

2月14日　（工宣队员）邓兴金老师傅教导我：针对自己的反动文章、反动思想，学习毛主席著作，加以对照，自我认识，自我批判。连日以来，我开始这样做，除开会外，不干别的事，专读《毛选》，效果果然很好，越读越感到自己当时的立场观点是如何反动，罪孽何等深重！

2月16日　昨今两日下午，全系对我批判，批判我的反动社论，词严义正，极为深刻，极有教益！我知罪矣！

2月17日　上午小组对我批判。下午续。

第十章 十年浩劫（下）

在招纳，李埏的日子过得很艰难。他每天都要下地劳动，回来之后还要接受批斗。劳动时，经常被分派去干重活、脏活。他劳动很卖力，农民对他很友好。但没完没了的批斗，特别是人身的侮辱，使他非常痛苦。

在这个一家流落多处的时候，李埏深刻地体会到杜甫名句"死别已吞声，生别常恻恻。江南瘴疠地，逐客无消息"、"感时花溅泪，恨别鸟惊心。烽火连三月，家书抵万金"的含义。在这种时候，一封简单的平安家书就是最大的慰藉。然而，偶尔到达的家书，也会成为新的灾祸的来源。

在1966年秋天的红卫兵运动中，李埏家里的藏书被扫荡一空，只有几部古籍逃过此劫。在这几部书中，有一部是世界书局缩印版《资治通鉴》。伯重下乡时带去了此书，农作之余在油灯下反复细读。他在读书时遇到不少问题，苦于无人解答，因此写信向父亲求教。在当时那种政治氛围中，信中只是问了一些古文的字义和对史事的解释，绝无涉及政治的内容。但是此信寄到后，立即被一位对李埏进行日常搜身的"革命教师"搜出，于是他们就此对李埏展开了新一轮批斗，同时还以云大历史系革命委员会的名义，致函伯重所在的瑞丽县姐勒公社革命委员会，说老小"牛鬼蛇神"还在搞"封资修"，公社革委会应对小"牛鬼蛇神"严加管教。公社革委会主任宋光武收到此函后,立即把伯重传唤到公社里严厉训斥,没收了他的全部个人往来书信,并剥夺了他回乡探亲的权利。至于以后的招工、招生等"好事",当然更非他可想的了。

在弥勒农村,李埏经常想念妻子儿女,担心在下关的妻儿的身体,担心在昆明的约儿能不能分到工作。月白风清之夜,面对皎洁的月亮,他常常想起白居易的一首七律《望月有感》,并反复吟诵最后一句"一夜乡心五处同":

> 时难年荒世业空,弟兄羁旅各西东。
> 田园寂落干戈后,骨肉流离道路中。
> 吊影分为千里雁,辞根散作九秋蓬。
> 共看明月应垂泪,一夜乡心五处同。

正当李埏在弥勒农村思念亲人,盼望回昆之时,一件谁也预想不到的事使在弥勒农村的云大师生员工回到昆明。这件事就是云南省革命委员会主任谭甫仁要开展"围海造田"。何谓"围海造田",就是取昆明西郊著名风景区西山之土,围填滇池,以造水田。

对于昆明人来说,西山、滇池都是他们心目中的人间仙境,只应珍爱它、呵护它,而决不能破坏它、毁坏它。但是谭甫仁却下令要倾全省之力,将其改造为田地。这次围海造田,共计缩减滇池水面3.5万亩,破坏了沿岸和湖底的水生植物,削弱了湖水净化能力,加速了湖底老化过程。其造成的恶果,至今未消。

由于"围海造田"工程浩大,需要大量劳动力,省革委会下令昆明市中小学全体师生都要投入此项工程。但是人手缺口仍大,于是省革委会又下令将下放到外地的大专院校师生召回,参加此项工作。1970年6月13日,李埏随同云大师生员工离开生活了半年的弥勒。坐在回昆的车上,李埏心里很高兴,因为他终于可以见到分别半年之久的儿子伯约了。可是这只是一个美好的愿望。当乘坐的卡车在学校球场停稳,历史系师生们下车拿着行李准备回家或回宿舍时,一道命令下来,审查对象不准回家,要集中住到男生宿舍去隔离审查。李埏和其他审查对象想回家一趟的愿望都不能实现。6月19日,他们和全校师生一起被派去参加围海造田,住在西山的千年古刹华亭寺。

在寺里,"革命师生"住在条件优良的客房及高敞明亮的大殿里,而李埏等审查对象都是年纪六旬上下的老教授,被系里的"革命师生"轻蔑地称为"老家伙",他们则被安排住在寺庙外檐下的走廊上,打地铺栖身。昆明的天气是"四季如春,遇雨成冬"。6月下旬昆明已进入雨季，有雨之夜，寒气逼人。这些"老家伙"睡在屋檐下，没有遮蔽，被褥均被打湿。过了一个多星期，历史系工宣队负责人王教导员看到这种情况，并了解到寺里还有一间空闲的厨房，于是和"革命教师"商量，才让这几个"老家伙"搬到厨房去住，睡在灶台上。虽然灶台也并非睡觉的好地方，但与屋檐下相比，已是天渊之别了。

在"围海造田"运动中，大中学校师生都被当作强劳力使用。云大师生的任务：一些系在西山挖土并把土运到山下，另一些系则在滇池畔，填土造田。历史系师生的任务是挖土，李埏等"老家伙"必须和年轻人一样，每天从西山上担土下山。这种高强度劳动使得这些老教师累得直不起腰来。到了夜晚，李埏躺在灶台上常常辗转反侧，难以入眠。风雨之夕，听到的是窗外的风雨声，明月之夜，听到的是山上的松涛声，多少往事涌上心头。他想到在学生时代，自己和同窗好友游览西山的情景。他们陶醉在湖光山色之中，流连忘返，多么希望能在西山小住几天。那时的他怎么也想不到，在几十年后的今天，在自己56岁之时，会睡在华亭寺伙房的灶台上，每天挖山不止。他不由得感叹世事之无常。在挖山的一个多月里，李埏唯一感到欣慰的，是每天出工和收工时，不时能看到女儿的身影，偶尔还能讲上几句话。

第十章 十年浩劫（下）

第三节 艰难的家人团聚

1970年秋，李家的景况开始发生改变。

首先是伯敬有了工作。当年7月24日，接到上级通知，云大师生从西山返校，因为1969届和1970届学生要分配工作了。伯敬被分到离昆明城区30多公里的昆明钢铁厂工作。8月30日，她到昆钢报到，经过重重分配，被分到机修分厂铸造车间铜炉组做砂模工，9月初正式上班。

伯约是1966届小学毕业生，从1969年下半年就开始等待分配工作。但因"出身不好"，一年多的时间过去了，依然在家待业。到了1970年9月，有一家街道办的五华区海燕服装社因为急需男工而无人愿去，因此愿意接受他。这样，伯约于9月17日到该服装社当学徒工，每月工资15元。

下一个发生变化的是李埏本人。1970年底，在隔离审查半年之后，历史系工宣队允许审查对象回家住。李埏终于可以回到久别的家，和在裁缝店当学徒的儿子伯约住在一起。除了继续受审查和被批判外，李埏还要接受劳动改造，具体任务是在学校农场负责抽水和看管抽水房，并驱赶田里的麻雀。在农场劳动一段时间后，系工宣队发现李埏书法很好，而且会刻写蜡纸，便令李埏回到系里刻写蜡纸，抄写大字报。李埏每天都要挑灯夜战才能完成任务。时间一长，手指起了老茧。这份活干了好长一段时间才结束。

再一个变化是赵毓兰母子回到昆明。1970年下半年，许多被疏散下乡的人纷纷想方设法，尽力找门路把户口转到昆明附近的农村。赵毓兰也随此大流，决定先回昆明再说。12月下旬，伯敬向车间领导请了一周事假，到下关接母亲、哥哥回昆明，小弟伯杰则只身留下，到学期结束再回昆明。

经过400多公里的颠簸，她们一行终于来到昆明西站长途汽车客运站，李埏和伯约早已在此等候。晚上，一家5人在灰蒙蒙的客厅里，悲喜交集，大有恍如隔世之感，不禁想起杜甫《羌村》中"夜阑更秉烛，相对如梦寐"的诗句。

毓兰母子虽然回到昆明，但他们的粮食和户口只能转到昆明郊区农村，而且在昆明郊区农村找到同意接受他们落户的公社、大队及生产队是一件非常困难的事。正当李埏一筹莫展之时，他的外甥女杨若仪及其丈夫郭忠义伸出了援手。杨若仪是李埏二姐的女儿，新中国成立前，她和郭忠义在读书时参加了云南地下党。"文化大革命"前，杨若仪是昆明第一女子中学党支部书记，

第十章 十年浩劫（下）

郭忠义是昆明市委统战部副部长。在"文革"中，他们夫妻都受到冲击，吃了许多苦，1971年初才得解放。郭忠义是昆明郊区大板桥人，他与家乡人民的关系很好。他向那里的干部说明此情况，他们同意赵毓兰母子的粮食、户口关系落下。此后，赵毓兰母子住在云大，每月到大板桥买米、买油。1972年10月，根据新的政策，赵毓兰母子三人的粮食、户口才转回昆明。1971年9月，伯杰也从下关中学转到昆明师院附中读书。

余下是伯重的问题。伯重于1969年2月到瑞丽农村插队。这个地区是有名的"瘴疠之乡"，各种热带病（特别是疟疾）流行。伯重到那里后，先后患上疟疾和肝炎。由于当地缺医少药，不得不于1970年8月回到昆明住院治疗。经过近一个月的治疗，病情有所好转，又回到瑞丽。当时昆明中学生都被送到位于中缅边境的地区插队，大批知青越境去缅甸参加缅甸共产党武装，或者经缅甸辗转去西方国家、泰国和中国台湾寻求政治避难。面对这种情况，中国政府不得不采取措施，让在边境地区的知青返回昆明。大多数知青通过招工或者招生回到内地，余下的则通过办"家照"（家庭有特殊困难需要照顾）或办"病残"（身体有病或有残疾）返回。由于"出身不好"，再加上因上述"通信事件"而"负案在身"，伯重自然被排除在招工、招生之外。到知青回城大潮之后,才得以通过办"病残",于1972年回到昆明。

1972年,离别三年多的李家人终得在昆团聚。团聚之时,诸多困难接踵而来。首当其冲的是一家人怎么住。

1971年4月中旬,云大革委会突然做出调整全校教职员工住房的决定,下达了分配方案,而且雷厉风行,要求全校教职员工在4月21日上午10时,把自家的全部东西搬到现在住房的屋外,腾出住房让指定的人家搬入,随后将自己的东西搬到新分配的住房。

按照历史系的分配方案,李埏家仍住云大北院,从17号搬到27号。27号和17号户型一样,都是大小共6间房(包括厨房),27号现分给历史系的三家人。其中一间分给杨堃,其余5间则由李埏和熊锡元分而居之。云大分给审查对象的住房都很小,但历史系对李埏的分配更有特色。其他系对住房的分配是按东西向均分,即两家的面积和朝向都差不多,所以每家都能有阳光。历史系革委会在李家的住房上又有新招,即把两间大的、南向的房间分给熊锡元,把其余3间分给李埏。这三间房中,一间是面积仅2—3平方米的厨房兼过道,最大的一间完全朝北,终年不见阳光。有的教师悄悄对李埏说:"你家被打到阴山之后了。"

李家没地方放书,只得把抄家剩下的书捆好,放到天花板上，束之高阁。偶有熟人来借书，李埏就苦笑着说，我的书是"只在此山中，云深不知处"。

不久，住房紧张的人们开始想办法解决自己的住房问题，纷纷"私搭乱建"。一时之间，云大绿树成荫的住宅区里，各式各样的"违建"如雨后春笋般地冒了出来。李埏的儿子们也随大流，在自家屋旁盖了两间土坯房，屋顶上铺石棉瓦。一间作为厨房，一间作为伯重的住房。这样，一家人总算有了遮风挡雨的地方。伯重回忆道："1971年，我家被逐出原住房。我们家七口人和另外一家五口人，同挤在一套住宅中。由于空间狭小，家里只能放置高低双层床睡觉，但是没有放我睡觉的床的地方，遑论看书写字之处！在家父的支持下，我和朋友们用土坯和石棉瓦搭建了一间简陋的小屋，仅可以放一张单人床和一张桌子。这间小屋冬寒夏热，蚊虫、蚂蚁横行肆虐，一遇刮风，尘土和树叶就从石棉瓦缝隙中簌簌而下。但是家父用刘禹锡《陋室铭》里的名句'斯是陋室，惟吾德馨'来宽慰我，用孔子赞颜回的话'贤哉回也！一箪食，一瓢饮，在陋巷，人不堪其忧，回也不改其乐'来勉励我。"

第四节　逆境中自强不息

从1966年到1969年，中国所有大专院校都停止了招生。到了1971年5月，毛泽东发出指示："大学还是要办的，我这里主要说的是理工科大学还要办，但学制要缩短，教育要革命，要无产阶级政治挂帅，走上海机床厂从工人中培养技术人员的道路。要从有实践经验的工人农民中间选拔学生，到学校学几年以后，又回到生产实践中去。"根据毛泽东的这个指示，大学开始招收工农兵学员。1972年5月，北京大学为第一届工农兵学员举行了隆重的开学典礼，江青、姚文元等人出席了这次活动，要求大家为"毛主席的革命路线争光、争气"，并重点指出工农兵学员的任务是"上大学、管大学、用毛泽东思想改造大学"。自此，全国各大学也开始招收工农兵学员。

由于工农兵学员进大学的主要任务不是文化知识学习，而是"上大学、管大学、用毛泽东思想改造大学"，因此从招生到上学，文化知识都无足轻重。当时推荐工农兵学员的最低文化标准只是初小文化水平，"大学变小学"成了当时中国高等教育的真实写照。学员入校之后整天忙于搞阶级斗争，根本没有时间、精力进行文化

第十章 十年浩劫（下）

学习。而办入学手续时的"群众推荐、领导批准"，事实上就成为"走后门、拉关系"的同义语，谁能上大学完全看家庭背景、凭门路、依权势。

对于像李埏这样的"牛鬼蛇神"及其家人，无论"前门"还是"后门"都是紧闭着的。在当时，参军、上大学等"美事"，他们连想都不用想。即使是去国营工厂当工人，也不是他们所能争取到的。因此，李埏的儿子伯重和伯约，一个只好长期打零工，一个到街道企业裁缝铺当学徒。在这样艰难的时刻，李埏不相信眼泪，不向"命运"屈服，他要想办法让因"文革"而中断了学业的儿子们接受教育。

在那个宣传"知识越多越反动"、知识分子被打成"臭老九"的年代，李埏经常对子女说学习的重要。他语重心长地对儿子说："你们因受我的牵连而失去上学的机会，不让你们上大学，但这剥夺不了你们受教育的权利。你们现在还年轻，正是学习的好时候，学好文化对将来有好处，对国家、对自己都是如此。我看'文化大革命'不可能延续很长时间，国家不可能永远这样。不管八年、十年，终有一天会结束的。'文革'结束后，国家肯定要搞经济建设，那时需要大批人才。因此，你们现在就要抓紧时间学习。一旦到国家建设需要人才的时候，你们才有本事为国家做贡献。你们现在不能到大学里学习,但你们可以自学,我还能教你们。"子女们懂得父亲的苦心,在"文革"中,只要有条件,总是抓紧时间自学。

1974年,昆明的中小学都已复课了,但因大批教师被下放或者批斗,急缺教师,而社会上又少有人愿意来干这份报酬低、风险高而且被人看不起的工作。不得已,昆明市教育局革委会只好不限学历,向社会招收一批代课教师。于是伯重、伯约赶快去应聘。经过简单的考试,他们双双被录取了。伯重被分配到位于市区的昆明第十三中学教历史,可以住在家里。伯约则被分配到位于郊区的昆明第十七中学教英语,这所学校实际上是一所乡村中学,离昆明城区有十几公里,城里人多不愿去,伯约才争取到这个机会去当代课教师。离家远,他一周或两周回家一次,每天晚上,他独自在宿舍里备课、自学。伯约回忆父亲在艰苦的条件下是如何鼓励他、指导他学英语:"我13岁时,'文革'爆发,停课闹革命,我由是失学了。由于当时执行的是'知识越多越反动'的政策,人们害怕当反革命,都不敢学习文化科学知识。我也不能免俗,整整三年时间,就那么浑浑噩噩地混过来了,做了些家务,打过童工,偶尔也学过一点马列毛著。

"后来,母亲与兄弟都被赶到农村去了,家中仅剩父亲同我。一天，我无意中见到一本英语教材，由于当时百无聊赖，就随手翻翻。我看到同样的意思，英语的表达同汉语的表达非常不同，觉得很好玩，就自己随便学了起来。这时父亲看到了我在'学'英语，顿时喜出望外，溢于言表。不仅'文革'爆发以来一直笼罩在父亲脸上的阴霾一扫而光，甚至自我记事以来尚未见到父亲这么高兴过。他对我说，英语非常重要，学英语很好，要学就要正规学，从国际音标学起。当即父亲教会了我国际音标及拼法。

"在当时的情形下，学马列毛著以外的知识都是反动的，而学英语还更加反动，有'里通外国，美帝特务'的嫌疑，父亲鼓励我学英语，是要冒很大的风险的。父亲心知肚明，一方面要求我做好保密工作，另一方面反复对我说，'文革'的风暴终究要过去，中国还是要同整个世界接轨的。到那时，国家将急需外语人才，尤其是英语人才，现在做好准备，方可应不时之需。那是'文革'中最疯狂的时候，大家都不知道今后会怎么样，很多知识分子都后悔因上学而没有及早参加工作，看不到自己读的那点书会有什么用处。父亲对我进行这样的教诲，既需要敏锐的眼光，又需要多么大的勇气。

"学英语，需要有较好的语言环境，而在那时，不但出国进修显然是天方夜谭，就是连外国人都见不到。

我甚至都不敢同外语系的教师学生说一个英语单词。在如此环境下，想学好英语，其难度之大是可想而知的。父亲怕我知难而退，又继续鼓励我。他告诉我，在中国英语界，有一位顶尖级的学术权威葛传椝，此人学了一辈子的英语，但始终没有出过国。由于他勤学苦练，其英语在整个中国是首屈一指的，不但优于众多在国外多年的中国学人，甚至优于绝大多数英美学人。然后父亲说，可见只要勤奋，不出国也能成为英语大家。父亲是历史学家，但大概因研究历史而在历次政治运动中屡屡招祸，父亲鼓励我终身以英语为业，希望我能成为一个当代的葛传椝。为了进一步激发我学英语的兴趣，父亲还给我介绍英语文学的重要性，告诉我英国人常说，他们可以不在乎钱，但却非常在乎莎士比亚。

"在我开始学英语的很短一段时间之后，父亲就被迫到弥勒去了，只留下我一个人在昆明。然而有了父亲给我打下的基础，加之父亲的鼓励，我始终在极其艰难的条件下学习英语。后来我到裁缝铺上班，工作非常繁重，加班加点是家常便饭，而且每天还有雷打不动的'早请示，晚汇报，天天读'，天不亮就离家，天黑后才能回来，很少能找到时间用于学习。我也只能断断续续地学英语，所谓'三天打鱼，两天晒网'是也。父亲每封家书必要询问我学英语的情况，每每见到我的进步就非常高兴。在那个可怕的岁月,只有自己孩子的学习进步成了父亲唯一的快乐的源泉。父亲也知道我的学习条件艰难,怕我气馁,知难而退,就不断地鼓励我'不怕慢,只怕站',要我一定持之以恒。这样,我的英语学习没有较长时间间断过。

"直至'文革'中期,时任美国总统的尼克松访问中国,英语可以公开学了,中学也开英语课了。我由于有了一定的基础,后被招到昆明市郊的一所山区农村教英语,还有了时间精力学数学等其他科目,从此改变了命运。在恢复高考时,我不但总分非常高,而且英语的分数也非常高,可以选择最好的英语专业,但我最终选择了心理学专业。"

到了"文革"后期,系里的"革命师生"们都忙着争权夺利,顾不上那些被打倒的"牛鬼蛇神",因此他们的情况稍稍有了点好转。当时有关部门正组织编撰农民起义小丛书,李埏过去的学生李惠全在出版社工作,为了让这个受难的老师多少能够接触一下阔别久已的宋史研究,他动员李埏撰写一本《方腊起义》。对于应时之作,李埏实在提不起兴趣,一再婉言推却。但是伯重自告奋勇,愿意协助父亲完成这一难以得到的任务。在父亲的严格指导下,伯重开始了规范的学术研究,从阅读史籍、搜寻史料、做卡片、写摘要、写大纲,一直到写正文。数易其稿，终于写出了几万字的《方腊起义》。为稳妥起见，最后一章李埏亲自撰写。李埏将此书署名为"延之、千里"，作为父子合作的纪念，也表达了他希望儿子延续自己的事业，把学问延续并发扬光大的殷切希望。此后，伯重继续努力，继承父亲的学术事业，如今已成为中国经济史学界知名的国际学者，实现了父亲的夙愿。

长女伯敬，此时已是成年人，而且有了稳定的工作，因此李埏对她的教育，主要是指导她抓重点。1973年8月，云南省计划委员会（当时称云南省生产指挥组计划组）到昆明钢铁厂选调年轻干部，伯敬由于工作努力，群众关系良好，加上文笔流畅，得以被选中，到省计委从事轻化工生产的计划工作。李埏语重心长地说："你1965年9月进大学，1966年'文化大革命'开始，连大学的基础课都没学完。你从小就是个好学生，听领导、老师的话。参加工作后，你也是干一行，爱一行，学一行，但你的工作变动频繁，这使你的学习没有系统性，20多岁了还没有一技之长。现在组织上调你到省计委工作，你没有学过经济，是个外行。如果云南省的经济计划都由你这样的人来做，那是很危险的。你一定要抓紧一切机会学习，除了学轻化工的专业知识外，还要学经济学，要懂得什么是商品，什么是价值规律，掌握这些最基本的经济学知识。"在那个计划经济时代，许多大学的经济系都停办了。此时李埏要女儿学商品经济的知识，是十分难能可贵的。他是研究经济史的专家，深知经济学在国民经济中的作用，所以有这样的远见卓识。父亲的教导，使伯敬受益匪浅。从此，她不断探索如何在工作中学习，对经济工作逐渐从外行变成内行。

第五节　在"评法批儒"运动中

随着"文革"的进展，民众对这场"革命"的认识也越来越清楚，先前的"革命"光环一一消退，有思想的人逐渐觉醒，开始对这场"革命"及其原因进行深刻的思考。

李埏的觉悟过程也大体如此。在这场十年浩劫中，李埏和许多同辈的学者一样，经历了恐惧—绝望—消沉—迷惘—振作的心路历程。

在"文革"的漫漫长夜中，李埏不断地对这场史无前例的大浩劫进行分析和总结。外甥徐建华回忆道："1974年或1975年秋的一个夜晚，我陪四舅到翠湖散步。坐在翠湖宾馆对面的石栏上，长谈了两个多小时，全部都是议论'文化大革命'的。概括起来有：1. 觉得这场'文化大革命'不可思议。怎么一夜之间，上至国家主席,下至生产队长都成了反革命修正主义分子? 2. 文革领导小组怎么能凌驾在中央书记处、中央政治局之上,这是非法的。3. 对江青的胡作非为不满。4. 对大搞毛泽东的个人崇拜感到厌恶,四舅对上街跳忠字舞反感至极。5. 对人才的摧残感到惋惜(我说埋没了不少人才,舅舅更正说"岂止埋没,而是摧残")。这场运动对连掏大粪掏得最好的劳动模范时传祥也不放过,我们共同摇头叹气。"

徐建华还记得李埏在艰苦岁月中仍不放弃学习的事迹:"一个寒冬的夜晚,我从昆明师范学院一老同学家出来,路过云大教师住宅区已近11点。由于牵挂着四舅,我决定进去看看,若灯灭即返。殊不知四舅卧室兼书房的灯仍亮着。四舅戴着雷锋帽,身着小棉袄,正坐在独凳上读书(四舅几十年来读书、伏案写作时,均坐独凳)。那时全中国除农村外,各单位已半瘫痪或全瘫痪。更甚者,'读书无用论'、'知识越多越反动'甚嚣尘上。在此时身陷囹圄的四舅,居然还能静下来读书,真是难能可贵,实在令人敬佩!"

1974年,在全国开展了"批林批孔"和"评法批儒"运动。在这两场运动中,"四人帮"及其御用文人不仅竭力歌颂秦始皇和猛烈批判孔子,而且对历史人物也搞"划线站队",分为儒、法两家,炮制出了一个贯穿两千年中国历史的路线斗争——"儒法斗争"。在"无产阶级革命司令部"的号令下,全国各级革委会立即闻风而动,组织进行"评法批儒"。

然而,由于多年的文化禁锢,广大群众对祖国历史缺乏了解,对被钦定为"儒家"和"法家"的那些历史人物更是一无所知。现在上面发下一大批儒法两家代表人物名单,要逐级组织"评法批儒",不免难住了各级革命委员会。为了落实上面的指示,他们就求助于大学历史系的"革命教师"。然而这些"革命教师"虽然在整人方面无师自通,深得秦始皇的真传,但是要他们去解读那些先秦典籍,却也力不从心,无法做到。不得已,只好去找那些已被打倒的"老家伙",要他们出来讲解什么是"儒家"和"法家",各时期"儒法斗争"的背景和具体内容如何,等等。

李埏也在这些被找去的"老家伙"之列。虽然是奉命行事,但他在讲解中却精心"走调",把唐太宗、魏征等向来为人称颂的仁君贤臣归入"法家"队伍而加以肯定,而对钦定的"法家"代表乃至"农民起义领袖"则不忘强调其历史局限性。此外,他还不时塞入一些经济史的"私货",让大众多了解一些被禁锢多年的祖国历史。例如"两税法"这样罕为大众所知的改革,就被他放进讲稿中,使得众多听众头一次听到"两税法"及其提出者杨炎的名字,并得知这位因废除过时的"均田制"和创建符合历史发展趋势的"两税法"而名垂史册的中唐改革家及其悲剧的一生。由于大众对历史知识的渴求,也由于李埏文史通贯,口才出众,讲解生动活泼,深受欢迎。因此在这个特殊的时代,他以一种特别的方式,向大众传播了关于祖国历史的知识。

虽然李埏借宣讲"儒法斗争"为名向大众宣讲中国历史常识,但他心里对以"儒法斗争"为中心的"影射史学"十分反感,认为这种"史学"荒谬绝伦,毫无学术可言。尤其令他不能接受的是,这种号称代表"无产阶级革命路线"的"史学",竟然赤裸裸地歌颂历史上的暴政、暴行、暴君,这不仅完全违背了他从小培养起来的儒家关于仁爱、宽容、和谐的信念,而且也违背了他那一代学者自1949年以后一直接受的"人民群众是历史的主人"的马克思主义教育。他认为这种对历史上的专制暴政、阴谋权术的无耻讴歌,正如马克思在《〈黑格尔法哲学批判〉导言》中所说的那样,是"以昨天的卑鄙行为来为今天的卑鄙行为进行辩护"。他对"儒法斗争"的反感,很快就公开表现出来。

1975年,毛泽东对《水浒传》的评论发表,在全国掀起了"评《水浒传》"的政治运动。云南省文化局举行了一次文艺理论问题讨论会,讨论如何描写历史上的英雄人物的问题。李埏参加了这次讨论会,并即席谈了自己的意见,认为对历史上的英雄人物(包括农民领袖)不能无限拔高,必须承认他们都有历史局限性。然而,这种"无限拔高"和"不应写历史局限性"的谬论是大有来头的。会后马上就有人说:"李埏在会上大放厥词,说历史人物不能无限拔高,还说历史人物都有历史局限性。"李埏对这些人的攻击感到十分愤怒,把自己在会上的发言整理成《试论历史局限性》一文。文章一开头就说:

> 历史局限性,是历史唯物主义的一个重要范畴,就是历史条件对人类活动的制约作用。在人类历史上,每个时代都有它的客观存在的历史条件。人们凭借那些条件进行生产和其他历史活动,同时不能不受那些条件的制约。马克思说:"人们自己创造自己的历史,但是他们并不是随心所欲地创造,并不是在他们自己选定的条件下创造,而是在直接碰到的、既定的、从过去继承下来的条件下创造。"恩格斯说:"人们自己创造着自己的历史,但他们是在制约着他们的一定环境中,是在既有的现实关系基础上进行创造的。"这就明确告诉我们,人有创造性,能创造自己的历史;但同时必得受历

史条件的制约，存在着历史局限性。这是对人类历史发展的高度概括，是一条通贯古今的普遍规律。依据和运用这条规律，我们于是有可能对历史发展、历史事件、历史人物作出科学的分析和正确的阐释。

当时马曜正在主持云南大学文科学报《思想战线》，看到这篇文章，非常赞赏，于是发表在该刊当年第6期上。发表后，在社会上引起颇大反响。有两位云大历史系的"革命教师"联手写文对李埏大加讨伐，还有人化名"江源"，在《思想战线》1976年第2期上发表文章，说李埏文章"在一系列提法上背离了马克思主义的阶级斗争观点和阶级分析立场"。与此同时，批判李埏的大字报也出现在云南大学校园。于是时隔9年之后，李埏又一次受到文字围攻。但是与1966年不同，在遭受围攻批判的时候，李埏拒绝做检讨，而且认为这篇文章的缺点是"说得还很不够"，显示了一位史家的气节和勇气。

就在这一年，红极一时的杨荣国来昆明宣讲"儒法斗争"。此时的云南省委宣传部部长梁文英是一位来自军队的干部，为人正派，也很爱好文史，对杨荣国的那一套颇不以为然。杨荣国到昆明后，梁文英邀请了几位云南省史学界的知名学者与杨荣国座谈。在座谈会上，李埏和马曜据理对杨荣国的说法提出了尖锐的批评,使这位口衔天宪、不可一世的御用学者大失脸面。他回到北京后立即向江青告了一状,江青听后怒不可遏,当即发话,说:"云南有个梁文英,专说屁话,组织围攻杨荣国同志。"此话一出,梁文英马上被停职检查,李埏也再次成为大批判的对象。此时李埏已不再恐惧,因为众多相识与不相识的人见到他时,都对他的直言不讳深表敬佩和支持。

1975年,邓小平主持中央日常工作,开展全面整顿,全国形势出现了转机,国民经济开始好转。1975年,中共云南省委下发省委26号文件,纠正"划线站队"的错误。根据该文件精神,云南大学为一些遭受批判、处理的人进行了甄别平反。李埏也才由此得到"解放"。他是"文革"中云南大学历史系第一个被"揪出来"和最后一个获得解放的教师。不过,虽说得到"解放",但其实只是处境有所改善而已。大的政治问题(如为《云南日报》撰稿的问题)并未解决。

邓小平复出之后,越来越多的人看到了希望。一些有思想和有责任感的人,已在思考闹剧结束后将会出现的情况,力图采取力所能及的行动,为日后的重建工作做准备。李埏就是这些人中的一员。李埏对邓小平的复出感到由衷的高兴,感到国家有了希望。他悄悄地咏颂他年轻时喜爱的英国诗人雪莱的名句:"If winter comes, can spring be far behind?"(冬天来了,春天还会远吗?)坚信黑暗必将过去,光明必将到来。

然而,不久就发生了"批邓、反击右倾翻案风"运动,邓小平的全面整顿被迫中断,中国又重新陷入黑暗。中国人民盼望着邓小平能够东山再起,盼望着中国能走向光明。

第十一章　沐浴着改革开放的春风

1976年是"文化大革命"的第十个年头。十年动乱，十年浩劫，给中国人民带了深重的灾难。一方面，国民经济受到严重破坏，正如李先念后来所说："文革"造成的国民收入损失，相当于新中国成立后全部基本建设投资总额的80％，超过了新中国成立后全国固定资产的总和。华国锋则指出："整个国民经济几乎到了崩溃的边缘。"另一方面，对人的残酷批判、无情斗争也达到登峰造极、无以复加的地步。总的情况，叶剑英做了这样的总结："'文革'死了二千万人，整了一亿人，占全国人口的九分之一。"

更有甚者，中国的文化及知识分子遭受了空前的劫难。李埏及其师友、同事如陈寅恪、向达、吴晗、汪籛、王玉哲、杨堃、张德光、江应樑等无一幸免，统统受难。这是一代人的悲剧，一代学者都遭受的苦难。这个苦难也只能随着"文革"的结束而告终。

在这漫长的十年中,中国人民盼星星,盼月亮,盼望这场灾难能够结束。这一天终于来到了。多行不义必自毙,1976年10月6日,"四人帮"被一举粉碎,令亿万中国人为之震颤的"文化大革命"终于结束了,神州大地的上空,乌云骤散,中国终将走上新的航程。

就在光明刚刚来临之际,在1976年9月9日下午五时许,李埏的长子伯起因多器官衰竭而去世,走完他31年的苦难历程。李埏夫妇是极为善良、极富爱心的人,对于重度残疾的伯起,他们付出了无数的心血,如果没有"文化大革命"的颠沛流离,可能他还可以多活几年。对于伯起的遭遇和去世,成了李家人心中永远的痛。

第一节 "科学的春天"

"四人帮"垮台,"文化大革命"终结了,但神州大地的上空仍然笼罩着"两个凡是"的阴云。李埏感到无限喜悦和激动,兴奋地写下了《论周公旦的历史地位——兼评"四人帮"批周公的罪恶用心》一文。这是李埏自1966年以来发表的第二篇文章,也是国内史学界最早批判"四人帮"的重头文章之一。这篇文章与其

第十一章 沐浴着改革开放的春风

说是一篇学术论文,不如说是一篇声讨"四人帮"的檄文。"四人帮"为了打倒周恩来,曾经发动"批周公"运动。李埏在这篇文章中客观地评价了周公的政绩和历史地位,指出"四人帮"使用篡改历史、伪造历史的手法来抹杀周公的历史功绩以达到篡党窃国的目的。这篇文章发表于《光明日报》1977年12月1日史学版。在当时,发表这样的文章,不仅需要眼光,而且需要勇气。

1978年,喜讯频传。3月18日至3月31日,全国科学大会召开。邓小平提出"知识分子是工人阶级的一部分"等重要观点,彻底改变了全国广大知识分子当时的境遇。郭沫若在大会上做了题为《科学的春天》的著名讲话。他满怀激情地说:"春分刚刚过去,清明即将到来。'日出江花红胜火,春来江水绿如蓝'。这是革命的春天,这是人民的春天,这是科学的春天!让我们张开双臂,热烈地拥抱这个春天吧!"

春天到了,李埏也对未来充满希望,急切地盼望能够马上重返教学和科研工作,把失去的十年补回来。然而,尽管形势发生了巨大变化,但对于李埏来说,要重新拾起被迫中断了多年的研究工作谈何容易!李埏大半生辛苦收集的图书资料和笔记、手稿,经两次抄家已荡然无存。此时全家挤在一处狭小的住房中,勉强有一个吃饭睡觉之处,没有一张可以写字的书桌。在这种艰苦的条件下，李埏仍然积极恢复了学术工作。首先要做的是深入揭批"四人帮"的影射史学。下面是他 1978 年 5 月 5 日的日记：

全省中学文科会议历史组教学安排我明日下午讲"史学动态介绍"。今日在家备课。拟大纲如下：

史学动态介绍（大纲）

一、关于深入揭批"四人帮"的影射史学

1. 澄清是非，拨乱反正，发展历史科学一年多来，已取得重大战果，表现为：

（1）历史唯物又重新取得指导地位。史学工作者都积极学理论，找武器。

（2）对"评法批儒"的否定。

（3）在若干历史事件和历史人物的解释和评价上，纠正了颠倒和混乱。

2. 当前和今后的任务

（1）继续深入揭批。把尚未揭批的给予揭批，把尚未批透的继续批。揭批不能只表现义愤，还须实事求是地摆事实讲道理。"只有科学的批判，才是具有最大威力的批判"。（《历史研究》1978 年第 4 期"致读者"。）

（2）分清界限。一是两种不同性质矛盾的界限；二是学术问题与政治问题的界限；三是和影射史学论点相同或相异的界限。

（3）肃清影射史学的思想影响。

二、关于贯彻双百方针，在史学领域里实践党的十一大路线

1. 贯彻党的方针政策，消除余悸，解放思想

落实党对知识分子的政策；

贯彻百家争鸣的方针；

领导和群众一齐来贯彻落实。

2. 埋头苦干，刻苦钻研，敢于提出创见

历史唯物主义的基本原理必须遵循，经典著作中对个别具体问题的论断可以讨论；对文革前史学界争论的问题继续讨论。

3. 肃清"四人帮"乱扣帽子的流毒，树立健康的文风和学风

三、正确理解和实践古为今用的原则，为繁荣马克思主义的历史科学而奋斗

1. 古为今用的真正含义

科学地阐明历史发展规律，识古以知今；

对古代文化，取其精华，弃其糟粕，批判继承；

总结历史阶级斗争的经验和教训，以供借鉴。

2. 关于类比、比较和影射、比附

3. 关于理论工作和资料工作洋为中用
4. 关于通史和地方史的研究及教材的编写与钻研、讨论

1978年12月,具有伟大历史意义的中共十一届三中全会召开。邓小平在会上发表了《解放思想,实事求是,团结一致向前看》的重要讲话。全会决议指出:"只有坚决地平反假案、纠正错案、昭雪冤案,才能够巩固党和人民的团结。"

粉碎"四人帮"后,云南省委任命刘披云为云大党委核心小组组长、革委会主任,杨黎原为核心小组的副组长、革委会副主任。1979年1月4日,校新党委成立,并建了校务委员会。

在揭发批判林彪、"四人帮"的基础上,学校成立了落实知识分子政策办公室,对历次政治运动中形成的冤、假、错案进行复查审理。同时,组建经济、法律等新系、新专业,新建或重建一批研究所、研究室、研究中心,并重建各民主党派的组织,恢复定期活动。

1979年7月上旬,中共云南大学第五次代表大会召开。会上党委的工作报告,总结了两年来学校的主要工作,有:仅在平反冤、假、错案工作中,就复查"文革"以来立案审查过的369人,全部重新做出结论,为

第十一章　沐浴着改革开放的春风

大批受迫害的同志公开平反昭雪，恢复名誉；给被错误遣送、开除公职的人员复了职；对被打伤致残的同志发了《伤残证明书》和自理医疗费补助；为被迫害致死的副校长李广田、政治系副系主任戴钟珩、中文系主任刘尧民、人事处副处长苏宝光、归侨学生苏尧宗等受害者举行了追悼会和骨灰安放仪式；为1959年被划为"右倾机会主义分子"和戴上"严重右倾"帽子的干部平反；对1957年、1958年被划为"右派分子"的159人进行复查，除因涉及其他问题的17人外，142人都予以平反改正，作了复职、分配和安置。会议提出，要迅速把学校工作的重点转移到教学、科研上来。

云大的新领导班子予以李埏很大关心，李埏被选为云南省政协委员。也在这一时期，九三学社恢复了活动，除定期学习外，还组织社员旅行。李埏在日记中皆有记述，例如：

> 1980年7月5日　游昆明郑和公园。九三云大支社组织社员往游。晨八时半乘车出发，经呈贡晋宁而至昆阳。公园在月山上。最有价值者为马哈只墓碑（永乐四年立）。游毕，取道海口观音山而归。环湖一周，阴而不雨，湖光山色，精神为之一爽。回忆1931年冬初中毕业，全班同学曾徒步环湖旅

行一周。晓行夜宿，经安宁、石龙坝、金钱洞……至呈贡回昆，历时五六日。岁月如流，忽忽已数十载矣。

1981年2月11日，九三学社云大支社组织社员游石林。这是李埏在30多年后第一次到石林。原定赵毓兰也去，因临时生病，只有伯敬、外孙女陶然及陶然的祖母随往。那天，细雨霏霏，李埏和伯敬轮流抱着陶然。李埏细细地观看石壁上父亲的手迹，一些手迹仍在，而且重新油漆过。当时李家没有相机，没法照下字迹，只是请照相的人为祖孙二人留影一张。李埏在日记中寥寥数笔记下当日情景：

> 1981年2月11日 星期三，九三云大支社组织社员游石林，早去晚归。伯敬、陶然及陶然祖母偕往。多日皆晴，今日忽雨，甚扫兴也。然得睹先君"峭壁"、"磊落万古"等摩石手迹，亦遂愿矣。与石林一别三十余年，今日重游，岂胜感慨系之。

第十一章 沐浴着改革开放的春风

第二节 重启久违的科研

在此期间，令李埏特别高兴的事是在被冰封多年之后，他终于能够外出参加重要学术活动了。

1978年3月，厦门大学举行史学讨论会，邀请李埏赴会。这是他二十年来第一次被允许到外省参加学术会议。会后，他还到福州、杭州参加学术活动，与许多阔别多年的老朋友相见，彼此悲喜交加。他在日记中记录了这次心情愉快的出行：

> 3月29日　下午二时，乘沪昆80次车离昆。
>
> 4月3日　上午赴鼓浪屿访韩国磐以及严楚江。下午讨论会开始。（厦大历史系）系总支书记、（厦大）党委副书记及（中国科学院历史研究所副所长）熊德基讲话。
>
> 4月4日　上午，大会发言。发言者：傅宗文、傅衣凌等。下午，小组讨论。
>
> 4月5日　上下午，大会发言，讨论"中小地主进步论"。下午，我作了一小时的发言。
>
> 4月6日　上午，大会发言，讨论明清中国落后于西欧问题。

4月7日　游泉州。上午七时出发。途中参观水头五里桥。既至泉州市，先看李贽故居，再至灵山参观"圣墓"，伊斯兰"三贤、四贤"墓地（大贤在广州，二贤在扬州）。说明谓诸贤为穆罕默德门徒，于武德间至华。时间盖过早。下山至开元寺，甚壮观。寺中有海交馆，最近发现之古船在焉。最后冒雨登寺中东塔，参观清真寺而归。抵舍已九时矣。

4月8日　报告会，熊德基讲：1.关于中小地主问题。2.关于中国资本主义萌芽的问题。3.历史科学与政治要结合，为政治服务，但应读封建的、资产阶级的书，用马列观点去读。教条主义是马克思主义的大敌。

4月9日　星期日　分组讨论。中国古代史为一组。发言：……

● 林甘泉：1.对地主阶级本身的发展变化，注意得不够，但不注意这个问题，就不能很好说明封建社会的发展。2.地主阶级是可分的。但地主分大中小不能概括整个地主阶级的内部划分。

● 王玉哲：中小地主问题的提出，始于解放后评价历史人物。要对历史人物进行阶级分析，探求地主阶级有作为的人物的阶级基础，遂提出了中小

第十一章　沐浴着改革开放的春风

地主问题。"时势造英雄"。时势即阶级斗争。地主阶级统治人物是能接受经验教训的，如唐太宗的水与舟的比喻。中小地主是有作用的。士庶本质上是一样的。

●常绍温：中小地主这个阶层能说不稳定吗？地主阶级何时转化为纸老虎？

我觉得，中国封建社会从量变到质变到唐末农民大起义比较明显。从宋以后科技发展而又说走下坡路，令人怀疑。关于资本主义萌芽问题，同意傅说在明中叶以后，如山西绸即是为市场而生产。对封建专制主义研究应加强。对它的副作用，过去忽视，是禁区。如重本抑末，初期起进步作用，后期呢？专制主义在初期后期的作用如何？耶稣会士来华（1610年利玛窦来华），其目的是传教，打入中国，但作用该如何看。对与之有关士大夫又该如何看。

4月10日　上午继续分组讨论。发言有：

●王连升：对蒋大椿所说"历史科学为无产阶级政治服务"这个提法不妥，我不能接受。不能把地主阶级变为纸老虎和封建生产关系合在一起。变为纸老虎的时间是秦末农民起义始。因为矛盾已上升为主要矛盾。生产关系的腐朽标志是新生产关系的产生占优势,据此,直至清代尚未出现腐朽。

● 陈进坤:新生产关系占主导,则旧生产关系已成残余,不是腐朽没落的问题。

● 熊德基:说地主阶级有新陈代谢,不能解决。我认为封建社会也有经济危机。

4月11日 上午讨论《1978—1985年历史学(中国古代史部分)发展规划纲要(草案)》(中国社会科学院历史研究所起草)。林甘泉同志报告。

我拟出的意见:1.中国古史研究中心人员,可采兼任制,交流人员。2.范(文澜)著简编不必续,可另编。除非范有余稿。3.历史所成立"史学通讯",交流国内外史学情报。4.未列举大学与研究所等研究中心固定挂钩,成为制度。协作力求制度化。5.交流图书,馆际借书。

4月12日 上午,林甘泉同志讲"历史学的古为今用和百家争鸣"。下午在招待所二楼会议室举行座谈会,谈教学和科研情况。

4月13日 上午,三游鼓浪屿,访韩国磐告别。下午,王玉哲作学术报告。讲"关于中国古史分期问题"。

4月14日 上午,与玉哲、王连升重游南普陀,摄影,留连久之。下午,在校大会议庭作"关于中国封建社会农民小土地所有制问题"的报告。报告完,又到南普陀傅衣凌之宴,素席,极精美。饭后,原住持觉星介绍寺内古迹。归校,向系中同志告别。

4月15日　晨6:20登汽车赴福州……。同车者有玉哲、王连升、蒋大椿、邢蒂蒂、常绍温诸同志……

4月18日　今日放晴。上午到(福建)师大历史系作学术报告,内容与在厦大所作同。

4月19日　下午五时许抵杭。杭大历史系领导杨同志及徐规兄已在站相候。即驱车至环湖南路大华饭店下榻。晚饭后,与玉哲、常、王请徐规兄陪同,访谒陈乐素先生。

4月21日　上午,与玉哲、绍温、连升到杭大历史系拜访,礼也。访谈后,请徐规兄陪同拜访姜亮夫、王驾吾、张(?)川、胡玉堂诸先生。驾吾先生留午饭。

4月22日　连日阴雨,今日乃霁。上午在饭店备课,下午到杭大历史系作学术报告。毕,徐规、倪士毅两兄送我至饭店。留共饭,饭后漫谈往事。昔日遵义生活,恍如隔世。

4月24日　清早,玉哲、连升以昨日游灵隐,未曾拍照，今日天气又较佳，约往重游。八时前往，十时许归。即往杭大应倪士毅兄之约，午饭。絜民、玉堂在座，又复畅叙往事。饭前，就近访李□非、黎子耀、刘操南诸兄……

4月25日　明日，玉哲、连升将北去，老友小聚即别，彼此皆依依。

4月26日　晨起，送玉哲、连升上汽车赴苏州。握别回饭店。甫成、乐素先生来，论学至午饭。饭后，小憩，陈先生别去。旋徐规、倪士毅、李□非来送行。谈至三时许，先别去。絜民、士毅送我至车站。四时许，我登车南旋，依依而别。

4月28日　游阳朔……

4月29日　上午，应广西师院史地系之约，为之作学术讲演……

5月2日　天将明抵昆……

5月3日　上午到系上销差报到。

在此期间，另一件让李埏夫妇更加高兴的事是三个儿子都考上了大学。

1977年8月，邓小平拍板，决定恢复全国统一招生考试，招收高校新生，并于1978年初开始了"文革"后的第一次统考招生。于是，1977年末和1978年夏，中国迎来了史无前例、规模最大的集中考试,报考总人数达到 1160 万人。许多青年有幸赶上 1977 年高考,通过高考改写了自己的人生。

恢复高考使李埏家的情况发生巨变。1977 年,伯杰以高分考上北京大学西语系德语专业。1978 年夏,伯约考上北京师范大学教育系心理学专业,伯重则考上了厦门大学历史系研究生,师从韩国磐教授攻读唐代经济史。

9 月 25 日,李埏家可谓双喜临门,伯重、伯约都接到了录取通知书。李埏在日记中写道:

> 今日上午,重儿得厦大研究生录取通知书;下午,约儿得北师大新生录取通知书。举家欢愉,莫可言喻。深深感谢党中央!按学校规定,重儿须下月二日首途,五日抵校报到。约儿须下月一日首途,四日抵校报到。

8 月 28 日,李埏接到《历史研究》编辑部及《社会科学战线》编辑部的联合通知,将于近期在长春召开中国古代史分期问题讨论会,李埏将出席这个"文革"结束后全国史学界的首次盛会。1978 年的国庆节是李家最欢乐的一个国庆节。9 月 30 日上午,老伴毓兰和女儿、儿媳特地到菜市场买了鸡、鱼回家烹制丰盛的晚餐，一是庆祝国庆节，二是给李埏和两个儿子饯行，因为第二天和第三天（也就是10月1日和2日），李家父子三人将远行：10月1日李埏将和伯约赴京，伯约到北师大报到，而李埏经北京转道长春参加中国古代史分期问题讨论会；10月2日，伯重将赴厦门大学上学。

李家人挤在自己搭建的狭小、阴暗的厨房里，心里却充满了欢乐。此时，除伯杰在京城读书外，一家人全部到齐。除李埏夫妇、伯敬夫妇、伯重、伯约外，还新增了两个成员：一个是外孙女陶然，于1977年6月出生，赶上了改革开放的好时光，李埏为她取名为陶然，意思是乐陶陶，典出"与君一醉一陶然"。另一个是伯重的新婚妻子王爱宁。在其乐融融的气氛里，李埏对儿女们说："今天是大喜的日子，国家有希望，我们家也有希望。"

10月初李埏来到北京。时隔20年，北京迷人的风貌已多年不见，而人事更是全非了。在北京，李埏看望了费孝通、程朔洛、杨一波等师友。相见时谈起往事，都感慨万端，念及在"文革"中含冤而逝的吴晗、陈梦家、向达、汪篯等师友，也庆幸未亡人的劫后余生。

10月9日，李埏与白寿彝、何兹全、缪鸾和、方龄贵等同赴长春参加中国古代史分期问题讨论会。在10

日、11 日两天的会议上发言的学者有金景芳、郑昌淦、何兹全、赵俪生、陈连庆、裘锡圭、蒙默、缪鸾和、李埏等。在长春，李埏还拜访了日知、金景芳、何善周等老朋友。10 月 17 日，李埏和缪鸾和到达沈阳，住辽宁大学招待所。19 日，李埏应辽宁大学历史系之邀做学术报告。他在日记中记道：

> 10 月 19 日　报告会毕，遇吴化南老同学。七七事变分袂，今乃重相见。别时皆少年，今皆皓首老翁，岂胜感慨！晚至其宿舍话旧至夜。
>
> 10 月 20 日　在辽大历史系与中国古代史教师座谈。陈副主任谈：系有六教研室，中外古近现代各一；中国古代史招研究生七人，近代招八人；拟成立辽金清史研究室。最近庆祝二十周年校庆，系举行讨论会印论文十余篇。下午，与子雍（引者按：缪鸾和）同游市中。晚，登车晋京。

回昆程中李埏在北京逗留了几天，和诸多老友相聚，并在北大做了学术报告。

> 10 月 30 日　与子雍往访傅筑夫先生于北京经济学院。承赠《中国经济史论丛》油印本一部三册。

11月3日　应北大历史系之命，下午作学术报告。历时三小时，既毕，邓恭三（广铭）先生约往中关村餐厅晚饭。

11月13日　将返滇，晨往外庐先生辞行。下午，赴北大与杰儿别。

11月14日　晨赴经济学院向傅（筑夫）先生告辞。下午，约儿来话别。

11月15日　晨送行李至车站托运。下午，（孙）开泰偕骑自行车往访杨向奎先生，开泰约子雍来共饭。晚十时赴车站。午夜登车离京。

在返昆的火车上，李埏与北京广播学院教授齐越对榻。齐越是中国著名的播音员，开国大典上就是他做播音。两人的交谈中，自然谈到各自在"文革"中的遭遇。李埏谈到为《云南日报》撰稿引来的横祸。齐越是李孟北的朋友，到昆后和李孟北谈到李埏。李孟北早知李埏为《云南日报》撰稿而遭批斗的事。12月3日，齐越与李孟北夫妇来访李埏，并请李埏夫妇到他家吃饺子。数日后，李埏在北京饭店回请齐越和李孟北夫妇。此时，距李埏为《云南日报》撰稿已过去16年，两人才第一次相见。他俩一见如故，都给对方留下了很好的印象，谈起往事，更是百感交集。此时，他俩的问题都

第十一章 沐浴着改革开放的春风

没有解决。不久,李孟北得到解放,并于 1978 年 12 月被任命为中共玉溪地委书记。在玉溪任职期间,他的政绩、口碑都很好,但不幸于 1981 年 7 月因病去世。当李埏得知李孟北去世的消息时,感到很惋惜,说:如果不是在"文革"中受那么多罪,李孟北也不至于英年早逝。

打倒"四人帮"后,虽然云大历史系主要领导仍然坚持"文革"做法,但是全国的大环境终归与过去有了巨大的变化。最重要的是,此时终于可以做研究了。李埏努力要把多年被虚耗的光阴补回来,这从他的日记中可见:

> 1979 年 4 月 18 日　黎明即起,继续属稿,九时写竟。题为《中国古代农村公社问题商榷》,约万六千字。此稿自二月下旬始作,至今晨乃全部脱稿,为时几一月有二旬。久未为文,思路笔下皆迟滞也。
>
> 4 月 24 日　晨起修改《商榷》稿,至中午毕,下午送出版科刻印。
>
> 5 月 16 日　为探究商人阶级的兴起,欲知食盐在春秋以前的商品流通状况,读《管子·海王篇》。下午,访宏道,偕访易问耕谈《管子》。

5月30日　前数日，先后得甘肃师大历史系总支书记陈守忠函及广西大学哲学系高言弘同志函，皆极热情，陈尤可感。陈函云：受我《水浒庄园》一文的影响，欲利用《三言二拍》等小说，研究宋代都市。高函云，受我土地国有制于我之启发，欲从事经济史之探讨。今日分别复函，大意谓"嘤其鸣矣，求其友声"，表示感谢并望批评指正。

6月6日　关于中国古代农村公社的论文，正式定名为《试论中国古代农村公社的延续和解体》。上月八日，交《思想战线》编辑部。下旬，初校，并对文字略作润色。今日二校，校毕，送交何耀华同志。

1980年1月3日　开始写《唐宋经济史》。

9月14日　文章上午脱稿，题作《从钱帛兼行到钱楮并用》，约二万五千余字。

但是此时，李埏依然没有一个可以读书写字的地方。1973年儿子们搭建的简陋的石棉瓦房现成为李埏的书斋。但是这间"违章建筑"实在太简陋，一遇风雨，屋外下大雨，屋里下小雨。如今三个儿子都到外地求学去了，只有李埏自己来做维修工作：

第十一章　沐浴着改革开放的春风

  1979年7月5日　上午赴篆塘买油毛毡。下午上厨房顶完廪，汗流如注。

  7月8日　上午，又上屋顶，补茸（盖）罅漏。

  7月9日　昨夜豪雨，今晨入视之，我的完廪工作经受了考验，更无漏处。亦可喜也。

  李埏实在无法在这间陋室里工作。1979年，在云大化学系任教的女婿陶元器通过国家考试，考取国家公派出国进修，于1980年初赴法国巴黎攻读量子化学博士学位，女儿伯敬带着外孙女陶然住在校内的宿舍里。1月下旬，陶然患肺炎住院，伯敬白天上班，晚上去医院陪护陶然。李埏到伯敬家住，一则帮女儿照看房子，二则自己也有个地方看书写字。伯敬的住宅虽是筒子楼，但有一张书桌可以看书写字，情况比在自己家好多了。李埏在3月11日的日记中写道：

  自然然（引者按：指陶然）入医院，我即住于伯敬宿舍。舍中有阳光，无干扰，便于写作讲稿，故然然出院后，我仍居此。每晨在校园散步、打太极拳，颇觉安舒。日来水池边柳絮轻扬，真所谓"杨柳池塘淡淡风"。

陶然出院后，伯敬为了让父亲能够安心工作，于是带着陶然去父亲家住，让父亲住在自己宿舍，一直住到9月。

1980年9月，学校决定调整李埏家住房。李埏以欣喜兼苦涩的心情写下此事：

> 9月14日 校党委旬前开会决定为我及张德光、江应樑三家调整住房，命熊锡元（引者按：与李埏家合住的另外一家人）迁居新建"教授楼"，附中27号全部归我住用。熊日前迁往其新居。今日下午得董咸明弟兄、李俊行、王三南、晏祥群与伯敬、伯约合作，将隔墙拆除。薄暮始毕。
>
> 9月18日 今日房管科粉刷住屋墙壁竟。自1971年迁此，踡促斗室中将十年，但能食宿，不能工作，甚以为苦。今又恢复17号之旧，岂预料所及耶。然当日庭前栽花植树景象，已不可复睹矣。

恢复住房是李家的大事。李埏终于又有了一间书房。他从学校借来书架，把那些在"破四旧"劫后幸存下来、1971年存放在天花板上的书籍一一取下上架。

1980年，全国宋史研究会在上海成立。10月初，刚处理完搬家杂务，李埏就离家到上海参加"宋史研究

第十一章 沐浴着改革开放的春风

会"成立大会：

1980年10月2日 下午二时许离家。伯重、伯约及研究生二人送我至车站。四时正，车启行。

10月6日 上午八时半，宋史研究会成立大会开幕。陈乐素主持，邓恭三致开幕词。周谷城等同志讲话。邓、周皆云此会为有史以来之首次。周云美国教授人数60万人，苏联教授人数30万人，日本教授人数18万人，中国教授人数1.3万人。谭季龙（引者按：谭其骧）云：宋史研究会成立在中国确系首次，而在日本、在美国，则已非首次矣。过去三十年，我国史学界搞了些什么名堂呢？一是批判，而不老老实实研究。不破不立，结果既未立，也未破；二是不搞专业，迎风跟着走，讲不上断代、专史、重大问题的研究。三十而立，立了什么呢？除考古学外，什么也没有立。比日本，我们先要赶数量，再赶质量。不要改行！锲而不舍，任何笨人都有成果。要以断代、专题研究为基础。解放以来，各校皆编通史讲义，是一大弯路。下午，报告论文提要。

10月7日 上午，继续报告论文提要。下午，全体会。邓恭三、程应镠及我发言，即席谈一小时，颇得称赞。

10月8日　上午，小组会。我谈了宋代商品经济。下午，参观公交展览。

10月10日　上午，应（上海）师院历史系之约，为同学作学术报告，讲读书问题。以"假若我再做一个大学生"为题。据云听者反映甚佳。

三年后，在1983年4—5月间，李埏又一次北上，去北京参加中国史学会大会，会后赴山东参加"孔子学术讨论会"。这也是他人生的一大快事。他在日记中记道：

1983年4月7日　上午七时，辞家赴南窑车站。八时十分，乘61次车晋京，参加中国史学会年会暨代表大会。云南代表共三人：马曜、杜玉亭及我。他们二人自成都往，故我一人自昆启程。

4月9日　中午抵京，会务组派车到站相接。重儿及孙开泰至车站一晤。即往京西宾馆报到，会在此举行。

4月11日　史学会开幕，邓力群来讲话。

4月16日　下午，选举理事。闭幕。小组推我作大会发言，辞之。

第十一章　沐浴着改革开放的春风

4月20日　上午十一时许，与孙开泰同乘火车赴曲阜，参加曲阜师院举办之"孔子学术讨论会"。在兖州下火车，乘师院校车赴曲阜，宿县招待所。抵时已近中夜。

4月21日　讨论会于上午在师院开始，宋振庭等讲话。

4月23日　参观"三孔"及太昊陵、尼山。会上遇李耀仙，数十年不见，相见几不相识。

4月25日　讨论会下午闭幕。

4月26日　晨，与孙开泰、张岱年、韩达等十余人乘汽车赴邹县。既至，即参观孟庙。下午，在县招待所作学术报告。

4月27日　晨，与韩达、开泰等乘火车赴泰安，八时许抵。早餐后，即乘旅游车上泰山，至中天门下车，拾级而上。下午一时许，至巅，宿玉皇顶。

4月28日　未明即起，欲观日出。然大雾，咫尺不辨，甚失望。将七时，下山，冒小雨而行。九时许，下至山麓，即赴岱庙参观。中午，共同午饭，相谈甚欢。晚十时登车回京。降温，甚寒。车又挤，无卧铺，即座位亦不可得，乃至餐车坐至天明。

4月29日　将八时抵京。重儿及李兴达来接，即赴历史所下榻。下午二时乃得一睡，已三十小时不眠矣。疲极，两腿痛，几不能举步。

5月1日　与三儿（引者按：伯重、伯约、伯杰）访端木蕻良，辞出至（张）英宇家。晚饭后，约、杰别去。

5月4日　北大校庆，邀北大及西南联大校友回校庆祝。晨八时，与（何）兆武乘近代史所车往。中午在校园内聚餐。餐后，与杰儿在校园小坐。回城，顺道访林一山，不遇。晚十时半，与重儿、（孙）开泰作别，（李）泽奉陪我往车站。十二时半开车，离京返昆。

5月7日　中午抵昆。（吕）文鸿、邢铁乘校车至站相接。（下午）一时抵家。

这些学术活动体现了中国史学在"文革"以后的兴旺气象。李埏积极参与这些活动，也见证了中国史学的新气象。他决心"从头收拾旧山河"，尽力挽回失去的光阴做学问。

第三节　曲折的平反

虽然情况有了很大改善，但李埏1962年为《云南日报》撰稿一事却迟迟得不到平反。不能得到平反的根

第十一章 沐浴着改革开放的春风

本原因就是当时历史系主要负责人及其所依靠的"革命教师"的极力阻挠。

在此时,已经开展了批判"两个凡是"和真理标准问题的讨论。各界人士纷纷提出要为"文革"第一个受害者吴晗平反昭雪。1979年7月,中共中央批准了北京市委为"三家村反党集团"的冤案彻底平反。1979年9月5日和9月14日,在北京八宝山革命公墓分别为"三家村反党集团"冤案中的死难者邓拓以及吴晗夫妇举行隆重的追悼会。在此之前,李埏已从积极推动为吴晗平反的苏双碧、王宏志那里得知了关于吴晗冤案的消息,不禁百感交集,在日记中写道:

> 1979年7月28日　昨得苏双碧同志函,云:辰伯师即将昭雪开追悼会,并云浦月(引者按:吴晗之妹)在北京经济学院。即作一书致浦月,问近况,数十年不通音问矣。
>
> 8月2日　中央台广播:"三家村反革命集团"系一有计划有预谋的大冤案,北京市委决定为邓拓、吴晗、廖沫沙三同志平反昭雪。
>
> 8月3日　《云南日报》载新华社北京电,为邓、吴、廖平反昭雪。

李埏作为吴晗的弟子和吴晗冤案的受害者,也应邀赴京出席了吴晗夫妇追悼会。他记述道:

> 9月14日 下午,赴八宝山参加辰伯师追悼会。在昆,得浦月书,云追悼会即将举行。甚盼能参加,以表哀思。今竟如愿,至少慰沉痛之感矣。
>
> 9月15日 上午,访浦月于寓所,唁之。略谈彼此近年遭遇,皆不胜感叹。浦月嘱为出版辰伯师全集尽力,拟不日与双碧商之。兹事,于义不容辞,于情更不可却也。

当李埏在北京参加吴晗追悼会的时候,他以为自己为《云南日报》撰稿一事的平反也快了。可是,他的估计落空了。虽然在北京,"三家村"已经得到平反,但在云南大学,张德光、李埏、江应樑和尤中四位教授所谓的"云南三家村"、"云南四家店"问题仍然不能得到平反。当时云大历史系主要领导及其亲信依然以"云南三家村"不能翻案为由,坚持给李埏等人的结论留下"问题尾巴",并且通过各种方式打压李埏。李埏在1978年重新启动的职称评定中再次受挫就是一例。

早在1956年和1963年云大学术委员会举行无记名投票,李埏因科研、教学成绩突出,他晋升正教授在无

第十一章 沐浴着改革开放的春风

记名投票中都获得高票通过。但因无法知晓的原因,最终均未能获省教育厅批准。

1978年1月,根据教育部的指示,云大进行恢复教师职务、职称和"文革"后第一批提升教师职称的工作。李埏在日记中写道:

> 4月18日 校中自月初评审教师职称。今日下午教研室开会,提我为教授。

然而,虽然李埏已经做了30年的副教授,而全国同行都认为李埏早已是正教授,但是关于李埏晋升正教授的报告在教研室通过送到系里后,系领导仍然坚决反对李埏提升正教授,反对的理由居然是李埏之子李伯重考上厦门大学研究生。这位领导公然说:"云大历史系的工农兵学员没有一人能考上研究生,而李埏的儿子李伯重没有读过大学却能考上厦门大学的研究生。这说明李埏私心杂念重,只教儿子而不好好教学生,必须批判!"李埏听到此话后,对她说:"1966年,你作为系党总支书记,秉承上面的意思,把我打成'牛鬼蛇神'、'资产阶级反动学术权威'、'云南省三家村黑干将'。'文革'中期你被'三结合'后,与'革命教师'一起,对我们这些'牛鬼蛇神'进行了长期的'无产阶级专政'。我因此被赶下了讲台达12年之久。直到'四人帮'被打倒两年后的今天,我才重新获得教书的权利。在过去的10多年中,只有我的儿子能够跟我学习。而就是因为这一点,我们父子都受到系上'革命教师'们的迫害。这些事情,你是完全清楚的。现在你却用这个理由批判我,岂不是太不顾事实了吧?"

当时云大历史系领导这样做,为的是给李埏一个警告:"资产阶级知识分子"还是不能翘尾巴,"白专"道路还是不能走,"枪打出头鸟"的政策还是要继续。至此,李埏不禁萌生了退休或离开云大的想法。他在1978年6月9日的日记中写道:

> 许久以来,反复考虑退休问题,并与家中人一再商量。最近作了决定:今年适当时候申请退休。今早以此告张德光。

1978年,著名宋史专家邓广铭拟在北京大学组建唐宋史研究中心,聘请一批学者来任教。李埏膺选,并被邀请到北大讲学一月有余。之后,李埏又先后应邀到北京经济学院、暨南大学和厦门大学讲学。虽然均名为"讲学",实则是到这些学校考察,作到那里工作之计。他在日记中记道:

第十一章　沐浴着改革开放的春风

1978年5月16日　邓恭三先生来函，谓欢迎我去北大，但不知云大同意否。

1979年1月5日　去年在京，见傅筑夫先生，约往北京经济学院中国古代经济史研究室兼职任研究工作。……今日上傅先生一函告以商谈情况。

9月12日　12:10抵北京站。北京经济学院赵化风院长、研究所李慕贞副所长暨吴天颖同志驱车到站相迎，热情感人！既至经院，住东风二楼……。宿舍安排甚周到，真有宾至如归之感。

1980年7月8日　得陈乐素先生函，欢迎我去暨南任教。

1981年4—5月，李埏先后到暨南大学、厦门大学讲学，以便实地考察两校，并与两校进一步商谈去那里工作的事，同时也有让妻子外出旅游的意图，无奈毓兰为节约开支不愿同往，使李埏感到怅然。在4月7日他从广州写给伯重的信中可看到李埏当时的心情。

伯重：

我已经来到广州。本打算乘飞机来，因机票要排队，一时买不到，只好改乘火车。三日下午乘上海车离昆，五日抵衡阳。少停，上沪广直快，于当日傍晚抵穗。陈乐素、朱杰勤和另一人迎我于火车站。即驱车到暨大。下榻专家楼。我一路身体尚好，不甚疲劳。六日休息一天。今日（七日）开始上课，已讲了两节。系上排给我每周两节，我提出讲四节，他们当然同意。因为我只准备在一个月，太少了不好意思。

我打算五月初离此赴厦，希望能到厦和你共庆May Day（即五月五日，马克思的诞辰）。

我这次出来初衷是：（1）你妈妈一生蛰居家内，想让她出来游览一番，丰富见闻，略事补偿多年来的患难坎坷；（2）想和你妈妈一道，亲身体验一下穗厦榕杭等处，哪里可以卜居终老。这是目的，讲学是为此目的创造条件。可是最初说得好好的，后来她又另有想法，终未成行。我既与暨大厦大约定，不好中变，只得只身独来。因此，在昆穗途中意兴索然，很觉勉强。假若她最初就决定不出来，那么我就谢绝暨大，只到厦大。厦大有你相伴，我们父子相聚谈谈，还有意思。现在，我希望六月初她能直赴厦大，伯杰暑假也能来。待暑期将尽，取道榕、杭、沪返昆，顺路看看桂林。不知能否如愿。这等我们晤面时再详谈，兹不多谈。

广州没多少名胜古迹，我只想暇时到市内一两趟略事参观，也不买什么东西。除去中山大学和华南师院外，不到别处去。打算在暨大静静地看点书，写写稿子。暨大郊区石牌，空气好，安静，少干扰。在昆明，干扰太多了，不唯开会多，客人日必数起。我希望在厦大和你住上三几个月，读书作文，锻炼身体，使身心两健。在暨大，虽甚安静，但一个人，总觉小有不便。……

在当时僵化的人事制度下，由于云大方面不同意，李埏想调去上述学校工作的事均未成。他只好努力在校内调动，请求调经济系。虽然经济系甚表欢迎，终因历史系领导不同意而作罢。

后来，云大历史系整人多年的那些"革命教师"们纷纷落马。在1980年6月23日云大学术委员会（文科）上，李埏终于被评为教授。他在日记中，以一种苦涩的心情写下了这件事：

1980年5月　自下旬始，校中连续开学术委员会，讨论提升教授职称问题。兹事，对我可谓又一次折腾，累次欲拒不出席。

1980年6月23日　星期一　下午，云大学术委员会（文科）在会泽院会议室开会。赵季（引者按：当时云大校长）主持。与会者18人，无记名投票表决提升正副教授职称。我得票16，通过。1956年暑期，在李广田校长主持，学术委员会30人，无记名投票提教授，我得25票通过。1963年，在高治国校长主持下，我又一次通过提为教授，并提工资一级。24年间，提升之决定凡三次，折腾亦云甚矣！读韩昌黎《与崔立之书》，感慨无限。仆之玉凡三献，而足已三刖矣，岂胜痛哉！本月28日《人民日报》社论《论"破格"》。党中央英明，求才若渴，又了解下情，说出了沉沦者心声。想志士读之，当甚感奋。然德泽为下尘蔽，难于贯彻到底，岂胜浩叹！

这样，李埏在66岁那年，做了32年副教授之后，方被评为正教授。当然，在云大，李埏这种情况也并非独一无二。其他一些有成就的学者（例如中文系教授傅懋勉）的情况也颇为类似，而数学系教授徐天祥等人情况甚至更糟。

不过，历史系的某些人仍然抓住一切机会给他穿小鞋。1981年国务院学位委员会遴选首批博士生指导教师时，云大历史系领导班子中的一些人依然采取各种见不得人的手段，故意不申报李埏。他们继续压制打击李埏

第十一章 沐浴着改革开放的春风

的主要借口，仍然是李埏1962年为《云南日报》撰稿的问题。后经云大校方干预并由学校出面申报，他才成为第二批国家批准的博导。

1983年10月，云大和历史系领导班子再次改组，吴道源任云大党委书记，周庚鑫任历史系的总支书记。这两位都是具有较高政策水平且坚持原则、有创新精神的干部。李埏、张德光、江应樑把当年他们为《云南日报》写的文章汇编为一个集子，取名《学与问》，送交校、系领导，要求平反。李埏日记记述了他们几人要求落实政策的经过：

> 1984年9月4日　《浩劫杂忆》草完。晚饭时，送交周庚鑫……。系党总支多次嘱写关于"文革"中受迫害的材料，以供整党参考，总以不堪回首，方欲动笔便痛苦万分，故迟迟未应命。上月初，决计写一回忆录，先写与校系中人有关者。因病时作时辍，故至今日方大略完成初稿，约一万数千言。一完便交，重阅一过亦不暇也。

> 1984年12月10日　草拟《请求落实政策的报告》稿，要求云大、《云南日报》为《学与问》平反。稿请林超民抄后送张德光、江应樑签字。下午，我签字后即持赴科研处复印数份。以原件交系

党总支。

1984年12月11日 上午赴省委组织部落实知识分子政策办公室交《请求落实政策的报告》复印件。张应钦等三位同志接谈约一小时左右。

1985年1月6日 以党委已同意我们的为《学与问》平反的请求一事告张德光、江应樑和尤中。

李埏、张德光、江应樑、尤中四教授的所谓"云大三家村"、"云大四家店"问题，终于得到彻底平反。1985年，云南大学党委将44篇文章重新刊印，党委书记吴道源亲自为重印本作序，并题写了书名。1985年，李埏终于得到彻底平反，此时他已年过古稀。

20世纪80年代，中共的知识分子政策发生重大转变。此年2月26日，中共中央办公厅转发了中央组织部《关于大量吸收优秀知识分子入党的报告》。李埏这一代知识分子大多具有深厚的家国情怀，将自己的前途与国家的命运紧密结合在一起。新中国成立之初，他们看到中国社会发生的翻天覆地的变化，发自内心地感到中国共产党的伟大，因此努力学习马克思主义，希望加入中国共产党。在经历了几十年政治运动之后，广大知识分子第一次感到自己不再被党视为"外人"。他们感到由衷的高兴，激发了入党的热情。此时的李埏争取入党,是因为他对中共抱有很大的期望,相信在以邓小平为核心的中共领导下,能够实现自己和同辈学者的理想——把中国建成一个现代化强国。1985 年 2 月,在李埏 71 岁高龄之际,正式加入中国共产党。

第四节 英伦之行

李埏年轻时,很羡慕他的老师张荫麟和陈寅恪,"以求学之故,奔走东西洋数万里",学最好的知识,做最好的学问。他一直希望有机会出国深造,但自费留学对于他这种家境的学者来说是无法做到的。要留学,只有考公费留学一途。但是在新中国成立前,由于长期战乱,这样的机会很少,而唯一得到的去法国进修的机会又被有背景的人夺去。新中国成立初期,唯一可能去留学的国家是苏联。李埏在 1955 年 10 月 22 日的日记中,把剪下的一段《光明日报》(1955 年 10 月 15 日)贴在日记上。这段报纸的标题是《我国第一批高等学校教师去苏联高等学校进修》。他在剪报上方写下:

愿望,这就是愿望!努力创造条件,实现这样的愿望!

然而自此之后，中国中断了和国外的学术与教育交流合作，于是出国交流中止了数十年。

1990年5月，李埏应英国英中文化协会的邀请，到英国做短期的学术访问，这才圆了他到海外看看的梦。到英国后，在老友傅德（Joseph Francis Ford）的陪同下，他访问了牛津、剑桥和伦敦大学等著名学府，会见了诸多汉学家。其中与李约瑟的会见，给他留下的印象最为深刻。

李埏和傅德到达剑桥后，先参观了剑桥大学的几个学院，并于一天下午去访问在世界上享有崇高声誉的李约瑟研究所。李埏一行到达后，李约瑟的副手何丙郁接待了他们。何丙郁边介绍，边引导他们参观。参观给李埏留下了深刻的印象。研究所图书室里有大量中国古籍，其中许多在中国的大学图书馆也不一定齐备。在研究室里，人人都埋头伏案。何丙郁说这是李约瑟给这个所树立的良好学风。

给李埏印象最深的莫过于李约瑟其人了。何丙郁说：李约瑟先生今年已届九旬，仍天天著述，正写着中国医学史。此时李约瑟年事已高，精力不济，一般不见客，但很愿意与李埏一晤。李埏一行当即随何进入李约瑟的书斋，晤谈一小时。李约瑟精神矍铄，耳聪目明，每天尚能工作四小时。李埏向他请教一些有关中国古代

第十一章 沐浴着改革开放的春风

社会生产力的科技问题,并告诉李约瑟:中国少数民族中有不少传统的医学成就。李约瑟很感兴趣。最后,李约瑟与李埏合影留念。

与李约瑟辞别回到客厅后,李埏看见室中有一书橱。走近一看,原来尽是李约瑟所著的《中国科学技术史》。最上一层摆的是英文原版。下一层是中国大陆中译本,再下一层是中国台湾中译本、日译本……译本之多说明它的国际影响之大。

李埏在访问李约瑟研究所之后,有许多感触:"首先,李约瑟博士把一生献给异国的科技史。60多年,锲而不舍,披荆斩棘,克服多少艰难。这种艰苦卓绝的精神是多么难能可贵啊!我认为,这就是他获致巨大成就、赢得举世景仰的主要契机。'见贤思齐焉',我应当向他学习。他90岁还在著述,我怎能以年逾古稀而为自己的疏懒辩解呢。青年同志应该以'彼人也,我亦人也,吾何畏彼哉'的气魄,以他为师而青胜于蓝!

"其次,李约瑟博士是世界第一流学者。他为我国的科技史奋斗终生,这说明,在他的心目中,我国的科技史是宝藏,是价值极高、值得为之献身的。我们的祖先创造出如此光辉的科技业绩,使得世界上许多汉学家愿意步李约瑟博士续加探讨,我感到光荣,但同时也感到惭愧。因为这门学问毕竟出自我们祖国,我们虽然欢迎世界学者共同钻研，然而这样的学者、这样的成就、这样的研究所，理应首先出自我国。事实上却是英国学者早著先鞭，怎能不令我惭愧呢！

"再次，李约瑟博士的成就固然由于他的毅力、智慧和体魄，但客观条件也并非不重要的。倘若他没有那样好的环境，得不到社会各方的支持，不能排除各种不应有的干扰，要取得如此成就，谈何容易！我的业师张荫麟教授在20世纪20年代即已刊布中国科技史方面的多篇论文，李约瑟博士最初从事研究时还加以征引。但抗战期间，他贫病交加，缺医少药，才37岁便与世长辞，多么令人悲愤！现在我们是社会主义国家，完全有可能给学者们提供较好的研究条件。但愿社会各方共同来关心学术研究，使我国学术昌明，走在世界的前列！"

第十二章　在中国经济史研究中的创获

第一节　新视野　新展望

中共十一届三中全会之后,李埏终于可以坐下来读书写作了。他深感这是一生中难得的机会,决心从头做起。他对子女们谈起谈迁的事迹,并以此自勉。他说:"谈迁是明末清初史学家,自幼刻苦好学,家贫,靠缮写、代笔或作记室维持生活。天启元年(1621年),他28岁时,因母亲亡故,在家守丧,读了不少明代史书,觉得其中颇多错漏之处,因此立志写一部真实可信的明史。在此后的26年中,谈迁长年背着行李,风餐水宿,到处访书借抄,市阅户录,广搜资料,卒五年之功而完成初稿。以后陆续改订,积26年之努力,六易其稿,撰成了100卷、500万字的巨著《国榷》。不料顺治四年(1647年)的一个夜晚,盗入家门,见其别无长物，一怒之下，遂将《国榷》手稿席卷而去。这时谈迁已经 53 岁，面对沉重打击，不禁老泪纵横：'噫，吾力殚矣！'但他并未就此沉沦，他说道：'吾手尚在，宁已乎！'就这样，他重新踏上了'走百里之外，遍考群籍'之路。又经四年努力，终于第二次完成《国榷》初稿。这一年，谈迁 57 岁。初稿之后，是漫漫的校正之路。顺治十年（1653 年），谈迁进北京为人作书记，结识了几位著名藏书家。经过两年半的辛勤查访，又搜集到大量宝贵资料。返乡之时，谈迁在金钱方面一无所获，唯'筐中录本，殆千百纸'。经过 30 多年锲而不舍的努力，他终于完成了这部史学巨著。吴晗先生对此书评价很高，说：谈迁编撰《国榷》的一个重要意图，就在于纠正明代列朝实录中的失实和错误之处。此书根据明代列朝实录、崇祯邸报以及百余种诸家著述写成，又没有刊行，所以也没有经过四库馆臣的胡乱删改，史料价值很高。"

李埏决心以谈迁为榜样，"从头收拾旧山河"。1981 年元旦，李埏在日记中写下了今年的写作任务：

计有：

1. 两宋楮币史；
2. 大百科全书"交子"、"会子"……条；

第十二章 在中国经济史研究中的创获

3. 历史辞典"交子"、"会子"条……；

4. 论文：中国佃农制的起源和演变、中国封建社会的商品经济、白银楮币职能的发展、唐宋时期的庄园和行会；

5. 编订《中国封建经济史论丛》，论文拟题系应杂志约稿暂定，以后当须斟酌改定。

《宋代楮币史料集》应继续补充修改考证，定稿。

但如何进行研究呢？李埏面前有两种可供选择的做法：一种是重操旧业，把过去未竟之书在原有水平上重新写出来，这种做法较为省事；另一种则是超越过去，以过去的研究为起点，做出更高水平的工作，但这样做难度很大。李埏经过深思熟虑，决定选择后一种做法。

李埏年轻时，钱穆教导他说："你有志治史，就要立志做第一流学问。"李埏也一直以此激励自己。现在终于可以坐下来做学问，李埏认为：既然要做，就要做得更好，不仅要能够达到自己心中的最高标准，也要达到国际学界的高标准。用高标准来衡量，自己在"文革"前完成的《唐宋经济史》和《中国土地制度史》两部专著书稿，虽然已尽力，但在当时的环境中，有些问题在书中不能畅所欲言。而且更为严重的是，由于当时缺乏自由的学术思想交流与碰撞，因此很难产生新的思想。

改革开放前的 30 年,云大没有进口过一本西方出版的史学期刊和著作,新中国成立前进口的西方著作和 20 世纪 50 年代进口的苏联的著作,后来也被封存,无由得睹。打倒"四人帮"后,文禁渐弛,学术界掀起思想解放的浪潮。1972 年,意大利学者梅洛蒂出版了《马克思与第三世界》一书,提出社会发展多线的理论。经吴大琨介绍,此书的中译本于 1981 年刊出,在中国史学界引起震撼。1980 年,美国弗吉尼亚大学历史系教授易社强(John Israel)来昆明,为他正在进行的西南联大的研究收集资料。他采访了在昆明硕果仅存的一些联大毕业生,其中包括李埏。交谈中,李埏请他谈谈欧美中国经济史研究的一些新情况。易社强介绍了当时西方出版的两部影响较大的著作:哈佛大学经济系教授柏金斯(Dwight Perkins)的《1368—1968 年间中国的农业发展》(*Agricultural Development in China, 1368—1968*)与牛津大学教授伊懋可(Mark Elvin)的《中国历史的类型:一个社会和经济的阐释》(*The Pattern of the Chinese Past—A Social and Economic Interpretation*)。当时这两部重要的中国经济史研究专著在中国几乎无人知晓,更无法找到。李埏听了易社强教授的介绍,非常感兴趣。易社强回到美国后,对柏金斯说到此事,柏金斯即将其书寄了一本给李埏。易社强又到书店购买了一本

第十二章 在中国经济史研究中的创获

伊懋可的书,寄给李埏。

李埏读了这些著作,感慨万千,深感真是"洞中方一日,世上已千年"。他深切地感受到,研究经济史必须以经济学为理论分析框架。李埏年轻的时候喜欢读经济学著作,读得最熟的是马歇尔(Alfred Marsher)的《经济学原理》,深受新古典经济学的影响。20世纪50年代李埏即努力学习马克思主义,接受了马克思主义史观。但是如同许多学者一样,李埏在读了《马克思与第三世界》后深切地感到:我们过去所理解的马克思主义,实际上是有问题的。长期以来,中国史学家思想上受斯大林所说的五种生产方式的束缚,硬要把中国的历史往这五种生产方式里套,结果正如吴大琨在《马克思与第三世界》中译本前言中所言,"把一个明明不是和西欧社会走同样发展道路的中国社会,硬要用和西欧社会同样的分期名称来分期,这是中国古史分期问题长期不得解决的主要原因之一"。换言之,在改革开放以前的30年中,海外对于马克思主义史观的研究有很大进展,而我们却依然停留在《联共(布)党史》定下的框架中,未有前进。

因此,李埏在读了上述海外学者的著作后,他深切地感到自己的研究方法已经落伍。只有对经济学以及其他社会科学提供的方法有很好的了解,才能在经济史研究方面做出第一流的成就。有鉴于此，李埏做出了一个重大决定：不再重写《唐宋经济史》和《中国土地制度史》，因为他觉得自己的研究方法已脱离国际学术主流多年，现在的研究工作只能在以往的研究框架中进行。在此情况下，这两部著作不会是自己心中的"第一流学问"。因此他认为更有意义的事，是在努力吸取国际主流学术的成果的同时，充分发挥自己的特长，做出真正可以传世、可以经得起时间考验，也将可在国际学坛中占有一席之地的成果。正是凭着这样一种精神，李埏以更加旺盛的精力和热情投入了他所钟爱的学术研究。

第二节　整理成果

要在学术上"重整山河"，就必须总结过去，仔细分析过去的工作，找出值得做进一步努力的地方。李埏花了相当长的一段时间，对自己的学术研究成果进行整理和总结。

首先是在研究方法方面，李埏非常赞同法国年鉴学派旗手布罗代尔"没有理论就没有历史"的著名口号，高度重视理论。他的学生吴晓亮说："在先生看来，史料的阅读和考订无疑是基础，但理论的提高具有更为重要的意义。没有史料的研究是没有根基的建筑，没有理论的研究如同建筑没有骨架,二者缺一不可。这些,就是我们今天所说的究竟是描述历史还是分析历史和解释历史的问题。这是历史研究中的视角和方法论问题。今天,我已明白一点:告诉人们历史是怎样的,属于第一层次;告诉人们历史为什么是这样或为什么是那样的,则属于更高层次,因为后者需要学者更深入地思考和探究。"

对于经济史研究来说,最重要的理论是经济学理论。李埏认为:在经济学说发展史上,各种经济学理论不断出现,有许多只是各领风骚数年、数十年。经得起时间考验的理论不多。马克思的经济学理论就是这些少数大浪淘沙后留下来的理论之一。虽然中国的经济史学界奉行马克思主义,但是很少人真正付出大气力去研究马克思主义理论。因此,应当认真阅读马克思原著,以全面了解马克思的经济学理论。他的学生武建国回忆道:"先生对理论的学习和运用理论指导史学研究历来高度重视。从20世纪40年代开始,先生就开始阅读马克思、恩格斯的著作。几次与我谈及,他认为,迄今为止,马克思主义是史学研究最好的理论指导。史学研究,仅限于对史料的分析和论述,而没有马克思主义理论的指导,是不可能揭示社会的发展规律,从社会发展规律去认识每一个历史阶段社会政治、经济等方面的变革和发展的。当然运用马克思主义的理论，不能生搬硬套，如同贴标签式的。"

因此，李埏不仅自己继续认真读马克思的著作，也要求自己的学生认真学习。武建国和吴晓亮都记得李埏要求他们读马克思主义著作的情况。

武建国："先生推荐《马克思恩格斯全集》中的书信集，让我阅读和学习，其中有多篇书信是马克思、恩格斯与当时的青年学者讨论史学研究的。"

吴晓亮："为加强我的理论基础，先生要求认真读马克思、恩格斯的著作，如《共产党宣言》、《资本论》、《反杜林论》、《德意志意识形态》、《德国农民战争》等；读列宁的《俄国资本主义的发展》；读毛泽东的《中国社会各阶级的分析》等重要名篇。这些篇章中，不乏大师们对人类社会，如城市与乡村、农业与工业、国家与百姓、经济基础与上层建筑、不同阶级、不同阶层、不同政党、不同社会、不同时期等方方面面的理论阐述。通过学习，对我们青年学子思维方式的训练和理论水平的提高有重要的、潜移默化的促进作用。

"记得先生对我阅读《资本论》有特殊的要求，主要要我重点阅读第一卷的第一至第三章，即'商品'、'交换'和'货币或商品流通'三章，欲以马克思的商品经济理论，引导我关注和探索中国古代的商品经济问题。"

第十二章 在中国经济史研究中的创获

其次,李埏也认真整理自己以往的研究成果,特别是20世纪60年代前期和20世纪80年代前半期的成果。1987年,他的第一部自选论文集《中国封建经济史论集》出版。这本论文集,系从他已发表的诸多论文中取出14篇汇编而成。这14篇文章贯穿了两条主线:一条是土地制度;一条是商品经济。在土地制度方面,主要论文有《试论殷商奴隶制向西周封建制的过渡问题》、《试论中国古代农村公社的延续和解体》、《关于中国封建地主阶级的几个问题》、《论我国的"封建的土地国有制"》、《〈水浒传〉中所反映的庄园和矛盾》等。商品经济方面,主要包括《经济史研究中的商品经济问题》、《略论唐代的"钱帛兼行"》、《从钱帛兼行到钱楮并用》、《北宋楮币史述论》、《北宋楮币起源考》、《北宋四川交子兑界考》等文。该书出版后,有关专家评论该书所论述的问题,"识小识大,自成一家",是一部具有创见及重要学术价值和理论的著作。1988年,该书荣膺中国西南地区优秀图书一等奖。

在李埏的学术历程中,这部论文集有很大意义,因为它第一次较为系统地对李埏的治学做了一次小结。正如李埏在该书序言开头说:"说献曝也好,说献芹也好,总算把这本小书呈献在读者之前了。敝帚自珍,自不免私心窃喜,但也不胜感慨系之。因为这些文章,假若按照写作的时间顺序排列，便像一块块里程碑，标记着我走过的历程。"但是此书的意义还并不止于此。该书第一次明确地提出了土地制度和商品经济这两条主线，这是李埏日后研究的主要领域。他在这两方面继续进行深入的探讨，取得重要的突破，使得他在这两方面的研究成果深具创新性，特别是在商品经济史研究方面，更具开辟新领域之功。不仅如此，在此后云南大学中国经济史学科的发展过程中，这两条主线自始至终地得到了贯彻和体现，最终形成国内外同行称道的两大特色和优势。可以说，《中国封建经济史论集》奠定了云南大学中国经济史学科发展的基石和方向。

中国史学在1958年的"史学革命"中受到严重摧残，以西南联大史学为代表的学术传统已荡然无存，特别是对史料的整理与考校工作，本是乾嘉以来中国传统史学的根基，到了"史学革命"中被轻蔑地视为"封建主义史学的余孽"而加以铲除。李埏有鉴于此，此时也积极提倡并带头进行史料的整理和考校。他拟撰写《欧阳修年谱》、《纸币史长编》等。

第十二章 在中国经济史研究中的创获

第三节 学术突破

学问贵有新见。李埏努力在经济史研究中另辟蹊径，无论在研究对象和概念体系方面，都力求有新的东西。他的努力获得了丰厚的成果，主要集中在以下几个方面。

（一）古代农村公社研究

李埏早年致力于研究中国古代土地所有制，在研究中逐渐体会到：研究土地国有制，不可不重视农村公社问题。"文革"后，李埏对农村公社问题展开深入探讨，以期从历史的发展进程中全面把握土地国有制的源起和特征。他1978年写的《试论中国古代农村公社的延续和解体》，就是他对农村公社问题长期思索和研究的第一份成果。在这篇论文中，他从分析马克思、恩格斯的农村公社理论入手，结合我国历史发展的实际，深入探讨了西周农村公社的存在形态、原因以及春秋战国间农村公社的解体等诸多问题。他指出：农村公社是公有制和私有制并存的"二重性"的社会结构，是从公有制向私有制过渡的必经阶段，农村公社的解体或者延续是由商品经济发展的程度决定的。西周时期，农村公社就是井田制赖以出现的基础。井田制之所以长期存在，原因在于那时商品经济发展水平不高,对井田制形不成破坏和瓦解力量;到了春秋战国时期,商品经济长足发展,商品货币关系渗入井田内部,逐渐引发土地买卖,最终摧毁了井田制。不过由于当时商品经济的发展还有不小的局限性,井田制便有一些"活生生的残余"延续下来。

井田制是否存在,历来颇有争议。于是李埏发表了《孟子的井田说和分工论》,指出:井田制农村公社作为一种具有公有和私有二重性的、由公有制向私有制过渡的社会形态,是古代土地占有形态发展的一般规律和不可或缺的产物,并非孟子虚构。在原始氏族社会时期,只有公有制而没有私有制,人类社会怎样从公有制过渡到私有制呢?这就舍兼具二重性的井田制莫属了。井田制作为过渡形态的农村公社,存在了相当长的历史时期,并在战国解体后还时强时弱地显现出来。后世的均田制就是井田制的反映。

井田制解体后,土地制度和社会关系又如何发展呢?李埏在《关于中国封建地主阶级的几个问题》[①]中分析道:春秋战国时期,社会起了剧烈的变动,古老的井田制衰竭了,商鞅变法遂宣告了它的终结。从此,原来生活在农村公社里的人们摆脱了村庄的束缚,但也同

---

① 收于《历史研究》编辑部编:《中国封建地主阶级》,中国社会科学出版社,1988年。

时失去了它的保护。士、农、工、商各在自己的道路上,为占有土地、获得财富而尽力奔驰。于是,齐民不齐了;贫富分化如丸走坂似的不断扩大和加深,新的阶级、新的社会矛盾产生并发展起来。整个社会步入一个新的历史时代——地主阶级统治的时代。

(二)新土地制度史研究

进入20世纪80年代以后,李埏将他一直从事的两大研究领域——土地制度史与商品经济史有机地结合起来,试图从商品经济的发展去考察中国古代土地制度的盛衰变化。这个研究与传统的只从政治或者法律的角度去研究土地制度史的做法有很大不同,因此可以称为新土地制度史研究。

20世纪50年代,李埏在《论我国的"封建的土地国有制"》一文中提出:大土地所有制"是我国封建社会构成的主要基础"。尔后,他进一步指出:除去补充作用的次要形态外,主要的土地所有制包括地主土地所有制、农民土地所有制、土地国有制三种形态;三者交织在一起,互为消长盈缩,构成一条曲折起伏的经济曲线,贯穿于我国整个封建社会,而规定秦汉以后社会性质的则是地主土地所有制。

那么,是什么原因导致各种土地所有制之间互为消长盈缩呢?李埏提出:主要是商品经济。在《再论我国的封建土地国有制》一文和《中国古代土地国有制史》的"前言"中,围绕土地国有制的盛衰,李埏指出:商品经济变化的曲线"是封建土地国有制存亡盛衰的关键"。以此为出发点,他分析了整个中国封建社会土地所有制的变化发展。战国时期,商品经济的发展达到一个高峰,它以商品交换的方式把人们越来越多地卷入市场关系之中,就连土地也成了商品,扩大了贫富差别,发展了私有经济。于是,土地国有制削弱了,土地私有制发展了。汉武帝施行官榷政策,商品经济的发展势头被遏止,从商人那里没收来的大量土地转化为国有土地,土地国有制迎来了它的中兴时代。魏晋之际,商品经济衰竭到几乎静止的程度,土地所有权的运动相对地放慢,国有土地向私有土地转化的速度也降下来。在这种情况下,一方面,大土地所有者建立起一个个自然经济的共同体——庄园;另一方面,国家相继推行屯田、均田,土地国有制得到强化。这两种土地所有制,像并行的双轨,贯彻于汉唐之间。屯田、均田等实际上是国家的大庄园,与大土地私有者的庄园一样,都是因商品经济衰落、自然经济占绝对统治地位而产生的。到了唐代,商品经济的发展进入一个更高的高峰,使人们占有土地的愿望和要求更为强烈,同时扩大了贫富分化,加剧了土地所有权的运动。这样,均田制势不得不崩溃,地主土地私有制不得不发展。自宋迄清，商品经济虽然发展缓慢，但没有逆转倒退，所以均田制那样大规模的土地国有制便一去不复返了。

这里值得特别指出的是，土地国有制与自然经济共进退，与商品经济背道而驰，不能就说土地制度对商品经济的发展没有任何影响。李埏分析道：土地国有制因其能增加自耕农，为商品经济的发展创造了有利条件。在社会凋敝之余，土地国有制使流离失所的贫苦农民变成了自耕农，复苏了农村经济，为商品经济奠定了基础；待自耕农经济发展起来后，必然要发生贫富分化，而贫富分化的结果必然是促进商品生产和交换的发展。所以辩证地来看，"在私有制的社会里，商品经济的发达必然导致贫富差别的扩大、土地私有制的发展和土地国有制的衰落。土地国有制依赖自然经济的强化而产生，而延续。但它却为自然经济的对立面商品经济尽推毂之功。因此，当商品经济的历史车轮向前滚动时，它却被遗弃在后边，功成身退了"。

在上述两方面研究的基础上，李埏对自己长期研究的土地国有制问题做了系统的整理和总结。1988年，在李埏的倡导下，云南大学、山东大学、贵州民族学院共同在山东烟台举行了首届"中国封建土地国有制史学术讨论会"。1990年，又经李埏倡导，三校再次联合在昆明召开了第二届"中国封建土地国有制史学术讨论会"。此外,在20世纪80年代中后期,李埏还牵头向国家和省有关部门申报了"中国古代土地国有制史"课题,组织力量撰写《中国古代土地国有制史》。

1997年初,《中国古代土地国有制史》出版,全书27万言,分为13章,具体论述了自西周至清代的土地国有制情况,完整地勾勒了我国古代数千年间的土地国有制发展变化的历史运动轨迹。该书立足于从商品经济与土地国有制的对立运动来阐释土地国有制的盛衰变化,提出了不少极具价值的学术创见,不仅是一部极有特色的土地国有制史,而且是国内第一部系统论述土地国有制的通史,在中国土地国有制史的研究中具有承前启后的重要意义。这是李埏对学术界的一大卓越贡献。

(三)商品经济史研究

商品经济是李埏的又一重要研究领域。自20世纪30年代以来,他即以货币问题为核心,对商品经济史进行探讨,先后发表《北宋楮币起源考》、《宋代四川交子兑界考》等文,到了20世纪60年代又发表长篇论文《略论唐代的"钱帛兼行"》,在国内学界引起重视。到了1980年以后,李埏将研究重点转向中国古代的商品经济问题,主要原因为他认为商品经济问题是中国封建社会经济史上的核心问题之一。

第十二章　在中国经济史研究中的创获

商品经济是马克思经济学的用语,实际上就是今天我们谈的市场经济。依照布罗代尔的解释,市场经济是"横在生产和消费两大领域之间的交换","在生产和消费之间起着联系和推动作用"。换言之,就是商品经济。

市场经济不等同于资本主义。布罗代尔指出:市场经济只是整个经济的一部分,只在生产和交换之间起着联络作用。市场经济的历史远比资本主义长,在19世纪以前,它只是一个坚实的、厚薄不均的普通层次,在它下面有日常生活的汪洋大海,资本主义过程则间或从上面操纵它。①

市场经济在经济史研究中地位极为重要。布罗代尔认为:"经济史归根结底是市场经济从产生到将来可能结束的历史。"② 由于商品经济(市场经济)的这种地位和特点,因此把商品经济作为中国经济史研究的核心领域之一是非常合理的。吴承明在"文革"结束后,对经济史进行了更深入、更周密的思考后提出:"历史上我国商品交换比较发达,但是……它还不是市场经济。它也有个向市场经济转变的过程。……中国市场的转化也是从16世纪即明嘉靖、万历间开始的。……从16世纪到2010年,约500年,比西欧多用200年,何以故?

---
① 布罗代尔:《资本主义论丛》,中央编译出版社,1997年,第82页。
② 布罗代尔:《资本主义论丛》,中央编译出版社,1997年,第71页。

这正是我们经济史要研究的问题。应当把这 500 年作为经济史的重要课题。它也是中国现代化的历史。"[①]因此,虽然李埏和吴承明在中国的商品经济始于何时的问题上看法有别,但是他们都把商品经济问题作为中国经济史研究的中心,无疑是非常有远见的。

"文革"结束后,随着思想的解放,李埏的商品经济史研究有了突破。在 20 世纪 80 年代,李埏把这种研究从微观的典型剖析上升到更高层次的宏观理论阐释。他的商品经济史的研究,除了前面所说的将土地制度与商品经济有机地结合起来加以研究外,主要是关于商品经济史理论的研究和对唐宋货币经济史的进一步探讨及丰富。

(四)商品经济史理论

20 世纪 80 年代初,李埏发表了《经济史研究中的商品经济问题》一文。这是他长期研究商品经济史的理论升华,也是对 20 世纪 60 年代和 70 年代中国学界否定和批判商品经济现实的反思。文章发表后引起强烈反响,对中国商品经济史研究的开展起了导夫先路的作用。1983 年《中国经济科学年鉴》将该文作为有助于推动经济史学科建设和发展的重要论文详加介绍和评述。

[①] 吴承明:《传统经济·市场经济·现代化》,《中国经济史研究》,1997年第 2 期。

第十二章　在中国经济史研究中的创获

在此文中，李埏根据恩格斯《反杜林论》中对于政治经济学的论述，指出："一个国家应该有一个国家的政治经济学；一个国家的各个历史时代应该有各个时代的政治经济学"，而"经济史本质上是历史上各时代的政治经济学"。他将商品经济史置于基本范畴——生产和交换及其相互关系入手，阐释了恩格斯所提出的"经济曲线"这一概念并且说，"曲线是不能没有坐标的，只有纵横坐标具备才可能绘制出来。经济曲线坐标既然是生产和交换，则二者的重要性是不言而喻的"。不仅如此，他还进一步指出："经济曲线是一个社会或一个时代的经济水平及其发展变化的集中表现"；要绘制出不同时代的经济曲线，必须按照恩格斯所指出的方法，研究生产和交换怎样相互制约，相互影响。

该文接着分析了交换为什么会和生产具有同样重要性的原因，那就是：其一，由于每件商品都是生产和交换这两种社会职能作用的结果，"商品经济发展的轨迹就是一个社会或一个时代的经济曲线"。其二，自然经济和商品经济是人类社会长期并存的两种经济形式，二者互相制约、互相影响，此进彼退，此消彼长。由于自然经济代表的是社会生产力水平的低下，而商品经济代表的则是生产力和社会的进步，因此"自然经济的历史比商品经济悠久，商品经济的前程则比自然经济远大"。

这两种经济形式的对立运动只就总趋势而论，自然经济是由绝对的统治地位逐渐削弱，趋于消亡，而商品经济则是由萌芽状态逐渐增长，最后取得全面统治地位。针对我国历史上长期不重视商品经济的旧观念、旧传统，李埏强调："为了阐释我国封建经济的实况及其发展变化的规律，也为了说明我国封建社会的长期性、特殊性和规律性，毫无疑义，我们应当着重中国封建经济的研究，特别是其中的商品经济史。"他主张把商品经济问题放在经济史研究的头等重要位置，号召更多的人从事这项研究工作。

将上述理论与我国商品经济发展的历史相结合，李埏指出：在商品经济存在的古代社会中，在战国以后的封建时期里，商品经济始终是一个进步因素和力量。每当它有所发展的时候，社会就相应地向前进展，战国时期和汉初、唐宋时代都有显著的例子。反之，每当它衰落的时候，社会就停滞甚至后退，例如魏晋时代就是这样。因为"它的发展和出自自然经济的传统、制度、社会组织是冰炭不相容的。只要它具有一定力量，它就要削弱或破坏那些旧的传统、制度和社会组织。因此，商业乃至那令人诅咒的高利贷，都曾在历史上起过革命的作用"。反过来看，"古老的制度和传统是非常顽固的。除了商品经济，没有别的任何力量可以摧毁它"。这告诉我们：要把商品经济问题作为解剖中国社会发展、变化的一把解剖刀。

基于这些认识，李埏对中国商品经济发展的历史作了高度的理论概括和分析。他认为在中国商品经济发展的历史进程中，曾出现两次高峰，两次高峰之间是一个低落时期，呈"马鞍型"发展态势，形成一条升降起伏的经济曲线。第一个高峰是《史记·货殖列传》所传人物生活的那个时代，约自春秋末至西汉前期。到了汉武帝时期，由于官府打击商人和实施管榷政策，商品经济的发展势头被遏止，它的第一个高峰便结束了。紧接着，魏晋之际，由于分裂造成的混战，商品经济遇到更大的厄运，降落到最低点，铸币甚至退出了流通。这为自然经济的强化提供了条件，因而自然经济的世族庄园得以发展。人们所熟悉的《桃花源记》、《山居赋》等作品，都是自然经济在意识上的曲折反映。进入唐代，商品经济否极泰来，又向前发展了。经唐朝至宋，出现了第二个高峰。这个高峰比第一个高峰更高。随着茶叶等经济作物的异军突起，广大农民以前所未有的规模和程度从事商品生产，商品经济不仅在城市，在农村中也有所发展。与此同时，市场空前扩大，在农村，出了草市、墟市，在城市，则是产品集散的市场，出现了行肆邸店；甚至连一向与市场绝缘的皇宫也与市场发生了联系，宫市的出现表明市场关系已在叩击高峻的宫墙了。在市场扩大的推动下，尽管全国性市场也还处于幼年阶段，但毕竟商业网络已达于各主要经济区，全国性的市场已经开始形成。

中国商品经济的发展何以会形成这样一种态势，李埏解释道：自战国以迄西汉的前半叶，商品生产以盐铁为大宗，盐铁在市场上大放异彩。可是盐铁的产地有限，生产又比较集中，在自然经济的汪洋大海里，它好像一些为数不多的岛屿。由于商品经济具有很大的局限性，因此，汉武帝一旦发挥专制主义中央集权的威力，施行管榷均输政策，就能够把它夺而置诸封建国有制之下，大大削弱商品经济发展的势头。可是，到了唐宋时期，除盐铁之外，茶、绢、陶瓷等成为大宗商品，市场关系扩大，商品经济的基础更为坚实和广阔。虽然封建统治者仍然实施管榷政策，但时移势异，商品经济发展之势已不可能逆转了。所以唐宋以来，商品经济的发展高峰好像高原一样，在高原上就一直持续不断地向前发展了。

李埏从自然经济与商品经济的对立运动，对中国商品经济史上的一些重大问题，做出了解释，例如"重农抑商"问题，历来有较大争议。李埏指出：所谓"重农抑商"，从某种意义上说，也就是重自然经济，抑商品经济。历代统治者之所以要这样做，主要原因就是，"封建专制主义的统治是从自然经济的土壤生长出来的。在商品经济出世以前很久，它已经确立了；它不待商品经济而生存。商品经济的兴起，不是加固它的基础，而是使它感到摇撼"。由于自然经济的榨取手段是经济外强制，商品经济的剥削方法是经济强制，在自然经济与商品经济的矛盾、斗争中，自然经济是相形见绌的，而商品经济则步步进逼。自然经济的节节败退，损害了专制统治的利益，这样，专制统治者总是使用手中的权力，压抑商品经济，保障自然经济。这种解释，是方法论上的一次创新。

众所周知，在我国学术界，由于受批判和否定商品经济极左错误思潮的影响，长期以来，无人敢问津商品经济史研究，因此商品经济史也成为长期阙如的学术空白。李埏坚持研究不辍，不仅首次系统论述了商品经济史研究的重要意义，而且积极呼吁大力开展商品经济史的研究。1985年，李埏应邀到暨南大学讲学，暨大教授李龙潜有以下感触："他讲课中，给我印象最深刻的，是讲商品经济发展史。当年，这是个敏感的题目，因为讲商品、市场经济，社会上尚有异议，没有勇气，讲不了的。为了真理，他根本不考虑这些，在课堂上大讲商品经济发展史。他怕学生听不懂，从日常到市场上买东西讲起,解释了生产与交换、产品和商品、'抱布贸丝'的物物交换与刀布的商品交易等名词的内涵和区别。他讲商品经济与自然经济是中国封建社会两种经济形式,两者交织在一起,互为消长,构成一条升降起伏的曲线,不管社会经济发展如何曲折反复,就总的趋势而论,自然经济是占绝对的统治地位,逐渐削弱,趋于消亡;而商品经济则是由萌芽状态逐渐增长,最后取得全面的统治地位——这是封建社会经济的发展趋势。商品经济始终是一个进步的因素和力量,它与自然经济存在矛盾,因而在历史上屡遭打击和压制,如封建统治者推行的'重农抑商'政策,歌颂自然经济的《桃花源记》,传统的'士农工商'的排行观念等。因此,长期以来研究中国经济史,主要研究生产发展,忽视研究商品交换和分配,是非常不全面的。为了说明中国封建社会经济的发展规律,说明中国封建社会的长期延续,他希望大家重视商品经济的研究——'悟已往之不谏,知来者之可追'——一定能取得成果的。"

李埏的这些努力,对我国商品经济史的研究起到了非常重要的作用。回顾中国商品经济史研究的学术史,李埏无疑是商品经济史研究的重要开拓者。

(五)货币经济史

货币是商品经济的核心元素之一。货币对于商品流

第十二章 在中国经济史研究中的创获

通来说,"就像润滑油对机器来说一样,使得运转能够更加顺利"。货币发展的水平,也是商品经济发展水平的主要标准。因此,从货币入手来研究商品经济是非常有意义的。

在以往研究的基础上,20世纪80年代以来,李埏对中国封建社会的货币经济史进行了更深入的研究,相继发表了《从钱帛兼行到钱楮并用》、《北宋楮币史述论》等论文,并与他的高足林文勋合作整理出版了《宋金楮币史系年》一书。

《从钱帛兼行到钱楮并用》一文,是李埏以前发表的文章《略论唐代的"钱帛兼行"》的继续和发展。此文在系统剖析唐代商品生产和交换发展的基础上,进一步申论了铜钱之排挤绢帛,乃是小商品生产及交换增多的必然结果,同时也是飞钱、便换、楮币等出现的基本原因。他在文中指出:唐代中叶以后,商品经济日益发展,但是小生产者的景况却日益恶化。随着均田制的破坏,大批小生产者被推向街头,进一步刺激了商品经济的发展。与此同时,大批官僚经商放贷取利,商业资本再纳入这些"官僚资本,其势更为猖獗,直接促成了市场的扩大和远距离贸易的发展"。这种情况下,作为小生产者的货币,单位细小的贱金属铜钱在流通过程中产生了尖锐的矛盾,于是出现了飞钱。飞钱的出现,使

"认票不认人"的信用票据开始树立起它的权威，接近于后来的楮币。五代、北宋之际，国内西南市场和国外海上市场的扩张给商品经济以强有力的刺激，使商品经济和信用业持续发展，最终在使用铁钱的四川地区诱发出交子，拉开了钱楮并用的历史序幕。

在《北宋楮币史述论》一文中，李埏首先辨析了交子产生的时间，论述从交子铺到交子务的发展过程，讨论交子的兑界和回换制度，然后分时期逐一考述交子的演变发展。其中，对陕西交子之废尤为注意，详加分析。他指出：四川交子是出于民之所自为，是在商品经济土壤里长出来的；陕西交子则是出自官之为，是人工仿造的，二者貌似而实异。因此四川交子是有生命力的，陕西交子则完全没有生命力。从更深层次看，这不足为奇，因为在那个以自然经济为主的封建社会里，统治阶级中只能产生讲求剥削方法的理财家，而不能产生探索社会经济的经济学家。

《宋金楮币史系年》一书全面系统地整理了宋金时期纸币的资料。从20世纪30年代起，李埏即开始广泛搜集宋金纸币的资料，日积月累，形成了35万言的《宋金楮币史系年》一书。书中分交子、小钞、川引、关外银会子、铁钱会子、四川小会子、见钱关子、行在交子、东南会子、湖会、淮交、交钞等目，按年月日

第十二章 在中国经济史研究中的创获

时间顺序,将从70余种文献上收集到的纸币资料编成一部完整的编年史。对于所引资料,均做详细校正、考释,做到准确可信,尽可能地为广大研究者提供方便。

在上述这些研究论著中,李埏成功地解决了唐宋货币经济史的一系列疑难问题:

第一,交子的渊源。过去有学者将其追溯到西汉时期的皮币。但李埏认为《宋史·食货志》说"会子、交子之法,盖有取于唐之飞钱",可谓直溯其源,最能得其演进之实。飞钱"合券乃取之",为具有权威的信用票据,而最初的交子就是与之接近的信用票据或信用货币。他在《北宋楮币起源考》中指出:交子之率先起源于四川,主要是因为宋廷规定四川专行铁钱引起闪换不便而又缺乏贵金属,交子便借信用业的发展而产生。同时指出,旧史记载"交子起源于钱少说"、"张永蜀铁钱重而为创交子说"均不符实际,正确的是"蜀民患铁钱重而私为交子说"。

第二,交子产生的时间。历来学者们对此问题的看法是众说纷纭,如彭信威认为产生于五代宋初,加藤繁认为产生于真宗初年左右,戴铭礼认为产生于真宗朝,等等。李埏根据《续资治通鉴长编》中关于淳化二年(991年)十一月赵安易使蜀的记载,认为淳化二年四川市场上,铁钱不便交换的矛盾已十分尖锐,赵安易建议铸大钱解决矛盾,可见尚无交子。不过,矛盾既如此尖锐,交子的产生也是指顾间的事了。而淳化四年王小波起义时,市场上已有交子并出现弊端,可见交子的出现必在这以前,因此说它出现于公元10世纪末叶应是最为恰当的。

第三,交子的界制问题。史书曾有"两年一界"和"三年一界"之说,近世学者则多各执一端。李埏在《宋代四川交子兑界考》中指出:交子的界制前后有很大变化,凡有五期之不同:公元1023年前无兑界;1249—1256年,为十年一界限;1256—1279年,不立限界。交子创立兑界的原因,一是交子是楮制的,容易毁损和伪造,兑界可杜绝作伪纠纷;二是更换兑界之际可多收取纸墨费,扩大发行量以增加官府收入。

(六)"耕作半径"和"交换半径"

在这个时期,李埏的研究达到了炉火纯青的地步。他把以往研究以及实地考察所得的材料,用新的视角加以审视,做出新的解释,从而提出了若干具有国际前沿性的见解。其中,"耕作半径"和"交换半径"就是很好的例子。

关于"耕作半径"和"交换半径"的想法,初现于李埏1958年在宜良劳动锻炼时。经过不断思考,到了20世纪80年代,他对这些想法进行了历史的实证,然

第十二章 在中国经济史研究中的创获

后提出。

在我国农村地区,千村万落,星罗棋布。李埏发现有的村落人烟稠密,有的户口稀少;有的彼此相距很近,有的隔得很远……这些在常人熟视无睹的现象,却引起了李埏的思考,之后提出:

> 农民终岁勤劳,天天奔走于陇亩之间,农忙时甚至结庐田中,连家也不回。颜师古注《汉书·食货志》,解释"庐"字说:"庐,田中屋也。春秋居之,秋冬则去。"随着精耕细作的进步,农民到田间去的时间就更多了,尤其是南方,一年二熟三熟,不断地中耕、锄草、追肥,更是"无日休息"。这就使得农户不可能到离家很远的地方去进行耕作。
>
> 离村多远适宜呢?按一般行进速度,从村庄到田间往返大约一个时辰的途程为最大限度。过此以往,便觉得往返费时太多,运载费力太大,管理不便,不合算。这一个时辰的行进时段可叫做"耕作半径"。
>
> 用这个半径,以村落为中心画一个圆,便是这个村落中农民所能耕作的最大范围。假若这个范围内的可耕地广而肥沃,能养活较多的人口,那么,村落的规模就较大;反之,村落的规模就较小。如

果村落居民数量超过了该范围内可耕地能养活的人口数量，那么，就有一些人必须迁居，从而逐渐形成新的村落。

还应看到，由于从村里辐射出来的路径，有的曲折，有的崎岖，所以用行进时间为半径画出来的圆，落实到地面上不会是正圆。村落因地形之故也会偏离圆心。相邻两村的距离，在大平原地区，基本上是毗连的两个半径之和；在水乡或山区，还得再加上两圆之间的可耕地带。总之，一个村庄坐落在哪里，有多大规模，是由耕作半径决定的。①

这一范畴的提出，如果没有亲身的实践，是很难想象的。

"交换半径"范畴的提出，也是理论与实践相结合的产物。李埏从众所周知的"日中为市"这一自古相沿的现象推导出来了"交换半径"这个概念：

"日中为市"是约定俗成的，自然形成的。交易其所以要在日中，是小生产的局限使然。小生产，不论是古代的还是近代的，其特点都是狭小细

---

① 李埏：《"耕作半径"浅说》，刊于《云南日报》1985年5月17日。

第十二章 在中国经济史研究中的创获

碎。买卖很细碎,只能就近交易,当天来回。去远了,不能当天返回,就得投宿旅店,买饭充饥,交易成本增加,售卖所得,也许还不够宿食之费。这就规定了他们到集市上去的最远行程只能是半日程。早去晚归,所以"日中"是市上交易最盛的时刻。在这个时刻前后的时间里,集市上人口渐趋减少,以至虚无人烟了。

如果以集市为圆心,以半日程的行进时间为半径,画一个圆,圆内农民就是能到这个集市上来交易的居民,这个半径可以称之为"交换半径"。

"交换半径"的另一种表现形态,是以农户居住地为圆心辐射出去的半日行程。以这个半径所作的圆,就是这农户交换的地理范围,凡在这圆中的集市他都能去。①

1951—1952 年,美国人类学者施坚雅(G. W. Skinner)来到中国,考察四川农村的集市及其对社会经济结构的影响。10 余年后,他根据实地调研所得,撰写了《乡村中国的集市与社会结构》(*Marketing and Social Structure in Rural China*)一文,提出了中国农村

---

① 李埏:《日中为市》,刊于《云南日报》1987 年 1 月 2 日。

集市的结构模型。这一模型与李埏的"交换半径"范畴有异曲同工之妙,又各有所长。施氏模型具有抽象性,同时其局限性也较突出。李氏范畴简略明了,可适用于不同的地貌地形,但尚未充分展开。如果把这两位学者的成果进行综合,或许能得到意想不到的收获。有趣的是,施氏有条件不远万里来到中国进行田野调查,而李氏则是在劳动改造中进行的调查与思考。

这些新观点的提出,体现了李埏在研究上正处于巅峰状态。但是,他并不满足于此。他觉得更加重要的是,要让自己心爱的学问后继有人,使之传之永久。

第十三章　我爱公孙树

第一节　一位园丁的启示

1982年12月，李埏写了一篇短文《我爱公孙树》，刊于《云南大学》校刊1983年1月4日。文章开头写道：

> 我喜欢在校园中散步，尤其喜欢在数理馆北面的那条林荫道上徘徊、流连。为什么？因为那里夹道都是公孙树；我最爱公孙树。

接着，他以优美的笔触写下他爱公孙树的原因。

> 公孙树多美啊！它苍劲挺拔，直冲云霄，好像要参天似的。但又不是老气横秋，而是枝叶扶疏，四面舒展，给人以一种秀逸的情趣。你看，它那密

布枝头的叶儿,像无数片小扇:春天初露新芽时,嫩绿欲滴;夏天烈日炎炎,树下清凉舒适;到秋天,叶儿周边镶上一个金圈;秋深了,整片叶儿便成了金黄的。这时节,可以和它辉映的恐怕只有那枫树的红叶了。多么富有诗意呀!

他又进一步发公孙树的内涵:

> 然而,公孙树最美的还不是这些,而是它的高贵品质。当百花竞放,群芳争妍时,你可曾见它着过一朵花?它好像高自标置,不屑追逐流俗的样子,依旧默默地站立在那儿。大概就是这个缘故吧,在名园华堂里,你能看到的无非是茶花、牡丹、碧桃……,以及近日时尚的月季、君子兰之类,至于公孙树,谁会去种它呢。那些奇花,艳丽夺目,媚态确实逗人怜爱,但"华而不实",最大的好处只是供人赏玩罢了。公孙树,虽朴素无华,可是不知不觉间却结实累累,不仅是佳肴,而且是良药。它的木材还可作栋梁呢。它不随风倾斜,不招蜂引蝶。它的境界更高、更美。①

---

① 李埏:《我爱公孙树》,刊于《云南大学》校刊 1983 年 1 月 4 日。

第十三章 我爱公孙树

接下来李埏写了他从仰慕公孙树到设想在云大历史系建立中国古代经济史研究室的缘由。李埏素喜园艺，常与云大的园丁武文忠师傅切磋园艺。1953年的一天，武文忠在物理馆北面路边种植齐腰高的银杏树苗。银杏又称白果树，是我国特产，也有"活化石"之称。银杏生长很慢，一般来说，公公辈栽树，孙子辈才能吃到果实，故俗称"公孙树"。

李埏路过看到，便与武文忠攀谈，也想在家门口种上一株银杏。但旁边一位熟人劝他不要种银杏树，而要种株桃树。理由是种桃树，三年就可以吃上桃子，而银杏树结实要等到多年之后，李埏的年纪可能等不到了。听到这话，武文忠说道："前人栽树，后人吃果，栽了给后人享受，也好啊。"这一句朴实无华的话，引起了李埏的深思，并深深地印在脑海里。多年后，校园内的公孙树都长高了，种花人武文忠也故去。当李埏看到那高大挺拔的公孙树时，他常想起武文忠。在《我爱公孙树》中，他深情地说：

> 他终年胼手胝足，默默地为美化校园而辛勤劳动。他用汗水浇灌的每一株花木，但没有一株是为了他自己。他使我们今天还享受他的劳动成果，虽然他已经离开人世多年了。他就是公孙树，他一直

活在我们的校园里。

由此我更想到,武师傅的专业是种花木;他没有辜负他掌握的技术,在校园里留下了这么些业绩。他的功劳是不可没的,是值得我们学习的。怎样学习呢?我想,我的专业是中国古代经济史,虽没有什么成就,但毕竟搞了几十年,也应当像他那样,种一株公孙树——中国古代经济史。还应当像他那样,种在校园中,不是种在自己的庭院里。

有鉴于此,李埏反复问自己:"要不要乘此垂暮之年,和同志们一起,种一株公孙树苗呢?"这棵公孙树就是"云大中国封建经济史研究室"。

第二节 创建云大中国经济史学科

1979年,云南召开全省经济科学规划会议,5月4日,李埏应邀到会做了题为《重视云南经济史的研究》的发言。在发言中,他说:"经济史是一门不可缺少的科学。它研究的是历史上一个家、一个民族、一个区域的生产、交换、分配等具体经济状况及其运动规律,可以说,它是各历史时代的经济学。不言而喻,不进行这种研究,就不可能了解历史上各时代的生产方式和历史

第十三章 我爱公孙树

规律,不可能了解现代经济的历史前提和既有条件,这对革命和建设都是不利的。……但是,在我国,解放至今,三十年过去了,我们仍然没有一部以马克思的经济学说为指导的、完整的中国经济史,这不能不说是一件憾事。这不是经济学界和历史学界不肯努力所致,而是林彪、陈伯达、'四人帮'摧残学术、毁灭文化的罪恶结果。现在,党中央领导全国人民,取得了揭批林彪、'四人帮'的重大胜利,进入了新的历史时期。从今年起,开始了伟大的历史性转变,经济建设的任务提到了首要地位。在这样的大好形势下,必将日益迫切要求经济学、经济史等学科提供成果,为经济工作服务。但是,从经济史这门学科的现状来看,是很难适应当前需要的。就我省来说,现在还没有一个机构负责这方面的工作,专门从事这方面研究的人员也很少。这种状况和今后经济建设的需要是极不相称的。"

后来,李埏更清楚地说明了经济史研究亟待振兴的重要性:"1890年,七旬高龄的恩格斯给一个20多岁的德国青年康·施米特写了一封爱深教切的长信,勉励这个青年研究历史。恩格斯说:'……必须重新研究全部历史,必须详细研究各种社会形态存在的条件,然后设法从这些条件中找出相应的政治、司法、美学、哲学、宗教等等的观点。在这方面,到现在为止只做出很少的一点成绩,因为只有很少的人认真地这样做过,在这一方面,我们需要很大的帮助,这个领域无限广阔,谁肯认真地工作,谁就能做出许多成绩,就能超群出众。……'他特别指出:'经济史还处在襁褓之中。'并且深为不满地说:'……在靠拢党的青年作家中间,是很少有人下一番功夫去钻研经济学、经济史、商业史、工业史、农业史和社会形态发展史的。有多少人除知道毛勒的名字之外,还对他有更多的认识呢?……'从恩格斯的著作传播于我国也好几十年了。在这漫长的岁月中,我国的经济史研究怎样呢?恩格斯的这番教言究竟实践得如何呢?应该说,情况是不能令人满意的。解放以前,不独唯物史观的中国经济史未曾见,即其他观点的也很寥寥。1949年后,唯物史观大为普及了,照理经济史该受到极大的重视了,可是不然。作为一门历史科学,它远不如别的专门史。大学里很少开设这方面的课程,研究部门中不见有一个专设的机构,期刊群里也找不到它的一份专刊。"

那么,如何振兴和发展中国经济史研究呢?此时此刻,李埏面临两个选项:一是全力以赴,再写几部能够体现自己最新见解和研究水平的著作;二是培养出一代优秀的青年学者,使得中国经济史研究后继有人。李埏自问:"自己再增加几部著作和几篇论文而已,于经济

第十三章 我爱公孙树

史这门学科的发展岂不是于事无补。这能行吗？"因此，他把培养学生作为比自己著书立说更重要的工作，在此方面全力以赴，不遗余力，前后指导了12名博士生和若干硕士生。这些研究生中的大多数，后来都成为有成就的经济史学家。

为了营造一个中国经济史研究的氛围，并且为青年学人创造一个更好的治学环境，1982年，在李埏倡导下，云南大学中国封建经济史研究室创建了。他在日记中记述了建立的经过：

> 10月18日　与李英华（引者按：同系教师）联系写了一个给系领导的"报告"，提出建立"中国封建经济史研究室"的意见。报告由我起草，李英华联署，拟议成员还有杨寿川、武建国。今日送交系主任。
>
> 10月29日　晨八时半，校长赵季召集在张德光寓所开会，研讨历史系重点发展问题。与会者甚多，有教务处三人，科研处一人，校刊一人；本系有方、江、木、徐，及刘西芳、张德光、谢本书及我。会议决定以地方史及经济史为重点。
>
> 11月19日　系里通知，下午赵季校长将与我一谈。不待其来，四时往会泽院见之。彼征询改进

历史学意见,据所告之,谈至六时许回寓。

12月3日 下午政治学习,刘西芳宣读学校党委通报成立"中国封建经济史研究室",任我为主任。

经过一番准备,1982年12月8日下午,学校召开了"中国封建经济史研究室"成立大会。李埏在日记中记道:

12月8日 下午在张德光家举行研究室成立会。与会者:张德光、赵瑞芳、谢本书、罗秉英、左文华、张家麟、毛禹功,暨研究室成员:李英华、杨寿川、吕文鸿、武建国及我。会开得颇为热烈,会后还摄影纪念。我朗读了我写的《我爱公孙树》,并谈了希望形成一优良学风。

研究生邢铁也回忆了经济史研究室成立的情况:"我入学那年李先生已经68岁,李先生讲,自己年龄大了,应该培养一批学生,保住经济史学科。经过李先生的努力,组建了'中国封建经济史研究室',他亲自出任研究室主任。1982年12月8日下午,在系主任张德光先生家召开了成立座谈会,参加座谈会的还有李英华先生、朱惠荣老师、罗秉英老师、杨寿川老师、武建国

第十三章 我爱公孙树

老师和吕文鸿老师,副系主任谢本书老师和赵瑞芳老师也来了;当时顾士敏师兄那一届已经毕业,吴晓亮师妹这一届还没录取,所以经济史专业的研究生就我一个人参加。李先生在会上读了他专门写的一篇散文《我爱公孙树》,表达了'爷爷栽树孙子吃果'的情怀和对年轻一代的殷切希望。谢本书老师要过稿子,说要送给云大校刊。很快,这篇散文就与成立研究室的消息一起登出来了。

"那时候不时兴聚餐,座谈会开得文雅而郑重。先由系办公室的杨正禄老师给照了张合影,李先生还单独与张德光先生照了一张。接着是纪念签名,用的是小半张宣纸,李先生写下'云南大学中国封建经济史研究室成立纪念'之后,请张德光先生第一个签的名。"①

李埏在成立会上朗诵了他写的《我爱公孙树》。在这篇文章中,他把刚刚成立的研究室比喻为一株小小的公孙树苗。之所以把这个新生的研究室比喻为公孙树,是因为李埏欣赏公孙树的高贵品质。李埏接着满怀希望地说:"在这样美好的时代里,我们这株小小的公孙树苗一定会欣欣向荣,茁壮成长,愿我们研究室的同志们,团结一致紧跟着党,奋发努力,每个人做一名不负

---

① 邢铁:《不自小斋问学琐忆》,收于武建国、林文勋、吴晓亮主编:《永久的思念——李埏教授逝世周年纪念文集》,云南大学出版社,2017年。

伟大时代的园丁！"

就在中国封建经济史研究室成立后不久，李埏在家里也种了一株公孙树苗。他对学生说：这是为了能天天看到这株公孙树日就月将，茁壮成长。有一天，不知怎的这株公孙树枯萎了。李埏为此难过了一段时间。可是没有料到，时隔数月，这株幼苗又奇迹般地起死回生，舒展出嫩绿的新芽，焕发出勃勃生机。每当学生到他家，他总是掩蔽不住内心的兴奋，讲述公孙树的故事。

云南大学中国封建经济史研究室是当时国内较早成立的一个经济史研究室。成立后，在李埏的指导下，大家齐心协力，努力钻研，取得了丰硕的成果。1986年，以李埏为学科带头人的经济史学科获得博士学位授权点。经过10多年的辛勤努力，到了2000年，这个研究室已经羽翼丰满，发展成为中国经济史研究所。

20世纪90年代初，云大中国经济史学科只有为数不多的一点经费。当时有人建议李埏用这笔钱出版自己的著作。但是李埏说："我老了，多出一本著作和少出一本著作，已没有什么关系了；这点钱就留给年轻人出书罢，因为他们需要扶持和帮助。"在这样的考虑下，李埏提出出版一套"云南大学宋史研究丛书"，并为此积极组织年轻学者的书稿。

1994年，"云南大学宋史研究丛书"出版了。收入

第十三章 我爱公孙树

丛书的首批著作有林文勋的《宋代四川商品经济史研究》，龙登高的《宋代东南市场研究》、吴晓亮主编、林文勋副主编的《宋代经济史研究》。这些著作的作者都是年轻学者，研究具有很高水平，因此出版后很快受到国内同行的交口称赞。

丛书出版后，经李埏提议，1995年3月17日下午，"宋史研究丛书首发式"在云南大学泽清堂举行。云南省史学界的数十名专家以及出版界、教育界和学校的部分领导出席了首发式。在首发式上，李埏满怀喜悦地说："出版这套丛书的目的在于宣传中青年研究者的成果，促进社会各方面对硕士生博士生的重视培养，鼓励更多的后继人才产生。"许多专家、领导也纷纷发言，盛赞此举的意义。云大中文系教授张文勋指出："这次首发式有三个启示：一、再穷也要坚守学术岗位不动摇，也要从事科学研究；二、要充分发挥老教师的带头作用；三、要为青年人的脱颖而出创造条件。"的确，没有李埏，也就不会有"云南大学宋史研究丛书"的诞生。

为了让云大的中国经济史研究迈向全国，在李埏的主持下，云大中国封建经济史研究室与《历史研究》编辑部、南开大学历史系共同发起召开了全国首次"中国封建地主阶级研究学术讨论会"。

地主阶级与农民阶级是中国封建社会的两大基本阶

级。在两千多年封建社会中,地主阶级始终居于矛盾的主要方面,影响着社会的发展。中共十一届三中全会后,"地主分子"这种身份被取消,这个阶级最后消失于历史长河之中。在这种情况下,迫切需要对这个阶级进行全面而系统的深入研究。《历史研究》编辑部人员萌发了召开一次研究中国封建地主阶级的学术讨论会的想法。李埏认为召开这次会议的意义重大,遂向校系报告,提出由云大中国封建经济史研究室承办这次会议。后来,南开大学历史系愿意参与其事。这样,云南大学中国封建经济史研究室、南开大学历史系和《历史研究》杂志社三家单位便共同发起了首次"中国封建地主阶级研究学术讨论会"。

1983年10月14—20日,首次"中国封建地主阶级研究学术讨论会"在昆明隆重召开。来自全国二十个省、市、自治区的学者出席了会议,李埏被选为大会执行主席。会议上,学者们就中国地主阶级的产生与再生,地主阶级的内部结构、历史地位及作用,以及研究中的若干理论和方法展开了热烈的讨论,取得重大收获。在当时的情况下,这次会议对我国史学界的思想解放具有重大意义,至今还被人们津津乐道,称之为一次史学界的空前盛会。

在李埏的带领下,云大中国封建经济史研究室不仅出色地完成了会议的组织工作,而且提交了五篇高水平的学术论文,获得了与会者的高度评价。这支年轻的队伍得到了锻炼和提高,迈出了关键性的第一步。

李埏提交的论文题为《关于中国封建地主阶级的几个问题》。在这篇文章中,他对地主阶级的产生、发展、变化做了高度的概括分析,涉及地主阶级界说、地主是怎样产生的、地主阶级和中央集权制的关系、地主阶级何以能够更新等重大问题。文中贯穿的基本观点是:"商品经济一定程度的发展是地主阶级产生的历史前提。西周时期,自然经济占绝对支配地位,封建生产关系只能是领主制。春秋战国时期,商品经济发展到足以瓦解农村公社,加上其他因素的作用,于是产生了地主阶级和租佃关系。唐代以后,随着商品经济的扩大,租佃制越来越多地排挤奴隶制和农奴制的残余,经济强制更进一步削减了经济外强制。到明代,太湖地区始有资本主义萌芽。商品经济在这个地区开始露出行将否定封建生产关系的端倪。"李埏也从商品经济的角度,着重分析了地主阶级的产生及其更新,指出:春秋战国时期,货币经济冲击着农村公社,引起农村公社内部齐民的贫富分化。富者借助于租佃这种经济关系进行剥削,从而产生了地主和佃农,产生了封建地主制生产关系。这个看法比过去那种把地主阶级的产生简单地归结为阶级斗争的结果的观点，显然更具说服力。在地主阶级内部，有贵族地主、官僚地主、庶民地主之分，决定地主阶级性质和动向的是庶民地主。庶民地主与农民、手工业者以及商贾之间，不仅没有等级界限的障碍，反而有商品经济这一经济通道。商品经济使地主、农民、手工业者、商贾经常处于贫富分化之中，身份不断发生转化，从而使地主阶级获得不断更新。这是导致地主阶级长期存在的重要原因。

在中国史学界，这篇文章具有非常重要的意义。在1988年中国社会科学出版社出版的《历史研究》编辑部编辑的会议文集《中国封建地主阶级研究》中，编者特意将李埏的这篇论文置于篇首。

第三节　在云南推动经济史学的发展

为推动云南的中国经济史研究，李埏联合省内高等院校、科研机构、方志编纂学界的近30个单位，于1987年3月21日在昆明成立了中国经济史学会云南分会，李埏被选为理事长。在成立大会上，他做了热情洋溢的讲话，殷切期望云南的经济史研究早日脱离"襁褓"，日新月异，继长增高。这个新成立的中国经济史学会云南分会共有会员137人，下分中国古代经济史、中国近代经济史、外国经济史、云南地方经济史4个组。其中,云南地方经济史组有会员78人,为人员最多的小组。这些人员广泛分布于高等院校、研究机构、方志编纂单位、博物馆、档案馆、图书馆、机关及部分中学。中国经济史学会云南分会的成立,第一次使他们有了自己的研究组织,建立了相互之间的联系和协作,有力地推动了云南的中国经济史研究的发展。

作为一个热爱桑梓的人,李埏也十分重视云南地方历史的研究。

早在中学时代,在中学历史教师夏光南的影响之下,李埏对云南地方历史与掌故就产生兴趣。在北京大学文科研究所做研究生时,李埏的导师向达对云南史地就有深入的研究,曾对樊绰《蛮书》首次做校注,成《蛮书校注》一书。他对李埏说:"你是云南人,今后应注意学习和研究云南的历史。"这进一步增强了李埏对云南史地的兴趣。1939年,他利用西南联大放暑假的机会,从省城昆明返路南老家省亲,适值路南县教育局举办教师暑期讲习班,局长杨一波邀他为学员讲"乡土历史"。他坚辞不获,于是依据州县志及平时读书笔记,写成"乡土历史"提纲两万余言。1943年,他受聘为云大历史系中国史讲师。当时的代理系主任方国瑜精研滇史,李埏经常请益,遂以课余陆续搜集路南史料,于

1947年冬编成《路南县沿革大事系年》，共10余万言，以系年的形式，概述路南县由古至今的大事沿革。此书分上下两册，上册起自秦汉，迄于清代乾隆；下册则录清嘉庆以后事，实为一部内容翔实而又简明扼要的路南地方史。在"文革"中，此书的下册散佚，上册延至1991年才在昆明市地方志编纂委员会办公室编辑的《史与志》第4期上刊出。此外，20世纪40年代，李埏还受方国瑜之托，为《新编云南通志》翻译了德国学者李德所撰《云南梵文石初论》一文。40年后，到了八旬高龄时，李埏又重操旧业，亲自动手进行云南地方史的基础性研究，做出了可贵的贡献。

清人倪蜕《滇云历年传》一书是学滇史的入门之书。中学期间，李埏曾向夏光南请教怎样学习云南历史，夏光南说：先取倪蜕《滇云历年传》细细阅读。1933年暑假，李埏取此书细读一遍，发现该书既未断句标点，又多鲁鱼亥豕之论，对初学者十分不便，因此萌生了校点此书的想法。在夏先生的鼓励下，李埏开始进行《滇云历年传》的点校工作。由于多方面的原因，点校迟迟未能完成。直到20世纪80年代，这部书仍然没有一部好的点校本。为方便初学者，李埏以耄耋之年，积数年之功，终于成《滇云历年传》校点本35万言，于1992年刊出，实现了李埏当日对夏老师的承诺。

第十三章 我爱公孙树

该书不仅对倪蜕《滇云历年传》做了全面而又准确的断句、标点，而且考订、纠正了书中的舛误。有关方面评价校点本断句、标点、分段均较为准确，对于原刻本中的文句、史事、史料的错讹之处，则广征博引，做了大量的校勘工作，加以订正，进行点校，一丝不苟，令人信服。这个校点本不仅为云南古代史的研究者整理出了一个优良的版本，而且也为云南地方古籍的整理，从方法、形式、内容等方面提供了有益的样本。因此，该书出版后得到古籍整理界的高度评价。他以古稀之年作被许多人称之为"童子之师"的"句读之学"，实属难得。

除校点《滇云历年传》外，李埏还对云南历史上的一些重要史事做了深入研究。1990年，李埏发表了《马援安宁立铜柱辩》一文，依据大量的史料，经过严密考证，令人信服地指出《蛮书》上的这条记载是不可信的。马援既没有到过安宁城立铜柱，也没有在交趾立过铜柱，此事纯系传说，从而廓清了云南历史上的一件重大史事。

作为一位经济史学家，他在倡导云南地方史的研究时，特别强调云南经济史的研究，为这门学科的发展起到了开道铺路的重要作用。

1979年5月4日，在全省经济科学规划会议上，李埏做了《重视云南经济史的研究》的发言，指出：云南省幅员如此辽阔，民族如此众多，经济状况如此复杂多样，且不说那遥远的古代，即近百年的近代，亟待研究的课题也不胜枚举。他具体列举了滇越铁路、"同庆丰"商号、马铃薯和玉米的传入、烤烟、茶叶的栽种等诸多亟待研究的重要课题，号召大家认真研究，最终写出系统的、完整的云南经济史。针对当时经济史研究人员很少的状况，他建议：在有条件的高等学校里（比如云南大学）建立经济史研究室，首先集中校内人才，从无到有，从小到大，早日开始研究工作并培植后进。同时，在新近成立的云南省经济研究所内，罗致省内外的经济史研究工作者，逐步建立科目较多的研究室。此外，某些部门单位还可以筹建与自己业务相关的专门的经济史研究室。他说：千里之行，始于足下；只要大家重视，干了起来，云南省经济史的研究一定会得到蓬勃发展。这样明确而又具体地提出大力开展云南经济史的研究，对刚处于复苏的云南学术界来说，无疑是一声春雷。这席发言在《云南日报》刊出后产生强烈反响，对云南经济史研究的开展起到了导夫先路的作用。

1986年，李埏赴河北廊坊参加中国经济史学会成立大会。会上，他又一次做了发言，除了再次阐述经济史研究的重要性之外，还指出：我国幅员辽阔，各地社会经济差异很大，研究任何断代的经济史都必须分经济区去进行，开展区域经济史的研究。不这样做，就不可能写出完整而又准确的中国经济史；云南是边远省份，比起一些先进兄弟省来要落后一些，但不要以为云南就是一穷二白。云南不仅有立体气候，立体农业，而且还有立体社会，有丰富的资料宝库。新中国成立前，在云南，从阶级不分明的原始社会到半殖民地半封建社会，各种形态都有。我们许多民族走过各种不同的历史道路，这些材料很丰富，是我们的优势，应大力研究；研究云南经济史，云南的同志责无旁贷，不过单靠云南的同志恐怕还不够，外面的同志也可以来研究，必须实行对内搞活、对外开放。因为我们是一个统一的国家，云南的经济史不能不脱离全国来单纯研究。我们一方面要立足云南经济史的发展，切实推动我们的经济史研究向前发展。

这次发言，既强调了开展云南经济史研究的必要性和基本思路，又提出了区域经济史这一经济史研究的重要发展方向，受到与会学者的高度评价。

和一些专治地方史的学者不同，李埏在倡导研究云南经济史的时候，强调要把云南放在中国这个大环境中进行研究。他的高足林文勋回忆道："如何开展云南地方经济史研究？先生对我讲：'研究云南地方经济史更需有全局观念和眼光，不能就云南而研究云南，那样只会坐井观天。'他说，四川在古代一直是西南的中心，要懂云南，必须明了四川。因此，先生建议我学习和参照全汉昇先生《北宋汴梁的输出入贸易》、《南宋杭州的消费与外地商品之输入》、《宋代广州的国内外贸易》等重要论文，对北宋四川的输出入贸易做一个系统研究。"

李埏积极倡导编纂一套多卷本的《云南经济史》和举办相关的学术会议。1988年3月21日至22日，中国经济史学会云南分会在昆明首次召开了"云南商品经济，1253—1987年"学术讨论会。65名学者出席了这次会议，提交论文30余篇。李埏在会议开始时和结束时分别做了讲话。与会学者集中深入地讨论了南方丝绸之路与滇西开发、云南商品经济发展的基本估计、云南商品经济发展的特点、云南商品经济发展的制约因素等一系列重大问题，取得了富有价值的成果，产生了深远的影响。

对于云南地方经济史的研究，李埏给予热情的帮助。20世纪80年代中期，省人民银行金融研究所组织力量编写《云南历史货币》一书。他不顾高龄，多次参与讨论，并在书稿编成之后为之作序。此外，他还为《云南地方官僚资本简史》、《贝币研究》等云南地方经济史的研究专著撰写了序言。在《云南历史货币》序言中，他指出：云南遥处西南边陲，又多兄弟民族，是

第十三章 我爱公孙树

我们祖国的最为重要的一个组成部分。它的经济形态和货币形态纷然杂陈于各历史时代,较之其他地区又具有更多的多样性和特殊性。不把这个地区的经济史、货币史……研究清楚,祖国的经济史、货币史以至通史是不可能完备的。过去这方面的工作做得不够,实属憾事。现在为了四化建设,为了发展商品经济,亟应大力开展有关这方面的研究,首先是货币史的研究。然而物有本末,事有终始,应知所先后,中国人民银行云南省分行金融研究所、云南省钱币学会聚集人才,提供条件,经过几年的搜集整理,编制成《云南历史货币》一书,这就为进一步研究云南的经济史、货币史准备了一个不可少的条件。因此,从这本图书的问世,我们可以看到云南货币史、云南经济史的研究即将逐渐展开,迅速成长,产生丰硕的成果。

1990年,在云南省高校古籍整理委员会召开的一次会上,李埏建议并呼吁高校古委组织人力,筹集经费,作为云南古籍整理的"拳头产品",编纂《云南经济史料汇编》、《云南民族史料汇编》、《云南丛书续编》、《全滇文》、《全滇诗》等,为云南地方史、地方经济史研究的全面展开奠定基础。

晚年的李埏,最喜欢在云大内操场南面的银杏道上散步。1953年校工种下的银杏树苗,现在已长成了参天

之木了。看着道上那飘飘洒洒的黄叶,听着从水塔上传来的悠远浑厚的钟声,一阵阵感动涌到心头:

> 1998年4月17日 我有一盆景,植银杏一小株于其中,已数年矣。今春不发芽叶,似已枯矣。日前以告沈继延,欲另植一株。今晨到图书馆五楼借《元史》,继延赠我一株小榕树,甚苍老可爱,亦盆景也。携归置于书斋案头。忆十六年前,余创设中国(封建)经济史研究室(后奉命改为经济史研究所),曾作一短文,题曰《我爱公孙树》,借以喻薪尽火传,传之永久也。校刊刊出,颇为人所称。今所栽公孙树忽枯萎,岂是经济史无传人耶?思之惘然。
>
> 4月19日 公孙树盆景忽又发叶子,甚喜,即调整屋前后花盆,竭上午之力,幸犹能胜任。

常言道:"功夫不负有心人。"辛勤的耕耘换来了累累硕果,李埏在云大种下的史坛"公孙树",也茁壮成长起来了。

第十四章 一代良师

1985年，在新中国首届教师节到来之际，李埏怀着喜悦的心情撰写了《为真正做到"为人师表"而奋斗》一文。文中，他深有感触地说："陈云同志为教师节题写的'为人师表，无尚光荣'八个大字，是对广大教师的最高期许和最好祝贺。作为一名教师，如果不能做到'为人师表'，就不能分享那'无尚光荣'。我很惭愧，我一生从事教学工作，可是直到今天，离'为人师表'的要求还很远。陈云同志的题词给我以深刻的教育和启示。我愿以这个教师节作为新的起点，不断努力，充分发挥余热，一天站在讲坛，便一天向着'为人师表'的目标奋勇前进，不辜负党和国家的重托和厚望！已故学者梁任公有句名言'战士死于沙场，学者死于讲坛'。我们应当向华罗庚教授那样，把自己的一切贡献给党的教育事业，直到最后一息。"

李埏传

第一节　热爱教师工作

李埏常说:"我这一辈子,除了教书,百行百业,都一无所能。所以我要尽心尽力地教好书,做个好教师。"他把全部热情和心血投入到传道授业的工作中,终成一代良师。

一丝不苟、认真负责是李埏的一贯工作态度。不论是教研究生还是本科生,不论是教本系的学生还是外系的学生,不论是在课堂上讲课还是课后辅导,不论是上课还是做讲座,他都极为认真。

李埏对教课有极高的标准,每次上课都是一次挑战,都要尽力给学生提供最好的知识,每一堂课都要上得精彩。他当年的学生武建国回忆道:"我留校任教后不久,有一次,我在李先生家里谈论到教学,李先生谈的两点让我感触颇深。一是,每次上课前的头一天晚上,先生都要认真备课,熟读讲稿。第二天上午,坐在书房里,把当天要讲授的内容,在脑海里默默地过一遍,然后才去上课。所以先生上课时从不看讲稿。二是,先生总是不断地修改讲稿,把自己的研究成果和对学术界提出的新观点、新成果的评析及时写进讲稿。正是受到李先生的教诲,在我教学的过程中,始终以李先生谈的两点要求自己，努力为之。"

李埏自己在日记中也记述他备课的情况：

> 1980年5月　本学期为三年级开"唐宋经济史"选修课。……日前虽美尼尔氏病复作，服药后即力疾上课，并重新备课，查阅参考书，可谓全力以赴。刻下讲到两宋海上贸易，翻阅系中所藏阿拉伯史。（美）希提的《阿拉伯简史》（马坚译，Philip K. Hitti, The Arabs: A Short History）一书，则细过一遍，深爱之。希提有《阿拉伯通史》，简史缩写本。惜通史，校图书馆无藏，不得见。

为了上好课，李埏用尽心思，采用各种手段帮助学生。20世纪80年代初，李埏为云南广播电视大学的学员讲授历史课，在与学员的交谈中他得知许多学员是初学历史，因历史事实纷纭复杂、记不住而苦恼。针对这种情况，他撰写了《学习历史要重视图表》一文，扼要分析了历史图表的重要作用以及如何利用图表增强记忆、帮助学习的具体方法。该文对学生学习历史很有帮助，受到师生们的一致好评。

这种敬业精神，加上他的学识和口才，他讲课讲得十分精彩，深受学生欢迎。许多学生对他的教学都有美好而深刻的记忆。

李埏 1985 年到暨南大学讲学,给暨大教授李龙潜也留下了深刻的印象:"1985 年春夏间,李埏教授依约来我系讲学。……每次上课,教室里都坐得满满的。他讲课内容丰富翔实,结构谨严,层次分明,论证细密,逻辑性强,深入浅出,明白晓畅,辅以手势,颇有风趣,娓娓动听,听者如坐春风,极受欢迎。"

对于李埏来说,给学生提供高质量的课程,使学生感到满意,就是对他辛苦劳动的最好回报。他在 1980 年 5 月的日记中写道:

> 本学期为三年级开"唐宋经济史"选修课。旁听者甚多。教室可容百人,每讲均座无虚席。学生反映极佳,对我称誉甚至,我深受感动。

第二节 爱人以德

李埏认为高校应当实行教学与科研并重,培养研究生就是实现这一目标的结合点,是早出快出创新型人才的重要措施之一。所以,在接受招收研究生的任务后,他更加努力地工作。

1980 年,李埏开始招收培养研究生。1981 年,在

第十四章　一代良师

全国第一批学位授权点审批中，云南大学专门史（经济史）获硕士学位授权，李埏成为全国为数不多的中国古代经济史专业的硕士生导师。1986年，该专业点再次获博士学位授权，李埏成为全国唯一的专门史（唐宋经济史）专业的博士生导师。

李埏热爱学生，因此他总是希望把他们培养成为优秀人才。这是他爱人以德的核心。

李埏招收和指导学生，首先就向他们说明："求学必须是为追求学问，如果是为了混个学位，那就不要来跟我读书了。"他在"文革"后招收的首批研究生中有一位顾士敏，至今还清楚地记得当年他在云大教师王玉笙的带领下初次拜谒李埏的情况："先生当时住在云大北院一幢红砖平房背阴的另一半，昏昏灯火，苍苍白发，年已六十又五。王老师把我的学习情况向先生极力推荐。而先生听了，则话语不多地询问了几句学历、经历和家庭等等的平常话。对王老师的力荐既不认同，亦不失礼。我一介青年学子，除非问及，无从置喙，则荷载两间，独彷徨而已。短短不过二十来分钟，王老师即作辞告别。临出门时，先生对我说了一句：'仅仅是为了换个工作环境，就不用来考了！'一语如冰，好一位冷峻的先生。……"

李埏指导的最后一位博士生王文成，也深深地记得在入学面试时李埏对他说的话:"那是1996年夏季的一天。怀着忐忑不安的心情,我来到了云南大学北学楼二楼的一间办公室。办公室的桌子旁,坐着李埏先生、朱惠荣老师、林文勋博士。这是我通过博士入学考试的笔试后,进行面试的考场。李埏先生、朱惠荣老师有关专业方面的问题过后,面试进入尾声,即将结束。就在我想要舒口气的时候,李埏先生说:'今天的最后一个问题是:你考博士的目的,是想要学位?还是想要学问?'语气凝重、威严,不容我脱口立即作答。就在我迟疑的片刻,李埏先生接着说:'这个问题你可以不回答,口头上回答了也没有意义。如果你被录取,只有通过你的行动,通过你的表现,才能给出真实的答案。现在即使回答,也不一定真实,说了也没用。'他略作停顿,语重心长地说:'学位是文凭,没有学问的人,或许可以通过不同的办法取得学位。学问是知识,是能力,只有通过努力学习和训练,才可能获得。有学位的人,不一定有学问。但有学问的人,取得学位是理所当然的事。甚至对于有学问的人来说,是否有学位并不重要。陈寅恪先生留洋多年,不屑于学位,可没人认为他没有学问。如果你被录取,希望你通过获得学问,取得学位。'"

这样的"当头棒喝",使得学生们从一开始就树立

第十四章 一代良师

了治学的决心,并且以此作为终身的追求。对于这样的学生,李埏总是想尽一切方法,让他们能够如愿。顾士敏在初谒李埏之后,努力准备研究生考试。他后来回忆道:"(此后)我下班之后,没日没夜地恶攻中国经济史,从李剑农三书入手。转瞬之间,考期已至,请事假三天赴考。记得专业课程考题不易,需要答出'王莽改制'时的货币种类、举例说明宋代海上交通的发展状况等等。总分120,我考了109。后来王老师告诉我,先生判分之后,立即去外语系查我的外语分,查毕路上,不断摇着右手的食指和中指两个指头,叹息而归。王老师说道:'他的心是热的!'我的外语只考了20分!不久,又一纸不予录取的分数通知书收到了。然而,在近一月后,却完全出乎意外地收得一份'破格录取'的研究生入学通知书。我急忙去问王老师。王老师才告诉我,先生在不录取通知书发出后,每日惘然若失,用尽一切努力,不断向各个方面争取……最后是直接向时任云南省教育厅厅长的郝建上书,才有了这一'破格录取'。上书之时,反复斟酌,曾四易其稿。我一下子两行热泪夺眶而出,泪流满面。好你一位冷峻的先生!"

吴晓亮也回忆道:"1998年,先生因被学校宣布退休而不能再招收博士生。先生帮我分析了我的专业实力和学校的实际情况,要我报考朱惠荣教授。但是,那一年我的博士入学考试并不顺利,因为英语成绩偏低我排名第二。当时朱惠荣教授的招生计划指标只有一个,这意味着我将名落孙山。我真的好沮丧、好难过。没有想到的是,84岁高龄的先生为了我的录取,亲自到研究生处、到校领导处争取指标,最终使我如愿以偿。我到先生家致谢,先生却非常严肃地对我说:'我不是为你个人,我是为云大的中国经济史学科!我告诉他们,你是云大封建经济史研究室的教师,培养你就是为了学科的发展,为了学校的发展……'我突然感到,这个'博士'不仅仅是我个人的一个学位的问题,它承载了先生对云南大学中国经济史学科、对青年教师寄予的希望。先生这份沉甸甸的期望,成为我在不惑之年再次作为学生,决心再攀高峰的最强有力的推力!"

在学生们考上了研究生后,李埏依然时时提醒他们要以学术为志业。当年的学生孙洪升记得:"先生从一开始,就要求我们要立志献身于学术事业,要从事学术事业,就要做好甘愿坐冷板凳的准备,就要准备过清贫的生活。在现实的社会中,有人热衷于权力的追求;有人热衷于财富的追求。而先生却选择了对学术事业的追求,并且一生都毫不松懈,坚持到人生的最后岁月。先生不止一次地对我说:'你们到我这里来读书,就是为了要追求学问。当然了,你们也要拿学位,但不要仅仅就是为了个学位来读书。你们要学位，但更重要的是要学问。'先生多次提醒我们青年学生：'你们是在求学，就要多主动些。总不能老师喊你们过来说要给你们传授点知识吧？这样的老师也太掉价了。'"

吴晓亮则一直牢记着李埏对她的期许："在攻硕的三年间，先生对我不仅倾注了他的心血，且对我寄予期望。有一天，他很认真地说：'晓亮，我给你起一个笔名吧，叫"亦柳"。你知道我为什么为你起这个笔名吗？就是希望你像柳田节子一样，在宋代经济史研究中能有所成就……'他在屋中踱着步，慢慢地对我讲述了柳田节子先生的学术成就及她的个人生活。柳田先生是日本的、一位在中国宋史研究领域获得极高学术成就的杰出女性，出版有《宋元乡村制研究》、《宋元社会经济史研究》、《宋代庶民女性》等著作。2006年7月9日逝世后，日本学界评价她是'支撑起日本中国史学界黄金时代那一辈学者中的一人'。自20世纪80年代先生对我讲述柳田先生后，她一直是我心中的偶像。我从未与柳田先生谋面，但高山仰止，我始终对她怀有深深的敬意。也许是对自己不自信，也许是对前辈学术成就的敬畏，我从未敢使用这个笔名。"

李埏对学生的这种期许，出于他自己对学问的钟爱。他认为追求学问是人生的至乐，因此希望学生也能够得到这种至乐。己所不欲,勿施于人;己之所爱,与人分享。这是一种爱人以德。

李埏一辈子教书育人,历来有教无类。云大历史系教师章峰是他20世纪80年代的一位助手,做助手时已年过半百。李埏对这位助手倍加关怀。据章峰1985年的回忆:"去年十二月的一天上午,我去李埏先生家中请教问题,李先生特地拿一张卡片写了孟子的两句话递给我:'学问之道无他,求其放心而已矣!'而且还在'放心'两字下面加了着重点。还有一次,我也是去他家求教,他又给我写了两句话:'失之东隅,收之桑榆。'虽然我现在年过半百,但在李埏先生亲切的教导和鼓励下,树立了充分的信心。他语重心长的四句话,将永远铭记在我的心中,以求在桑榆之年,为'四化'做出一点贡献。"正是在李埏的教导和鼓励下,章峰在中国土地制度史和云南地方史方面做出了令人赞誉的成绩。

李埏在学生中广受敬重,是由他的品格、学识、贡献、影响决定的,特别是他对学生的爱,对学生的满腔热情,给学生们留下深刻的印象。在他去世后,学生们纷纷撰文回忆恩师,表达了他们对恩师的感激和热爱。

第三节　教学有方

李埏热爱教育事业，不断探索做好教育工作的方法。多年的钻研，使他积累了一套行之有效的教学方法，他将自己的治学方法、治学经验毫无保留地传授给学生。严谨的治学态度，严格的学术训练使李埏培养的研究生受益良多，日后他们都成了学术中坚。

李埏认为一个合格的教师应该既教书又育人，教育是教书和育人的有机统一。从某种意义上看，育人更为重要。对于育人，李埏认为，要育思想、育志气、育道德、育体魄，进行系统的教育。这几方面互相联系，缺一不可。作为教师，任何一个方面的教育都不能忽视。

李埏强调言传身教。他常说，"以言教者以身教"，教师能以身作则才能为人师表。在学生的心目中，教师的一言一行，无论好的还是不好的，都会给学生留下深刻的印象。因此，教师必须严格要求自己，要求学生做到的，自己首先要做到，用自己的优良品学赢得学生的敬爱，才能为人师表。教和导的最好方式是和学生做朋友，把严格要求寓于和谐气氛之中，不仅以言教，而且以身教。教师向学生谈自己的经验、体会是最亲切最感人的。不仅要讲自己成功的经验，还要讲自己失败的教训。比如，向学生讲自己是如何得到哪个创见的？哪个创见有什么价值？得到什么样的评价？教师要求学生文章写得好，最好以自己的得意之作为例，把自己写作中的甘苦讲给学生听。在他的指导下，学生们的写作水平提高很快。

李埏在指导研究生时探索出的"两因原则"很有成效。有的教师说："李先生培养研究生的方法，肯定有独特之处。"的确，他的方法确有独到之处。"两因"原则即其中之一。

所谓"两因"，一是因材施教，二是因势利导。要做到因材施教，就必须了解每一位学生的实际水平、兴趣专长及优缺点等，采取不同的教育和培养方式。因势利导，则是要帮助学生发挥其有利条件，克服不利条件，沿着既定方向把他导向培养目标。多年以来，李埏一直给研究生讲授"中国封建经济史"、"中国古代经济史史料学"、"唐宋经济史"等课程。虽然课程的名称一直未变，但每一年，针对不同的学生，课程的内容和重点都有所不同，充分体现因材施教和因势利导的原则。

课程之外，对研究生的具体指导，李埏更讲求区别对待。即使同一年级有三四名研究生，他也分别指导。他认为，这样学生可以"得到最大的益处"。

李埏培养学生体现在每个环节中，从研究生入学之日即严格抓起。他十分重视给研究生上好第一课。这一课就是"什么叫研究生？"主要包括这样几个问题：（1）研究生要具备哪些素质（政治素质和专业素质）？（2）研究生与本科生有何区别？具体做法是：由研究生本人谈对这些问题的认识，和导师讨论，互相交换意见，形成一致的看法。其主要目的是帮助研究生树立正确的世界观和人生观，确立做人的标准、原则，端正学习态度；明确自己的学习目标和任务；密切师生间指导与被指导的关系。他认为，这一课必不可少，关系到今后培养工作的全过程，应作为研究生的学前课。这学前课收到了良好的效果，许多研究生澄清了思想认识上存在的一些问题，忘却了入学考试的疲苦，增强了信心，很快就投入了紧张的学习之中。

研究生一经投入学习，接下来的问题就是如何将他们导向培养目标。李埏认为，首先必须制定科学的培养计划。至于如何制定培养计划，他说，要依据国家规定：（1）研究生的学习年限为三年；（2）修课至少八门、三十学分；（3）完成教学实践和实习调查；（4）撰写学位论文并答辩通过。这些项目，缺一不可，一定要逐项落实。不过，他同时指出：虽然这样制定的培养计划，对加强学生的理论基础十分必要。尤其是对大学本科训练有所不足的学生，更有好处。另一方面，由于项目和课程较多，也可能出现分散学生精力的后果，使研究生整天忙于听课堂学习，变成本科生的延伸，没有足够的时间从事研究工作，使所学的东西只有量的增加，没有质的升华，达不到培养目标（能独立地创造性地从事教学或科研工作的高级专门人才）。

如何实现上述目标？李埏认为培养计划要有中心，这个中心就是研究生的"研究方向"，一切工作都要从研究方向出发。例如课程设置，不应为了凑足门数，让研究生随便选读，而是要力求每一门课对研究方向都是直接有关的、必要的。比方说，研究生的研究方向是"唐宋经济史"，他的政治理论课就不能像大学本科的政治理论课那样面面俱到，而应着重讲广义的政治经济学；对研究生的选修课，应该指导他去选取中国近代经济史、外国经济史、经济地理等最为相关的课程；教学实践则应让研究生参加唐宋有关的教学活动；实习调查也最好指导他去唐宋重要经济区参观访问。只有这样，才能使培养计划的各个项目紧紧围绕其研究方向，形成一个整体，既可兼顾理论基础和科学研究两个方面，又可使二者相得益彰。

在制定培养计划时，李埏还强调要处理好导师的指导与研究生独立学习和研究的关系。他认为，研究生的成长是一个具有明显阶段性的发展过程。大体上说来，一个年级就是一个阶段,各阶段的指导应有所不同,应该随着年级的上升和研究生独立工作能力的提高,对他们越来越放手,给他们越来越多的支配时间的自由,即"指令性"逐年减少,"指导性"逐年增多。

针对当时研究生培养中"管得过多"这一问题,他认为,"虽然包办代替和放任自流都不好,但若必居其一的话,我宁取后者而不取前者。因为研究生都是经过考核才录取的,不爱学习者只是极少数,何必对他们过多管束呢。导师应该对他们的学习和研究,随时给予必要的指导,使他们不浪费一天的时间,不走一步弯路。但同时又要信任他们,不要'什么都管'"。

李埏很重视马克思主义理论的学习和教育。他认为马克思主义理论是科学的世界观和方法论,同时也是指导我们进行科学研究的锐利的思想武器。因此,在重视专业培养的同时,必须始终加强研究生对马克思主义理论的学习。多年来,他所指导的研究生,除了要求参加全校性的公共政治理论课的学习外,他还亲自为他们开出了"《资本论》研读"、"《反杜林论》政治经济学部分研读"等课程。

李埏认为,在制定了科学的培养计划之后,下一步的关键问题就是如何具体地培养研究生的研究能力,这是整个培养工作中至关重要的环节。为了使这个环节落在实处，他主张全部工作都要围绕研究课题展开。他说："假如说研究方向是培养计划的中心，那么课题便是中心的中心。"他还常常引用西文名言"发现问题就等于解决问题的一半"，谆谆劝勉研究生给予高度重视。

李埏强调论文题目不能由导师指定，应该先由研究生广泛涉猎有关唐宋经济的古籍和现代论著，然后由研究生发现自己感兴趣的，并认为最应该用力探讨的问题，书面拟出若干个题目，并依据这些题目逐一写明研究的价值和意义、国内外对此问题的研究状况、研究的有利条件及难度。导师一方面要根据题目的价值、难度和研究条件，另一方面根据研究生的基础、水平和能力，提出意见：哪个题目不必做或不宜做，哪个题目可以做或要如何修改。在与学生的讨论中，导师要启发学生拓展思路，进一步思考，由学生再次就论文提出题目。这样三番五次地反复商讨，最后选定一个师生都较为满意的作为研究课题。这个研究课题也就是学生将来的学位论文题目。因此，这个题目以后还可修改，但不能变动，除非有特殊的原因。

研究课题确定后，下一步的主要任务是如何指导研究生去完成这个课题。李埏认为，这大致可分两步走：

第一步是指导研究生大量阅读文献及有关资料，广泛占有材料。由于这个环节牵扯的问题十分复杂，为了使研究生能在较短的时间里收到较大的效果，李埏指导他们处理好"博与精"的关系。他常引用"王阳明格竹子"的故事教导研究生："只求专约孤立的研究事物，是难以获得知识的。"同时，他又时常引录《庄子·养生主》"吾生也有涯，而知也无涯，以有涯随无涯，殆矣"之言，教导研究生："知识的范围太大，而个人的生命、精力毕竟是有限的；假若不顾专约而单纯去追求广博，那也是不可取的。"他还指出：读书治学的方法，当如清代章学诚所言，"学贵博而能约"。并比喻道："这好比画圆，圆心就是中心，半径就是有联系的知识，圆周就是广博范围。世界上没有无圆心和半径的圆，没有无专约的博。广博是可贵的，不广博就无法专约；但广博毕竟是服从于专约，专约的中心变了，广博的范围也就不同了。"殷切希望学生抓紧时间学习，尽快成长。

第二步是在资料积累到一定程度的基础上，开始撰写并最终完成论文。在这一阶段，李埏不主张急于求成，而强调稳扎稳打。他将这一步具体分成三个环节，严格把关。第一环节即整理资料，主要是将资料分类，将互相关联的归在一起，从中寻找问题；第二环节是定读书札记，主要是对在第一环节发现的问题进行必要的分析、考证和综合，初步形成一些观点和看法；第三环节是撰写论文，主要是在读书札记的基础上进一步综合论证、补充扩展。这既可以某一篇读书札记为基础，也可将若干篇读书札记综合在一起。他认为，经过这样三个环节写出的论文，就比较扎实，具有一定的功力。在这个问题上，他还强调，导师指导和审阅毕业论文，既要严格把关，又不能包办代替，应该对研究生所写的每一稿都写出具体修改意见，让研究生自己修改。导师的意见是启发，是商量，不能强迫。在这方面把握不好，不仅对研究生的培养不利，在论文中也不能反映研究生的实际水平，甚至是弄虚作假。

在以上各个阶段，尤其是确定课题和完成课题这两个阶段，研究生会有许多疑难问题向导师请教。对此，李埏主张导师不要一问就答，而是要"一问三不答"。他说："作为导师指导研究生，最忌讳一问就答，这样只能助长研究生的依赖性。"

所以，每当研究生向他请教问题时，他并不急于直接回答，第一次仅只从侧面加以启示，鼓励研究生自己思考解决；第二次则正面加以提示，诱导思路；第三次再进一步提示。经过三次之后，研究生还不能解决，再作具体回答。不过，在这点上，李埏认为，"导师要掌握好分寸，既不搞一揽子包办，也不要使研究生茫然，不知所措"。每当研究生提出与导师不同的观点时，只要他言之有理，导师就应该鼓励他们"良仁不让于师"，鼓励他们继续研究，大胆阐述自己的看法。

为了提高教学水平，交流教学经验，20世纪80年代李埏多次到厦门大学、复旦大学、贵州民族学院等高校讲学。每到一地，他总要抽出时间与该校的教师、研究生座谈，互相交流，取长补短。他在教学过程中，创造了因材施教和因势利导的"两因原则"和言传身教等方法。他将自己教书育人的经验，作了总结，写成《关于导师工作的几点意见》，发表在《中国高等教育》1988年第2期上。他在文章中说："导师只要遵循'两因原则'，言教身教并重就好了。……'两因原则'和言教身教是我对自己提出的要求。我虽然未能完全做到，但我相信这样的要求是完全必要的。我要用这个要求鞭策自己，勉力把党和人民交给自己的培养研究生工作做好，做一个循循善诱的导师！"

第四节　学生心中永久的记忆

一个好老师和一般老师之间的差别，不仅在于上课的效果方面，更在于课后对学生的培养和关爱。李埏在课堂上是好老师，课外也是好老师。他教过的学生，无论是本科生还是研究生，都对他的培养有深刻的记忆，这就是最好的证据。下面，就从李埏逝世后学生们写的回忆文章中节选一些段落,由此可以清晰而生动地看到李埏是如何培养学生的。

在今天,一个进入大学的本科新生要见到一位资深教授,是件很不容易的事。但在当年的西南联大,本科生却是学校的宠儿,教授们对本科生的培养予以最大的重视。李埏秉承了联大的这一传统,对本科生的培养不遗余力,不仅上好课,而且非常重视培养他们的研究能力。因此他总是从一开始就教他们怎么治学,让他们尽早、尽快走上治学的道路。1979年,在与历史系1976级同学的一次座谈会上,他联系自己数十年教学和科研积累起来的经验,耐心细致地给同学们讲述"怎么写毕业论文",逐一教同学们如何选题、如何收集资料、如何做卡片、如何撰写论文。

武建国回忆道:"大学三年级上学期,李埏先生为我们班讲授'唐宋经济史'课程,我有幸担任课代表,因此有较多机会得到李埏先生的指导。李先生的课堂教学,是历史系师生公认讲授得最好的,不仅内容丰富,语言生动,分析鞭辟入里,而且对问题的分析总有自己独到的见解,会给学生很多启迪,留下很多思考。当时,我们班对经济史感兴趣的同学,在课后会经常就某些问题开展讨论甚至是争论,为求证答案,或去图书馆查阅有关文献,或直接求教于李先生。学习李先生这门

第十四章 一代良师

课程，我受益良多，课堂有收获，课外带着问题查阅文献资料。通过学习、钻研、思考仍然不能解开的难点，求教于李先生，总能得到悉心指导，每经先生点拨，常常茅塞顿开，豁然开朗。一学期的课程，不仅使我对唐宋社会经济有了比较全面系统的了解，而且深感学习的能力有了长足进步。

"学期末，我写了一篇读书报告《试论均田制中永业田的性质》，交给李先生。李先生看后，认为均田制中永业田具有国有和私有两重性质，均田制是我国古代土地所有制从国有制占主导地位向土地私有制占主导地位的过渡时期的土地制度，我的分析论证有着自己独立的见解，有发表的学术价值，鼓励我进一步深化和完善。同时，要我再学习马克思的《资本论》，尤其是其中马克思关于土地所有权、占有权、使用权的论述。在史籍方面，仔细读和辨析《唐律疏议》的条文。我领悟到，李先生指点我学习《资本论》，是要我进一步提高理论水平，更好地应用马克思主义的理论指导经济史的研究；读《唐律疏议》是要我注重国家法律政令类的文献资料，法律政令类文献是当时社会状况和国家意志的集中反映。辨析是要求对史料进行认真的梳理考证，以求其真实性。李先生的指点，对我后来的治学道路起着重要的引导作用。

"在李先生的指导下,我在继续学习和研究的基础上,对读书报告几番修改,终成一篇论文。在我大学四年级时,发表于《历史研究》1981年第3期。所以,是李先生引领我跨入了中国古代经济史研究的门槛,引导我在经济史研究的道路上不断迈进。"[①]

吴晓亮回忆李埏指导她做本科毕业论文的情况说:"我的本科毕业论文欲从自己喜欢和了解的《清明上河图》入手。最初,以'从张择端的《清明上河图》看北宋开封的城市经济'作为选题。先生认真细致地了解我为什么要做这个选题,了解我对论文的初步设想,随后指导我对论文的构架做了调整。……在我呈交论文的第二次修改稿后不久,先生又将我叫到家中,要我仔细看看他划有红线和删节的地方。红线部分是写得较好的、有想法的地方,删节的则是不妥之处。先生说:'你好好读一读,我对文字删节后你的文意发生变化了吗?如果删节后没有改变你的原意,就说明那里是多余的,甚至是错误的。'我仔细阅读先生修改的地方,体味先生说过的话,再次修改文本,最终,先生给予我的学位论文以'优秀'的成绩。

[①] 武建国:《李埏先生与我的学术成长道路》,收于武建国、林文勋、吴晓亮主编:《永久的思念——李埏教授逝世周年纪念文集》,云南大学出版社,2017年。

"现在想起来,撰写本科毕业论文时自己对宋代经济史的认识还很粗浅,研究刚刚起步。但通过论文的写作,却使我养成一种习惯,在写作中尽量去掉多余的文字和语句,学会了在'读'的过程中修改文章。实际上,先生对本科生、硕士生和博士生的指导和培养,有自己的设想和步骤。因材施教、因势利导是他培养人才过程中一贯遵循的基本原则。实践中,他采用分层次培养步骤。在他看来,本科生的论文应当做到可以较好地综合、归纳前人的成果,文字表述要清楚;硕士生的论文则要在选题和观点上有新意,应当能体现学生从事科学研究的能力,解决一个问题;博士论文则要在选题、理论和观点上都要有所创新。他对人才培养中的三个层次的要求是有所不同的,是循序渐进的。我想,自己的学术道路就是在先生的指引下,从蹒跚学步走向成熟的。"

对于研究生的培养,李埏更是不遗余力,希望培养出优秀的学者,以传承中国经济史事业。在这方面,他指导的研究生都有切身的体会。

邢铁回忆道:"入学考试的时候,我的中国通史不及格,学校规定要补课,李先生就让我通读《资治通鉴》,作业是把司马光的所有的评论全部辑录出来,写出所评论事件的提要,再做出分类索引。我用了一个学期的时间,一周读一本,把 20 本读完了,还整理出了 12 万字的《臣光曰辑录》。交作业的时候我向李先生请教:'我以前学过经济基础决定上层建筑,怎么读《资治通鉴》以后觉得政治的作用也很大呢?'李先生说:'你读进去了。'随着时间的推移,我渐渐明白了,李先生让我读《资治通鉴》并不是单纯地补中国通史的课,是为了让我准确地理解中国历史上经济基础与上层建筑的关系,防止陷入简单的经济决定论。这对我认识经济史的问题很重要,对我后来走上社会经济史的路子也有影响……

"李先生特别重视研究生论文题目的选择。在李先生口述、我记录整理的《谈谈指导研究生的三个问题》中,李先生讲,培养研究生的关键'是要让研究生学会选题目,选准选妥题目'。"

吴晓亮清楚地记得:"1983 年,我顺利通过云南大学唐宋史方向的硕士生入学考试,得以继续师从先生。在硕士生学习的三年时间里,先生对我的专业培养主要着力于三个方面:(1)学术研究的基础——掌握史料;(2)学术研究的生命所在——了解前沿、开阔视野与勇于创新;(3)学术研究的规范——尊重前人,实事求是。可以说,这三年是我一生最重要的学习阶段,它为我后来从事学术研究奠定了坚实的基础。

第十四章 一代良师

"随先生攻硕的三年间,我知识的增长不是在教室里课堂上,更多的是在先生简陋的客厅或庭院里。先生常说'学知识不仅只是在课堂上,更是在烟、酒、茶之间'。这是事实,课堂之外,在先生家中与他闲谈常使我获益最多。在课堂之外,先生的智慧常有最精彩的释放,先生的指导常使我茅塞顿开。初入师门,我在各方面都显得格外稚嫩。一天,先生要看我的读书笔记,我匆忙拿出自己装订的'笔记本',那上面记录的内容杂而无序。先生告诉我,那样的笔记是不方便研究的。他从他的书房中拿出一张卡片,一边示范一边手把手地教我怎样做读书卡片。在先生的指导下,我才懂得在一张书摘卡片上,怎样将所有的内容合理布局:比如,要做到一事一卡;卡片上要注明所读文献的书名、版本和卷数或页码;对所摘内容一定要起一个小标题,以便日后可以将资料分门别类,且应当用最概括的语句写在右上角以便翻阅。

"先生知道我对唐宋史的认识仅限于大学的通史课程,于是对我讲授了《新唐书》、《旧唐书》、《通典》、《宋史》、《续资治通鉴长编》、《文献通考》、《宋会要辑稿》等几部唐宋史研究的重要文献的优劣。他认为,我作为一名唐宋经济史方向的研究生,应当选择其中的一部作为精读史料。当时,由于自己的本科论文涉及宋代的开封，对宋史有些许了解，加之当时乡镇企业蓬蓬勃勃，引起我的关注，所以，我主观上想做宋代城镇的研究。与先生谈了自己的想法后，先生要求我在认真阅读史料的基础上再最终确定选题。他要我到图书馆去'摸一摸'，除了几部大部头的文献外，宋人著述还有哪些。过上一段时间，我向先生汇报读书的情况，他又说：'宋代有319年的历史，北宋、南宋存世的文献资料不均衡，你应当在阅读史料后再确定自己是做两宋的城镇研究，还是北宋或是南宋的城镇研究。'他进一步指导说：'你所希望做的选题，在资料方面有一定的难度。一般正史中的记录远远不够，建议阅读《宋会要辑稿》及宋代的方志、笔记小说。'他多次强调：'要学会从史料中感受和体悟古人，看到他们有鲜活的生命，他们的活动会构成生动的社会场景。只有这样的学习，你才能接近历史和解释真实的历史。'……

"20世纪80年代初期，受社会发展水平的局限，信息资料的收集和获取远不如今天便捷；也由于受意识形态的影响，我们所能看到的学术成果，多是大陆学者的论著，像港台地区和外国学者的研究成果比较少见。初入学的我，对中国经济史研究的学术前沿了解不多，在有限的条件下，先生首先要我认真阅读加藤繁的《中国经济史考证》，了解日本学界对中国历史的研

第十四章 一代良师

究。加藤繁是著名的日本学者,对中国历史、中国的经济史研究,特别是对唐宋经济史研究具有开拓之功,先生给予他极高的评价。先生又将他自己收藏的英文版《全球通史》(即斯塔夫里阿诺斯所著 *A Global History*: *The World to 1550* 与 *A Global History*: *The World since 1500*)借给我。他认为该书语言简洁,对世界历史的概括提纲挈领。阅读后不仅能提高我的英语阅读水平,更重要的是能促进我认识世界历史中的中国,以及与中国各王朝所处同一时期的世界,……从而关注世界历史,重视国际学界的成就,用世界的眼光看中国。

"先生特别强调要了解和认识20世纪20—30年代史学前辈们的学术研究领域及学术成就。于是,我辗转于云南、北京、厦门、宁波等地的高校和图书馆,在查阅史料的同时,又查阅《食货》、《中央研究院历史语言研究所集刊》、《东洋文库》等中外刊物。如此,我似触摸到前辈大师们的脉动,感受到他们的精神之芒。在先生的指引下,我看到一片生机勃勃、异彩纷呈的学术园地。不由地对那些已经逝去的,抑或是健在的,大陆的抑或是港台地区、日本、欧美的前辈学者的辛勤劳作与创获怀有深深的敬仰!我渐渐明白,先生为何屡屡教诲我们'学术成就总是站在巨人的肩膀上'。我渐渐走进中国经济史研究的园地。

"先生认为，研究生阶段最重要的是学位论文。学位论文不是一般的文章，而是'必须有新的创见，即解决一个问题'，其关键在于要'学生学会选题'。他认为，导师给学生一个选题可谓是轻而易举，但是那样做的话学生就不能得到'发现问题'的训练。记得在研究生入学后不久，我就向先生表达自己想继续从事宋代城市方面的研究，但先生并未即刻回答可与否，而是要我在认真阅读史料和前人研究成果的基础上完成一个'作业'，作业中必须回答几个问题：1. 阅读了哪些史料？2. 所关注的问题有哪些学者做过研究？3. 你觉得自己可以研究该问题的哪些方面？4. 为什么要研究这个选题？5. 你认为自己有可能回答或不能解决的问题有哪些？等等。今天回忆起来，完成这个作业的过程其实就是先生对我的训练过程。通过这个作业，我初步学会了'发现问题'，懂得应当在实证的基础上'解决问题'，懂得在前人研究的基础上找到问题的切入点。这个训练无疑使我终身受益。

"在我成长的过程中，我感受尤深的是在确定硕士论文选题的前后，先生不仅敦促我加强史料阅读，了解学术前沿，夯实专业基础，其更重要的一点是，他不时地启发和维护我的自觉意识，给予我可以充分发挥自我的空间。这应当就是先生培养人才遵循'因人施教，因势利导'原则的一种体现。

"众所周知,先生多年从事中国土地制度和商品经济的研究,在学界已经产生重要影响。作为先生的授业弟子,沿着先生的学术道路前行、继续深入研究义不容辞。但是,由于我个人的兴趣一直是城市,在认真阅读史料和了解前人研究成果后,我仍然以'南宋江南市镇经济研究'作为硕士学位论文的选题。先生给予我最大的鼓励。他说:'学生的选题不一定是导师的专长,只要你能言之有据,自圆其说,导师就应当尊重。'他还自谦地说:'没有哪一个导师什么都懂,什么都精。能在一两个方面有所长就不错了。'也许正是先生的大度,以及对我的宽容和理解,成就了我今日的学术方向——除了对中国古代经济史,特别是唐宋城市问题的研究专心致志外,还保留了自己对中国古代都城历史与文化的兴趣。

"培养良好的专业素质,还有一个不容忽视的环节就是尊重前人研究、遵守学术规范。为增强专业知识,先生要我读正史中的《食货志》,以便了解中国古代经济史涉及的一些重要内容和线索;读《宋史纪事本末》和《宋会要辑稿》,以便了解宋代发生的主要史实和宋代经济史的相关内容。先生要求我认真做读书笔记,定期汇报。初入学时,读十三种《食货志》,总觉得枯燥无味,匆匆翻阅了几部就提交了一篇读书笔记。先生一看就知道我读书不认真,有不实之举,他非常严厉地批评了我,说:'书没有读完,怎么可以写读书笔记?'此事至今让我汗颜,先生严肃的面孔令我难忘。作为一个学子,良好的学术品德,仍然是最重要的'专业基础'。有一次,一位师兄问先生做学问的捷径是什么,当下先生就严厉地说:'做学问从来没有捷径!'其实,早在入学之初,先生就教导我们说'做学问要学会坐冷板凳,要学会心无旁骛。只有持之以恒方能取得成绩'。所有这些都使我记忆深刻,是我至今对学问始终怀有敬意,懂得学术尊严的原因。

"经过三年系统的、循序渐进的培养,我学会'论从史出'这样一个史学研究者必须遵循的原则。我在阅读古籍、了解学术前沿的基础上,掌握了发现问题、解决问题的基本技能,学会自己寻找一个研究的方向和切入点,逐渐具备从事科学研究的专业素养。先生时时教导我们:'研究生期间,既要学学问,更要学做人。'他的教诲,使我在纷繁现世中,懂得心要静,志要远,才能做一个真正的优秀学子。"[①]

[①] 吴晓亮:《在先生的引领下成长前行》。收于武建国、林文勋、吴晓亮主编:《永久的思念——李埏教授逝世周年纪念文集》,云南大学出版社,2017年。

第十四章 一代良师

林文勋在自己做了博士生导师后,对李埏当年培养他的苦心依然感受如新:"近来,在研究生的培养中,我越来越多地体会到,要防止见事而不见人的做法,即只当一件事、一项任务来对待,而不是瞄准人的培养来开展工作。同时,在研究生的培养中,优秀的导师不仅要传授知识,指导学生完成论文,顺利完成学业,更重要的是指导学生找到今后长期发展的学术方向。之所以产生这些认识,与先生对我的关心和培养是分不开的。……

"研究生阶段,按照培养计划,学校统一为全校的研究生开设政治课。……我们虽然感到政治课很重要而且很必要,但也因其所讲授内容与同学们的专业研究结合不甚紧密,同学们中存在一种应付的情况。为了改变这种情况,更为了提高我们的理论水平,先生不顾年事已高,向学校提出亲自为我们经济史专业的研究生讲授政治课。先生开设的政治课主要内容为'《反杜林论》政治经济学部分研读'和'《资本论》研读'。在讲授中,先生并不是对相关问题简单地做理论性的阐述,而是结合中外经济史中的重大问题与实例,将理论与史实相结合,以理论指导史实的分析,以史实的分析去深化对理论的认识。时至今日,先生关于人类社会商品经济发展规律、货币起源历史进程、前资本主义社会经济形态演进等问题的讲授还浮现在我们的脑海中,指引着我们的学习和研究工作。

"先生为我们开设政治课,与先生对理论的重视和先生的理论水平是分不开的。在学术界,普遍称先生是一位'两头熟'的专家,即理论熟和史料熟,苏双碧先生在回忆李埏先生的文章中就讲道:'李埏先生很熟悉马克思主义,他运用马克思主义研究历史很自如,这是他的学术著作见解深刻、新颖的重要原因之一。'

"先生开设政治课,这是先生一生治学的经验总结。历史学虽然是以史料为基础去发现过去的一门科学,需要实证,但因其研究目的并不是简单地去再现历史,而是发现历史,所以,理论的重要性是不言而喻的。通过先生的讲授,不仅提高了我们运用马克思主义理论分析问题的能力,更重要的是使我们进一步认识到了理论水平在历史研究中的重要性,感受到理论素养确实是一个历史研究工作者能力与素养的重要组成部分,体会到了'理论决定高度'这句话的要义,从而使我们养成了重视理论与学习理论的习惯和传统。这是我们一生受用的宝贵财富。……

"史料是历史研究的基本材料。史料的功底和占有情况往往决定着历史研究的水平。先生对我阅读史料的训练是从练字和提高古汉语水平开始的。刚入学之时,

第十四章 一代良师

鉴于我写字欠佳和古汉语水平有待提高,先生命我买来《古文观止》和小楷本,要求每天用小楷本抄写《古文观止》中的文章一篇,每周检查一次。

"对于史料的阅读,先生指导我由简而繁,由宏观到具体。先生强调:先阅读那些部头不大但又记载两宋重大历史事件的史书,形成对宋代主要历史问题和历史发展的概观,再逐步推开,这有利于使我们的历史阅读始终置于宏观的历史背景之下,可以注意到史料之间和历史事件之间的相互关系。在先生的指导下,我首先阅读了《宋史纪事本末》、《通鉴长编纪事本末》、《建炎以来朝野杂记》等史籍,然后再逐步阅读《宋史》、《续资治通鉴长编》、《建炎以来系年要录》,以及《宋会要辑稿》和宋人笔记小说、文集等文献资料。

"先生非常重视史料阅读的过程,在过程中来训练学生、培养学生。在阅读史料的过程中,先生并不只是要求过目即可,而是有着更严格的规定。先生要求我在阅读史料过程中,凡遇历史纪年和古地名,均要用专门的笔记本抄录出来,并查对相关工具书,逐一标出公元年份和今地名,以便让我建立起历史发展的时空观念。对此,先生要求极其严格。如在同一部书的同一卷中,我先注出了仁宗天圣元年的公元年份,紧接着即遇到了天圣二年,先生都要求抄录注出,而不允许跳过。这样,通过举一反三的抄录和查注工作,我的历史时空观念迅速得到加强并对后来的研究产生了长远的影响。

"先生十分强调在阅读史料的过程中要能够发现问题和提出问题,并反过来带着问题去读书,去阅读史料。为此,先生要求我在阅读史料的过程中写读书札记。读书札记不限长短,但所写必须是一个问题,必须有感而发,每周一篇。在先生的指导下,当时,结合读书所得,我每周至少完成一篇读书笔记,有时一周则写两三篇,对此,先生都一一批注和提出指导意见。多年之后,我发表的许多论文,就是根据当年写的读书札记修改完善而成。

"先生对我的指导,不仅将我逐步引入了学术的殿堂,更重要的是给了我一种精神的激励。我随先生读研究生时,先生已年逾七旬,到了颐养天年之时。尽管如此,先生从不放松对我们的指导和培养。那时,不论是练字,还是抄录和查注历史纪年与地名,抑或读书札记,先生都每周检查一次,并给予具体指导,从不间断。令我印象最深的一次是:1987年初夏的一个晚上,我向先生交了读《续资治通鉴长编》一书的读书札记,共计十篇。其中,最长的达三千余字,最短的也近两千字。不巧的是,先生第二天早上九点要乘飞机赴复旦大学讲学。我想,读书札记肯定要等先生回来后才能批阅。然而出乎我的意料，第二天早上六点半左右，先生即到宿舍把我叫至家中，然后拿出我的读书札记。我一看，每页稿纸上都做了认真的批注和圈改，其仔细程度竟至连标点符号也做了改正。并且，每篇稿子后面都写了详细的意见，逐一说明取得的成绩和存在的问题。后来我才知道，先生为了不影响我的学习进度，连夜批改读书札记，几乎整夜没有入睡。对于一位年逾七旬的老人来说，这是多么可敬的行为。这件事，至今在我脑海中记忆犹新……"①

龙登高对当日受教的情景还感到历历在目："先生对我的正式课堂讲授很少，几乎都是在其古香的'不自小斋'书房或简陋的小客厅一对一地谈话或聊天。这对教师资源的利用来说，某种程度上是一种浪费，对徒弟来说，则是极大的垄断性消费，现在回想起来，简直就是奢侈性享受了。这正是师徒制的特点，由于不是批量生产与规模经营，一年全校的文理博士生才两名，不可能形成大课堂。另一方面，由于培养程序与制度化无例可循，许多环节都需要先生亲自操心与过问。

"先生的正式授课，可以把常人眼中枯燥的经济史

---

① 林文勋：《导师的作用——忆恩师李埏先生对我的指导》，收于武建国、林文勋、吴晓亮主编：《永久的思念——李埏教授逝世周年纪念文集》，云南大学出版社，2017年。

讲得有声有色，有时又波澜壮阔。我仅在读研之前听过先生的录像课程。至今记得他谈茶叶经济，真是一种享受，赛过极品铁观音。战国秦汉时的盐铁，唐宋时期的茶叶，明清时期的棉布，就是对各个时代商品经济的特征乃至经济发展进程打下自己烙印的重要商品。以茶叶为例，从它的生产、运销、市场等各方面来看，都具有与其他商品不同的独特性与新异性，对商品经济的影响更广、更深。它的突出特点是适应面广，极适应小农的个体生产，是一种天然的小商品生产，与小农经济的细碎性、分散性紧相一致，小至一株两株，只要一寸土地就可以种植，当然也可以是茶园大规模种植。它在南方比其他任何经济作物都普遍，可以广泛存在于穷乡僻壤，不像甘蔗、漆、瓷等受到各种条件的制约。战国秦汉时的盐铁，不是小农家庭所能普遍生产的，因而不能带动农民广泛卷入商品经济之中，茶叶却将农民广泛卷入商品生产之中，其意义不可同日而语。茶叶市场，不仅存在于生产地南方，而且北方尤其是塞外游牧民族更需要它以消化脂肪，稳定广大的市场，促进了远距离贸易。中国境内农业民族与周边的游牧民族之间的交易，唐以前是绢马贸易，唐后期则一变而为茶马贸易。绢因可受革质品的替代而市场有限，茶则没有替代品，并且只有南方才有生产，拥有这样广阔的市场，茶在南方的

第十四章 一代良师

生产便持续而稳定地扩大。而通过茶这种特殊商品，中原王朝可以对周边民族实行羁縻政策。茶叶广泛流通，又带动了其他商品的生产与流通，如受饮茶之风的带动，作为饮具的瓷器，在唐宋时代更为推广，也更为考究。

"先生命我每周写一篇读书报告。读《资治通鉴》、《续资治通鉴长编》等史籍，每周写一篇可长可短的读书笔记或报告，这对学生、导师都不是件易事。当我自己成为博士生导师之后，我更感到坚持每周为每一个博士生指导读书报告，实非易事，遑论年逾古稀的先生。一篇篇的笔记与报告，一次次得到先生的批注与点拨，理解史料，甄别史料，发现问题，解决问题，就在这一次又一次的过程中逐渐培养起来。驾驭文字、篇章结构，也逐渐行云流水，渐入佳境。……记得我读到汉代的'金'与黄金，颇多疑问，草成第一篇读书报告，得先生赏识和鼓励，续成第二篇，最后进一步挖掘，撰成论文在《中国钱币》发表。获得先生的认可和肯定，颇有成就感，进而形成写论文的嗜好……

"这种谈话式的培养，大概也只适合先生这样的导师。这主要不是因为他的健谈与极佳的演讲天赋，而是因为他善于点拨，予人启迪，更因为其人生的丰富阅历就是一部 20 世纪的史记，听其娓娓道来，就像徜徉在历史的河流中，美不胜收。

"先生史识极高。对唐代的人均消费的估算,从人们耳熟能详的卖炭翁入手,平实而生动,引人入胜。先生曾说过,新史料的发掘非常重要,另一方面,从人所共见的史料中发现人所未知的观点,更是一种见识与水平。

"博士论文选题之初,先生让我自己选列二三进行思考。我扎在书堆里,苦思冥想,列出了宏伟的计划,实际上无从把握学术前沿。最后先生引导我从事有关市场的研究。在20世纪80年代的计划经济时代,市场尚不为人理解,学界更是少人问津,只有前辈学者像吴承明、李埏先生等所具备的知识结构才能跨越时代的局限,提出前瞻性的课题。在沉寂的领域,我摸索着前行,在先生的指导下完成了《论宋代东南市场》的博士论文。先生从其非常有限的科研经费中专拨出版补贴,使之第二年就付梓问世。这在20世纪90年代初科研经费与学术专著出版异常艰难的情况下,对一个年轻人来说实在是难得的提携,即使出版业繁荣的今天也不容易。

"随着中国经济的转型,此后市场史的研究一时成为热点,先生的引领使我幸运地先行一步。毕业后我继续探索,由断代而通贯性考察,完成第一部通史性的《中国传统市场发展史》,1997年由人民出版社出版,先生欣然作长序以资鼓励。此时先生已年逾八旬,目力不济,仍在稿纸上一笔一画手书长序,最后由师母誊写,娟美清秀，一丝不苟。随后我又专注于长江三角洲这一传统市场的成熟形态与最高水平，完成《江南市场史》，2003 年由清华大学出版社付梓，年近九十的先生，慨然题写书名。……二十年来我之所以能在这一前沿性领域拓展，离不开先生前瞻性的引领与一步步的鼓励和推动。"①

黄纯艳生动地记述了老师当年的教导："先生是系里最受尊重的长者，我们读硕士的时候，对先生当然是高山仰止，文勋和登高当时在研究生中学业之优秀，如鹤立鸡群，更增加了我们对先生一种神奇般的敬重。我幸运地被先生收入了门中，在先生的指导下进入宋史研究领域。

"第一节课，我印象很深的一是先生讲怎样做卡片。拿一张卡片，示范怎样分类和编号，怎样写标题，怎样标示互见，还细致地讲怎样翻转书写，方便阅读。以后学习中，我感受到先生教授的做卡片的方法有无限的好处。现在都用电脑了，但我还是习惯做纸质的卡片，便于很细致地分类。

"二就是先生给了一张读书单，除了有关宋史的一些重要典籍，还有理论书，我记得有《资本论》，先生

---

① 龙登高：《师徒》，收于武建国、林文勋、吴晓亮主编：《永久的思念——李埏教授逝世周年纪念文集》，云南大学出版社，2017 年。

很重视《史记》，所以《史记》是必读书，还有《宋史纪事本末》。后来和韩昇老师聊天，说到先生让读《宋史纪事本末》，韩老师说，他早就想要求研究生读纪事本末，没见先例，还有所担心，李先生这样的大家已经做了，他就不担心了。

"先生口才好，我未入师门以前就有听闻。当时正是闹所谓'史学危机'的时候，系里请先生给本科生作专业动员，学生们听了都很激动，看到了学历史的希望。听了先生的课，我体会到，先生讲课打动人，一是源自他炉火纯青的历史学修养，二是来源于他对历史学研究深厚的感情。先生给我讲中国经济史。他讲课，没有纸，不用笔，也没有讲稿，内容都在他的脑子里，上究三代，下论唐宋，逻辑严密，语言简练，没有一句多余的话，所引史料，随口而出，如探囊取物，听的人真是如坐春风，两个小时不知不觉就过去了。师兄弟们说，缺了先生的一堂课是莫大的遗憾。

"学界公认先生在唐宋经济史领域的成就，但先生给我讲课，唐宋史讲得并不多，重点是讲先秦秦汉的社会经济变革，这是先生当时正在研究的重点。先生推崇陈寅恪先生讲课的风格，前人讲过的不说，自己讲过的也不说。他讲课的内容是他正在思考的问题。我在课堂上听到的内容，很多直到我博士毕业后才见先生陆续发

第十四章 一代良师

表出来,也就是《三论中国封建土地国有制》和有关《史记·货殖列传》研究的系列论文。

"在授课中,我经历了先生对一些问题的研究过程。先生曾让我从图书馆古籍部给他带书。记得有一次先生在思考夏、商、周土地制度时,用上一条资料,即王荆公和刘贡父的对联,王荆公说'三代夏商周',刘贡父对'四诗风雅颂',王荆公称'天造地设'。他让我特意为他借《说郛》本的《东皋杂录》……"①

孙洪升深情地回想起当年老师的教诲:"我还清晰记得第一次聆听先生教诲时候的情景,我怀着兴奋而又忐忑不安的心情,望着先生的满头银发,对先生的敬仰之情油然而生……。先生从远古讲起,娓娓道来,旁征博引,妙趣横生,把我们深深地吸引住了。经济史的专业知识,本来是枯燥的,但从先生的嘴里讲出来,就显得是那样鲜活有趣,让我们回味不已。听先生的讲课,成为我们研究生最美好的享受。本来是三节课的时间,先生有时候会拖堂到很晚,以至于我们会因为上课而吃不到晚饭。课堂上,先生孜孜不倦地传道、授业、解惑,不仅教授经济史专业知识,而且教给我们做人的道理。先生用他自己身体力行的方式,教育着我们这些年

---

① 黄纯艳:《从师琐记》,收于武建国、林文勋、吴晓亮主编:《永久的思念——李埏教授逝世周年纪念文集》,云南大学出版社,2017年。

轻的后生,要我们安贫乐道,孜孜矻矻,热爱学术,追求真理。先生要求我每日认真读书,每周都要到家里向先生汇报读书的情况、读书的体会,先生则或加以总结,或将有关的人、事详加叙述,有时也会随着话题聊一些当前的问题或历史上的文人佳话。我以前没有练习毛笔字,先生要求我每周都要写大字,拿给他批阅。

"生活中,先生是一位和蔼可亲的老人,视我如子侄,对我是疼爱有加,对我关爱备至;但在学习上,则又是十分严格。记得我曾经写了一篇习作请先生指导,先生看完后,提了一些具体的修改意见,最后对我说:'洪升,你注意没有,你文章中土和士这两个字写得不清楚。土地的土下面的横要长。作为一个博士生,出现这样的错误,是非常可耻的!'先生的最后一句话说话的语调很重,我一下子就感到羞愧满面,脸上燥热。先生的批评可谓一针见血,让我铭记于心。从此以后,我提醒自己做事情都要认真谨慎,万不可马虎大意。现在,再也没有人会这样批评我了,批评我最厉害的那个人,就是爱我最深的人啊。

"当然,先生也不轻易就批评我们。他总是用自己的言传身教,如春风化雨般滋润着我们,让我们沐浴着他爱的阳光健康成长。先生曾经与钱穆先生、吴晗先生等人为师友,对于文章写作的语言尤其看重,即使是写作学术论文,也要追求语言表达的优美、准确。故对我们青年学生也这样要求,并帮助我们提高写作水平。先生曾经认真帮助我修改了几篇论文习作,不仅会对文章思路、文章结构等提出宝贵的修改意见,而且对遣词造句、标点符号也一丝不苟。记得我在一篇文章中使用了'不尽人意',先生说还应该加上一个字,应该是'不尽如人意',这样表达效果会更好些。先生对我说,好文章是经过了反复修改才写好的;但自己修改自己的文章往往舍不得删除啰唆的语句,所以要忍痛割爱。先生还举例说,他自己的文章《略论唐代的"钱帛兼行"》原来有 3 万多字,经过反复修改,后来发表的时候还剩下 1.5 万字。正是在先生的帮助下,我此后写文章,在文字方面避免了很多错误。一位年过八旬的老人,一字一句地给他的学生修改论文习作,每每想到此,我都会感动不已。甚至在我博士毕业的时候,对于研究生的许多表格,需要导师填写意见的,先生亦亲力亲为,不烦他人捉刀。表现了对学生高度负责的态度……"①

王文成则牢牢记住了老师如何把自己培养成一位学者的经历:"在读(博士学位)的 5 年间,(我)两周内至少到先生家一次,则逐步从一种期盼,一种责任,变

---

① 孙洪升:《怀念恩师李埏先生》,收于武建国、林文勋、吴晓亮主编:《永久的思念——李埏教授逝世周年纪念文集》,云南大学出版社,2017 年。

成了一种习惯。因为入学后,先生不顾年迈,明确要求除正式授课指导的时间之外,两周之内我必须当面报告一次学习情况,并由先生指导、安排下两周的学习内容。……读书学习,其乐无穷。我常常边读边想,让思绪飘到很远的地方。而历史学的范围,又如此无边无际。于是,思绪的野马,总免不了到处乱窜。按先生要求先读《宋史纪事本末》,本意主要是了解有宋一代的主要大事。可是,从《金匮之盟》到《正雅乐》,我都读得兴味盎然,还写出了长长的读书笔记,并期待着先生的肯定。然而,出乎意料的是,几篇长长的笔记交先生审阅后,他却不置可否,转而与我谈起了庄子。他说,庄子学识广博,才华横溢,思绪飞扬,可是谈到治学,庄子却说:'吾生也有涯,而知也无涯。以有涯随无涯,殆已;已而为知者,殆而已矣。'连庄子这样的人,在两千多年前也不禁发出如此感慨。你哪都感兴趣,哪都去花这样的力气,边走边看,边看边走,不仅时间不允许,而且还会迷路的!正所谓'知者无不知也,当务之为急!'……

"读博期间,按先生的要求读了一些书。两个星期一次面授,除先生分析、讲解、指导外,一个重要内容是我汇报学习情况,或书面交读书笔记、心得体会,或口头谈我的感受、疑问、设想打算。由于用眼过多,先生在我读书期间开始出现眼底出血，住进了医院。出院后，医生反复叮嘱，每天看书阅读的时间不能超过 2—3 小时，连续看书时间最好不超过半小时。为减轻先生用眼的压力，我的书面汇报，曾改而采取口头的形式。说得多，写得少。可是，没多久先生发现，我的汇报出现了一些语焉不详的情况。他立即严肃地说：'说和写还真不一样。口头说说，像一阵风吹过。听的时候好像言之成理，回头要细细想想，却没了依据。这不行。读书笔记、史料分析，还是必须提交书面材料。只有白纸黑字，才能仔细讨论，学有所得。文字这东西，利害之处就在于能穿越时空传递信息，可以反复验证推敲。更重要的是，你脱口而出，不一定经过仔细思考。而要写出来，就不一样了。写的过程，实际上也是你重新整理自己的想法的过程。经过思考和整理，你才可能有所收获。'年近九旬的先生，不顾年高体弱，一直坚持要我书面提交笔记、卡片资料、论文提纲、初稿，由他亲自审阅。

"入学不久，先生就要求及早开始学位论文的选题工作。要求通过一年左右的时间，提出 3—5 个选题，并写书面论证，再从中选定题目。经过一年左右的时间，我初步提出了 4 个选题。……先生逐一为我分析 4 个题目的价值、难易，所需要的理论准备、资料准备、时间条件。然后从4个题目中,挑出白银问题,把它改成'两宋白银货币化研究',列为4个题目中最有价值的选题。……他语重心长地说:'选题就像谈恋爱、选对象。选题中导师的作用,与父母在子女选对象中的作用差不多。父母可以,也必须给你指导,给你建议。但最终决定只能由你做出。因为题目选定后,需要由你独立去完成。导师会给予指导,但不能包办代替。选对象也一样,结婚后也是你们自己生活在一起,影响你的一生。'

"搜集史料的过程,是一个十分艰苦而漫长的过程。苦在每条材料要判断是否与选题有关,漫长是由于史料为数不少。……先生要求主要资料,必须竭泽而渔。从头到尾,逐字检阅,确保不漏过一字一句。绝不能蜻蜓点水,一晃而过。……凡能找到的书,都须尽可能翻检一遍。当然,有的书一遍下来,完全可能一无所获。对此,先生说:这样的一无所获,能让你放心地说:这部书中没有我需要的材料。这本身难道不是一种收获吗?……

"搜集史料的过程,同时是研究的过程。不仅每条材料的取舍,需要做出判断,而且必须边搜集、边鉴别、边思考。没材料不行,搜到的材料多了,又会出现相互矛盾的情况,出现大量与预期的方向不一样的现象。我常常为此而纠结、茫然。没材料苦恼,材料多了不是苦恼,简直是苦难。就在我不仅苦恼而且陷入苦难的时候,先生给我打了个比方:治史如破案。侦破案件发生时,罪犯早已逃走。即使没逃走,他也不会在自己的脑门上写着罪犯两个字。破案的人,一般也不可能亲见亲历。因此,要破案,只有到现场,搜集第一手材料,找寻可能与罪犯相关的痕迹,通过各种途径,发现各种相关的蛛丝马迹,推断几个嫌疑犯。然后还要再反复搜集其他材料,排除嫌疑人,证明罪犯的罪行。这样一步步逼近,最终才能宣告破案。不经历这样几个反复,轻率地断定谁是罪犯,只能制造一堆冤案。'治史与破案,其实是相通的'。……

"经过了4年的艰苦岁月,我写完了论文的全部初稿。就在全世界劳动者的节日这天,我带着4年来日夜苦战的收获,急切地跑到先生家,向他汇报我的成果。然而,当我把最后两章文稿交给先生时,先生却没有露出我期待的喜悦。他接过稿子,随手放在了客厅中的茶几上。我多少有些失落,但还是顽强地向先生谈起了我完稿后的想法:是否可能参加6月底的答辩?

"我的话刚出口,只见先生立刻站了起来,沉下脸,目光如电,直面刺来。从他的目光中,我不仅看到了气愤,甚至带着失望。紧接着,我遭到了入学以来最严厉的一次批评:'你急着要逃到哪去?写出初稿有什么了不起?拿初稿就想答辩?'一连串的问题,像猛烈的炮火,轰得我茫然不知所措。坐在一旁的师母,赶紧上前扶先生坐下,好言相劝。过了好半天,比4年还难熬的好半天,先生才慢慢平静下来。他严肃地说:'今年答辩是不可能的!现在把稿子全部带回去。必须完成一次全面的修改再拿来,否则我不看!'

"从此,我开始了对稿子的修改。而把初稿与修改后的稿子相对照,我才弄明白:火热的五月,是劳动的季节。劳动者的节日,正值作物汲取最重要的养分的时候。显然,这时候离收获的金秋,还有一段不小的距离呢。……

"论文经过反复修改、消肿,逐步定稿。正文定稿后,我再一次把文稿送到了先生家。经过先生审阅,同意略做修改,提交答辩。需要修改的地方当然不止一处,但其中之一,就是把'参考文献'4个字,改成'引用书目'。原来,我送审的论文末尾,学着别人的样子,附上了'参考文献'。但实际上这部分完全是我在文中引用的书目,只是在论文末统一注明版本而已。先生说,所谓'参考文献',指的是研究过程中参考过的文献,特别是有启发、有借鉴的文献,都应该列入。其利在于既尊重他人,又彰显博学。弊在于有的人随意多

第十四章 一代良师

列无数,但是否真参考过,却无从查考。而'引用书目'则不同。曾经参考过的文献,必然在正文中有引证;正文中凡有引证,页下或文末必须有注释。而附录的'引用书目'中,则凡有注释必列书目。从引文、注释到书目,环环相扣,一一对应。这样做的目的,是避免文中重复交代同一书目的版本,把版本情况移至文末统一交代,以供读者核查。你所列实为后者,而非前者,自当名副其实。"①

李埏对学生的指导非常认真细致。在他的日记里,记述了他对孙洪升做论文的指导:

1998年4月27日　洪升送来其所为博士论文稿之第一部分,即阅之。洪升语文基本训练不足,逐页改订其错字、病句及论证冗赘不妥之处。

4月28日　续阅洪升论文,竟第一章及第二章第一节。下午,洪升来,为之逐条讲解,并告以更改之法。

4月29日　续读洪升稿。

4月30日　续阅洪升稿。至午阅完其送来部分。

---

① 王文成:《铭铸心中的"不自小斋"——为纪念恩师李埏先生》,收于武建国、林文勋、吴晓亮主编:《永久的思念——李埏教授逝世周年纪念文集》,云南大学出版社,2017年。

下午，辅导之，纠谬示范，至五时许毕。

9月9日　明日为教师节。今日下午五时，人文学院邀我及张文勋、尤中三人到泽清堂开会，到者学院各系代表百余人。主持者张耀。向我们致送"荣誉教授"称号的证书。会后到学生食堂晚餐。

9月10日　研究生多人先后来贺节，相谈甚欢。校刊登出六月间博士生答辩报导及吴松向我献花照片，皆徐嘉文所为也。

李埏是一位德高望重的老师，但是对于年轻学生从来不摆架子，是一位和蔼可亲的老人。他当年的学生林文勋、吴晓亮、龙登高等至今还记得他们第一次单独见到李埏时的情况。这位在学业上对学生要求严格的老师，实际上是一位亲切慈祥的长者。在他们面前，年轻学生们真正感到如坐春风。

李埏为研究生开课和指导的场所主要是李埏家。在这里，学生们都有一种"家"的感觉，感到自己就是李家的一个成员。这种建立在道义之交基础上的师生关系，使得学生对李埏不仅充满崇敬，而且也充满热爱。

李埏的辛勤努力收到了丰硕的结果，培养出一批在经济史研究领域中做出重要成就的学者，同时也使得他开创的云南大学中国经济史学科成为我国经济史学重镇之一。李埏在指导其高足们学习和研究的过程中,和他们共同写作了《中国封建经济史论集》、《中国经济史研究》、《中国古代土地国有制史》、《宋金楮币史系年》等重要著作。这些著作对我国经济史学的发展做出了重要贡献。可以说,他的未竟之业大部分由他的弟子们完成了。这些,都是他对后辈的精心培养所得到的回报。

作为一位优秀教师,李埏也得到学校师生和社会的尊重和崇敬。1992年9月10日,在新中国第八个教师节到来之际,云南大学在至公堂隆重举行了"庆祝李埏教授执教五十周年大会"。来自云南和外地学术界、文化界、教育界的300多名专家学者和党政领导出席大会,隆重庆祝李埏教授执教五十周年。庆祝大会上,各界领导、专家、学者以及与李埏一起工作过的老同志、老朋友和他的学生纷纷发言,回顾和畅谈李埏的人生历程和卓越贡献。原云南大学党委书记吴家仁对李埏的一生做了高度概括:

> 作为教师,为人师表;作为导师,诲人不倦;
> 作为教授,桃李满园;作为先生,独见在先;
> 作为学者,著作等身;作为党员,堪称楷模;
> 作为家长,教子有方;作为长者,德高望重。

国内许多高校、科研机构以及大批著名学者纷纷发来贺信、贺电。有关单位主要有中国社科院历史所、厦门大学、复旦大学、四川省社科院、暨南大学、云南师大、云南民族大学等院校及《历史研究》、《求是》、《社会科学战线》、《晋阳学刊》等杂志社；学者有邓广铭、漆侠、王玉哲、徐规、韩国磐、缪钺、施蛰存、任继愈、杨方、田余庆、沈善洪、庄锡昌、胡守为、郑学檬、唐耕耦等近百人。

中共云南省委宣传部也发来贺信，高度评价了李埏一生的功绩。《云南画报》1992年第4期以《通古今之变，成一家之言——李埏从教五十周年》为题，图文并茂，系统介绍了李埏的生平、业绩。与此同时，云南大学历史系编辑出版了《纪念李埏教授从事学术活动五十周年史学论文集》。全书68万字，收录了国内外30多位著名历史学家、经济学家专此而做的学术论文，以及李埏学生的10篇力作，内容涉及中国经济史、中国古代史、云南地方史以及世界史等多个领域。他们用这样的方式，来表达对李埏的爱戴和崇敬之情。

春华秋实，李埏在云大执教60余载，培养了众多的学生。这些学生毕业后分别在教育、科研、管理以及文化传播等领域耕耘播种，已成为所在领域的骨干力量。李埏创建了云大经济史研究室，此后研究室发展为研究所。学生们在经济史研究中的成绩使他欣慰，云大经济史研究所的成长使他高兴。他在日记中写道：

> 2000年1月17日　己卯腊月十一日　云大经济史研究所授牌会议于下午四时假科学馆会议厅举行。人文学院党委书记张跃主持，校党委书记高发元讲话，副校长洪品杰向所长林文勋授牌。林文勋报告筹备经过及未来规划。我与马曜亦作简短发言。会后至校实习宾馆就餐。
>
> 3月26日　历史系《史学论丛》第七期日昨出版。内载文勋写的《著名经济史学家李埏教授生平思想述略》，写得很好，很完全，文笔尤佳。若我写篇自传，恐尚不及此文。文勋对我之深情厚谊，至堪感谢！
>
> 2002年9月10日　今日为教师节，许多学生来慰问。中午，汪戎（引者按：时任云大副校长）率校行政领导来贺，吴松亦从北京中央党校来电话致贺。有历史基地班雷国鹏与王清二人与我素无接触，亦来贺，并赠文竹一小株。
>
> 2003年10月17日　晓亮编我九十岁纪念论文集，下午来选我的近照，将置诸卷首。
>
> 11月21日　依公元，今日为余八十有九初

度，依传统算法，则九十岁矣。下午，学校为我举行"庆祝李埏教授执教六十年暨九十华诞纪念会"，在科学馆二楼第 12 会议室。校党委书记高发元主持，校长吴松致辞。贺圣达（引者按：时任云南省社科院副院长）、林超民（引者按：时任云大副校长）等讲了话，皆肯定我的成绩，热情盛意可感。会毕，在学校餐厅会餐，八时返家。

第十五章　赤子情怀

第一节　壮心不已

李埏步入晚年后,经常思考的问题是,还能做些什么?怎么做?从他这一时期的日记里,可以清楚地看出他的思考:

> 1994年7月　因修改土地国有制书稿,不能溯其渊源,涉猎古史。我以为夏商周三代合为一个历史阶段——农村公社之阶段。土地国有制当始于是时,因国有只能于此时形成,有国乃有国有制也。于是作《说"三代"》。初意只写一札记,既然动笔,遂不能不自休。至月秒,已写数千字,而犹未竟。然既已为之,则必有有所成就,不竟不止也。再数日可脱稿。年老力衰,为文如老牛破车,日暮

途穷。少壮几时兮奈老何，可叹也！

耄耋之年的李埏，最想做的事仍是做学问，他的整个生活都围绕着做学问来安排。1994年8月，学校分配一套位于学校东一院的住房给李埏。女儿和女婿为二老装修新居时，李埏一再交代"我们是读书人家，住房不要奢华，只要能住即可"，要把最好的房间作为书房。老骥伏枥，志在千里，虽然已进入老年，但是仍然壮心不已，他在日记里写道：

> 1997年6月30日　近已进入耄，常有迟暮之感。读陆放翁《自勉》，甚受鼓舞。其诗曰："学诗当学陶，学书当学颜；正复不能到，趣乡已可观。养气要使完，处身要使端；勿谓在屋漏，人见汝肺肝。节义实大闲，忠孝后代看。汝虽老将死，更勉未死间。"按：此诗作于宋开禧三年（1207年）。昔居江阴，年八十有三。余今年亦八十三，故诵而书之，以为座右之铭，亦所以自勉耳！
>
> 昨读1997年6月23日《光明日报》。于第三版上睹一则消息，兹剪贴于下：《俄八十九岁老翁获博士学位》：本报讯（记者孙润玉）不久前刚刚庆祝过89岁生日的莫斯科退休老人基里尔·斯米尔

诺夫6月20日在莫斯科动力学院顺利通过了博士论文答辩。这位年迈的博士过去在克日扎诺斯基动力学院工作,早在三十年代就发表了第一批学术论文。尽管他早已退休,但一直没有放弃毕生从事的事业。他不顾视力减退,仍孜孜不倦地进行学术研究。斯米尔诺夫老人的博士论文题目是:《复杂电能系统合乎经济原则的核算和静力稳定性理论的发展》。专家认为,在厉行节约的今天,斯米尔诺夫的论文具有很大的现实意义,如此高龄的老人能写出这样的学术著作实属罕见。

1997年7月17日 整理书房中狼藉几案、沙发上书报函件,竟日乃毕。于故纸中见日历中"托尔斯泰改稿"一则,深有所感。盖余近来改旧稿《说"三代"》,甚不耐烦,欲草草了事者屡。今读此则甚为愧疚。见贤思齐,当如托翁之坚毅,庶几小有所成。

1997年11月16日 晨起,忽得小诗一首《八三初度有感》:

花农书蠹伴舌耕,忧患之余送此生。

犹是当年庭训地,"绿荫深处"梦空萦!

按:"绿荫深处"——鹿阜山庄中门,先君子额之曰"绿荫深处"。入门为一小园,植松菊两畦。

穿小园至今是堂。即承欢庭训处也。（引者按：鹿阜山庄是李埏的父亲李映乙在路南的住宅的别号。）

11月18日　为了调平仄，李埏又对这首诗作了修改，《八三初度有感》又改动如下：

花农书蠹伴舌耕，忧患之余送此生。

昔时松菊今在否？"绿荫深处"梦空萦！

到了11月25日，李埏再次修改这首小诗，把《八三初度有感》末句又改为"绿荫深处觅高情"。他在这里使用了父亲李映乙在老家大门题写的对联的典故，该对联为"门旁无别径，林下放高情"，横批即"绿荫深处"。由此不仅可见他对父亲的思念，而且也可见他对父亲那种淡泊的情怀的追慕和承继。

第二节　学者本色

自高中毕业始，李埏就确定了自己一生追求的目标：做一位司马迁所说的那种"究天人之际，通古今之变，成一家之言"的良史，而且终生为此孜孜不倦地努力。

一个人要成为真正的学者，首先必须真正热爱学术，愿意为追求学问付出一切牺牲。由于热爱学术，李埏很早就下定决心以学术为志业。他很喜欢王阳明的名

第十五章 赤子情怀

言:"故立志者,为学之心也;为学者,立志之事也。"李埏的学生黄纯艳记得李埏曾说过:"我一生中有两个爱人,一个是老伴,另一个就是史学。"因为他如此热爱学术,所以才能把自己的一生奉献给学术而无悔。

李埏认为学习绝非为名利,而是理想人生的主要内容之一。他常引用孔子的话说:"古之学者为己,今之学者为人。"由于学习的目的是为了提高自己,因此学习是一件快乐之事,"学而时习之,不亦说乎?"正因为可以从学习中得到最大的乐趣,所以在治学中才会有无穷的动力。为了追求到学术的真谛,必须付出全部精力。他经常用马克思的名言自勉和告诫子女和学生:"在科学上面是没有平坦的大路可走的,只有那在崎岖小路的攀登上不畏劳苦的人,才有希望到达光辉的顶点。"他还告诫他们:不仅要能吃苦,而且还要专心,才能学好,因为"学须静也,才须学也,非学无以广才,非志无以成学",因此"学问之道无他,求其放心而已矣"。

李埏最敬佩的古代史家是"二司马",即司马迁和司马光。1949年前他写文章,曾以"司马夷然"为笔名,"夷然"即"埏"字之谐音。为什么他那么敬佩这两位史家?他说:司马迁因李陵案而遭受残酷的迫害,"肠一日而九回",但为了史学而坚强地活下去,完成了被鲁迅先生誉为"史家之绝唱,无韵之离骚"的《史记》。司马光虽身居高位，但从未放弃对史学的热爱，自称"凡百事为，皆出人下，独于前史，粗尝尽心，自幼至老，嗜之不厌"。为了写《资治通鉴》，他"殚精极虑，穷竭所有，日力不足，继之以夜"，全部精力皆"尽于此书"。正是出于这种对史学最高境界的追求，二司马才能够为人之所不能为，成为良史。

李埏的儿子伯重少年时即对史学有兴趣，李埏对他说："你倘若有志于治史，就必须把'二司马'作为学习的榜样，以毕生的精力和全部的热情从事之，写出真正可以传世的著作，而不可将学问当作牟取功名利禄的工具，不可曲学阿世，媚俗邀宠；否则，倒不如去从事其他职业为是。"他手书了司马迁"高山仰止，景行行止，虽不能往，然心向往之"之句，置于案首。他在2002年7月7日的日记中写道：

> 桌上有一册《通鉴》，信手翻开，乃《唐纪一》，读之竟夕。史部古籍中，我最爱读者为两司马之书（即《史记》与《通鉴》）。

李埏认为，既然以学术为志业，以学问为终身的追求，那么就应当像当年的老师钱穆教诲的那样，要立志做第一流的学问。他说：学问无止境，如果治学稍有成就就自以为了不起,就只会夜郎自大,做不出真正的大学问,因此一个人绝不可自大;但是,也必须志存高远,向着第一流学问的目标努力,相信自己只要全力以赴,是可以做出大学问来的。1990年云南大学在《思想战线》第3期开辟《云大学者》专栏,以《经济史学家李埏》为题介绍了李埏一生的科研、教学业绩,有关人士约请他题写自己最喜爱的话于专栏之上,李埏挥笔手录:"士不可以不弘毅,任重而道远。"因此,他将自己简陋的书斋命名为"不自小斋",手书斋名,悬挂于墙,随时勉励自己,并以此激励学生。学生们对此都有深刻的印象。

在治学中,李埏尽力避免赶时髦,随大流,而是把精力集中在自己认为真正值得做的研究上。在20世纪50年代,他虽然也在"五朵金花"的框架范围内进行中国古代土地制度研究,但在研究中有自己的独特见解。到20世纪60年代,李埏主要从事中国古代商品经济史研究,而商品经济是一个在传统的马克思主义经济史学中很少被人关注的问题,因此他的研究在当时的史学界是颇为鲜见的。改革开放以来,李埏又把商品经济史研究与土地制度史研究结合起来,或者说从商品经济史的角度去研究土地制度史,抓住现代经济学中的核心问题——商品经济问题——去研究中国经济史。这样,他保持了自己的独立思考,得以在学术上独树一帜。李埏的这些作为，表现了他的独立思考精神和铮铮风骨。

李埏要学生立大志、"不自小"，但对自己的成绩却看得很淡。2003年11月27日《云南日报》记者李静为文报道李埏的成就，称他为"三好先生"（好学者、好老师、好父亲），但是李埏回复说："愧不敢当。"

李埏认为，真正的学者还必须具备独立思考的精神。深受其师陈寅恪关于"独立之精神，自由之思想"的教诲影响，李埏坚信独立思考是做良史的关键。在改革开放以前的三十年中，要进行独立思考当然不仅困难，而且也危险。

坚信学术为天下公器，而真理并不一定掌握在某人手里，这是独立思考的核心。李埏就持有这样的信念，因此他对前辈学者的意见，也要一一认真思考，看看是否合理。如果不合理，他就不接受，即使是对自己尊敬的老师的意见也是如此。例如，他认为在中国的史学家中，真正对马克思主义理论做了深入研究的学者中，侯外庐堪称第一。因此李埏真心地尊敬侯外庐，将自己视为侯外庐的私淑弟子。但是，即使对于这样的老师，他也并不盲从。关于这一点，他在日记里写道：

> 1959年6月8日　读外庐先生在《新建设》4月号刊布的《关于封建主义生产关系的一些普遍原

第十五章 赤子情怀

理》。这是一篇功力很厚的论文，值得认真研读一下。可以设想，它一定会在史学界中发生良好的影响。不过，其中也不是没有问题的。例如"半非身份性"或"半非品级性"之说，就是不妥当的。我去年已向他提出这一问题，但他似不以为然。

这种"吾爱吾师，吾更爱真理"的精神，就是建立在独立思考精神的基础之上的。

20世纪60年代初，郭沫若在报刊上发表多篇文章为武则天翻案。1962年发表的历史剧《武则天》，更将翻案工作推到了高峰。由于郭沫若的特殊地位，此剧在全国各地上演后受到一片赞扬。然而，从史学的角度来看，此剧在许多方面是颇有问题的。1962年，李埏在《学术研究》第5期上发表《梅花、元宝和马——读〈武则天〉札记三则》，对此剧中不符合唐代史实的一些情况进行了批评。在当时的社会氛围中，这样做确需大智大勇：位尊权重的权威也不一定正确；对于他们的错误，也应当批评指出。

李埏不仅自己坚持独立思考精神，而且也注意用这种独立思考精神培养后辈。1963年，《历史研究》第4期发表了戚本禹的《评李秀成自述——并与罗尔纲、梁岵庐、吕集义等先生商榷》一文，宣称李秀成是叛徒，

"认贼作父"。此文发表后受到史学界的广泛批评。江青将此文送给毛泽东。毛阅后批示"白纸黑字,铁证如山,晚节不忠,不足为训",鲜明地表示了对戚文的支持。这一"最高指示"传出后,学界风向突变,"挺戚批罗"顿时成了洪流。伯重当时正读初中二年级,读了戚文后,觉得与自己读过的史学著作很不一样,于是与父亲讨论。李埏没有说什么,只是拿来影印的原本《忠王自述》,叫伯重通读。伯重读后觉得戚文强词夺理,气势汹汹,不是说理,而是扣帽子。他对李埏谈了此看法,李埏说:"不论什么人的文章,都不能盲目相信;要读原始材料,独立思考,得出自己的结论。"在李埏看来,独立思考绝非凭空乱想,而是必须以事实为依据。

1965年,伯重进入高中,对唐史的兴趣日增。他读了郭沫若的剧本《武则天》,对郭氏在剧本及相关文章中提出的对武则天的看法产生怀疑。剧本中的武则天,口口声声说她一切都是为了"天下老百姓","要为天下的老百姓做点事","要使有才能的人都能够为天下的老百姓做点事"。伯重认为这些话既无史料依据,又有违马克思主义关于人民群众与统治者之间关系的观点。"初生牛犊不怕虎",他想写文与郭沫若商榷。李埏对此表示了谨慎的赞同:一方面,支持伯重通过写此文锻炼自己的独立思考、搜寻运用史料和写作史学论文的能力；另一方面，明确告诉伯重："这只是练笔，因为你的学力还远不足胜任此问题的讨论。"依照李埏的意见，伯重在课余努力读两《唐书》和《资治通鉴》的有关部分，从中寻找相关的史料，并仔细读了普列汉诺夫的名著《论个人在历史上的作用问题》，以此作为理论指导。在此基础上，伯重写成了一篇长达万言的文章。写好后，虽然只有李埏一人是该文的读者和评议者，但这却是伯重从事史学研究的开端，因为从此写作过程中，他不仅获得了最初的史学论文写作训练，而且培养了自己独立思考的能力。

即使是在"文革"中，李埏也坚持独立思考。到"文革"后期的"批林批孔"、"评法批儒"运动中，以"儒法斗争"为中心的"影射史学"发展到了极致。但是李埏却冒险写了《试论历史局限性》，驳斥江青关于"英雄人物要无限拔高"和"不应写英雄人物的历史局限性"的谬论。李埏还当面对红极一时的杨荣国的说法提出了尖锐的批评。

由于以学术为志业，坚守"独立之精神，自由之思想"的信念，李埏在学术研究中，坚持文章必须有新意，如果自觉文章没有新意，宁可不写：

1994年2月23日　武汉《江汉论坛》杂志社

> 去年来约写《我的史学观》一文，可写至三千字。余初不以为意，久未答复。后，谢本书来函云：在云南史学者中，该社只约请我二人撰稿，该社编辑张艳国托其促我应允。……旋我住入医院未果。自日前出院返家，拟立疾属稿，然数易稿仍不满意，因写来写去皆写成对马克思恩格斯唯物史观之体会而已。余复膺马恩学说，实难有新见，甚感困难。昨夕枕上寻思，决计驰函张艳国君，告以中辍此事，并再三请罪。今晨，函写就并投邮。

李埏秉承的原则是文章贵精而不贵多。李埏凡有所论，无不经过反复修改、推敲。以1997年底发表于《思想战线》的《夏、商、周——中国古代的一个历史发展阶段》一文为例，初稿大约在1993年前后就已写成，在长达三四年的时间里，李埏对稿子做了多达七八次的修改。有一次，稿子已被一家杂志社拿去排印，即将发表，他感到其中一个地方论述尚不够完备，当即请学生到杂志社将稿子撤下拿回，又做了长达数月的修改补充。李埏治学的严谨，由此可见一斑。

由于这种对学问的热爱，李埏在书桌前一坐就是几个小时。到了晚年，还是如此。看到他工作的时间太长，老伴担心他身体受不了，经常劝他："80岁的人了，不要那么辛苦了，怎么你还是马不停蹄啊？"李埏虽然理解老伴的苦心，但他还是停不下来。他说："我们都喜欢曹孟德的诗，'老骥伏枥，志在千里，烈士暮年，壮心不已'，我这头老骥还可以伏枥，就让我再伏几年嘛。"他不服老，依然以前人老当益壮之举自勉。

第三节　修身养德　家国情怀

李埏极为重视修身，他终生恪守先贤所倡导的"正心、诚意、修身、齐家"之道，并以此来教育子女。他认为"正心"必须从"诚意"和"修身"做起，亦即应当做到正派、诚实、庄重、厚道、勤奋、敬业。他坚信"不知礼，无以立也"，一个人应当讲文明，有礼貌，因为这是尊重他人的表现。无论何时何地，都不应说粗话，不能欺负人，侮辱人。即令在那个文明礼貌被视为"封、资、修"余毒的时代，李埏仍"不合时宜"地遵循正确的为人之道，并谆谆教导子女不能随波逐流，一定要克己、自重、平等对人、以礼待人。

一、修身养德

李埏讲求修身养德，曾手书一幅诸葛亮的《诫子书》，悬于家中，以此自勉，并要子女时时诵读，牢记诸葛亮说的"君子之行"："静以修身，俭以养德"，"淡泊以明志，宁静以致远"。李埏不仅以此自勉，而且身体力行，将此信念付诸实践。

要做到淡泊，就要冲出名利关。李埏认为做学问，首先需要献身精神和牺牲精神。他常常对学生说："科学研究必须坐冷板凳，吃冷猪头肉。"还说："一个人处逆境的时候容易动摇，但处顺境的时候恐怕更易动摇，因为功名利禄等等是很容易诱惑人的。"这既是他对学生的要求，同时也是对自己的鞭策。在20世纪50年代，李埏取笔名为"二冷"，意即甘愿坐冷板凳，吃冷猪头肉。

到了20世纪90年代末，李埏早已到了退休年龄。在当时，国内大多数学校为了保持自己的学术传统和学术声望，都将在学界享有盛名的著名学者定为终身教授。在云南，那些由教育部任命的博士生导师被称为"国家博导"，以区别于云南省教育厅任命的"省博导"。由于云大仅有几位"国家博导"，因此他们也被省政府定为终身教授。但1998年5月，由于某种不能拿到桌面上的原因，云大领导擅自改变省里先前做出的决定，宣布李埏以及其他几位"国家博导"统统退休。这种做法在国内大学中颇为罕见。

李埏对近年来云大出现的一些情况颇感失望，又不愿随波逐流，因此退休反而是其所愿，退休后并没产生失落感。他对另一位一起"被退休"的"国家博导"

第十五章 赤子情怀

说:"我倒觉得自己该退休了。我也劝你看得开一些,退了休,你不是一样可以做你的研究吗?"他觉得退休可以多做一些自己想做的事。

退休后,李埏集中精力,重点围绕《史记·货殖列传》的考释,力图进一步揭示《货殖列传》所反映的时代及其相关问题。这是他商品经济史研究的进一步发展和深入。在我国历史上,春秋战国至西汉是商品经济发展的第一个高峰。李埏从商品经济的视角出发,对《货殖列传》进行了新的解读,相继发表了《夏、商、周——中国古代的一个历史发展阶段》、《〈史记·货殖列传〉引〈老子〉疑义试析》、《〈史记·货殖列传〉时代略论》,以及《〈史记·货殖列传〉札记》等一系列论文。

李埏还对自春秋战国以来关于"三代夏商周"的说法进行了检讨。把夏、商、周看作前后相连的历史阶段是古往今来的一个传统说法,然而这种传统说法到底对不对?李埏追根溯源,认为《〈史记·货殖列传〉札记》将三代称为"小康之世",并将其与唐禹时代的"大同之世"相区别,是非常有道理的。按照社会发展规律,人类社会由原始公有制进入阶级社会,必须经历具有二重性的农村公社阶段。这个时代,在我国历史上就是夏、商、周三代,具体可称之井田制时代。春秋时期,由于商品经济的发展,井田制崩溃。于是夏商周三代合为一个时代拉上它的帷幕，告终了。

李埏一生都过着清贫的生活，自奉甚薄。他经常对子女们说："咬得菜根，百事可做。"对于清贫不仅要甘之如饴，还将其作为励志的机会。

改革开放以后，李埏的经济情况有很大改善，但他的生活依然极其简朴。凡是到过李家的人，无不惊叹他们朴素的生活，感叹他们的安贫乐道。

20世纪80年代中期，云南大学电教室要到他家拍摄他的家庭生活。摄制组的同志一进门便环顾四周，商量突出什么特点。其中一位同志说："李先生住处的特色是'清寒'二字。"

2003年，学校在高校小区为教职员工建盖新房，按李埏的资历，有条件挑选一套最好的住房，但他没买。当亲友动员他买新房时，他说："房子够住就行，我现在住的已经可以了。"直到去世，他都是住在1994年分到的80多平方米的住房内。关于李埏的清贫生活，顾士敏回忆道："记得当时先生小小的书桌之上，陈列着一纸苏轼法书帖，黑白分明，车骑雍容。而师母在送客之际，曾失手打损一件餐具，家居逼仄，由此可见一斑。

"第一次拜见先生是1982年。那时的我已是大三的学生，……先生的家在云南大学北院的一幢平房里，家里的摆设极其简单，似乎不足十米的客厅里只有一个茶几、一组陈旧的沙发和几把椅子;几间小屋从门面看似乎也没有太多的修饰。我当时有些惊诧,一位大学教授、一位著名学者的住宅怎么会如此简陋?不由地对先生那种重精神追求而淡物质要求的情怀顿生敬意。不过,庭院里那株缅桂、那一<u>丛丛</u>香草等馨香植物的栽种又透露出先生对生活的另一种情趣,另一种内心世界。

"当时先生家在云大北院的一座平房里,庭院不大,但多栽花种竹,显得雅静优美。先生家虽环境幽雅,室内却十分简朴,除了书多之外,别无他物,更不用说高档奢华的物品了,用家徒四壁来形容,似不为过。据说云南电视台曾经到先生家拍摄先生的一个电视节目,到了先生家后无限感慨:他们没有想到,一位在全国学术界闻名遐迩的高级知识分子,却居住在这样寒酸的家中。电视台记者感慨地对先生说,先生家可以用'清寒'两个字来概括。可先生就是在这样清寒的环境中安之若素,专心从事他一生钟爱的学术事业和教书育人的教学工作。"[①]

李埏两袖清风,家无长物,唯一可以称道的就是书。孙洪升回忆1994年他和同学帮助李埏搬家的情况:"先生家先是在云大北院的平房,后来学校在云大东一

[①] 顾士敏:《永久的思念》,收于武建国、林文勋、吴晓亮主编:《永久的思念——李埏教授逝世周年纪念文集》,云南大学出版社,2017年。

院分给先生一套楼房。搬家的时候,我们去帮助先生整理物品,其中尤以书为最多。先生告诫我们说:'你们学生不要随便买书,除非是经典著作,特别需要、特别喜欢的,可以买。现在书也很贵,买书也很费钱。一般的书到图书馆借阅就可以了。你看,我就是个教训,这么多书,搬家都很麻烦。我这哪里是书斋啊,简直就是书灾了!'说得我们都笑了。我们在先生指导下,将先生的图书重新整理,淘汰了一些旧书。剩下的我们用平板车运到了新楼房。"[1]

李埏家无长物,只有书多。他平生节衣缩食,购置研究所需之书。虽然大多数书已在"文革"中丧失,但是"文革"之后,他又不断购书。由于家里空间小,书斋成了书库。他自己在日记里也有记述:

> 2002年1月17日 我的书斋太凌乱,书架已满,许多书置于地上,几无插足余地,因而下决心,今日起加以整理。若干可供参考,而余不复能读之书及杂志,拣出以赠研究所;无用者卖给收购旧书者。竭一日之力,清理出不少,余因之疲惫不堪。

---

[1] 孙洪升:《怀念恩师李埏先生》。收于武建国、林文勋、吴晓亮主编:《永久的思念——李埏教授逝世周年纪念文集》,云南大学出版社,2017年。

二、家国情怀

中国知识分子向有家国情怀,即以天下为己任,忧国忧民。李埏深受这种文化的熏陶,具有强烈的国家民族观念。他认为儒家修身首先要做的是"正心",而"正心"的核心就是孟子所说的"浩然之气"。什么是"浩然之气"?就是大义、气节与社会责任感,"居天下之广居,立天下之正位,行天下之大道。得志,与民由之;不得志,独行其道。富贵不能淫,贫贱不能移,威武不能屈"。"天下兴亡,匹夫有责",是他经常对子女引用的格言,说一个好学者不应逃避社会责任,置国家民族于不顾。为国效力,为民奉献,乃是正心的要义。因此,虽然他除了做过三年义务的云南省图书馆馆长外,从未做过官,但是报效祖国的意识却深深地植根于他的心中。

李埏幼年时,父亲李映乙手书明朝顾宪成的名联"风声雨声读书声,声声入耳;家事国事天下事,事事关心",高悬于堂,日日诵读,这也成为李埏一生的座右铭。退休后,虽然李埏心里向往着先秦《击壤歌》所描绘的那种境界:"帝尧之世,天下大和,百姓无事。有八九十老人,击壤而歌。"歌曰:"日出而作,日入而息,凿井而饮,耕田而食,帝力于我何有哉!"但是作为一位深受儒家思想熏陶的学者,范仲淹《岳阳楼记》中的名句永远激荡在他的心中,他在日记中抄录了这些名句,以此自勉:

> 予尝求古仁人之心，或异二者之为。何哉？不以物喜，不以己悲。居庙堂之高则忧其民；处江湖之远则忧其君。是进亦忧，退亦忧。然则何时而乐耶？其必曰："先天下之忧而忧，后天下之乐而乐"乎。

李埏一向关心着国家大事。1997年香港的回归，成了李埏生活中的一件大事。他和夫人毓兰都欣然命笔，作诗表达兴奋之情。

> 1997年6月2日 参观工会举办之"庆香港回归书画展"，在图书馆大厅。我与毓兰各写一幅，其文如下：
> 还我河山，金瓯复完。国史奇耻，而今尽刬。
> 伟大哉邓公，措国于磐！炎黄子孙，薄海同欢。埏颂
> 珠还合浦，金瓯补缺。何以有今，邓公神武！
> 百年耻雪，载歌载舞！陆港同心，如龙如虎！
> 毓颂

到了6月30日香港回归之前夜，李埏夫妇一直在电视机前，守候这一历史时刻的到来，并在日记中写道：

第十五章 赤子情怀

> 今日午夜，香港回归。无比欢快！！！我虽身在昆明，然通过电视、广播，亦躬与其盛也！

他特别在日历上标示：

> 1997年7月1日 0:00即半夜子时（引者按：字下画上红线）香港回归！（引者按：字下画上大的红圈。）

1997年，香港回归中国，李埏为此非常高兴。次日，他在日记上用大字继续记述自己一家的无限兴奋之情：

> 1997年7月2日 昨夕与毓兰同观电视，直至今日凌晨二时许。见中英交接香港主权仪式、新中国香港特别行政区政府成立仪式、特别行政区行政长官董建华及其他高级官员宣誓就职仪式、中国人民解放军先头部队进驻香港仪式……，无任欢快！我每晚看电视，总要打瞌睡，今晚则毫无睡意。今日晚夕，毓兰略备菜肴，电召伯敬、伯约两家及赵达军（引者按：毓兰之侄孙）来共餐，以表喜庆意也。今日下午，云南广播电台记者孙云燕与陈川来访，谈香港回归之感想。录音，谈约两小时。（引者

按：李埏还把从报上剪下的香港示意图贴在日记上。）

1999年，澳门回归祖国，李埏同样兴奋。在日记中，他记录下了当时的心情：

1999年12月20日　澳门回归！昨夜听中央台现场直播，竟夕不能寐。今日又观电视，目睹盛况。恭逢盛世，何幸如之！

2001年，我国获得2008年的奥运会举办权，李埏在日记里同样记录下了兴奋的心情：

2001年7月13日　今日奥运会委员在莫斯科投票表决2008年奥运会在何处举行。申请主办的城市有五：1.日本大阪；2.法国巴黎；3.加拿大多伦多；4.中国北京；5.土耳其伊斯坦布尔。北京时间晚十时投票。我与老伴守候于电视机前，屏息以待。投票第一轮，大阪被淘汰；第二轮毕，萨马兰奇郑重宣布：中国北京中选！当萨氏最后郑重连呼"北京！北京！北京！"后，全场欢呼雀跃，极为热烈。接着北京天安门及各省省会亦聚会欢呼。我亦亟盼我国获胜，今如愿以偿，亦喜不自胜。

此外，国家在国际上取得的一系列成绩，都给他带来喜悦和兴奋：

2001年11月11日 晚听广播，得悉WTO部长会议，已通过我国加入。我听了，一则以喜，一则以惧。惧者何？惧农业受损。

2003年10月15日 我国自制载人飞船，今日在酒泉，载宇航员杨利伟君升空。看电视、听广播，喜我垂暮之年睹此盛况，不禁为之雀跃！

10月16日 飞船安全返航，举国欢腾！举世瞩目！

国庆 阴历戊寅年八月十一日 江南、东北大水。从电视中看到，军民防洪守险，甚为壮观感人！回忆1954年夏，余与赵雁来（引者按：赵为云大化学系教授）数人晋京参观，归途经洛阳，值洛河暴涨，交通断绝，困居洛阳半月，西安宝鸡亦停留数日，将一月乃达成都。今日之灾，似有过之。

从上述这些日记中，可以清楚地看出李埏的家国情怀，看出他对于国家和民族的深切情感。

第十六章　温情世界

20世纪的中国，社会动荡不已，风云变幻莫测，人际关系异常复杂，世态炎凉殆为常态。在这样一个阴晴不定的社会中，李埏用自己的爱和感情建造了一个温情的世界，不仅使他得以挺过"风刀霜剑严相逼"的苦难日子，也使他周围的人能够从他那里感受温暖，汲取力量，坚定生活的信心，走向光明的未来。

第一节　伉俪情笃

常言道：每一个成功的男人背后都有一个伟大的女性。李埏一生感到最幸福，也最自豪的事之一是他遇到了赵毓兰。他们相亲相爱，相濡以沫，一同经历了大半个世纪的风雨，见证了跌宕起伏的人生。他们的恩爱随着时间的流逝而弥坚，成为美谈佳话。

第十六章 温情世界

为了丈夫的学术事业和子女的成长，毓兰默默奉献了自己的一生。对于毓兰来说，虽然这个家庭就是她的一切，但是作为一个受过现代教育的知识女性和具有古典文学修养的才女，整天忙于家务，自然会感到苦闷。当时社会上，"家庭妇女"是一个具有贬义的社会称呼，不仅没有任何收入和社会福利，而且被人看不起。李埏深知妻子的才华，理解她心中的痛苦。1956年，云大家属委员会要增加人手，李埏积极支持妻子参加家属委员会的工作，非常认真负责，先任小组长，不久被任命为副主委。毓兰精于书法，还为学校出版科刻写讲义，用毛笔字为校图书馆誊写古书，填写缺页。

李埏多次感叹地说："老伴对我帮助极大。多年来，我备课、写文章，对家里的事顾不上，都是靠老伴来操持。老伴很有才华，如果能外出工作，肯定能有一番作为。可她为我却放弃了，为我牺牲了一切。"在云大为李埏举行的庆祝执教五十周年大会上，年近八旬的李埏在答谢辞中特别感谢了他相濡以沫几十年的妻子。他深情地说："她完全牺牲了她的才华，把毕生精力奉献给家庭，奉献给我……。我非常感激她，没有她的支持，也不可能有今天。"赵毓兰正是在身后支持李埏取得事业成功的有力依托。李埏对妻子的无言奉献充满感激。尽管工作忙，李埏仍然一直努力为妻子分忧代劳。中年时，他是家里的强劳力，承担买米、买煤等重活。到了晚年，他还承担着力所能及的家务。

李埏夫妇自从结为夫妻后，一直相濡以沫，共同应对生活中的各种苦难。无论是悲是喜，他们都共同分担，相互支持，相互爱护。

改革开放后，由于心情舒畅，生活条件大为改善，一向病弱的毓兰身体逐渐好转。可是多年的劳累使得她积劳成疾，2000年下半年她忽然患上了重病，几次住院也没查出病因。李埏十分焦虑，从他的日记中可看到他心急如焚：

> 9月13日　元器一早来送毓兰去住院。据云，病房在中医科楼上，较上次所住楼下为佳。晚，特请李景寿同学来住一宿，与我做伴。毓去住院，家中唯我一人独处，颇有悲凉之感。初中时，诵李易安词"声声慢"，虽觉其哀婉，但不能体会。而今始觉"寻寻，觅觅，冷冷，清清，……"之情之景也！
>
> 9月16日　下午，到附一院（引者按：昆明医学院第一附属医院）探视毓兰。陪她闲叙，多方慰藉，俟其晚餐毕始归。
>
> 9月24日　毓兰久病不愈，忧心如焚。欲以读书作字排遣，然均感无聊。枯坐书斋中，终日感伤

而已。奈何之之！

10月9日　毓兰今日出院。

12月11日　毓兰病愈剧，今日下午又住入附一院肾内科病房。她头及颈部甚痛，下午低烧不退，面部足部皆黄肿。究患何病，医生言人人殊。余无能为力，忧心如焚！

12月12日　往视毓兰疾。据云：医生诊断为肾小球炎。昨日即注射消炎针。毓甚疲惫，余愈忧之。下午三时许回家，始用午餐。夜间久久不能入寐。但愿吉人天相，病势好转。

12月15日　黎明，伯敬自医院来电话云云：昨夜毓兰病甚重，医生们急救，并面交病危通知书。至四时左右，稍安，渐入睡，……云云。余起床，略进早点，即奔赴医院。至则，毓尚未醒，正输液。余坐其榻前，守视之。移时，毓兰似睡醒，然无力说话。似疲甚。

12月16日　毓兰终日昏睡，无力说话，偶说两句，语音低不可辨。自晨至夜，滴注药水。余守至晚八时与孔存（引者按：保姆）归吃饭。夜间伯敬守护。

12月17日　毓兰能进流汁少许。极虚弱。余终日守护。晚八时，与孔存归，吃毕晚饭，已九时半矣。

12月18日　毓兰病情似稍稳定，能低声断续说话，神志清楚，似小有好转。约儿归自重庆，赶来看母也。余心稍安。

12月19日　毓病情续小有好转。

12月20日　重儿、杰儿同机抵昆，皆请假来看母病也。毓见三子皆在病榻前，大慰，面露笑容。余亦甚为安慰也。毓进流质饮食稍多。晚八时，余与重、杰、孔存同车回家。

12月21日　毓愈好转，进食稍多，神智愈清。医生语伯敬云："显著好转"。余下午往医院陪毓，晚与重、杰同归寓。

2001年1月8日　毓出院返家，举家欢喜。

李埏与赵毓兰的恩爱，也因为他们有共同的兴趣爱好。赵毓兰本是才女，在操持家务之余，还尽量抽空练字、作诗。李埏的很多文稿由她誊抄，而且在誊抄中为李埏补正缺漏。她的书法曾参加云大工会的展览，伯重的专著《唐代江南农业的发展》和李埏去世后学生编辑出版的纪念文集《永远的思念》等书的书名也是她题签的。她写的诗深得马曜等行家的称赞。在他们的鼓励下，她把残存的诗作收集起来，编成《鳞爪集》、《小草集》，李埏也欣然为此题写了书名。

第十六章 温情世界

夫妇二人还有一个共同的爱好：喜欢花木。在冬天，寒梅在熙和的阳光下竞相开放，李埏夫妇往往敞开门窗，让沁人心脾的花香飘进屋内。他们二人经常在清晨和傍晚，辍个小凳，坐在花中树下，谈诗论词，其乐无穷。李埏夫妇二人都爱好古典文学，他们经常一起读诗读词，对妻子的才思，李埏非常佩服，在日记中写道：

2001年5月3日　早餐后，与毓兰闲叙，谈及东坡词《浣溪沙》"山下兰芽短浸溪……"。此词我置案头已多日，竟忘却"白发黄鸡"出处，查《辞源》亦不得其解。思之复思之，迄未能忆起抄自何书。毓兰提示查宋词鉴赏词典，即翻阅，果然得之。贤哉内助！又按，《东坡志林》卷一"游沙湖"条亦载此词，且记其写作情景。余案头亦正有此书。

5月14日　阴雨　连日阴气，寒气逼人，真一雨成冬也。竟日蛰居小楼，以目疾又不能看书，闷甚。幸有老妻相伴，谈论唐诗宋词，亦可乐也。

2002年2月11日　阴历辛巳年除夕　下午，伯敬夫妇及陶然、伯约夫妇及羊羊（引者按：孙子）、伯重及二老谈笑、做饭，学象棋。六时许，共进年饭，饮葡萄美酒，甚为欢快！唯少杰儿一家，美中之不足也。

> 2002年2月13日 壬午大年初二 按阴历，今日为毓兰八十岁初度。敬儿于圆通街"乡巴佬"餐厅设午宴为妈妈祝嘏。伯重、伯约一家皆至。毓兰举杯欲饮，喜极而热泪盈眶。晚餐，伯约、赛丹备菜肴来我寓，并邀伯敬一家及伯重再为母亲祝寿。

2004年以后，李埏的健康状况急剧下降，2005年以后更是大半时间住在云大校医院里。毓兰每天上午在家和保姆一起为李埏烹制适口的饭食，然后拄着拐杖，将饭食送到医院，在病榻边，陪同丈夫一同进餐，餐后一起谈今论古，吟诗作对，度过一个下午。子女们考虑到母亲已经高龄，怕出意外，一再恳请母亲阴雨天不要去病房，在家与父亲通过电话谈谈就行了，但是她依然坚持每天去探视，风雨无阻。这种相伴，使得李埏在人生最后的三年中从未感到孤寂，也使得他充分感受到了最持久和强烈的爱情的魅力。

李埏常说：他遇到了赵毓兰，是一生的最大福气。60多年前，毓兰的家境已很富裕，而李埏只是一介书生。毓兰不慕荣利，毅然与李埏结为秦晋之好。婚后，她就像一朵淡雅的兰花陪伴在丈夫身边。她是一位知识女性，书法颇具功力，擅作一手漂亮的旧体诗，被称为女诗人。为了孩子与家庭，她放弃了出去工作的机会，专心相夫教子，以幼弱的双肩承担着沉重的家务，和李埏一起，在非常困难的条件下养育着五个孩子。夫妇两人携手走过 60 多年风风雨雨、相濡以沫的岁月，琴瑟和谐，荣辱与共，一直恩爱如初。他们一起吃了很多苦，但毓兰对自己当年的选择无怨无悔，始终与丈夫同舟共济，荣辱与共。他们一起经历了人生的风风雨雨，也享受了人间最美好的感情。他们的爱情并未随着时间流逝而淡薄，到了晚年更加弥笃，实现了中国爱情的最高境界：执子之手，与子偕老。

第二节　舐犊情深

李埏夫妇育有四男一女五个孩子。在这些孩子身上，李埏夫妇倾注了自己的感情、心血和希望。对于这些孩子来说，李埏夫妇是世界上最好的父母。

在五个孩子中，最使李埏夫妇伤心和操心的是长子伯起。伯起在一岁时患上了大脑炎，终生瘫痪在床，连翻身都要人帮助。在伯起被从死亡线上抢救回来后，李埏夫妇还抱有一丝幻想，梦想有一天儿子能够从病榻上站起来，所以给长子起了名字"伯起"。这个名字寄托着他们的多少期望。可是 10 多年过去了，伯起依然瘫痪在床，而且随着身体长大更难照顾了。为了伯起的情况能好一点,夫妻二人不知花过多少心思。不仅向昆明的医生求助,还写信给北京、上海的名医询问,答案都是没办法。照顾伯起的繁重工作,就完全落在李埏夫妇的肩上,这一干就是31年。面对如此残酷的现实,夫妻二人所能做的就是千方百计照顾好伯起,让儿子过得好一点。李埏到藤篾店请师傅做了一个专门的藤篾躺椅,天晴时抬到门前,把伯起抱到椅上躺着晒晒太阳,自己坐在他旁边备课。看到这个可怜的儿子高兴的样子,夫妻二人苦涩的心里有了些许安慰。

尽管李埏夫妇精心照顾,伯起仍然不时患重病。每次患病,李埏夫妇都竭尽全力抢救。在"文革"中,李埏被打成"牛鬼蛇神",全家也被打入十八层地狱。但即使在这样的处境中,李埏仍竭尽全力照顾瘫痪的儿子。在李埏的日记中,可以看到这样的记述:

> 1967年1月14日　阴冷　因昨夜桐儿数次抽筋,需在家护理,遂归。至夜,卫生科嘱送往诊治,即与毓兰、伯约以帆布床并往。尚医生诊后,留住院观察,打了一针鲁米那和安乃近。旋又回家取礼物送去,忙至午夜乃休。……毓赴大西门买药……
>
> 1月15日　阴渐晴　桐儿病甚剧。刘医生劝转附属医院治疗。但下午病情稳定,遂未转院。终日

奔走于卫生科与家之间,又担心,又疲劳。

1月16日　晴　桐儿病渐趋稳定,然未脱险,与妻轮流看护。……晚感不适,夜发烧,鼻窦炎气管炎发作。

1月17日　晴　桐儿病况如昨。我的鼻窦炎气管炎加剧,到卫生科求诊。

1月21日　晴　上午在卫生科看护桐儿。中午,与毓、约、杰共抬之返家。刘医生云,住下去亦无结果故也。

李埏夫妇对残疾儿子的关爱,在其他孩子的心里留下深深的印象。伯约回忆道:"都说父爱母爱是人类的天性,但我的父母是难得的慈爱父母。他们对孩子的疼爱是'偏心眼'的,哪个子女境遇更加不好,他们就更加疼爱哪个子女。他们对孩子的疼爱是完全无私的,是完全不计较反哺的。

"最得到父母疼爱的是我的大哥。大哥出生时父母家境不好,居住条件很差,因而大哥不幸染上了死亡率极高的大脑炎。经父母的全力救护,大哥战胜了死神,但落下终身残疾,不会说话,不能行动,吃喝拉撒都需他人护理。但父母始终无怨无悔,精心照料。大哥儿时,医生曾说他最多活10多岁,但大哥最终去世时年 31 岁,创造了一个生命的奇迹,其中包含父母的多少辛酸。尤其是母亲,被大哥拖累得极度疲惫,极度虚弱,经常对我说自觉活不了几年了。大哥临终前,时任云大卫生科医生的李云鳌大夫应邀来家给大哥做最后的治疗,看到大哥及母亲当时的情景,李医生非常感触地说了一句,在这里他看到了最伟大的母爱。大哥去世 30 多年后,父母每每念及他,还是那么深情,而且觉得他之所以得病,是自己的条件太差,非常内疚。"[1]

在父母精心照顾下,这个瘫痪的儿子卧床 30 余年,直到 1976 年去世,连一个褥疮都没长过。云南大学校医院的李云鳌医师是一位虔诚的基督徒,多年来常到李家为伯起看病,他对李埏夫妇说"在你们身上,我看到了世上最伟大的爱",这并非一句空话。

对其余的孩子,李埏夫妇也给予了无限的关爱。伯重一岁时患上了肠炎,病情凶险,几乎不治,一些医生觉得已无计可施,但是他们坚持不放弃,依然日夜守在病床边。云大校医院的张鹏羽医师尽心施治,把伯重从死亡线上拉了回来。李埏一辈子都牢记着张医师的恩德,45 年后他还在日记中写道:

---

[1] 李伯约:《舐犊情深——父亲对我的关爱》,收于武建国、林文勋、吴晓亮主编:《永久的思念——李埏教授逝世周年纪念文集》,云南大学出版社,2017 年。

第十六章 温情世界

1995 年 10 月 10 日　今日为伯重四十有六初度。他周岁患痫，极危。幸得张鹏羽医师极力抢救得愈。

伯约少年时代体弱多病，李埏夫妇也给他格外的关爱。到了李埏的晚年，儿女们都步入中年，但是李埏对他们的关爱，丝毫不减于前。伯重研究生毕业后，去到杭州工作，积劳成疾。1987 年 5 月 14 日，李埏在复旦大学讲学，写信给在杭州伯重处的妻子和伯重，从中可见他对儿子的殷殷关切：

毓兰和重儿：

昨天（12 日）下午四时我下课回屋，见陈少军（引者按：云大历史系工作人员）。他把你们的近况和爱宁母子返滇的首途情景都给我说了，……言：伯重很消瘦憔悴，则令我极感焦虑。猜想这恐怕是近来爱宁两度住院，带虎虎、跑医院，还要写书，顾工作……累坏了。只要没有因劳致疾，有什么毛病，那么注意劳逸结合，好好休养些天，就会好起来的。现在爱宁们回去了，我希望你们母子俩都好好休养一下，且把杭州当作疗养院吧。……母子二人做点好菜饭吃吃，好好享受一下天伦之乐。伯重写书，注意保证质量，切忌重量而忽了质。我担心你为了赶时间，会在论证和文字上用力不足。不足，以后出版了再看时，会深感遗憾的。我可雇人抄稿。

五月十二日写至此

信未写完，我就和邹先生同乘学校小车到谭其骧先生家赴宴去了。……对于伯重，爱宁母子回昆后，他可以少累一些。他的治学、行止、处世，一切我都放心，只是身体健康我时时在念，要他注意！好吧，此信就写到此。若有未尽，明日再写。今日下午我要上课。

幼舟

1987年5月14日于复旦

伯约幼时多病，赵毓兰无微不至的关爱和照顾，使他能够安然度过不平安的童年。他回忆道："我也生不逢时，出生前家中惨遭变故，一贫如洗，温饱难顾。母亲严重营养不良，这导致我严重先天不足，自幼体弱多病。在我记事之前，情况尤为严重，几死者数矣，全得父母呵护。在我记事之后，生病、看病、卧床不起贯穿了我整个儿时的回忆。到我大了身体稍微好些，父亲经常给我开玩笑说'李百药，少多病'（李百药是唐朝人，少时体弱，服药甚多，故名百药。上述两句话乃其传记的头两句。在昆明方言中，百与伯、药与

第十六章 温情世界

约的发音相同)。在年幼的时候,稍有风吹草动,我都可能大病一场。例如,20世纪60年代初,在经历了'大跃进'带来的大饥荒之后,昆明身体最虚弱的人群中流行甲肝,而我不幸就成为其中之一。我小学四年级时,为了落实毛主席'经风雨、见世面'的要求,学校组织我们在狂风暴雨交加之中野营训练。身体好的同学或无事、有的同学得点感冒,只有我则落下了严重的风湿关节的毛病,后经多年的治疗锻炼才得以痊愈。

"由于我身体虚弱,父母经常说'伯约可怜',我也经常得到父母的特殊关爱。因为病多,父母陪我的时候也比较多。每逢我生病,父亲都要背我去医院,母亲则为我熬药,给我打针。因我打针较多,家中已经备有打针的用具,不必到医院打。我患肝炎的时候,母亲为了照顾我,同我非常密切地接触,以至在我接近痊愈的时候,母亲又不幸染上了肝炎,多年后才痊愈。后经多年锻炼,我现在已经比较强壮,多年不再得病,但父母仍然对我的身体十分牵挂,每次见面,都要千叮咛,万嘱咐。"[①]

在李埏的日记中,有许多关于伯约健康的记事。例如,1959年李埏到宜良农村劳动锻炼一年期满,从宜良

[①] 李伯约:《舐犊情深——父亲对我的关爱》,收于武建国、林文勋、吴晓亮主编:《永久的思念——李埏教授逝世周年纪念文集》,云南大学出版社,2017年。

回到家，最操心的事就是伯约的病：

> 5月18日　天刚亮，约儿就闹泻肚子，接着就一再吐泻。下午带去校医室诊治，体温达38.5度，入夜达39.5度。吃了药便吐，精神很疲惫。我十分焦急。而我又感冒未愈，咳嗽愈剧，连日睡眠不足，也很不适。杰儿尚未好，约儿又病。一家几个病人，真苦恼！
>
> 5月19日　昨夜看护约儿，很少睡觉，所以今天身上更感疲惫。心绪也很不好。然而整个上午，还不得不忙忙碌碌，扫地，倒尿盆痰盂，带孩子就诊，喂药，打开水，替孩子们上托儿所幼儿园请假……
>
> 5月22日　约儿今天又泻三次。第三次发现便中有血丝。即往卫生科诊治。心中甚为焦灼。
>
> 5月23日　约儿病好了许多，但身体很衰弱。孩子无知，嬉笑如常。为父母者却暗自忧虑不置。
>
> 6月1日　儿童节　约儿今天入园复学了。已请假一个月了。其健康尚未大好暂作"日托"。

直到伯约十来岁时，李埏夫妇还经常背着这个孩子去看病。伯约回忆道："因为病多，父母陪我的时候也比较多。每逢我生病，父亲都要背我去医院，母亲则为我熬药，给我打针。……当我风湿关节炎发的时候，父亲刚年过半百，因为操劳，头上已经长出了些许白发。看着父亲步履维艰的样子，我不忍心让他再继续背我。但我那时膝盖疼痛难耐，寸步不移，实在无法自己去看病。"①

伯约在读大学期间，由于用功过度，得了神经衰弱，以至休学一年。他从北京回到昆明家里疗养，李埏夫妇精心照顾这个儿子。李埏每天和他一起散步谈心，鼓励他战胜疾病。在父母的照顾和鼓励下，伯约病愈了。伯敬和伯杰身体较好。2000年以后，伯敬的健康也出现问题。李埏自己年老体衰，疾病缠身，但是仍然时时挂念女儿的身体，每次见面，都急切地了解她的状况，嘱咐她多休息，多调养。

李埏夫妇对子女的关爱，并不只限于对他们身体健康的方面。他们非常重视孩子的德育教育，认为健全的人格是一个人安身立命之本。

李埏夫妇疼爱孩子，十分重视子女的教育，而且教子有方。半个多世纪后，伯重忆起父母的教育时写道："古人云：ّ身体发肤，受之父母。'现代教育家说：ّ父

---

① 李伯约：《舐犊情深——父亲对我的关爱》，收于武建国、林文勋、吴晓亮主编：《永久的思念——李埏教授逝世周年纪念文集》，云南大学出版社，2017年。

母是孩子的第一位老师。'父母不仅给子女以生命,而且在其人格塑造上也起着非常重要的作用。此外还有一些父母,他们给予子女的不只是顽强的生命和良好的人格,而且还把子女引入一个博大精深的知识领域。一个人如果能够有这样的父母,就是一个值得羡慕的幸运儿。我们兄弟姐妹就有着这样两位让人羡慕的父母。他们对我们倾注了无限的关爱,精心教育我们,培养我们。他们的言传身教为我们树立了最好的榜样,使我们能够在风云变幻的人生中,恪守做人正道,努力奋发自强,将自己造就成对社会有用的人才。"①

李埏夫妇对孩子的教育,首先是教他们做人。李埏是一个爱国学者,热爱祖国,热爱学问。他要把自己的子女培养成为爱自己祖国的人,成为"以天下为己任"的人。他深知,一个爱国的人要从爱民族文化开始,从中国的古典文学开始,优秀的古典文学中蕴含着我们民族的伟大精神。在子女三四岁时,李埏夫妇就给他们讲孔融让梨、苏武牧羊、岳飞精忠报国等故事,教子女读李白的《静夜思》、孟郊的《慈母吟》等唐诗。

当孩子们大些时,父母就给他们讲做人的道理。李

---

① 李伯重:《父亲把我培养成材——深切怀念先父李埏先生》,收于武建国、林文勋、吴晓亮主编:《永久的思念——李埏教授逝世周年纪念文集》,云南大学出版社,2017年。

埏在一本精致的笔记本上工工整整地写语录给两个大一点的孩子背诵。上面既有马克思等革命导师的语录，也有孔子、孟子等先哲的语录，还有唐诗等。李埏热爱中国传统文化，他认为，优秀传统文化中蕴藏着丰富的智慧和深厚的做人修养，是整个民族精神的积淀和象征。所以，他让子女从小就学习传统文化。李埏夫妇二人都精于书法，他们把《卖炭翁》、《兵车行》等诗写在宣纸上，挂在堂屋的墙上，让孩子们背诵，也感受书法的魅力。他们要求孩子认真学习，而且以身作则，"户休"一事使女儿伯敬终生难忘。伯敬回忆道："20世纪50年代，我家住在云大校内的九家村，云大工会俱乐部离九家村很近。俱乐部里有许多报刊、书籍，还有连环画，我和弟弟伯重每天下午放学后都要到工会俱乐部去看连环图。有一天，我看到一本连环画上有'户休'这两个字，我不认识，回家后就问父亲，'户休'是什么意思。父亲不知道，就让我写在纸上，我就按父亲的要求写了。可父亲还是不知道，就问我是不是看错了。我的性子急躁，脱口说道：'爸爸，我没有看错，您是大学教授，怎么连"户休"也不知道啊。'听到我的抱怨，父亲没有生气，而是要我带他去看看这两个字。我和父亲来到俱乐部，我找到那本连环图，找到那两个字，仔细一看，原来不是'户休'，而是'尸体'。因为当时刚刚推行简化字，尸体是简化字（原来用的繁体字是'屍體'），我第一次见到'尸体'二字，看得又马虎，看错了。父亲没有批评我，而是循循善诱，给我讲学习、做事要认真的道理，否则，差之毫厘，失之千里。此事虽小，却给我留下深刻的印象，从此看书写字就比较认真了。"

身教重于言教。李埏对知识的渴求给子女留下深刻的印象。伯约回忆道："我在很小的时候是父亲带着睡觉的。我自幼就有睡眠障碍，入睡需要很长的时间。每当我静静躺在床上的时候，总见父亲伏案工作，无声无息，墙上的影子经常是纹丝不动的。这是父亲给我上的第一课，也是留给我的最深刻的印象。"

不同于传统的士大夫家庭，李埏非常注意从小培养子女热爱劳动、吃苦耐劳的精神。虽然他自己从小的生活经历是从学校门到学校门，但是他绝不轻视和鄙视体力劳动，要求孩子从小就要做自己力所能及的事，要能吃苦耐劳。李家住的九家村，当时没有自来水，必须到附近的水井去取水。李埏安排伯敬和伯重每日帮助大人，提着水桶去取水，还要到校内的开水房去提开水。

在李埏夫妇无微不至的关爱和教育下，子女们成长得很好，孩子们每一个微小的进步都使李埏夫妇感到高兴。例如女儿伯敬在上初小时是一个调皮的孩子。按规定，小学生到9岁就可以加入少先队。可是她到9岁多，写了两次入队申请还未得到批准。李埏感到很纳闷，到女儿就读的昆明师院附小，找到所在班的班主任了解原因。得知虽然伯敬表现不错，但上课时不遵守纪律，影响课堂秩序。回家后，李埏找女儿谈话，耐心地讲遵守纪律的重要性。此后，伯敬逐渐改掉了这个缺点，在1956年5月31日，也就是快满10岁时，加入了少先队。李埏在次日的日记中写道：

  1956年6月1日　蒨儿（引者按：伯敬小名）前日被批准入队，昨晚举行宣誓。当她昨夕戴着红领巾宣誓归来的时候，我是多么高兴啊！

  李埏对子女的教育，是很严格的。子女在成长过程中每每会犯错误，这时一向和蔼可亲的父亲会变得异常严厉，绝不姑息。伯杰回忆道："从我记事开始，父亲的形象在我的记忆里就清晰地印上了慈爱二字。父亲是一个非常慈爱的人，在家里很随和，并无家长的架子。在家庭生活里，父亲不搞家长专制，不搞一言堂，凡事都要与家庭成员商量。用当今的流行语来说，父亲拒绝家长的专制，把平等的理念引入了我们的家里，给我们留下了珍贵的精神遗产。我小时候，常常抱怨父亲忙于工作而不同我玩。每当父亲看书或批阅学生的作业时，我就会缠着父亲，要他陪我玩。每当此时，父亲就会放下手里的工作，象征性地陪我玩一会儿，或是讲一个小故事，然后便又埋头于工作。工作之余，父亲和我们在一起时，就是一个大朋友，我们兄弟姐妹在父亲面前可谓'肆无忌惮'。在我们心目中，父亲就是一个朋友，我们经常拿父亲开玩笑。我们常常取笑父亲的路南口音，用父亲口音中的一些特殊的发音来编顺口溜。父亲说话时，经常用汉字的古音，而我们已经不会，也不愿使用这些古音，反而用父亲经常说的古音编笑话来取笑父亲。父亲从不介意，反而很乐意同我们说笑，因此家里的气氛非常融洽，即便在我们的青春叛逆期，父子关系也很和谐。

"记得我小时候，父亲送我上幼儿园的途中，都会同我聊天。每当我说起幼儿园我们班里的事情时，父亲都会不厌其烦地一遍又一遍听我讲述我那些重复过很多遍的故事，不会因为这些故事的无数次重复而禁止我说话。三年困难时期，食品紧缺，父亲总是自己节衣缩食，把粮食节省下来给我们吃。在粮食实行定量的年代，我们兄弟恰逢长身体的时候，吃起饭来总是如狼似虎。父亲和母亲总是尽量让我们吃饱，自己则勒紧裤带。1977年底'文革'后第一次高考，我很幸运考上了北大。准备行装时，我的行囊里没有一件像样的衣服。

第十六章 温情世界

父亲马上便把自己当时最为'体面'的衣服——一套涤卡中山装——拿出来,给我到学校时穿。我不愿意接受,一则这是父亲唯一一套像样的衣服,二则我一向不在意穿着。但是像所有的父亲一样,父亲执意要让我把这套衣服戴上,说我已是成年人,又是一人出门在外,也要注意形象,最终我还是把这套衣服收入行囊。穷家富路,我们千百年来流传下来的传统,也许每个父亲都是一样,但是每个经历过这一场景的子女,都有独特的、刻骨的记忆。"①

望子成龙是每一个中国人对自己的孩子的期盼,李埏亦然。为了孩子的学业、学习,李埏投入了许多精力,孩子们每走一步,都得到了他的关注和帮助。但是李埏关注的绝不仅仅是子女们的学业,其实他最关注的是子女们的人品的养成。李埏是一个非常慈爱的父亲,但是一旦突破了他的底线,他也会发火,特别是涉及子女们的道德成长时。儿女们犯过许多小错误,但是李埏都是非常宽容地帮助他们改正错误。而当逾越了道德底线时,李埏就绝不姑息。对此,伯杰回忆道:"父亲极少对我发火。在我的记忆里,我幼时犯过的错误无数,有的错误还非常危险,但是父亲都只是把我教训一

---

① 李伯杰:《忆父亲》,收于武建国、林文勋、吴晓亮主编:《永久的思念——李埏教授逝世周年纪念文集》,云南大学出版社,2017年。

番便了事。譬如有一次，我在父亲的书房里找到父亲抽烟用的火柴，闲极无聊之余便开始玩火柴。擦了一根又一根，终于有一根火柴余烬未灭，而我没有发现，便随手扔在字纸篓里。没过多长时间，字纸篓着火了，字纸篓旁边就是书架，眼看就要着火。幸亏母亲及时赶到，扑灭了火，才避免了一场火灾。即便如此，父亲也只是对我进行了安全教育，说明玩火会带来何等严重的后果，告诫我切勿玩火。但是父亲并未因此责罚我，也没有发怒。但是如果犯的错误与品行有关，情况就完全不同了。

"我八岁时，曾有一次妈妈给了我一毛钱，叫我去打一毛钱的酱油。我拿上酱油瓶和一毛钱，来到家门口的商店。看着商店里的各种糖果，我的确是馋涎欲滴。在那个物质产品匮乏的年代，一颗水果糖对于一个饥肠辘辘的八岁男孩的诱惑力之大，为今天的儿童所不能想象。加之那天我又特别饿，因此嘴特别馋，最后经过激烈的思想斗争，我终于抵御不了来自糖果的诱惑，只买了八分钱的酱油，剩下的两分钱被我拿去买了两颗水果糖。我的嘴里品着水果糖的滋味，回到家，把酱油交给母亲，自以为得计。可是这个小把戏很快就被母亲识破，母亲一则严肃地训斥了我，并向父亲及全家通报了这件事。

"父亲得知这件事的经过后，大为震怒；一向慈祥和蔼的父亲，一下变得怒不可遏。从我记事开始，父亲

第十六章 温情世界

好像从未打过我,也没有实行过任何形式的体罚。但是这一次则不同以往,父亲叫我自己去'请家法'。所谓'家法'就是家里的鸡毛掸帚,用掸帚的竹竿把我狠狠揍了一顿。而令我更害怕的,是父亲眼里的怒火和表情的严厉。之后,父亲声色俱厉地责令我写检讨。我写了一遍,父亲看了后认为不够认真,有敷衍了事之嫌,责令我重写。就这样,我的一张检讨书修改了三遍才获通过。检讨书写好之后,父亲责令我把检讨书贴在房门上,每天早起和晚睡前必须朗读一遍,这个程序持续了一个多月才告结束。说谎是坏事,这个道理学校里也教过;但是对于缺乏自控能力的孩童而言,经常无法自控的现象也是司空见惯的。而经过了这件事之后,'说谎不但是坏事,而且会带来严重的后果'这样一个意识,牢固地留在我的意识深处。这一次父亲的震怒,在我头脑里留下了不可磨灭的印象。

"我十一二岁时,已到了'文革'中,学校关闭,我们这些小学生都无事可干,家长也都无暇管教。不少同学都学会了抽烟,成为时尚。有一次,我看到几个同龄的朋友在抽烟,感到很新鲜。接到别人递过来的一支烟,我备感兴奋,放到嘴里抽时,虽然没有任何快感,只是苦涩,但是很觉刺激。尝试过一次之后,就想尝试第二次。因为手里没有钱买烟,有时就把洋丝瓜(又称甜瓜)

的茎秆掰下来当作烟抽。终于有一次，我看到父亲的香烟放在桌上，鼓足了勇气，悄悄偷了一包，拿上火柴，溜出家门，出去找伙伴抽烟。当时是黄昏，吃过晚饭的时间。我找了一圈，没有找到'烟友'，只好沮丧地回到家来。走到家门口，还是不死心，于是就坐在家门口的竹丛边上，拿出一支烟点上，一个人怡然自得地故作享受状，煞有介事地喷云吐雾。父亲当时坐在书桌前，从窗户看出去，看到窗外有一个红点忽明忽暗，于是出来查看。当看到是我在学抽烟时，父亲再次震怒。他把我带回家，再一次极为罕见地叫我去请'家法'，用鸡毛掸帚把我狠狠地抽了一顿。这一次，我又领教了父亲的震怒。父亲又责令我写一份检讨书，而且同样是写了几遍才获通过。写完后，又责令我把检讨书贴在房门上，每天早晚必须朗读一遍，平时则必须默读无数遍。不像上一次买酱油时的瞒天过海被发现那样，父亲并未对我做多少说服教育，而是比较简单地痛打我一顿。那一段时间里，父亲对于我这个小儿子失去了平常的笑容，几次都因为一点小事严厉斥责我。这时我十一二岁，还是处在少不更事的年龄；但是在那个多灾多难的年代里，人容易早熟，所以我对于社会上发生的事情还是多少有了一点了解。看到父亲脸上的怒火，联想到'文革'开始以来父亲以及全家的遭遇，我隐约知道，我犯下的点滴错误对于父亲的伤害是如何严重。但是我毕竟只是一个毛孩子,还不了解父亲的怒火何以如此之大。

"父亲在这些方面的教育很严格,所以从幼时开始,我的观念意识中就有了清楚的道德底线。从小时候开始,我就逐渐意识到,有些事情是不能做的,有些事情则是绝对不能做的。等到长大成人后,我明白了这就是所谓价值观的养成吧。用平常的语言来说,就是父亲首先注重的是学会如何做人,其余的一切都必须服从这个大前提。只有学会做人,才能对社会有用。能力的培养、知识的积累、学识的增加,凡此种种技能的发展,都必须建立在做一个正派、正直的人的基础上。如果缺乏了这个基础,一个人再有本事,也不会对社会有益,而且从长远看,也无益于自己。这就是父亲给我的价值观教育,简单而实在。"[①]

在子女们成长的道路上,孩子们每取得一点进步,都带给李埏莫大的喜悦。1966年3月,伯重加入共青团,使李埏很高兴,他在3月总记中写道:

> 重儿告我:三月九日,他们团支部已通过他的入团申请。很为之高兴!重儿好学,然深惧重专轻

[①] 李伯杰:《忆父亲》,收于武建国、林文勋、吴晓亮主编:《永久的思念——李埏教授逝世周年纪念文集》,云南大学出版社,2017年。

红。今能如此,今后能益加努力,首红次专,又红又专,则吾不复忧矣。

伯重继承了李埏的事业,从事中国经济史的研究,他取得的成就,李埏看得比自己的成就更加重要和珍贵。一次,伯重的专著出版,李埏在日记里记下了他的感受:

> 研究生送来邮件。中有伯重专著《理论、方法、发展趋势——中国经济史研究新探》一书。即展卷阅其《前言》及《后记》。《后记》述及吾父子"文革"中被侮辱与损害之时,犹坚持家庭中的史学的教与学。字里行间,情感沸腾。读之不觉双泪盈眶。

第三节 师友厚谊

在中国传统的人伦观念中,老师和朋友都具有重要地位。但是到了"礼坏乐崩"的时代,老师、朋友都成为需要防范或者打击的对象,因此师友之间的情谊,往往会导致危险。也正因为如此,在那种时代还能把师友情谊当回事的人,也少之又少。而李埏正是这少数人之一。

尊师重道是中国传统文化的核心价值观之一。20世纪50年代中期以后,情况发生了很大变化。在1957年

第十六章 温情世界

的反右运动中,大批教师被批判,其中一部分更被打成右派分子,从此沦为社会贱民。随后在 1958 年的"拔白旗"、"批白专道路"运动中,高校里的著名学者大多成为批判对象。在这些运动中,学生对老师的"反动"思想和"落后"言论大揭大批,老师也不得不在公开场合,面对学生自曝"内心阴暗世界"。这些运动不仅使得传统的"师道尊严"扫地以尽,而且老师也对学生心存戒备,师生关系发生了很大改变。

李埏与多位老师有着很深的感情和亲密的关系,而这种关系在新中国成立后的历次政治运动中往往成为他被审查、被批判乃至被关押、斗争的重要原因。但是,即使在政治运动的狂风暴雨中,李埏仍然对这些老师恭执弟子之礼。特别是他与吴晗的关系,使他成为"文化大革命"中云南省第一个被批斗的对象。但是李埏并未揭发批判这位自己爱戴的老师,因而受到了同事们的责难。他在日记中写道:

> 1966 年 8 月 16 日 上午,学习(中共八届十一中全会)公报。×××(引者按:云大历史系教师)发言说:"李的态度仍不端正。……吴晗被揪出来,你还说他是你老师,为他辩护!"

"文革"结束后,李埏就可以名正言顺地与当年的老师们来往。于是他便一一寻找到当年的师长,重拾失去已久的联系,有李埏日记为证:

> 1981年9月4日 草拟回忆晗师文稿。一动笔,往事历历,岂堪回首!
>
> 1992年5月19日 晚餐,往宝翰轩访裱褙师张宝善,取回托其裱褙之《善言集》。集载1939年至1942年间宾四师函四通、荫麟师函七通、辰伯师函三通、颉刚师从吾师瑞吕先生函各一通。此诸函件因粘贴于一破旧杂志中,故十年浩劫幸免抄没。去年五月初,撰敬悼宾四师文既竟,遂持请宝善裱为册叶。宝善已八十有二,精力已衰,故迟至近日始完成。寿川一再代我促请着手,故今日陪我冒雨前往取件。取回至家,衣已湿矣。然卒得之,甚慰!
>
> 我之所以求人情、出巨资裱此册叶者,盖一为崇敬诸先师,不敢弃置先师手泽;二为怀念诸先师,欲随时展观忆念;三为薪火永传,以诸先师教我之善言复教后人。我不肖,未能实现诸先师对我之厚望,唯愿后人之有为者,发扬而光大之,则幸甚!

"文革"结束后,李埏很快就写了追忆吴晗的文章,把这位"中国头号牛鬼蛇神"的真实形象展现给世人。2007年3—4月,中央电视台《走遍中国》栏目来云南拍摄关于昆明的系列专题片,其中有一集是介绍石林,重点是介绍吴晗1938年到石林的情况。因为李埏与吴晗师生感情很深,1938年吴晗的石林之行又是李埏安排并自始至终地陪同,所以拍摄组要采访李埏。当时李埏在医院住院治疗。家人担心他的身体,力劝他不要接受采访。但他说:"吴先生给了我那么多指导,我必须回报恩师,而且知道当时情况的人大概只有我了,我不谈这件尘封的往事,人们就不可能知道当时的细节了。"接受采访时,李埏坐在客厅的沙发上,满怀深情地回忆起当年往事,并对"四人帮"残酷迫害吴晗的罪行表达了极大的愤慨。谈完之后,他又拿起两年半没握过的毛笔,在宣纸上吃力地抄写吴晗1938年在石林写的那首七绝,由石林县政府把这首诗重新刻在独石山。这次采访持续了近3个小时,而且为了拍摄的效果,他在拍摄的过程中坚持不吸氧。中央电视台的记者很感动,临别时一再道谢。

李埏对当年师从过的老师们终生充满感情,这在他的日记里都有记述:

1994年3月27日　前日将宾四先生四十年代

初所颁手教、摄影底片及我问候之函封好，因雨，今日乃赴西站邮局寄台北呈胡美琦师母，供其制版影印收入全集。同时，将加印之一套照片寄苏州交钱辉师妹阅后转其兄姐。又以先生赐我及玉哲兄之函之加印相片三桢及信寄南开。皆挂号。

1997年7月12日　在《宋诗鉴赏辞典》东坡前一人为王令。信手翻阅其诗而喜之，尤以《读老杜诗集》一首最为欣赏。其诗曰：

气吞风雅妙无伦，碌碌当年不见珍。

自是古贤因发愤，非关诗道可穷人。

镌镵物象三千首，照耀乾坤四百春。

寂寞有名身后事，惟余孤冢来江滨。

先师素痴（引者按：张荫麟）先生逝世时，才三十有七岁。（王令殁时年方二十七），怀才不永，亦可哀也。我不能诗，以此诗悼先师，亦足以稍摅哀思，故录之。

1998年10月21日　因雨，下午未去上课，在家读宾四师《朱子新学案》之例言及卷首之《朱子学提纲》，毕其半，真可谓博大精深，叹观止矣！

2003年10月22日　收到张国刚君寄来之《南开史学家论丛》二册，一为郑毅生（引者按：郑天挺）师之《及时学人谈丛》，一为《伯伦史学集》

第十六章 温情世界

（雷海宗师文）。展卷快读数篇，昔年听课情景，两师之音容笑貌，忽重现脑际。岁月如流，人生易老，不胜感慨！

2004年10月13日　日前收到王宏志君寄赠的新作《吴晗画传》。昨夕读完。阅读中老泪盈眶者数次。抚卷遥想当年从师受业景况，感伤不已！

李埏写了张荫麟的传略，高度评价这位在新中国成立后默默无闻的中国史坛天才的贡献，并记述张荫麟对自己的教诲，以表达他对张老师的思念。在追忆闻一多的文章里，李埏记述了闻一多在抗战和内战期间的艰苦生活以及他的铮铮风骨。钱穆流亡海外后，师生联系被完全斩断。到了改革开放初期，钱穆托人带来一本在海外出版的回忆录《师友杂忆》送给李埏，李埏方知钱穆尚健在。在该回忆录里，钱穆对当年他和李埏之间的深厚的师生情谊有细致的记述，李埏读后非常感动。钱穆仙逝后，李埏悲痛之余，写了一文追忆当年的交往，表达他对老师的深切思念①。

李埏与老师们的关系亲密，但彼此间通信都被抄走。所幸"文革"后部分信件尚在，于是李埏将这些劫

---

① 这些文章后来收入了李埏、李伯重合著的《良史与良师——学生眼中的八位著名学者》（清华大学出版社2012年）一书。

后余生的信件装订在一起,起名《春风化雨集》,作为对当年老师们的深切怀念[①]。

新中国成立后,李埏在经济史研究方面得益于侯外庐甚多,因此他把自己当作侯外庐的私淑弟子。这种基于学术的亲密关系,招致了一些同事的妒忌。到了1966年,李埏也因此受到这些同事的猛烈批判。到了1978年,李埏获准赴长春开会。他在北京停留了几天,去拜见了侯外庐。20多年未见,两人都已白发苍苍。劫后余生,相见感慨万千,彼此都潸然泪下,不能自已。李埏以后每次到京,都去看望侯外庐。

李埏极重友情,与王玉哲、徐规、吴承明、马曜、缪鸾和等都是密友。当然,在改革开放以前,人人自危,为了避免彼此牵连,好友之间也很少联系。"文革"后,朋友之间方才能够多有往来。在李埏的日记中,也可以见到友情的流露。

王玉哲是李埏当年的同学,彼此感情一直甚笃。李埏和许多同行,特别是1957年受侯外庐之邀到中国科学院历史研究所做兼职研究员的那批同辈学者如唐长孺、王仲荦、傅衣凌、韩国磐等,都保持着长久的友谊。

基于对学问的共同热爱,李埏与国内一些史学家成

[①] 这个集子也收入了《良史与良师——学生眼中的八位著名学者》。

为忘年好友。他与张岱年以及李龙潜之间的友谊,就是很好的例子。

张岱年先生是著名哲学史家,是张荫麟的同窗,因此从辈分上来说是李埏的老师辈。由于专业不同,李埏一直未有机会拜识张先生。1983年3月,李埏赴京参加中国史学会首次学术年会,会后赴曲阜参加"孔子学术讨论会"。会议期间,主办者组织与会代表往孟子故里邹县考察。到邹县后,县里邀数名知名学者做演讲。李埏就孟子经济思想发表一席谈话,得与会者的好评。5月8日,张先生从北京致函李埏说:"李埏同志:这次到曲阜开会,能得晤谈,非常高兴!这次我在山东的最大收获是听到您在邹县的学术报告,内容十分精粹,希望写成论文,早日发表!"自此,李埏和张先生成为好友。20世纪90年代中后期,李埏对《史记·货殖列传》进行研究。他在1998年下半年写成《〈史记·货殖列传〉引〈老子〉疑义试析》一文,张先生读到该文后,于同年11月10日致函李埏说:"您关于《史记·货殖列传》引老子语的大作,读后甚受启发,大作分析深切,结论正确,我完全同意。太史公引老子语,确系表示赞同。过去一些论者不能理解太史公深意,以致误解,今大作加以纠正,我表示赞佩!"这种对学术的追求把这两位不同辈分、不同领域的专家联系在一起,成了忘年交。2004年

4月24日,张岱年逝世。李埏在日记中写道:

> 2004年4月30日 晚,中央电视台新闻联播报告:张岱年逝世,享年九十有五。张先生为我国哲学史泰斗,与先师荫麟在清华同窗。1983年4月初,我在京参加中国史学会后,去曲阜参加孔子研究会。会上得向岱年先生讲益,遂相识,并得其奖掖,至为感纫!

在之前的2003年8月16日,李埏得到韩国磐先生逝世的噩耗,心里非常难受,在日记中写道:

> 景寿送系中所收我的邮件来,其中有厦大的韩国磐兄的讣告。国磐兄已于本月六日下午作古矣,享年八十有五岁。又一位老友凋零,哀哉!

李埏的朋友中,有一位是英国人傅德。他们的友谊颇具传奇色彩。李埏抗战前在北京读书时认识了来华学习中国文化的傅德。傅德回国后,成了外交官,但对中国的热情一直未减,撰写了《云南的地方历史》(*The local Histories of Yunnan*)等中国研究专著。"文革"结束后,他成为英中友协负责人,多次访问中国。1985

年，他写了一封信，怀着试试看的心情，寄到云大，信封上用中、英文写道："中国云南昆明云南大学李埏先生收"。李埏收到此信，惊喜交加，随后于4月20日复函，简述别来状况，并附入去年生日小照一张。傅德收到此信感到非常兴奋，当即来信，并寄来近照。以后两人保持着频繁的通信。傅德在一封信中幽默地说："我访问中国多次，你却从未访问过英国，这个'不平等条约'早就应当废除了！"在他的安排下，李埏终于有机会出访英国。

除了这些志同道合的朋友之外，李埏在同事与故人中也有一些相知，和他们的友谊经历了政治运动的考验。李埏在云大60多年，虽然也饱受许多同事检举、揭发、批判、斗争甚至陷害之苦，但仍然和方国瑜、张德光、马曜、缪鸾和等保持着友谊。在他的日记中也有关于这些朋友的记载。这些老友辞世后，他也用饱含情感的笔墨，写了一些文字，追忆故人。

对于当年为云大做过重大贡献的校长李广田、高治国，李埏也深感怀念。1998年10月19日，高治国因肝癌逝世，李埏次日即撰一联挽之：

教育家　书法家　风范永留云大
革命者　建设者　遗爱长在滇中

和一些昔日朋友之间的友情，李埏也珍藏心中。他读高中时有一位同学尹龙举，已有数十年不见。2002年4月，尹龙举来昆明，看望了李埏。李埏在日记里写道：

> 4月19日　下午，尹龙举兄来访。……中学同窗，多时不见，今日重逢，倍感亲切。话及昔时同学，多已作古，不胜感慨系之！

一个年轻学生段鑫回忆道："李老有一位十分要好的高中同学，叫尹龙举，是抗日战争时期的一位白族少将。李老与尹老已分隔十数年不见，2007年3月24日我去拜访李老那天，李老曾问我家乡何处，我说我老家在大理喜洲，李老便说他有一位同学叫尹龙举的，也是喜洲人，已有多年没有联系，希望我假期回家时，帮忙寻访一下此人。我说可以，不过李老都已93岁了，不知那位同学是否尚在人间。李老坚定地说：'不要有这样的想法！他身体比我还好，还比我小一岁，一定还在！'

"2007年暑假我回家，8月19日专门去寻访过李老称呼的那位尹老将军，并有幸找到了。尹老将军身体健康，耳聪目明，我那天还拨通电话，让两位多年不见的老友聊叙一番。暑假后，直到10月21日我才将尹老将军的照片连带我们第一次拜访尹老时拍的照片带给李老。李老和老伴看后非常高兴，反复说：'太谢谢你了!'"

第四节　视生如子　关心他人

李埏非常关爱他的学生。俗话说：师生如父子。这句话用在他与学生的关系中，再合适不过了。吴晓亮回忆道："第一次拜见先生是1982年。那时的我已是大三的学生，临近毕业，为了能够进一步深造，我打算攻读硕士学位。……在历史系杨寿川老师的带领下，我第一次走进先生的家。此前，我曾听高年级的学兄们议论，说先生学问大但非常严厉，是一个难以亲近的老头儿。他们又宽解我说，先生家里有四个男孩，一个女儿，所以对女生也许会温和一些。无论怎样，我还是惴惴不安地走进了先生的家门。

"我偷眼观察先生，他体形中等，面庞清瘦，有一种不怒自威的气质。他的眼神睿智而犀利，却不时地透出一丝温和与慈祥。他一一了解我的家庭、我的经历和我的学业，语言轻缓而和蔼，我悬着的那颗紧张的心才慢慢松弛下来。那天，与先生交谈的时间不长，怕耽误先生的时间，我们起身告辞，先生的一句'欢迎你报考'令我欣喜，这至少说明我的'面试'基本通过了，余下的就需要自己的勤奋与努力了。

"我这一届研究生只有我自己,李先生没有单独给我讲过课,都是安排我读书,随时请教。

"随先生攻硕的三年间,我知识的增长不是在教室里课堂上,更多的是在先生简陋的客厅或庭院里。在先生家中与他闲谈常使我获益最多。在课堂之外,先生的智慧常有最精彩的释放,先生的指导常使我茅塞顿开。

"1996年,因家庭发生变故,我整天昏昏然,不知所以。先生将我叫到家中,他说:'晓亮,失去的东西可能像一个美丽的玻璃器皿,其中盛满美味佳肴,但是一旦掉到地上,你再也无法捡起。我了解你,你应当继续攻博。你的生活会因为不断学习而丰富充实,学术研究会成为你真诚的伴侣……你已留校多年,也需要再学习,再提高。'先生的一席话,把我从一种麻木的心境中推醒,于是我调整心态,重振精神,开始筹划攻博之路。"①

关于师生之谊,黄纯艳回忆说:"每周一次谈话,就是先生的点拨,多随意于无形,亦有苦口婆心之时。先生非常健谈,话匣一开,海阔天空。特别是其人生经历,如在我们面前展开的一部多彩的画卷,使我们从中

---

① 吴晓亮:《在先生的引领下成长前行》,收于武建国、林文勋、吴晓亮主编:《永久的思念——李埏教授逝世周年纪念文集》,云南大学出版社,2017年。

领悟到治学与为人之道。

"在和先生聊天中,先生笑言:'……看了你写的材料,我说是个才女,别人告诉我,是个长胡子的才女。'先生是说看我的名字,把我当作女的了。

"上课之余,与先生见面的主要机会就是每个周末下午到先生家里去见先生,也汇报学习情况,但主要是聊天。这是文勋做的榜样,每周都与先生见面,不上课了,也如此。我也养成了这样的习惯。后来到厦门大学师从韩国磐先生做博士后,我也沿袭了这个习惯,每个周末都乘轮渡到鼓浪屿去见韩先生。"[1]

武建国回忆说:"第二学年末临近假期时,我去拜访了李埏先生。那时,李先生居住在云大北院的平房住宅区(那里是小幢小幢的平房),云南大学老一辈的教授大多居住在这一片区。现今这一片区已不复存在,成了云南大学附中校园的一部分。但是在这里,李埏先生对青年学子的热切关心和勉励,激励着我从事学术研究;在这里,李埏先生循循指点,引导我走向中国古代经济史研究的路途;在这里,我与李埏先生结下了深厚的师生情谊。所以,李埏先生曾经在这里居住过的平房和这一片区域虽然已踪影皆无,但它却早已深深地印在

---

[1] 黄纯艳:《从师琐记》,收于武建国、林文勋、吴晓亮主编:《永久的思念——李埏教授逝世周年纪念文集》,云南大学出版社,2017年。

我的记忆里，多少往事依然记忆犹新。"①

邢铁回忆说："李先生曾经想让我留在身边做助手，当时的系总支周庚鑫副书记也和我谈过，但我已经有了家累，毕业后还是回河北了。分别的时候李先生伤心地说：'我手下缺人，培养学生像孵小鸭，孵一窝飞一窝。'多年来，每当夜深人静，抚摸着李先生厚厚的《不自小斋文存》，遥望滇南，就会想起李先生说这番话的情景。如今这一切都成了往事，李先生不在了，我也渐渐老去。我想，再过几年，把李先生题写书名的《家产继承史论》补充修订一下，还在云南大学出版社出，还用原来的封面，作为交给李先生的最后一份作业。"②

段鑫并非李埏的学生，而是好学的外校本科生，他也深情地回忆说："我初次与李老见面，是在2006年10月21日，我们问了李老在联大时的求学经历、学习方法、治学经验等问题，李老均认真地一一作答。

"2007年3月24日再次拜访了他。李老和我们谈起了治学的问题。李老教导我们学习要扎扎实实，点滴积累，他让我当场背诵《唐诗三百首》的第一首诗，我一

---

① 武建国：《李埏先生与我的学术成长道路》，收于武建国、林文勋、吴晓亮主编：《永久的思念——李埏教授逝世周年纪念文集》，云南大学出版社，2017年。
② 邢铁：《不自小斋问学琐忆》，收于武建国、林文勋、吴晓亮主编：《永久的思念——李埏教授逝世周年纪念文集》，云南大学出版社，2017年。

第十六章 温情世界

时想不起来,我读书不精,那天在李老面前弄了丑,真是惭愧。李老的教训给我留下深刻印象,以后每每开卷,常思忆李老的教导。

"后来,我还将自己课余写的两篇论文稿子带去请李老斧正,李老视力不好,看着费劲,我就在李老病床前把稿子念给李老听,李老认真地听着,不时插话提出修改或补充意见。这两篇论文稿子,有一篇《美国副总统华莱士访问西南联大始末》发表在《理论界》杂志2009年第2期,另外一篇自己后来推翻了。"

李埏对人始终充满爱心,对亲友也是尽其所能地给予关爱。对大姐的儿子徐建华的关心就是一例。李埏十分关心这个好学上进的外甥,徐建华对舅舅也十分尊敬,多年后回忆说:"对我一生起决定性影响的有两人,就是母亲和四舅。母亲对我的教诲自不待言……四舅对我的影响和教诲,则可分为两个时期。前期是通过母亲对四舅的讲述而受到的,属间接式的;1960年我大学毕业分回昆明后,就是直接的。

"1956年我从成都工学院毕业分回昆明后,四舅对我的教诲是直接的言传身教。不仅证实了母亲以前所讲的,亲身的感受也更全面、更深刻。

"1963年夏的一个下午,我与同事沙德芳去看四舅。四舅对我们做了立志、惜时的勉励,并引用了孟子的'必先苦其心志,劳其筋骨,饿其体肤,空乏其身,行拂乱其所为,所以动心忍性,增益其所不能'来告诫我们。结合我艰难的成长历程,我将'逆境是最好的教育',作为我的座右铭。

"1965年,我因气胸住院,四舅得知后即刻赶至医院探视。1985年母亲逝世,我悲痛欲绝,痛不欲生。四舅专门到化工设计院安慰我:'你这样子,你母亲在九泉之下会更加不安的。只有振作起来,才是最大的孝。'"

对于普通人,李埏也尊重、关心。李埏素喜园艺,经常与云大的园丁武文忠师傅切磋种花技术。武文忠过世后,李埏经常想念这位普通的工人。他在短文《我爱公孙树》中满怀深情地表示过对这位普通的园艺工人的敬意。又如云大的电工毛云辉,也是李埏的好友。李埏夫妇为人谦和,与保姆相处很好,保姆大多不愿离开李家。

李埏对待他人,不论辈分、地位、职业如何他都予以尊重。正是出于对人的尊重,李埏也有一颗宽容的心。即使是曾经批斗和伤害过他的人,他没有记恨。他说:"这些人批斗我,大多也出于无奈。"

第十六章 温情世界

第五节 热爱生活

热爱生活的关键,是对生活有坚定的信念。李埏非常敬佩历史上对生活具有坚定信念的人。他非常崇敬司马迁、司马光、玄奘等人,手书了司马迁的"高山仰止,景行行止,虽不能往,然心向往之"之句,置于案首以自勉。因此,即使处在"文革"的灾难之中,"肠一日而九回",但是为了自己钟爱的学问,依然能够"隐忍苟活,幽于粪土之中而不辞"。正是这种基于对生活的热爱的大彻大悟,使他能够坦然面对迫害、侮辱、折磨和摧残,漠然对待各种侮辱与损害,从而度过了史无前例的十年动乱。李埏在日记中写道:

> 人生到处知何似?应似飞鸿踏雪泥。
> 泥上偶然留指爪,鸿飞那复计东西。
> 1997年7月11日 今日起,每日读东坡诗两三首,必成诵乃止。今老矣,须"人一能之己十之"乃能记忆。
> 10月26日 下午,读晚香堂苏贴中东坡书《养生论》。写竟,东坡跋云:"东坡居士以桑榆之末景,忧患之余生,而后学道。虽为达者所笑,然

犹贤乎已也。以嵇叔夜养生论,颇中余病,故手写数本,其一赠罗浮邓道士。绍圣二年四月八日书"。

2001年3月8日　与毓兰、元器游大观楼。在孙髯翁雕像前摄影。雕像二座,与毓各在一座前摄一张。

3月21日　访余嘉华君于其寓,谈孙髯翁事。余君于此颇有研究。

3月24日　阅李孝友、余嘉华两君辨孙髯翁非曲靖人之文。滇中前贤我最崇敬莫过髯翁。

2002年2月6日　上午与伯重母子游大观楼。在孙髯翁两座雕像前摄影数帧,在楼外楼上品茶。髯翁,我极崇敬,故摄影留念。

2003年7月8日　读《宋史》苏轼、苏辙传。临(摹)东坡《前赤壁赋》(帖)。

7月23日　整理书桌,见《东坡全集》。读其诗竟昔。

8月15日　读《东坡诗》,卷之一,第一、第二首即为与子由分别思念之作。特录入我的《坡诗摘抄》中,借以自遣也。

李埏热爱生活,哪怕是在艰难困苦之中,也要尽力过好每一天。即使是在乱世,他也要为自己营造出一个小小的美的世界,使自己的生活不致被痛苦淹没,在绝望中看到希望。

读书是李埏终身的嗜好。李埏读书范围很广,读得最多的当然是与研究有关的书,其范围不限于中国史书和近人的中国史研究著作,也包括大量的社会科学著作,涉及的文种包括中文、英文、日文和俄文。除了这些专业书外,作为个人的喜好,他也阅读了大量的中外人物传记和文学精品。他认为,在这个充满纷扰和苦难的世界上,反复阅读这些精品,不仅可以获得美的享受,更可以借此与那些古代的伟大心灵沟通,和历史上那些伟大的人物交友,从他们身上汲取生活的智慧和力量,是摆脱人世苦难的一个重要方法。

李埏通过诵读这些精品,与历史上的伟大心灵交流沟通,从而从他们身上获得了生活的真谛、乐趣与精神力量。李埏年轻时非常喜欢英国文学,例如帕尔格雷夫的《英诗金库》是他经常翻阅的书。在 20 世纪 50 年代,他也阅读了一些俄国作家的作品,对托尔斯泰的《复活》和果戈理的《死魂灵》等作品尤为欣赏。但是,他最喜爱的还是中国古典文学作品。在中国古典作品中,李埏最喜爱的,一方面是那些既有强烈的家国情怀,又有高度的感染力的作品,如贾谊、司马迁、杜甫、白居易、韩愈、欧阳修、范仲淹、王夫之等人的作品，另一方面则是那些能够充分体现个人内心深处各种情感的作品，如庄子、陶渊明、苏东坡等人的作品。他曾用工楷手书司马迁、诸葛亮、陶渊明、杜甫、苏东坡、陆游等人的作品，悬挂于书房，时时观赏。他认为，那些能够历经千百年的时间考验而存留下来的中国古典精品，具有永恒的魅力。

在"文革"灾难中，他常常背诵司马迁的《报任安书》，以此激励自己。在"文革"中极端痛苦的时候，他手录了苏东坡的《和子由渑池怀旧》，以此自我宽解。他反复咏颂此诗，不仅感叹人生之短暂和无常，而且更提醒自己要像苏东坡那样，面对逆境而保持超隽、洒脱、旷达乐观的心态，因为正如纪昀所说，此诗有"撒手游行之妙"。

到了晚年，他对苏东坡的诗文兴趣愈浓，每日必读。除了这些名家外，清代昆明文士孙髯翁的学问和人品也深受李埏敬重。孙氏的《大观楼长联》，是李埏经常咏颂的文字。李埏在日记中也记录了他对这位具有铮铮铁骨的落魄才子的崇敬。

李埏在中学时酷爱体育，特别是足球。到了大学，更喜欢上了游泳、网球、远足、骑马等活动。工作后，有了家累，没有很多时间去做运动，但是一旦得空，依然尽力为之。在20世纪50年代，他不时还打打网球。

第十六章 温情世界

在 20 世纪 50 年代，李埏向云大的周孝芬女士学太极拳，拳艺日精，深得周女士的称赞。骑自行车也是李埏经常做的运动。他骑车数十年，不仅为生活所需（作为买米、购物的主要运载工具），也是为锻炼身体。"文革"前，他常骑车带孩子去远足：自行车的前面带一个，后面带一个，一直骑到西山、筇竹寺等郊外风景名胜。到 62 岁时，他还骑车数十公里，为儿子伯杰的招工奔波。一直到 75 岁，他才不得不停止骑车。以后，他的主要运动是走路、太极拳和气功。在 2005 年他常住医院以前，他仍然每日在云大的银杏道上散步，或者勉为其难地做些八段锦等运动。

在他晚年，太极拳是他的日课，只要不下雨，一定进行：

> 1979 年 3 月 11 日　自然然（引者按：外孙女陶然）入医院，我即住于伯敬宿舍。舍中有阳光，无干扰，便于写作讲稿，故然然出院后，我仍居此。每晨在校园散步、打太极拳，颇觉安舒。
>
> 1981 年元旦　自元旦始，坚持吾日三省吾身：1. 思想情操淡泊宁静乎？2. 按时习太极拳、气功乎？3. 读书、写作就月将乎？
>
> 1982 年元旦　去年入冬以后，身体殊不适。初

> 患感冒，继而美尼尔氏病累作。遂尔疏懒，不唯课业中辍，即气功太极拳亦偶一为之。……决自今日起，恢复晨间太极拳锻炼，认真作气功。
>
> 2001年12月1日　下午到楼下曝背。静极思动，试打太极拳，终于打完了一趟，是可记也。
>
> 12月20日　上午，打太极拳八十八式全套。数月中辍，今始恢复。
>
> 2002年5月26日　决定恢复太极拳运动。今日上午在楼下打了一趟。
>
> 5月27日　晨，下楼打太极拳。方起步转身，不能站稳，竟跌倒卧地上，挣扎不能兴，只好翻身侧卧地上，缓慢坐起，然后起立。幸未骨折，亦未伤头部。唉，难道我就得与太极拳分别了吗？！

他对体育运动的热爱，一直延续到他生命的终点。在人生最后的岁月中，他念念不忘的一件事是2008年的北京奥运会。在几次病危时，他经常挂在嘴边的一句话是："我一定要坚持到奥运会，在电视中看看这次运动会的盛况！"

在李埏生活的时代，吸烟是社会时尚。李埏从高中时期开始吸烟。到了三年困难时期及"文革"时期，购买香烟受限制，他跑到农贸市场上购买农民种植的烟叶，回家后自己卷成卷烟抽。但是到了1986年，具有56年烟龄的李埏，在72岁的高龄毅然决然戒烟，一时成为云大的新闻。伯约回忆了父亲戒烟的过程说："'文革'爆发，父亲倍受迫害，科研工作完全中断。在'文革'中，父亲非常沉闷，大量吸烟，经常咳嗽得非常厉害。我担心父亲的健康，多次劝告父亲为了健康而戒烟，但父亲也感到自己的健康状况日渐衰弱，但因心情郁闷的缘故，总是说，等'文革'结束再戒吧。……'文革'终于结束了，父亲的心情非常好，但身体更不如前了。一日，我陪父亲到医院看望他的老同事张德光教授。张教授因晚期肺心病住院，已经接近生命的终点，痛苦异常。父亲见到如此状况，心情非常郁闷，不由得又要吸烟。正好医生来查房，对父亲说了一句：'李老，如果您继续吸烟，不用5年也是这个样子来这里住院。'张教授的痛苦及医生的话给了父亲极大的震动。几乎一整天，父亲一句话都不愿意说，默默地思考着什么。到了下午，父亲将未吸完的香烟及烟具全部扔了，郑重其事地对我说：'我终于看到了吸烟的痛苦，我不想像张先生那样，你监督我戒烟吧。'此时父亲已年届古稀，但是从此刻起，直至去世，20余年的时间中，父亲没有吸过一口烟。"①

有50余年烟龄的"老烟民",居然一下子就把烟戒了,这需要何等的毅力!"李先生戒烟"顿时成了云大的新闻,而校医院也把李埏当作范例,向广大师生进行戒烟教育。

李埏从小兴趣广泛,书法、诗词、体育、园艺,都是其终身所好。

李埏儿时因受父亲影响而喜爱书法,后来他写得一手刚劲秀美的欧体字,并从书法中得到很大乐趣。到了晚年,他更是每天临摹名家字帖不辍,或自书古诗,以书养性,陶冶性情。

李埏的书法风格虽然是欧体,但是他也深爱庄重的魏碑和行云流水的行草。他收集了《二爨碑》、《张猛龙碑》、李邕的《云麾将军碑》、智永的《千字文》、《圣教序》、怀素的《千金帖》(小字贞元本)、苏东坡的《黄州寒食诗帖》、《赤壁赋》等碑帖的拓本,得空就仔细观看欣赏。到了84岁时,听说书店有名帖出售,还兴趣盎然地专程赶去购买:

> 1998年4月26日 下午与毓兰携小苹(引者

---

① 李伯约:《舐犊情深——父亲对我的关爱》,收于武建国、林文勋、吴晓亮主编:《永久的思念——李埏教授逝世周年纪念文集》,云南大学出版社,2017年。

按：保姆）打的赴古籍书店购字帖二册。一为赵松雪书之《汲黯传》，一为文征明书《赤壁赋》。

中共十一届三中全会以后，熊庆来、李广田等为云大发展做出过贡献的人都得到应有的尊重。熊庆来李广田故居，坐落于会泽院和至公堂东侧。熊庆来在该处居住10余年，李广田也曾在此长期居住，2004年被列为省级重点文物，2006年被中国高校最美地方排行榜评为中国高校八座大师故居之一。学校请李埏为云南大学新建的文渊楼、文津楼等题写楼名。他欣然挥毫，以雄劲的笔力题写了这些楼名。如今，这些大字依然见于这些建筑之上。

李埏早在中学时代就开始写旧体诗词，后来虽然写作不多，但是偶有兴致时，依然挥毫为之，特别是与夫人相唱和，更感其乐无穷。

毓兰是他的诗友，彼此经常唱和，相互切磋。他们每有新作，常常共同讨论音韵用典等问题，定稿之后，磨墨铺纸，书写观赏。不过他常常说自己在诗词方面不如毓兰，称毓兰为"一字师"。

李埏还有几位诗友，一是挚友马曜，他与马曜过往甚密，常常一起散步，讨论诗作。另一位是昆明工学院教授陈述元，相识于"文革"时，不时相约去一简陋的乡间饭馆"鲜鱼饭店",把酒谈诗。

在中国传统文化中,酒与文人有不解之缘。李埏也喜欢酒,特别是味道香醇的曲酒。他饮酒有半个世纪之久,年轻时和朋友也曾有过豪饮,但是极少酩酊大醉。他觉得饮酒到了微醺是最舒服之时,因此有时也在花前月下,浅斟低酌,自得其乐。但是到了2005年以后,遵照医生的意见,他也告别了酒。

品茗也是中国传统文化的一个特点。茶是李埏一生中的最爱,中年以后,无日不饮。他对茶的要求颇为苛刻,认为中国几大名茶各有优点,但相对而言,产自云南凤庆、勐海一带的大叶种茶,在品味方面更胜一筹,因此是他每日必饮之茶。

李埏一生都喜爱花木。李家在云大附中新村时,房前屋后,遍植花卉佳木,终年花香不断,成为新村一景。1994年搬到楼房后,经营多年的小花园不得不放弃,但李埏仍然在前后阳台上养了10多盆花草。书桌上、柜子上放着文竹、兰花。读书写文累了,他就停下来,伺候和欣赏这些花卉。这是他的一大享受。

李埏在花木培植方面非常认真。他经常向云大园丁武文忠求教,并成了多年的好友。李埏在晚年还养了金鱼和画眉。在花团锦簇之中,李埏夫妇一同观看金鱼优雅的身姿,倾听画眉婉转的啼鸣,背诵中国古典文学名篇,切磋精辟诗句,把玩名家字帖,真是其乐何极!这种自己营造出来的自然与人文的美好环境,使得李埏暂时摆脱尘世的纷扰,潜心于治学,并且享受陶渊明《饮酒》诗中所描述的那种返朴归真的愉悦。

李埏是一个活泼开朗的人,喜欢和朋友们一起说笑,彼此开心。他颇富幽默感,说话经常让别人忍俊不禁,而他自己则在与人同乐中也笑得很多。历史系有一位教授,早年曾留学美国,总以"海归"经历而自傲。有一次,他在和系里同事们聊天时,以鄙夷的口气称未留过学的学者们为"土产才子",李埏随即回应说:"那么阁下就是'出口转内销才子'了。"大家听后哄然大笑,这位教授也颇感赧颜,以后不再用这种口吻对待同事们了。

由于热爱生活,李埏一生都保持着一颗不老的童心,充满好奇心和对新鲜事情的热情。在"文革"中,子女们对他说:"在街上聚集了一群人,或者是辩论,或者是交通事故,人头攒动之中如果看到一个白发苍苍的后脑勺,好奇地挤到前面,对发生了什么事要一看究竟,那一定是爸爸。"他听后哈哈一笑,俨然认可。即使到了晚年,他依然保持着对学术之外的新鲜事的好奇心。

改革开放以来,昆明的城市建设有了日新月异的发展。2002年3月16日,一座按中国古代传统建筑模式,应用现代新型材料和工艺技术建造的带内发光灯光的正义坊,在昆明市建成。李埏在这座牌坊前逗留良久,一会儿看看牌坊有多高,一会儿摸摸牌坊,琢磨着牌坊用的是什么材料,还让伯敬找找《云南日报》看看关于灯光牌坊的报道。当晚他在日记中写道:

> 正义路近修整一新,步行,禁汽车通行,沿街张灯。长春路口新建牌坊一座,中空通电灯。今午,赴伯敬家晚餐。饭后,观灯。

第十七章　最后的岁月

第一节　六十载情缘

李埏自 1943 年到云大任教，到 2003 年，不觉近六十年就过去了。

六十年，国家发生了翻天覆地的变化。改革开放以来，经济建设取得辉煌成就，科学技术有巨大发展，人民生活水平大大提高，国家走上了一条发展之路。

六十年，云南大学也有了长足的发展，已成为国内"211"大学之一。一代又一代的学子不断进取，为祖国为民族做出了出色贡献。看到云大取得的成绩，李埏作为一个老云大人，看在眼里，喜在心头：

　　1998 年 4 月 7 日　毓兰与我各写字一幅，祝云大 75 周年校庆。

毓兰写的如下：

十年树木　绿化大好河山

百年树人　建设锦绣中华

我写的是

拔俊髦而造就　乐菁莪以长育

济济多士　敬教勤学　祖国富强　于斯始基

4月20日　上午，应学校之邀，往科学馆参加75周年校庆，参观书画展览。我与毓兰所书，并列于展室中。

天气晴朗的日子，年迈的李埏都会挂着拐杖到校园里走走。校园里的新老建筑、一草一木都承载着云大的历史和变迁，都会勾起他绵绵的幽思。他熟悉校园里的每一条路、每一间房、每一棵树、每一片草地，看到它们，他会想起他的老师、同事和学生，想起自己和他们在一起的件件往事。

改革开放以来，在科教兴国、教育优先的方针政策下，云大得到突飞猛进的发展。校园的变化日新月异，一幢幢高楼拔地而起。

云大新盖了许多大楼，其中两幢是由李埏题写的楼名：

第十七章 最后的岁月

2003年10月12日 学校嘱为新楼篆额：一为"文津楼"，一为"文渊楼"，一为"熊庆来李广田故居"。晨写就，下午来人取去。

2003年11月9日 目前为学校书写的"文渊楼"、"文津楼"及"熊庆来李广田故居"已放大悬于各楼。拟往一观，吴松（引者按：时任云大校长）同志闻之，以车来接。毓兰及海芝（引者按：保姆）偕往。武有福为摄影。观览毕，吴松邀往翠湖西路一餐厅午餐。文勋、晓亮及经济史研究生亦偕往。餐毕回家，已下午二时矣。甚为愉快。

看到整饬一新的"熊庆来李广田故居"，李埏想到当年熊庆来要把云大建成"小清华"的雄心，想到李广田建设云大的种种举措。正是在熊庆来献身桑梓的感召下，自己毅然来到云大任教，一来就是六十年。正是在李广田的鼓励和支持下，20世纪50年代自己在学术上取得不俗的业绩。虽然李广田在"文革"中惨遭不幸，但现在终于得到应有的评价和尊重。

学校和学生对这位把自己一生贡献给云大的老人发自内心的尊重。李埏写道：

2000年3月26日 历史系《史学论丛》第七

期日昨出版。内载文勋写的《著名经济史学家李埏教授生平思想述略》,写得很好,很完全,文笔尤佳。若我写篇自传,恐尚不及此文。文勋对我之深情厚谊,至堪感谢!

2002年9月10日 今日为教师节,许多学生来慰问。中午,汪戎(引者按:云大副校长)率校行政领导来贺,吴松亦从京中央党校来电话致贺。有历史基地班雷国鹏与王清二人与我素无接触,亦来贺,并赠文竹一小株。

2003年10月17日 晓亮编我九十岁纪念论文集,下午来选我的近照,将置诸卷首。

2003年11月21日 依公元,今日为余八十有九初度,依传统算法,则九十岁矣。下午,学校为我举行"庆祝李埏教授执教六十年暨九十华诞纪念会",在科学馆二楼第12会议室。校党委书记高发元主持,校长吴松致辞。贺圣达(引者按:云南省社科院副院长)、林超民(引者按:时任云大副校长)等讲了话。皆肯定我的成绩,热情盛意可感。会毕,在学校餐厅会餐、八时返家。

第十七章 最后的岁月

第二节 衰老

李埏到了晚年,依然对生活充满热情。他在 2000 年 6 月 15 日的日记中写道:

> 重温卢梭《忏悔录》,自前日始业。六十多年前读此书,深爱之。今又重读,不啻如见故人,岂胜怅怅!以前读的是谁译的本子,早已忘却。现在读的是黎星译人民文学出版社 1980 年本。《忏悔录》第一章写的是童年的回忆。下面是其中的几句话:……当我盛年即逝,行将进入老年的时候,别的回忆逐渐消失,而(童年的)这些回忆却重新浮起,深深地刻在我的脑际,而且越来越显得美妙和有力。我好像由于感到生命即将逝去,因此设法把它抓回来,再从头开始。……

然而,任何人都逃不脱自然规律,都会走向人生的终点。李埏也不例外,但他在最后的时光中,依然乐观,坚强地和病魔抗争。

李埏年轻时身体强健,虽然成家之后,家累沉重,又历经动荡,健康受到影响,但到"大跃进"前,他的身体状况还不错，因此1959年到农村劳动时，还能和农村强劳力一样干重活。三年困难时期，由于营养匮乏，李埏患上了严重的水肿病，不得不住院治疗。以后情况虽然有所好转，但他的健康再也未能恢复到1958年以前的状况。"文革"中，李埏受尽磨难，心脏、血管等都陆续出现了问题。到"文革"结束时，他曾对儿子伯约说："你祖父活到80多岁，如果不是因为那时他所处的特殊情况，肯定有期颐之寿。我现在的健康状况，恐怕顶多还有10多年的寿命了，活不到80岁。"

改革开放以后，李埏在科研教学中焕发了青春。物质生活日益改善，加之他奉行粗茶淡饭、生活规律、适当运动等养生之道，尤其是戒除了烟瘾，因此他乐观地相信自己会长寿。然而，多年的辛劳造成的后果难以逆转。80岁以后，他身体衰退的速度加快，慢性支气管炎经常急性发作，心肺功能日益恶化，多年的低血压也变成高血压。85岁以后，他每天都必须吸一小时氧气。因此，每况愈下的健康状况让他感到困惑和忧虑：

> 2002年6月30日　甚感不适，终日卧床休养。浑身乏力，感冒似未全好。体质如是，不知如何是好。
>
> 2002年12月31日　日来又甚感不适。咳喘甚剧。喷嚏乐灵气雾剂，效果亦微。访医求诊，似亦

第十七章　最后的岁月

无多办法。唯静坐或卧床稍安。我已年近九十，难道生活之力已将尽耶？

然而，生性达观的他，尽管年老体弱、疾病缠身，仍然保持着乐观的心态：

> 2002 年 7 月 5 日　身体稍好，心情稍佳。反复思索，觉仍应照放翁诗所云："汝虽老将死，更勉未死间！"

伯约回忆道："父亲爱动，在住院之前，每天都要拄着拐杖下楼散步。但因肺功能下降，一走动就气喘吁吁、步履维艰。尤其是爬坡上坎，走不了几步就要停下来喘气，即便平地一次也走不了几十米。父亲又住在四楼，每次上楼都是一次艰难的行程。但父亲每日必下楼锻炼，非常有毅力。在散步时，往往会遇到一些年轻的后生，他们总要问父亲高寿多少了。一次，父亲答道，89 岁了。这个年轻人不懂说话的技巧，竟对父亲说，'89 了，行了、行了'。父亲听罢哭笑不得，回到家后对我说，'人家说我"行了、行了"，是不是我不必再活下去了。'我说：'他的本意是夸奖您已经非常高寿了。'

父亲又非常高兴。"[1]

黄纯艳也回忆道:"毕业后,回过昆明几次。有一次回昆明,先生让我看他抄写的陆游《自勉》:'学诗当学陶,学书当学颜。正复不能到,趣乡已可观。养气要使完,处身要使端。勿谓在屋漏,人见汝肺肝。节义实大闲,忠孝后代看。汝虽老将死,更勉未死间。'先生借以自勉。这让我见到先生乐观的精神状态。

"后来先生装了心脏起搏器,在电话中先生还说到起搏器的效果很好,没有异样的感觉。他很乐观地说,可以再坚持几年。我说,您一定超过一百岁。"[2]

2004年的国庆节,伯重回昆看望父母。10月1日中午,李家在昆的5人(即李埏夫妇、伯敬夫妇及伯重)到石屏会馆吃饭。石屏会馆在翠湖边,李埏年轻时多次去过那里,但那是几十年前的事了。此次去,可谓旧地重游。李埏在会馆楼上眺望周围,感慨万千。饭后回家时,李埏提出不坐出租车,大家到翠湖走走。那天风和日丽,他想和老伴、子女看看与他相伴了几十年的翠湖。

翠湖又名九龙池,是昆明城中胜景,深嵌昆明城

---

[1] 李伯约:《舐犊情深——父亲对我的关爱》,收于武建国、林文勋、吴晓亮主编:《永久的思念——李埏教授逝世周年纪念文集》,云南大学出版社,2017年。
[2] 黄纯艳:《从师琐记》,收于武建国、林文勋、吴晓亮主编:《永久的思念——李埏教授逝世周年纪念文集》,云南大学出版社,2017年。

第十七章 最后的岁月

中,湖光潋滟,亭楼倩立,古树婆娑,杨柳依依,有春城绿宝石之誉。翠湖承载着李埏的许多回忆。当他在昆明读中学时,每当学校放假,他常陪父母到这里游玩,并记得悬挂在那里的"十亩荷花鱼世界;半城杨柳佛楼台"等楹联。在西南联大读书时,他多次和挚友王玉哲来翠湖散步、读书。在担任云南省图书馆馆长期间,因为图书馆就在翠湖北面,他几乎天天都可看到翠湖。近几年,女儿、女婿常陪他和老伴来此散步。在这个国庆节,儿子从千里之外来看望父母,共游翠湖,观看翠湖深秋的景色,抚今思昔,怎不让他感慨万端。子女们心中也是悲喜交集:喜的是父亲今天这么高兴,还能从石屏会馆步行回家,悲的是父亲拄着拐杖,走两步就得停下喘气,喘得厉害。他们没有想到,这是他们最后一次陪父亲游翠湖。

自2002年初伯约举家迁往重庆后,李家子女中只有伯敬在昆明。父母垂垂老矣,夫婿元器身体又不好,因此只有由伯敬照顾年迈的父母。2004年10月下旬,李埏即将满90岁。10月23日,天气晴朗,李埏夫妇来伯敬家休憩。伯敬为父母洗完澡后正在卫生间擦洗浴缸。听到父亲在客厅里叫自己,就来到父亲身边。父亲对她说:"伯敬,休息会再忙吧。以后不必为我洗澡了,擦擦澡就行了。"伯敬以为是父亲怕自己劳累,回答说:

"爸爸，没事，帮您洗澡对我有好处，锻炼身体嘛。"父亲说："可能我的身体不允许我以后洗澡了。"听到这话，看着坐在沙发上气喘吁吁的父亲，伯敬鼻子一酸，掉下泪来。她没有料到这是她最后一次为父亲洗澡。

几十年来，李埏一直保持着记日记的习惯。有时由于各种原因暂时中断但过一段时间终会恢复。可是从2004年10月21日起，到2008年5月12日去世那3年多的日子里，他再没记过日记。2004年10月13日和10月20日这两天的日记，是他一生中最后的日记：

> 10月13日　上午十时许，文勋、晓亮偕《历史研究》编辑部的仲伟民君来访，谈上世纪五十年代我与这个刊物的往还经过。谈约一个小时。曾光东医生命氧气厂送来一大瓶氧气。今日始用。日前受到王宏志君寄赠的新作《吴晗画传》。昨夕读完。阅读中老泪盈眶者数次。抚卷遥想当年从师受业景况，感伤不已！

> 10月20日　《历史研究》编辑部仲伟民君日昨经吴晓亮君介绍来访，谈上世纪五十年代我与该杂志的来往经过。今晚又来。安徽《学术界》杂志社社长袁玉立偕来摄影，云欲以我照片刊于封面云云。

第十七章 最后的岁月

第三节 病房三年

2004年12月8日夜,李埏感到身体极不适。9日清晨起床后,两腿抖得站不住。家人立即把他送到昆明医学院第一附属医院(简称附一院)。此次发病是慢性支气管炎急性发作并转为严重的肺部感染,经过10多天的抗炎治疗,肺部感染已减轻,但又出现由尿路感染引起的尿血。由于整个身体情况很差,只能采取保守治疗。以往李埏因病住院,一般住半个来月即可出院。可是此次的病情比以往任何一次都严重,住院47天才出院回家。可回家才12天又因发烧,于2月2日再次住进附一院,2月16日出院,2月22日又因发烧住院。伯敬夫妇尽一切可能照顾老父,安慰老母,谢孝明、李景寿等研究生也在课余之时来医院照顾。3个儿子在北京、重庆工作,只能到放寒暑假时回昆明照顾二老。

2005年2月下旬的这次发病,病情凶险。2月22日入院,23日医生即发了病重通知书,3月1日,又发出第二份病重通知书。3月2日晨,出现危险情况,医护人员立即实施抢救。此时伯敬心急如焚,打电话将父亲的病情告诉在外地的3个弟弟。得知父亲病重,他们立即请假回昆看望父亲。

3月3日下午，伯约从重庆回到昆明，一下飞机就直奔病房。半睡半醒的李埏睁眼看到突然出现的儿子非常激动，他吃力地说"看到你来我很高兴"。伯约看到躺在病床上，戴着氧气面罩和心脏监测仪等设备，身体极度虚弱的父亲，眼眶里顿时充满泪水。伯约在病房才待了半个小时，父亲就催着他回家去看望母亲，因为他惦记着身体虚弱、身心交瘁的老伴。下午5时多，从北京飞回的伯重也一下飞机就直奔医院看望父亲。由于医护人员的精心治疗，病情危重的李埏终于转危为安。

李埏住院以来，伯敬几次提出要为父亲请个护工，可是父亲不同意，以为还能像以往那样住上十天半月就出院回家。此次伯重回昆，看到父亲身体已极度虚弱，姐姐尚未退休，姐夫又是个病人，为照顾父亲已是精疲力竭，于是说服父亲，请了一位护工魏玉华。这是一个30岁的农民工，为人诚恳朴实。在此之前，他已在昆明的医院中做过几年护工，具有相当的护理经验。在朝夕相处中，李埏和小魏建立了深厚的感情。小魏精心照顾李埏3年多，一直到李埏去世。

李埏第二次病危出现在2005年6月中旬。6月11日，李埏出院回家。次日下午6时许，伯敬为父亲量血压和心率，心率只有每分钟44次，腋下体温只有35.2度。她让父亲服从医院带回的药，到晚上11时多才怀

第十七章 最后的岁月

着惴惴不安的心情回到自己家。13日是星期一，该上班的日子。可清晨她怎么也放心不下父亲，于是向单位请假后就匆忙赶回娘家，看到父亲大汗淋漓，呼吸困难，立即打电话给"120"。几分钟后救护车来到，把李埏送到附一院急诊科时，心跳每分钟只有20多次。急诊科的医护人员立即开始抢救，为李埏装上临时心脏起搏器。起搏器装上后，李埏的心跳很快就恢复正常。抢救的医生说，这真是太危险了，如果晚来10分钟就没救了。在脱离危险期后，李埏于7月18日做了永久性心脏起搏器植入手术。由于身体虚弱，病情反复，数次病危，此次住院长达91天。

在李埏住院期间，云大校、系领导到医院看望李埏，对这位在云大工作了几十年，把自己的一生都献给了云大的老师十分关心，决定让李埏出院后住到云大校医院，以便护理。2005年9月13日李埏出院，没回家就直接住进云大校医院。此后的两年多，李埏大部分时间就是在校医院度过的。校医院为他安排了一间四层楼上的南向病房。天晴的日子，太阳从早照到晚，比在家暖和多了。病房对着美丽的校园，一眼望去，草木繁茂，郁郁葱葱。窗下有几行柳树和海棠，到了春天，柳树绿，海棠红，春意盎然。李埏虽然不能再到户外，但透过窗玻璃，仍然可以看到一年四季的景色。

校医院与李埏家只有一条马路之隔。毓兰每天上午来病房陪伴丈夫，和丈夫一起吃过晚饭才回家。每晚离开病房回家时，她都要握着丈夫的手说："幼舟，我回去了，明早又来看你，好好休息。"人们经常可以看到这样的画面：李埏的精神好时，坐在沙发上，老妻坐在对面的椅子上，或谈诗，或谈家事；李埏身体不适时，躺在病床上，妻子坐在床旁陪着他，两人默默相对，交换着充满温馨的目光。

2006年6月，伯敬退休。对退休，她很高兴，因为这使她能多照顾父母，能如愿以偿地和父母长相守。退休后，每天她都到病房陪伴父亲，所以退休后的这两年是父女相处最多的时间。除照顾父亲的日常生活和为父亲寻医问药之外，伯敬主要是给父亲读书读报，和父亲海阔天空地交谈，也经常探讨些问题。和父亲朝夕相处，她看到父亲虽历尽人生磨砺，领略了人间冷暖，但内心深处是豁达和阳光的。

在外地教书的三个儿子，只要学校放假，都回昆明看望父母。父亲几次病危时，他们都立即放下手里的工作，赶回来照顾父亲。李埏的学生，在昆明工作的，也经常来看望他。即使在外地工作的，在他病重时，也纷纷远途而来看望老师。伯约回忆父亲在校医院的生活说："随着父亲年事更高，行动愈加不便，目力愈加衰退,加之数年的病房生涯,生活愈加孤寂,乐趣实在是太少了,每时每刻都在期盼着家人去看望他。但家人也只能陪他不长的时间。而每当我给他搔痒时,再谈一点新闻,说一点笑话,父亲就异常高兴。此刻他总要不胜感慨地说,'我怎么从来没有想到年老会如此的可怕'。而我总要宽解他说,'这是因为过去您见过的人都没有如此高寿,您高寿了,这是好事'。搔完痒后,父亲总要我尽可能地坐在他的身旁。他说只要我坐在他的身旁,就算不说什么他也高兴。幸亏有了笔记本电脑,我可以较长时间在父亲的身旁工作。父亲则默默地看着我,心里十分欣慰。"[①]

2004年12月以后,由于肺功能太差,李埏需要每天24小时吸氧,也不能外出,以免受凉引起肺部感染。这样蜗居在病房中,使得李埏很苦恼。他一辈子都不愿麻烦别人,可现在却不得不麻烦别人。但是他后来也想通了,对于这种状况,只能"既来之,则安之"。要减少给别人带来的麻烦,只能是尽量配合医护人员进行治疗。他没有一些老人或久病之人常有的暴躁脾气,而是诸事都为别人着想,并对自己给学校和医护人员增添了

[①] 李伯约:《舐犊情深——父亲对我的关爱》,收于武建国、林文勋、吴晓亮主编:《永久的思念——李埏教授逝世周年纪念文集》,云南大学出版社,2017年。

麻烦感到不安。领导和师生来看他，虽然他很高兴，很感谢，但担心为此影响他们的工作或学习，总是嘱咐他们少来看他。

李埏在校医院住院期间，仍然经常有学生、同行来向他请教。只要身体许可，他总是耐心地解答他们的问题，或者和他们讨论问题。有时他也接受报刊的采访，希望能对他们有所帮助。他虽然身体衰弱，但头脑仍十分敏捷。在病情基本稳定的时候，在病房里他和别人谈话经常能谈1个多小时。在这位垂垂老者的身边，你会感到，他虽病弱，但精神一直有所寄托。

李埏虽然德高望重，但是从来都平等待人。在医院里，医护人员称他李老，护工、保姆称他爷爷。护工魏玉华照顾李埏3年多，相处非常融洽。李埏经常和小魏谈农事，谈家事，听小魏谈农村的情况。当李埏得知小魏才读到小学三年级就失学了，很同情，就让伯敬教小魏学汉语拼音和汉字，他自己也给予指点。小魏聪明好学，只要没事，就不停地记，不停地写。经过几个月的学习，他学会了汉语拼音，认识了不少汉字，第一个用途就是用手机给妻儿发短信。这使李埏很欣慰。

此时李家请的保姆陈美珍来自农村，李埏一家称她陈大姐。陈大姐喜欢园艺，李埏住院后，她主动地照看李埏在家里种植的花卉，照看得很好，还把李埏案头的文竹抬到病房，让李埏欣赏。陈大姐把做好的一日三餐送到病房，和李埏夫妇一起在病房就餐。有时，一起就餐的还有伯敬夫妇和小魏。六人在小小的病房里吃饭，欢声笑语，使得李埏感觉仿佛在家里一样。他们俨然如一家人，同心协力地照顾着李埏，使得李埏的病情在相当的时间里保持了稳定。

在对待个人生死的问题上，李埏十分超脱和达观。在几次病危经抢救又转危为安之后，他有时也会和子女谈到生死问题。他说："有生必有死，这是一个必然，是自然规律。我想多活几年，可以多看看世界，多懂得一些道理，和老伴、子女、学生多聚聚。若大限来临，也就顺其自然吧。"有时，他也感叹自己的同学、朋友、同事大多都已故去，并深情地怀念他们。他说："杜甫的《赠卫八处士》诗中说'访旧半为鬼'，而我的老友过世的已不止一半。我既然还未随他们而去，就要好好生活。"如此乐观地看待生死，使他有一个良好的心态。

李埏早先指导的研究生林文勋、吴晓亮毕业后留校任教，他们不仅自己常来看望老师，而且让他们指导的学生来给李埏读报，既让老师多了解时事，又让学生能多受到前辈的指导。学生董雁伟回忆他 2005 年 3 月 2 日给李埏读报纸的情景："今天是入春以来昆明出现的首次倒春寒，下了宿舍楼我就后悔没有相信天气预报，天真的很冷。按照一贯的安排，我9点15左右来到校医院李先生的病房。自从上一次生病以来李先生一直住在医院，91岁高龄的他每天坚持读书看报。由于眼睛不大好，所以我们五位研一的同学担负起了每天给李先生读书读报的任务。

"敲门进去后，李先生已经像平常一样坐在了沙发上。我说：'李先生，早上好！'他回答说：'你也早上好！今天穿这么点衣服不冷么？'我笑了笑回答：'谢谢您的关心。我不觉得冷呀。倒是先生今天气色很好。''谢谢，感觉是好的。不过医生说要打针，待会他们就会过来打。'

"说着，我拿出今天的报纸坐了下来，正准备问先生是否开始。李先生拉过旁边的一个椅子，用手轻轻地拍了拍椅子说道：'来，过来坐到我身边。'我遵从了先生的话，坐了下来，调整了坐姿，轻声地问先生：'李先生可以开始？''哦，好的。开始吧！'先生柔和地回答道。我扫了一眼报纸，然后对先生说：'先生，今天的头版头条是……。'"

直到生命的终结时刻，李埏最关心的还是学问和国家大事。段鑫回忆他2007年10月21日去看望李埏时的情况："李老将其所著的《不自小斋文存》和《庆祝李埏九十华诞纪念文集》各送了我一本，并另赠一本

第十七章 最后的岁月

《不自小斋文存》给西南联大校友普查工程组。李老说他想看云南西南联大校友会编的那本《西南联大精神永垂云南》,托我向云南联大校友会要一本。李老还告诉我,他近来正在思考民族和统一的问题。他说中国几千年的历史发展至今,有时分裂,有时统一,今日的中国是否可以说是统一的国家?统一的概念是什么?内涵是什么?怎样才是统一?如何认识民族自决权?等等,这都值得我们去深入地研究和思考,他最近也在思考这些问题,以后想把他的思考写成文章,请我代为记录。同时,要我也想一想这些问题,下次来时把我的想法告诉他。李老虽然年事已高,但仍心系天下,在病榻上还研究有关民族国家的问题,贡献剩余的心力,实在令人感佩!

"后来我将《不自小斋文存》转给云南联大校友会,从秘书长陈有余老师处要到《西南联大精神永垂云南》一书,于一周后,即10月28日带给了李老。我到李老病房时,李老正在听广播。其时正值十七大刚刚开过,我将登载有新一届中央政治局常委个人资料的报纸送给李老一份,李老很高兴地收存了这份报纸。之后我将自己对民族和统一问题的一点思考写成文字,给李老读了一遍……

"李老非常认真地听我读完,喜悦之情溢于言表,称赞我思维敏捷、善于思考。但却又谦逊地说他自己对这个问题也有些思考，只是还不成熟，等他思考成熟了，他再把思考的结果告诉我。一点不成熟的想法，李老却能如此重视，其治学之严谨审慎、为人之朴实谦逊，由此事可见一斑。李老告诉我，他现在比较关心西藏的问题，他前几日看《参考消息》，听说达赖宣布不再参与政治活动，这应与青藏铁路的修通有密切关系。李先生请我帮他核实一下这条消息，并查一些相关的资料来给他，还有，他特别关心中央政府对达赖的态度。

"我回去之后上网查了很多新闻，并没有见到李老所说的达赖宣布退出政治活动一事，我将一年来相关的新闻都收集在一起，并上有关西藏和达赖的相关资料打印成册，11月3日那天送去给李老。不巧李老因病转院，没能送达。好在李老这次只是发了点烧，有些咳嗽，没有大碍，没多久又转回到云大校医院了。"

2006年7月1日，青藏铁路全线建成通车。当李埏得知此消息时，非常高兴和激动。病房里有一台小彩电，他坐在沙发上，目不转睛地看电视上关于青藏铁路开通的报道。他让伯敬找来报纸，读给他听关于青藏铁路的情况。到2008年3月，他还关心着青藏铁路的情况。这从段鑫回忆2008年3月李埏和他最后一次交谈可看出：

第十七章 最后的岁月

"李老又谈起了西藏,他说他想买一幅西藏、青海的地图,请我把青藏铁路路线在地图上标出来,我说不必了,有一期(应是两期,即 2004 年第 2 期和 2006 年第 7 期)《中国国家地理》是青藏铁路专辑,书中有很多地图,对青藏铁路介绍很详细。李老要我帮他找一本来,下次带给他。"

2007 年 11 月 21 日是李埏 93 岁的生日。他的这个生日是在昆医附一院病房度过的。11 月 2 日,李埏因痰中带血而住进附一院。11 月 27 日,伯敬夫妇接父亲出院。伯敬请司机经翠湖、云大大门这条路回校医院,以便让父亲看看途中风景。善解人意的司机明白伯敬的心愿,汽车缓缓地行驶过昆明的大街小巷。坐在副驾驶座上的李埏,坐得笔直,目不转睛地看着窗外的一切。冬日的翠湖,和煦的阳光照在平静的湖面上,无数只红嘴鸥或在天空飞翔,或在湖上嬉戏。自 20 世纪 80 年代后期以来,每年入冬之时,这些白色的小精灵都会从遥远的西伯利亚飞到昆明的滇池和翠湖越冬。海鸥群聚湖上,嬉闹嬉水,争抢食饵,鸥海人潮,蔚为一景:翠湖戏鸥。李埏已经 3 年未见这些欢快的小精灵,他默默地凝视着它们。

车子开进云大大门,熟悉的 95 级台阶、会泽院、至公堂,都一一映入眼帘。在这里工作、学习、生活达

60多年的李埏，深情地看着它们。车子开到银杏道，初冬时节，银杏树黄叶飘零，落在路上黄灿灿的一片。李埏深情凝视着周围的一切。1953年种下的树苗，如今已长成参天大树，暮年的李埏却来日无多，伯敬不禁悲从中来。但她没想到，这是父亲最后一次见到他最喜欢的银杏树，这一天是父亲与相依相伴54年之久的银杏道告别的日子。

回到校医院后，李埏比以往更虚弱了。12月14日，伯重从北京回到昆明看望父母。15日，在美国留学的外孙女陶然也回到昆明看望外祖父母。16日，在云大校医院病房，伯敬夫妇、伯重、陶然聚在李埏夫妇的身旁，他们要庆祝父母和外祖父母的生日：再次庆祝李埏93岁华诞，为毓兰预先过86岁华诞。虽然还有7位亲人未能回昆祝寿，但李埏夫妇仍十分愉快，十分满足。

2008年寒假，伯约一家、伯杰父子回昆探望父母和祖父母。2月初，护工小魏和保姆陈大姐回老家过春节，伯约、伯杰轮流在病房照顾父亲。与儿子朝夕相处，李埏心中感到无比温暖。两个孙子每天在爷爷病床旁嬉戏，和爷爷奶奶说这说那。这两个孩子都在读中学，成长得都很好，使李埏夫妇备感欣慰。可是李埏的儿女和孙子辈谁也没想到，这是他们最后一次和父亲、和爷爷过春节。

第十七章　最后的岁月

第四节　驾鹤西去

2008年春节刚过，李埏的健康状况急剧下降。此前，他每天可以在沙发上坐几个小时，但是现在已经没有精神下床。过去他特别喜欢吃橘子，可是现在也吃不下去了。伯敬在父亲身边剥橘子给父亲吃，父亲吃到半个就再也吃不下了。看到父亲的健康突然恶化，伯敬忧心如焚，为此夜里经常失眠，但是她又不能把自己的担心挂在脸上，以免父亲难受，母亲焦急。她只能更多地陪伴在父亲身边，更加用心地照顾父亲。同时在父亲精力较好时，请父亲多谈谈往事，希望能更多地了解父亲。病房里经常可以看到：父亲躺在病床上，女儿坐在床边和父亲谈话，父亲说了什么，女儿就及时记下来。

虽然身体极度虚弱，但李埏对自己的身体并不悲观。2008年3月的一天，父女两人谈得十分愉快，李埏突然说："伯敬，我看你的脑子还好使，写作能力也不错，让我们来合作一篇论文吧。我出思路，你收集资料并写成文章，以我俩的名义发表。"伯敬想到父亲将不久于人世，还这么乐观，不禁心如刀绞，但不能把心中的悲苦让父亲看到，于是强忍住快要流下的泪水，装出高兴的样子说："爸爸，过些时候我们一定写一篇高质量的论文。"

2008年3月，段鑫最后一次去拜见李埏时，李埏依然对这个青年予以勉励。段鑫回忆道："我和李老最后一次交谈是3月15日，那天下午，我去病房看望李老，赵奶奶（引者按：指李夫人赵毓兰）也在那里。李老见了我，很关心地问我近来的学习情况，又再一次问我以后的发展意向。李老说他活这么大年纪了，回首往事，感到虚度了很多时光，人生苦短，劝诫我要珍惜学习时光，把自己磨炼成器，今后服务于祖国和人民。"

4月9日，李埏感到精神特别差。4月10日，校医院医生提出要尽快转到大医院治疗。经多方联系，好不容易联系到云南省第二人民医院急诊科有一个空床。10日下午，120救护车将李埏送到云南省第二人民医院急诊科，当晚8时多又从急诊科转到肾内科。

李埏此次的病来势凶猛，除急性肾功能衰竭之外，还有严重的肺部感染。10日晚9时多，值班医生就下了病危通知书。11日，李埏哮喘严重，医护人员及时进行抢救。经过医护人员的精心治疗，李埏的病情曾一度好转，但这只是暂时的。医生对伯敬说：你们随时都要做好应对不测的准备。

伯敬夫妇每天都到病房照顾父亲，还要安慰母亲。毓兰每天到病房陪伴丈夫，每晚她都不愿离去，伯敬反复催促，才一步三回头地离开。

第十七章 最后的岁月

4月13日晚,肾内科的值班医生说李埏的血压、心率急剧降低,很可能过不了那一夜。护士为李埏挂上了升血压和心率的针水,经过静脉滴注,血压、心率开始正常。李埏还有意识,但说不出话,至多只能说几个字。伯敬对着父亲的耳朵轻声说:"爸爸,我是伯敬。"李埏艰难地回答:"我知道。"

伯敬随即向李埏的学生林文勋、吴晓亮、王文成及远在外地和国外的伯重、伯约、伯杰通报李埏的病情。不一会儿,林文勋、吴晓亮、王文成、吕昭义以及表兄徐建华赶到病房,商量如何应对当夜可能出现的不测。伯敬、建华留在病房陪伴李埏,彻夜未眠,守着仪器,观察李埏的病情。伯敬看到父亲不能动,说不出话,脸涨得通红,喘得厉害又咳不出痰,心里难受到了极点。让她欣慰的是,父亲终于闯过那夜。

在重庆的伯约4月14日接到伯敬的电话,立即向系里请假,于4月15日晚回到昆明,一下飞机就直奔病房。下面是伯约对这次回昆看望父亲的回忆:"2008年4月,父亲又一次病危,医生说父亲的病非常严重,已经不可逆转,随时都有辞世的可能,甚至能否再坚持一两个小时,都不能肯定。我调好了课,请了假,然后乘坐晚班飞机赶回昆明。由于心里焦急,没有看清道路,在上飞机之前摔了一个大跟头,摔断了两颗门牙,鼻青脸肿，血流满面。父亲在最近三年期间，已经数次病危，都被医生断言非人力可以挽回，但父亲有超人的生命力，每次病危都起死回生。我每次都及时赶回昆明，亲眼看见父亲一再创造生命的奇迹。因此我坚信这一次父亲仍然能够峰回路转，转危为安。但这一次，父亲病得比以往都严重，一连几天说不出话，吃不了东西，身上布满了针管、鼻饲管，以及监测心肺功能及血压的电线。但父亲的意识始终是清醒的，他听母亲说我当晚要回来，整天一想起来就在笑。我在夜里十二点多直接从机场赶往父亲的病房。

"进病房后看到父亲已经入睡了，就将父亲唤醒。父亲一见到我，立即笑逐颜开，因为没有戴假牙，整个脸盘都笑歪了。三分钟以后，奇迹果然再度出现了，父亲突然张口说话了，'儿子啊，把我扶起来'。奇迹！真是奇迹！我当即将父亲扶起来，但父亲太虚弱了，已经没有力气自己坐稳。我一只手继续扶住父亲，另外一只手马上给父亲搔痒。父亲笑得非常畅快。可惜仅三五分钟，父亲就无力再坚持坐下去，又要我将他放平睡下。医生说当夜就是父亲的最后一刻了，要我陪父亲过夜，准备着这一刻。我实在无法闭眼，看着针水和监测仪，心中暗暗祈祷父亲安然无事。果然父亲一夜无事。

"次日清晨父亲醒来后，我再次将他扶起来搔痒。

第十七章 最后的岁月

他兴致高涨,情况继续好转,提出了要吃点东西了。我买来点稀饭,拔掉鼻饲管,帮助父亲进食。吃完后,父亲说稀饭味道太淡,下次要吃米线面条。此后十余日,我天天都去给父亲搔痒,讲新闻,说笑话。有时父亲精神特别好,自己也讲笑话。一时间,父子二人,说说笑笑,其乐融融。同时,父亲的身体状况也在继续好转,血压心率等依次恢复正常,每日的针水也越打越少,管子几乎拔完了。谁又能料到,这竟然是父亲最后的快乐时光。"[1]

李埏此次住院,像以往一样,得到学生、同事的热情关心和照顾。下面是吴晓亮对李埏此次住院的回忆:"2008年4月8日,我到校医院去看望先生。他独自坐在床上,一脸的不高兴且有些憔悴。我很诧异,问其究竟。原来,先生因前些天夜间身体不适而烦恼。我宽慰他几句,他边摇头边说:'以前从未如此。这不好、不好……'难道是先生预感到什么?也许这就是一个不祥的前兆。4月9日,先生因血压、膀胱等病症明显从云大校医院转入红会医院肾内科。最初,病情还稳定,所以伯敬并没有告诉我们转院的事。4月13日,伯敬给

---

[1] 李伯约:《舐犊情深——父亲对我的关爱》,收于武建国、林文勋、吴晓亮主编:《永久的思念——李埏教授逝世周年纪念文集》,云南大学出版社,2017年。

我电话说，先生血压上不去，有心衰等症状，情况不大好。当晚，文勋、文成和我，以及历史系主任吕昭义老师迅速赶往医院。伯敬要我们做最坏的思想准备，大家一一分工，以备万一。看看病榻上的先生，似乎很平静，睡得很沉很沉。当时虽然担心，但我们自以为一切都好，相信先生一定会和过去一样，有惊无险。我们悬着的心还能放下。尔后，先生有胃口并可以吃一些东西了……。总之，先生在慢慢恢复中，看来是闯过这一关了。"

2004年12月以来，李埏多次病重，但每次都能转危为安。这一次，大家都期望也能如此。但是，这一次，尽管医护人员多方治疗，李埏的病情却越来越重。在4月28日至5月2日的5天内，医院连续两次下了病危通知书。李埏虽然身体极度虚弱，受着病痛的折磨，还是尽量配合医护人员的治疗。他已经没力气咳嗽，痰阻在气管里，护士每天要多次为他吸痰。虽然吸痰时很难受，他都尽量忍受着。每次吸痰后，他都艰难地向护士致谢，并因自己的病给她们增加了麻烦而表示歉意。

到了5月2日，李埏的病情进一步恶化。看到父亲好转无望，伯敬心乱如麻，方寸全失。此时母亲精神已近崩溃，她只能尽量安慰母亲，不能和母亲谈父亲将发生的不测。而三个弟弟都在外地，因此伯敬只能和吴晓

第十七章 最后的岁月

亮商量如何处理有关事宜。吴晓亮用深情的笔记下了老师在最后的日子中的情况:"5月2日下午,先生的病情恶化。我赶往医院,找主治医生咨询。医生明确告诉我,先生入院时病情已属危重……医生本想通过上呼吸机缓解病情,但先生又伴有消化道出血等病症,所以,先生病情的发展他们难以预料……。医生的话真如五雷轰顶!难道此前的平稳是一种假象吗?看着沉睡中的先生,难以想象一个鲜活的生命会慢慢逝去;看看白发苍苍、眼神无助、神情哀伤的师母,心里一阵阵酸楚……即便如此,记得那天我和先生还有过短暂的对话。我告诉他,一切都会好的,因为我们住进了最好的医院,有最好的医生,可以用最好的药。先生用点头和眼神回应了我,那一幕我久久不能忘记。在那时,先生与病痛抗争的毅力我能感觉到,先生对生的渴望、对医院和大夫的尊重与信任我能感觉到……我相信,如果医生能够控制住病情,先生一定能坚持一段时日。

"但是5月3日,先生病情急剧加重。从2日晚上7点到3日晚10点间,针对先生的出血症状,医生采用的止血药根本没有效果,随后又伴随高烧……。那一天,先生精神很差很差,说不出话,所有的情况都不好……

"于是,伯敬通知伯杰、伯约兄弟。我分别给省内外的师兄师弟、师友打电话,向吴松、武建国、汪戎、顾士敏、李槐、邢铁、登高、纯艳、洪升等师兄弟们通报先生的病情。当晚10点左右，次日凌晨即将赴日访问的武建国师兄去医院探望。他联系医院的有关领导，希望医院多加关照，竭尽全力救治先生。12点多，汪戎师兄又到医院探望，万分担心先生的病况。在玉溪处理公务的吴松师兄也电告我，他次日一定赶往医院。远在外地的邢铁、登高、纯艳、洪升都万分焦急，他们有的欲迅速赶往昆明，看望先生……。此后，云南省社科院何耀华院长、贺圣达副院长，云南人民出版社编审李惠铨，云南大学原副校长林超民、历史系的朱惠荣教授和云大的老师，先生的朋友、学生等络绎不绝地到医院探望先生……。直到今天，我对曾欲赶往昆明探视先生的几位师兄弟都深怀歉意。因为我的执意阻止，他们失去了与先生生前相见的最后一面。当看到他们在病逝的先生面前长跪不起，我为自己的执拗深感懊悔……

"我5月4日给伯重发了两个邮件，都提到先生的情况'十分不好'，'精神极差'，说明先生的凝血功能、肝功、心、肺、肾、血压等几乎所有的机能都走向衰竭。大家十分着急却万般无奈。我和伯敬更是压力巨大，因为先生家中还有羸弱的师母，先生的四个子女中只有伯敬在昆明，其余都在北京、重庆，甚至远在美国。先生的弟子中，武建国、林文勋远在国外，吴松在

第十七章　最后的岁月

玉溪、汪戎、文成都工作繁忙，而更多的都在省外……

"5月4日下午，吴松师兄飞奔到医院看望先生，与医院领导和主治大夫详谈，希望医院全力救治，尽量延续先生的生命。他向医院表示，我们将尽快与先生的长子伯重联络，希望医院能坚持到他们父子见面的那一刻……。吴松师兄要我尽快与伯重联系，且反复交代在任何时候任何情况下，一旦先生有情况立即通知他……。医院方面表示一定会尽全力，但也明确告诉我们，他们无法逆转先生的病势……。难道，先生的生命真的不可挽回了吗？！

"5月5日早上，接到伯重的电话，他告诉我已经订好回国的机票，将以最快的速度赶到先生的身旁……。我给他的回信中说：'这些天看到先生在慢慢离去，我心里好难过，好重好重。原来对你能否回来似乎没有太多想，但看到先生在支撑着，倍受折磨的样子，我突然意识到他除了对生命的留恋外，还有对子女的企盼。只不过，他们这一辈人，一生为了子女，即使到最后的时刻他们都还不习惯要求子女为他们付出。……此时我有一种冲动，觉得你为先生回来非常重要。也许是我曾经经历过那种痛彻心扉的生离死别，对那种生死两界有更深的体会……。即便此次的行程是无比艰难，即便那是心身的炼狱，即便那样，你都要走过……'

"我深知,耄耋之年、身为父母的先生和师母何尝不想膝下儿孙环绕,尽享天伦之乐呢?每逢节假、每当先生或师母身体不适时,善良的师母难免会抱怨几句,'虽然有几个儿子,可是没有一个能常在身边'。这种时候,先生总是会豁达地劝慰说,'儿女自有自己的事业,有我们两个在一起不就挺好吗……'有时,我会发现先生说话的时候眼光会伸向远处,似乎刻意隐藏了什么,那眼神分明是无比思念他远在他乡的爱子……。在那一刻,他脸上透出的神情仿佛看到了他们一般。我知道,先生虽然什么也没有说,但他的沉默常常是另一种思念……。在先生最危重的那几天,我对昏迷中的先生不止一次地说:'先生,您一定要好好的!伯重他们就要回来了!您一定要等他们呀!……'我知道,先生会听到我的话,会听到大家对他的呼唤!

"然而,尽管大家千呼万唤,一个无法回避的事实是——先生的生命将到尽头:39℃的高烧不下、血压不稳、出血依旧,备受煎熬……。让人难受的是,先生仍然顽强地抗争着,支撑着,期待着……。是他不舍这个与他风风雨雨相伴的世界,还是期盼远在美国、北京、重庆的儿子们的归来?是放不下与他朝夕相伴六十三年的妻了,还是难舍他另一个'爱人'——他奉献一生的历史学和中国经济史?……那一夜,我难以控制自己的

第十七章 最后的岁月

情绪，打电话给高楠，对着电话那头的她放声痛哭了一场，絮絮叨叨地诉说先生的痛苦、师母的无助、伯敬的无奈和我们大家的痛……

"5月10日，伯重远渡重洋，从大西洋彼岸的美国飞回祖国。一下飞机，就匆匆赶到先生的病榻前，对先生说：'爸爸，我是伯重啊，我回来啦！……'昏迷中的先生艰难地睁开眼，艰难地点点头……。我的眼泪夺眶而出，我悄悄退出病房，欲把先生弥留之际那最宝贵的时光留给他们父子、留给先生与师母、留给多年未与先生相伴但却是他最亲最亲的亲人们……"①

在这最后的日子里，亲友、学生、故旧也纷纷赶来看望，来医院监护室探望的人络绎不绝。李埏大多数时间仍然清醒，虽然脸上套着呼吸机的面罩而不能讲话，但是他看到亲友、同仁、学生，依然用亲切的目光对他们表示感谢。

对于13亿中国人民来说，2008年5月12日是一个永远不会忘记的日子：这一天下午14时28分，在四川汶川和北川地区，毁灭性的地震猝然袭来。转眼间，大地颤抖，山河移位。在短暂而惊心动魄的瞬间，69227

---

① 吴晓亮：《在先生的引领下成长前行》。收于武建国、林文勋、吴晓亮主编：《永久的思念——李埏教授逝世周年纪念文集》，云南大学出版社，2017年。

人失去了生命,另有17923人失踪。这是人类有记载的历史上最惨烈、最严重的地震之一,它在全国人民的心中留下了永远的哀痛。

对于远在千里之外的昆明的李埏先生的家人、亲友、学生们来说,锥心的悲痛早在6个小时前就已到来,因为他们的亲人、益友和良师——他们敬爱的李埏先生,这天上午8时永远离开了他们。

5月11日晚9时多,守护在他身边的伯敬用手抚摸着父亲的手,轻轻地呼唤爸爸,李埏脸上露出微笑,神态安详,用亲切的"唔、唔"回答女儿。这是他最后一次回应亲人的呼唤。当天夜里2时多,他的血压急剧下降,医生尽力抢救,也未能使他的血压再升上来。5月12日上午8时25分,李埏从容而平静地走完了他93年的人生,永远离开了亲人、学生和朋友。

李埏遽然而去,亲友、同仁、学生震惊、悲恸,不禁为星殒神州扼腕痛惜。连日来,在昆明的人纷纷到李埏家中吊唁,远地的人,发来雪片似的唁电唁函。

5月15日上午,李埏的遗体告别仪式在昆明市殡仪馆大礼堂举行。那天清晨,一直晴空万里的昆明突然大雨如注,像是为李埏的离去伤心流泪。在礼堂中,"沉痛悼念李埏同志"八个黑底白字的横幅悬挂在告别厅的正前方,遗像上的李埏微笑着,慈祥依旧。大厅四周密

第十七章 最后的岁月

密麻麻地摆满悼念的花圈,墙上挂满了各种悼念挽幛和对联。一幅幅挽联道出人们的绵绵哀思。

李埏静静地躺在大厅中央,仿佛睡熟一般。他的家人、亲友、领导、学生、同事从四面八方赶来,献上了手中的白花。李埏在病重时嘱咐家人:"我生病这几年,已给学校、学生、亲友添了许多麻烦,若我去世,一切从简,不要再打扰他们。"但是听到噩耗,大家还是来了。宽敞的大厅挤满了人,有白发苍苍的老人,有风度翩翩的学者,有青春阳光的大学生。他们中许多人,特别是有许多年轻学生,先前从未和这位老师有过接触,甚至素未谋面,这一次见面是最后一次,也是第一次。有的人泪水扑簌,有的已低低啜泣,也有的选择最传统的跪拜,情真意切,催人泪下。在低回的哀乐中,李埏的子女和学生们护送着他的遗体走向火葬场。

2005年6月中旬,李埏病危时,三个儿子都回到昆明看望父亲。李埏转危为安后,想到自己随时都可能离去,于是向围在身边的子女交代了自己的后事。他说:"我年事已高,不知什么时候走。对于我的后事,你们一定要从简。我生病以来,惊动了那么多亲友、领导、同事、学生,我深感不安。不到万不得已,你们不要给大家添麻烦。我是一个普普通通的教师,教了一辈子书,做了一辈子学问。我只是尽了自己的微薄之力,却得到这么多荣誉和关照。我死后，你们把我埋在一个普通公墓，让我和普通人在一起。"

他特别嘱托子女要照顾好他们的母亲。

此后，子女为父母挑选百年之后的安身之处。他们向父亲提出几个合适的公墓，李埏选择了金陵公墓，作为自己和老伴的安息之地。这座公墓位于昆明东郊，坐落于群山怀抱之中，背靠林木繁茂的青龙山，直面旖旎秀丽的白沙河，山环水绕，气势开阔。陵园内环境清幽，松柏成行，玉兰芬芳，海棠争艳，桂花吐香，草地上点缀着簇簇鲜花和修竹藤蔓。安息在这里的都是普普通通的昆明人，既无达官贵人，也无富商巨贾。李埏觉得自己是一个普通人，身后继续和普通人在一起。此外，他选择金陵公墓还有一个原因，那就是他的中学同学、老友、亲家王樵夫妇的墓地也在这里。自己葬在金陵公墓，方便今后子女们来扫墓。他总是为别人着想。

2008年8月1日，李埏的子女把父亲的骨灰安葬在金陵公墓。遵从父亲不要麻烦别人的嘱托，他们没有将安葬之事告诉学校、亲朋好友和学生。他们担心悲痛欲绝的母亲承受不了，也没让母亲到墓地去。那天上午9时多，他们将父亲的骨灰下葬，在墓碑前放上两大捧清雅的菊花，一捧是白色的，另一捧是黄色的。父亲生前最喜爱的花是菊花，现在这些菊花也将伴随着他去那个

第十七章 最后的岁月

永恒的世界。

这一天,蓝天白云,风和日丽,陵园里很清净。除了李埏的子女外,只有两个帮助安葬骨灰的工人。伯敬和弟弟们在这一片宁静之中,静静地向父亲倾诉着心中的无尽思念。他们看着墓碑上父亲的石雕像,父亲是那样的亲切,那样的和蔼可亲,音容笑貌不改往昔。他们坚信,在这里,经历了世纪风云的父亲会得到真正的休息,也会从这山冈上俯视美丽的昆明,用充满爱意的眼光,永远地凝视着爱侣、子女、学生、亲友以及他挚爱的一切。